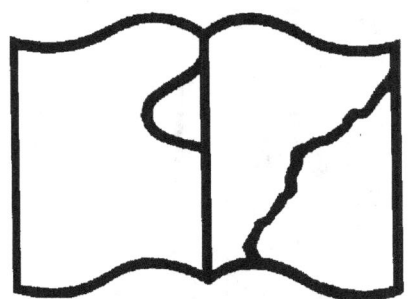

Texte détérioré - reliure défectueuse
NF Z 43-120-11

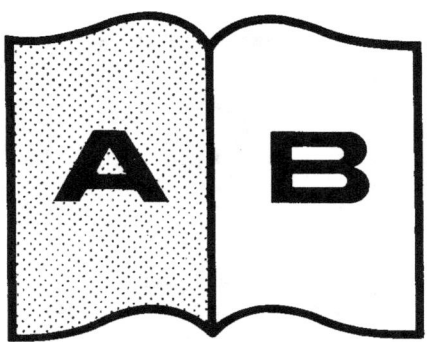

Contraste insuffisant
NF Z 43-120-14

ŒUVRES

DE

A. DE LONGPÉRIER

MEMBRE DE L'INSTITUT

RÉUNIES ET MISES EN ORDRE

PAR

G. SCHLUMBERGER

MEMBRE RÉSIDANT DE LA SOCIÉTÉ DES ANTIQUAIRES DE FRANCE

TOME SECOND

ANTIQUITÉS GRECQUES, ROMAINES ET GAULOISES
PREMIÈRE PARTIE
(1838-1861)

PARIS
ERNEST LEROUX, ÉDITEUR
LIBRAIRE DE LA SOCIÉTÉ ASIATIQUE,
DE L'ÉCOLE DES LANGUES ORIENTALES VIVANTES, ETC.
28, RUE BONAPARTE, 28

1883

ŒUVRES

DE

A. DE LONGPÉRIER

TOME SECOND

ANGERS, IMP. BURDIN ET Cie, RUE GARNIER, 4.

ŒUVRES

DE

A. DE LONGPÉRIER

MEMBRE DE L'INSTITUT

RÉUNIES ET MISES EN ORDRE

PAR

G. SCHLUMBERGER

MEMBRE RÉSIDANT DE LA SOCIÉTÉ DES ANTIQUAIRES DE FRANCE

TOME SECOND

ANTIQUITÉS GRECQUES, ROMAINES ET GAULOISES

PREMIÈRE PARTIE

(1838-1861)

PARIS
ERNEST LEROUX, ÉDITEUR
LIBRAIRE DE LA SOCIÉTÉ ASIATIQUE
DE L'ÉCOLE DES LANGUES ORIENTALES VIVANTES, ETC.
28, RUE BONAPARTE, 28

1883

ANTIQUITÉS GRECQUES,

ROMAINES ET GAULOISES

PREMIÈRE PARTIE

ŒUVRES
DE
Adrien DE LONGPÉRIER
MEMBRE DE L'INSTITUT

TITIOPOLIS D'ISAURIE

(Extrait du tome III de la *Revue numismatique*, 1838, pp. 122-426 [1].)

Bien qu'on n'ait pas encore suffisamment étudié, approfondi la numismatique des peuples du monde ancien, puisque c'est à peine si l'on a déterminé la valeur des types de quelques médailles, et qu'excepté les monnaies qui portent des noms de rois ou d'empereurs, à peine quelques monuments de cette classe si intéressante pour l'histoire, peuvent être attribués à une époque positive, cependant on est comparativement très avancé en ce qui regarde la nomenclature géographique.

L'immense quantité de monnaies comprises sous la dénomination générale de *médailles grecques*, qui ont été publiées,

(1) Le même article traduit en anglais a été publié à Londres dans le *Numismatic chronicle*, n° d'avril 1839.

ou que l'on a classées dans les cabinets, présente une suite si considérable de noms de villes et de peuples, que l'on ne doit pas dorénavant espérer voir s'en augmenter de beaucoup la liste.

L'apparition d'une médaille portant un nom de ville toute nouvelle en numismatique, et presque inconnue dans l'histoire, est donc un fait dont l'importance doit être vivement appréciée. La publier est un véritable bonheur aux yeux d'un numismatiste. Je dois donc d'abord remercier M. Menche, d'Aire, d'avoir bien voulu me confier la précieuse médaille impériale-grecque, qui fait l'objet de cette notice, et dont le hasard l'a rendu possesseur. En voici la description :

ΚΑΙϹΑΡ ΑΔΡΙΑΝΟϹ. Tête barbare de l'empereur Hadrien, à droite.

℟. **ΤΙΤΙΟΠΟΛΕΙΤΩΝ.** (Des habitants de Titiopolis.) Jupiter assis à gauche, tenant de la main droite une patère; la gauche appuyée sur une haste.

La légende n'est pas douteuse ; ce qui rendait son interprétation difficile, c'est qu'on ne trouve pas le nom de Titiopolis dans la plupart des dictionnaires de géographie. Cependant le Dictionnaire de Ferrari, publié par Baudrand (1), fait mention de cette ville, en ajoutant ces mots : *Hodie haud memoratur*.

C'est à cet oubli qu'il faut sans doute attribuer l'omission du nom de cette ville, faite par MM. Bishoff et Muller, dans leur Dictionnaire pourtant si complet (2).

Voici tout ce que j'ai pu recueillir touchant la ville de Titiopolis ; les longues et nombreuses recherches auxquelles je me suis livré dans cette occasion, me mettent en droit de penser qu'on ne saurait, quant à présent, y ajouter rien d'important.

1° Dans la liste des prélats qui assistèrent au concile de C. P., tenu en 381, on trouve le nom d'Artémius, évêque de Titiopolis, de la province d'Isaurie ;

2° Les canons du concile de Chalcédoine, en l'année 451,

---

(1) *Nov. lexic. geog.*, Isenach. 1677, in-f°.
(2) Gotha, 1829.

portent la souscription de Mampretus (1) évêque de Titiopolis, de la seconde Cilicie ;

3° La notice d'Hiérocles, composée au VII° siècle, donne le nom de Τιτιόπολις, parmi ceux des vingt-trois villes qui avaient Séleucie pour métropole;

4° En 706, au concile de Constantinople, *in trullo palatii imperatorii*, assistait un évêque de *Titiopolis*, dont la signature est ainsi conçue : Δομέτιος ἐλάχιστος ἐπίσκοπος Τιτουπόλεως τῆς Ἰσαύρων ἐπαρχίας ὁρίσας ὑπέγραψα (2) ;

5° Constantin Porphyrogénète, dans l'ouvrage intitulé : Περὶ θεμάτων, s'exprime ainsi, en parlant de la province de Séleucie :

« La Séleucie est une partie de l'Isaurie, qui est bornée à l'occident par le mont Taurus, qu'habitent les Isauriens; et à l'orient par les montagnes de la Cilicie....... Les hauteurs de la Séleucie et les terres de l'intérieur se nomment la Décapole (c'est-à-dire les dix villes). La première d'entre ces villes est Germanicopolis, la seconde Titiopolis, la troisième Domitiopolis, etc. (3). » L'empereur Constantin écrivait vers le milieu du X° siècle ;

6° Vers la fin du XII°, l'historien des croisades, Guillaume de Tyr, cite encore la ville de *Titopolis* parmi les vingt-quatre évêchés suffragants de Séleucie (4). C'est la dernière trace que nous ayons de l'existence de cette ville. Après cela fut-elle détruite comme tant d'autres cités de l'Asie-Mineure, ou changea-t-elle son nom antique contre un nom arabe ou turc? c'est là une de ces difficiles questions de géographie comparée, que des études toutes spéciales pourraient peut-être résoudre; mais je dois dire que les plus minutieuses investigations ne m'ont apporté aucun éclaircissement sur ce sujet.

(1) Ce nom est probablement altéré.
(2) Conc. Gen., III, p. 1706.
(3) Ἡ δὲ Σελεύκεια, μέρος ἐστὶν Ἰσαυρίας, πρὸς μὲν δυσμὰς ὁριζομένη ὑπὸ τοῦ Ταύρου, ἐν ᾧ κατοικοῦσιν Ἰσαυροί· πρὸς δὲ τὰς ἀνατολὰς ἀποκέκλεισται παρὰ τῶν Κιλικίας ὀρέων... τὰ δὲ ἄνω Σελευκείας καὶ μεσογαία καλεῖται Δεκάπολις. Καὶ ἔστι πρώτη μὲν Γερμανικούπολις, δευτέρα δὲ Τιτιούπολις, τρίτη Δομετιούπολις, etc., etc. (Περὶ θεμ. Leyde, 1588, in-8°, p. 24.)
(4) *Willelmi Tyrens. Hist.*, lib. XXIII; ap. *Gest. Dei per Franc.*, p. 1044.

La médaille de M. Menche, frappée sous le règne d'Hadrien, c'est-à-dire entre l'an 117 et l'an 138 de Jésus-Christ, et antérieure d'environ deux cent cinquante ans au concile de Constantinople, auquel assista l'évêque Artémius, prouve que sous le Haut-Empire la ville de Titopolis avait quelque importance ; et cependant, jusqu'à Guillaume de Tyr, dix siècles se sont écoulés sans qu'aucun historien nous ait transmis le moindre détail relatif à l'histoire ou à la position exacte de cette ville.

Quant à l'origine de son nom, je ferai remarquer, sans y attacher plus d'importance que n'en méritent les observations de ce genre, que, soit que l'on préfère l'une ou l'autre des deux leçons, *Titiopolis* ou *Titopolis*, on peut en donner des interprétations qui, pour être également admissibles, n'en sont pas moins viciées de la même faiblesse, c'est-à-dire un manque absolu de preuves.

C'est ainsi que le nom de *Titopolis*, rapproché de celui de Domitiopolis, ville voisine, pourrait faire croire à la fondation de deux villes, par les fils de Vespasien, ou du moins à un changement de nom effectué en l'honneur de ces princes, par deux villes appartenant à la même province et mues par le même intérêt. Tandis que si l'on adopte la forme *Titiopolis*, on pourrait y chercher une origine religieuse, dont les noms de Tios (1) de Paphlagonie et de Diospolis nous offrent des exemples. Le type de Jupiter, qui se voit sur la médaille que je viens de décrire, viendrait en aide à cette supposition, qui se fortifierait encore de la présence constante des attributs de Jupiter sur les médailles de Séleucie, ces types étant des indices certains d'un culte de Jupiter, dominant dans la métropole de Titiopolis.

(1) Δημοσθένης δ' ἐν Βιθυνιακοῖς φησὶ, κτιστὴν τῆς πόλεως γενέσθαι Πάταρον, ἑλόντα Παφλαγονίαν, καὶ ἐκ τοῦ τιμᾶν τὸν Δία, Τίον προσαγόρευσαι... *Stephan. Byzant.* — « Démosthènes, dans ses *Bithyniennes*, dit que le fondateur de la ville est Pataros, la Paphlagonie ayant été prise, et que du culte de Jupiter, elle avait reçu le nom de Tios. »

MÉDAILLES INÉDITES

DE LAMUS, DE PHILADELPHIE ET DE QUELQUES AUTRES VILLES

DE LA CILICIE.

(Extrait du tome II des *Nouvelles Annales* publiées par la section française de l'*Institut archéologique*, 1839 (1), pp. 348-357.)

(PL. I.)

La numismatique du monde ancien semble défier les efforts des antiquaires; ce champ si vaste s'agrandit pour ainsi dire chaque jour, et tandis que les travaux les plus savants embrassent les points extrêmes de son domaine, tandis que nos plus illustres érudits s'attachent à creuser le sens des médailles que d'autres ont décrites; à leur donner cette valeur historique qu'elles ne peuvent acquérir réellement que par la doctrine, des monuments nouveaux surgissent, qui viennent réclamer une place dans les catalogues. Après l'immense description à laquelle M. Mionnet a consacré tant d'années, on aurait pu croire pour bien longtemps la matière épuisée; mais il n'en est rien, et chaque collection nous montre encore des médailles inédites.

Celles que je vais faire connaître appartiennent toutes à la même contrée, la Cilicie; quatre d'entre elles étaient restées parmi les incertaines, dans le médaillier de la Bibliothèque Royale; deux autres ont été récemment envoyées d'Orient par M. Borrell, consul d'Angleterre à Smyrne. Ce ne sont, à la vérité, que des médailles de bronze et d'une époque récente;

(1) Le tirage à part, publié chez F. Didot frères, porte la date de 1841.

leurs légendes, cependant, et, jusqu'à un certain point, leurs types, les recommandent à notre attention.

LAMUS DE LAMOTIDE.

N° 1. ΑΥΤ . Κ . Λ . СΕΠ . СΕΥΗΡ . ΠΕΡ . Buste lauré de Septime Sévère, à droite, la poitrine couverte d'un paludamentum. ℞. [Λαμου]? ΜΗΤΡΟ . ΛΑΜѠΤΙΔ . Temple tétrastyle dans lequel est assis Jupiter, tourné à gauche, tenant un foudre de la main droite, et la main gauche appuyée sur une haste. Æ. 8.

N° 2. ΑΥΤ . Κ . Μ . ΑΝΤѠΝΕΙΝΟС . Tête laurée de Caracalla, à droite, les épaules couvertes d'un paludamentum. ℞. [Λαμ]ΟΥ . ΜΗΤΡΟΠ . ΛΑΜѠΤΙΔΟС . Aigle éployé, posé sur un autel orné de feuillages, et tenant une couronne à son bec. Æ. 9. (Pl. I, n° 1.)

Le revers de cette médaille ayant été surfrappé, la partie inférieure de l'aigle et les trois dernières lettres de la légende ont été reproduites deux fois. Cette circonstance explique suffisamment comment ces deux précieux bronzes sont restés si longtemps sans attribution. Le premier ne se lisant véritablement qu'à l'aide du second, et celui-ci présentant une légende défectueuse, on comprend qu'ils n'aient pas tout d'abord attiré l'attention. Toutefois, maintenant qu'un hasard heureux m'a fait découvrir le sens de ces inscriptions à demi détruites, on doit avouer que bien peu de médailles portent des légendes aussi explicites, puisque celles-ci nous font connaître à la fois le nom de la ville, son rang, son importance comme métropole, et le district dans lequel elle était située. La Lamotide, Λαμώτις (1), qu'Étienne de Byzance nomme Lamusie, Λαμουσία (2), était cette partie de la Cilicie maritime qui longe les rives du fleuve Lamus (3) ou Latmum (4). Cette dernière forme est tout à fait infirmée par les légendes des médailles que je viens de transcrire. Strabon, en écrivant Latmum, avait sans doute été trompé par la ressemblance du nom du fleuve cilicien avec celui de la montagne qui avoisine Milet (5); peut-être aussi ne doit-on considérer cette variante d'orthographe que comme une faute de copiste. Vers l'embouchure du Lamus, entre Tarse et Séleucie, et à quelque distance dans les terres (environ 3'), était située une ville du même nom que le fleuve (6). Les monuments numismatiques nous apprennent qu'elle prenait le titre de métropole, et le type de ses monnaies nous fait supposer qu'elle possédait un temple de Jupiter. Un passage d'Étienne de Byzance rattache la Lamotide à l'Isaurie; mais nous avons eu déjà l'occasion de montrer, en publiant une médaille unique de Titiopolis, ville placée par les uns dans l'Isaurie, et par d'autres dans la Cilicie (7), que les historiens et les géographes ont plusieurs fois pris ces provinces l'une pour l'autre; il suffit d'ailleurs de jeter les yeux sur une carte de l'Asie Mineure pour voir que la Lamotide, circonscrite au nord et à l'ouest par le Taurus, le Calycadnus et le territoire d'Olba, ne peut en aucune façon être confondue avec l'Isaurie. La ville de Lamus, qui au xii° siècle était épiscopale (8), a disparu complètement, à ce qu'il semble; du moins,

(1) Ptolem. l. V, c. 8.
(2) Λάμος ποταμὸς Κιλικίας καὶ ἡ παρ' αὐτὸν χώρα Λαμουσία · τὸ ἐθνικὸν Λαμούσιος. Steph. Byz. sub. verbo.
(3) Ptol. — Cf. Cellarius, II, p. 201 et 202.
(4) Strab. XIV, p. 671. Εἰσὶ δ' ὅροι ταύτης [τῆς Τραχείας Κιλικίας] μεταξὺ Σόλων τε καὶ Ἐλεούσης ὁ Λάτμος ποταμὸς, καὶ κώμη ὁμώνυμος. Il est assez difficile de faire accorder le titre de métropole que nous fournissent les médailles avec la qualification de κώμη donnée à Lamus par le géographe.
(5) Pomp. Mela, I, cap. xvii. *Ionia cingit Latmum montem Endymionis, a Luna, ut ferunt, adamati.* — Λάτμος ὄρος Καρίας, ἔνθα ἐστὶν ἄντρον, ἐν ᾧ διέτριβεν Ἐνδυμίων. Schol. Apollon. ad vers. 57, lib. IV.
(6) Par le 32° degré long. et le 368° degré 4' lat. nord.
(7) *Revue numismatique*, 1838, p. 422, et p. 3 du présent volume.
(8) Elle dépendait de l'archevêché de Séleucie. — Guill. Tyr., *Act. conc. Chalcedon.*

les cartes de Walpole et du colonel Leake ne placent, entre Mézetlu et Aiasch (l'ancienne Éleusa), aucun bourg dans lequel on puisse retrouver la métropole de la Lamotide.

HIÉROPOLIS.

N° 3. Buste de Bacchus couronné de lierre et tourné à droite, portant sur l'épaule un thyrse; dans le champ, une grappe de raisin.

℞. IЄPOΠOΛITωN . TΩN . ΠPOC . TΩ . ΠYPAMΩ. Jupiter Nicéphore, assis, à gauche, la main gauche appuyée sur une haste. Æ. 8. Collection Borrell. (Pl. I, n° 2.)

Les médailles autonomes d'Hiéropolis sont rares, et celle-ci, quoique son revers soit d'un style un peu barbare, est néanmoins précieuse par son module. Eckhel fait d'Hiéropolis et de Castabala une seule et même ville, se fondant sur la présence fréquente de ces deux noms réunis sur des médailles autonomes et impériales (1). M. Mionnet ne voit dans cette réunion que la conséquence d'une alliance entre les deux villes (2), et la numismatique asiatique nous offre tant d'exemples de faits semblables, qu'il est inutile d'insister sur la vraisemblance de l'opinion du savant antiquaire français. Il faut dire cependant que les géographes ne font aucune mention d'Hiéropolis, et l'on pourrait supposer qu'au temps de Strabon et de Ptolémée, cette ville n'était plus connue que sous le nom de Castabala; mais aussi, que faire dans cette hypothèse, des moyens bronzes de M.-Aurèle et de Caracalla, et qui portent le nom d'Hiéropolis seul, IЄPOΠOΛITΩN (3), ces pièces étant postérieures même au moins ancien des deux célèbres géographes?

On connaît aussi des médailles de Faustine la mère, qui ne montrent que le nom de Castabala, KAΣTABAΛEΩN (4). Cette ville aurait donc changé de nom avant le second siècle, puis

(1) T. III, p. 57.
(2) Suppl., t. VII, 215.
(3) Mionnet, t. III, p. 584, n° 223 et Suppl., t. VII, n° 251.
(4) Mionnet, t. III, p. 585, n° 225.

aurait repris son ancien nom pour le perdre encore bientôt après! Le système indiqué par M. Mionnet me paraît d'autant plus facile à adopter, que Castabala était située très près d'Ægée, suivant l'itinéraire d'Antonin, et par conséquent dans le voisinage du Pyrame, fleuve qui, d'après le témoignage positif des médailles elles-mêmes, baignait la ville d'Hiéropolis.

CORACÉSIUS.

N° 4. ΑΝΤѠΝΕΙΝΟC ΚΑΙCΑΡ. Tête laurée d'Antonin le Pieux, à droite.

℞. ΚΟΡΑΚΗCΙѠΤѠΝ. Diane, vêtue d'une tunique courte et d'une chlamyde, marchant à droite ; de la main gauche étendue, elle tient son arc, et de la droite, elle tire une flèche de son carquois ; près d'elle est un chien courant. Æ. 6. (Pl. I, n° 3.)

La carte dressée par M. Dufour pour faire suite à la Description des médailles grecques de M. Mionnet, place Coracésius entre Corycus et Séleucie, et cependant tous les auteurs anciens s'accordent à considérer cette ville comme la frontière de la Cilicie et comme située sur le fleuve Mélas, à quelque distance de Sidé de Pamphylie (1).

Le type de la médaille rappelle le temple de Diane Sarpédonia, que Strabon place en Cilicie, sans préciser en quel lieu il existait (2). Je crois pouvoir hasarder ici une conjecture qui m'est suggérée par la comparaison du type de la médaille de Coracésius avec quelques autres monuments de l'antiquité figurée.

La déesse, telle que nous la voyons ici représentée, doit-elle être appelée seulement *Diane chasseresse,* et son attitude ne rappelle-t-elle pas plutôt la part qu'elle prit au célèbre combat des dieux contre les géants?

Un bas-relief de la *Villa Mattei* (3) montre Diane ajustée de

---

(1) Καὶ τὸ Κορακήσιον, ἀρχὴ τῆς Τραχείας Κιλικίας. Strab. XIV, p. 667. — Πρῶτον τοίνυν ἐστὶ τῶν Κιλίκων φρούριον τὸ Κορακήσιον. *Ibid.*, p. 668.

(2) Strab., XIV, p. 676. Ἐν δὲ τῇ Κιλικίᾳ ἐστὶ καὶ τὸ τῆς Σαρπηδονίας Ἀρτέμιδος ἱερὸν καὶ μαντεῖον.

(3) Actuellement conservé au Vatican.

la même manière que sur notre médaille, ayant près d'elle son chien qui la défend contre les attaques d'un géant anguipède qui s'apprête à lancer des quartiers de rocher. Millin y voit encore une *Diane chasseresse*, dénomination que conserve le savant traducteur de la *Symbolique* (1); et cependant le combat est évident.

D'autres monuments, parmi lesquels je citerai un vase de très ancienne fabrique reproduit par Dubois-Maisonneuve (2), et une intaille publiée par Millin (3), représentent la fille de Latone au moment où, suivant Apollodore, elle combat le géant Gration (4).

Le bras étendu en avant caractérise, à mon avis, l'action du combat, et il en implique toujours l'idée dans les figures de Jupiter-Promachos et de Pallas-Promachos. Ces divinités sont prises dans cette acception alors même qu'elles ne sont point en présence de leur ennemi; c'est une sorte d'abréviation d'une scène connue, que l'exiguïté du champ d'une médaille semble autoriser et à laquelle l'esprit supplée parfaitement. Je suppose que le caractère de *Promachos* peut être étendu à Diane lorsque, comme sur la médaille de Coracésius, elle tient son arc en avant, tandis que l'on réserverait le titre de chasseresse à la Diane qui vient de saisir par ses andouillers d'or la biche de Cérynée.

PHILADELPHIE DE CÉTIDE.

N° 5. ΑΥΤ. Κ. Μ. ΟΥΗ. ΜΑΞΙΜΕΙΝΟΣ. (*sic*). Buste lauré de Maximin, tourné à droite, la poitrine couverte d'une cuirasse à écailles.

ῆ. ΦΙΛΑΔΕΛΦΩΝ. ΚΗΤΙΔΟC. La Fortune debout, à gauche, tenant de la main droite un gouvernail et portant sur le bras gauche une corne d'abondance. Æ. 10. (Pl. I, n° 4.)

---

(1) *Rel. de l'ant.*, atlas, n° 328.
(2) Pl. LXXXIV.
(3) *Galerie mythologique*, pl. XX, n° 114.
(4) Apollod., l. I, c. 6, § 2. — Ou peut-être Otus, frère d'Éphialtès. *Idem*, lib. I, c. 7, § 4.

On ne connaissait jusqu'à présent de cette ville aucune médaille, et la lecture de celle-ci offre quelque difficulté en raison du peu de relief des caractères, dont quelques-uns sont à peine perceptibles. La légende, une fois reconnue, en est si précise, que l'on ne peut entretenir aucun doute sur son attribution à la Cilicie ; mais le district de Cétis n'y fût-il pas indiqué, le rapport frappant des grands bronzes de Diocésarée qui portent au revers le type de la Fortune (1) avec la médaille de Philadelphie, aurait suffi pour établir la localisation de ce monument numismatique. Je dois ajouter que son style le sépare entièrement des médailles de la Décapole et de la Lydie dont la fabrique est bien connue et se distingue par des traits particuliers à ces contrées. La partie la plus fertile de la Cilicie Trachéenne, suivant Walpole, est la vallée du Calycadnus qui portait le nom de Cétis (2). Le fleuve venant du nord-ouest, traverse les villes d'Ermerek, de Sinanti, de Mout et de Sélefké, et se jette dans la mer un peu au-dessous de cette dernière. On pense qu'Ermerek est l'ancienne Philadelphie, et que Diocésarée existait sur un affluent du Ghiouk-Sou (Calycadnus), dans un lieu où se voient encore aujourd'hui des ruines assez considérables (3). Le colonel Leake accepte également cette tradition (4).

DIOCÉSARÉE.

N° 6. ΑΥΤΟΚ. ΚΑΙC. Μ. ΑΥΡ. ΑΝΤѠΝΕΙΝΟC CΕΒ. Buste

---

(1) Mionnet, t. III, p. 577, n° 194, et Suppl., t. VII, p. 209, n° 235. Cf. au sujet de la Fortune que représentent les médailles des villes de l'antiquité, Ch. Lenormant, *Nouv. Ann. de l'Inst. arch.*, t. I, p. 241. L'ingénieuse idée du savant académicien est venue lever un des plus graves obstacles qui s'opposât à l'interprétation uniquement symbolique des médailles frappées par les villes du monde ancien.

(2) Κάλυδνος ὄνομα τῷ ποταμῷ, ἐρχομένῳ μὲν ἄνωθεν πόθεν ἀπὸ τῶν τῆς Κήτιδος, κ. τ. λ. Basil. Selenc., *de Vita S. Thecl.*, p. 120. — Καί γάρ τις τῶν Κητιδίων τούτων καὶ εὐπατριδῶν γυναικῶν Βασσιανή, κ. τ. λ. *Ibid.* 140. Ptolémée, l. V, c. 8, donne Κῆτις, mais il ne range dans cette division de la Cilicie ni Philadelphie, ni Diocésarée qu'il place dans la Cilicie Trachéenne.

(3) Walpole's *Travels through Asia Minor*, p. 243.

(4) *Essays of a map of Asia Minor*. — Province d'Itschil.

lauré de Caracalla jeune, tourné à droite, les épaules couvertes d'un paludamentum ; devant le profil, dans le champ, deux contre-marques elliptiques, dans l'une desquelles se voit un foudre et dans l'autre un aigle éployé.

℞. ΑΔΡ. ΔΙΟΚΑΙϹΑΡΕΩΝ. Pallas dans un quadrige, lançant la foudre de la main droite; de la gauche elle tient un bouclier circulaire duquel s'élancent des serpents. Æ. 9. Collection Borrell. (Pl. I, n° 5.)

Le centre du bouclier, très usé par le frottement, laisse encore voir une élévation irrégulière que je considère comme le Gorgonium (1).

Le type de cette médaille, Pallas dans un quadrige, est unique, à ce que je crois, dans la numismatique ancienne. Il rappelle le camée du musée Farnèse gravé dans Winckelmann (2), qui représente Jupiter foudroyant deux géants anguipèdes. C'est à Pallas que Jupiter a confié exclusivement la foudre pendant le célèbre combat, et c'est à cette arme puissante qu'il faut attribuer, sans doute, la grande part que lui donne Aristide (3) dans la victoire que remportèrent les

---

(1) Cette circonstance peut être considérée comme un anachronisme de la part du graveur, puisque la guerre des Titans fut antérieure à l'expédition de Persée.

(2) *Monumenti ined.*, n° 10. Une amphore tyrrhénienne du musée Blacas représente Pallas dans un quadrige, s'apprêtant à percer de sa lance un géant étendu aux pieds des chevaux. Les savants auteurs de l'*Élite des monuments céramographiques*, en publiant cette peinture inédite, ont indiqué tous les passages des textes qui attribuent un char à la déesse pendant le combat contre les géants ; entre tous les noms donnés à l'antagoniste de Pallas et qu'ils citent, ils ont préféré celui d'Encelade. Cependant le vêtement étoilé du géant renversé pourrait désigner suffisamment Astérius. V. *loc. laud.*, p. 17 et suiv., pl. XI.

(3) T. I. *Orat. in Athen.*, p. 11. — Les représentations de Pallas armée de la foudre ou secondant Jupiter dans le combat contre les géants, sont fréquentes. Médailles d'Antigone Gonatas. Mionnet, I, 580 ; de Phaselis de Lycie, id. III, 442. — Bas-relief d'argent du Collége Romain ; Winckelmann, *Mon. ined.*, p. 11. Cf. idem, *Pierres grav. de Stosch*, p. 51 ; de Witte, *Cat. Durand*, p. 1, 2, 14, 15 et 16 ; *Cat. de Canino*, p. 5 et 29 ; *Cat. Beugnot*, n° 2. Une pierre gravée (*Cat. de Stosch*, p. 50, n° 109) représente une divinité barbue armée d'un casque et d'un bouclier et foudroyant un géant. Winckelmann y a vu encore un Jupiter, quoique les attributs soient ceux de Mars. Au reste, bien que les dieux soient souvent représentés combattant des géants, jamais ils ne sont armés de la foudre.

dieux. Ceux-ci combattaient à pied (1), et c'est ainsi que les représentent les monuments (2). Je ne sais si l'exception faite en faveur de Pallas est due à ce que cette déesse est en quelque sorte l'expression matérielle de l'esprit de Jupiter (3), ou si le quadrige est un attribut nouveau de l'Athéné-Nicé. La foudre et le char de la Victoire réunis exprimeraient alors un combat livré avec succès ; et c'est encore l'idée que fait naître la présence alternative sur les médailles de Séleucie, d'une Victoire et d'une Pallas armée perçant de sa lance ou foudroyant un géant anguipède (4).

La Cilicie, séparée du reste de l'Asie par les chaînes du Taurus, semble en être restée aux premières scènes de la mythologie. Le type de ses médailles est presque partout consacré à Jupiter. Quelques-unes nous retracent des épisodes de la grande lutte élémentaire des forces célestes et des enfants monstrueux de la terre (5); et il est probable que les Ciliciens

(1) Vulcain épuisé de fatigue fut reçu par le Soleil qui le prit sur son char. Apollon. Rhod., *Argon.*, III, 230 sqq.

Καί οἱ χαλκόποδας ταύρους κάμε ("Ηφαιστος), χάλκεα δὲ σφέων
ἦν στόματ᾽· ἐκ δὲ πυρὸς δεινὸν σέλας ἀμπνείεσκον·
πρὸς δὲ καὶ αὐτόγυον στιβαροῦ ἀδάμαντος ἄροτρον
ἤλασεν, Ἠελίῳ τινῶν χάριν, ὅς ῥά μιν ἵπποις
δέξατο, Φλεγραίῃ κεκμηότα δηϊοτῆτι.

(2) Cf. les monuments indiqués dans la note 1, p. 12. — Voir encore médaille de Dorou de Cilicie, sur laquelle Hercule est représenté combattant un géant anguipède. Mionnet, t. III, p. 178, n° 298. — Les pierres gravées reproduites dans l'atlas des *Religions de l'antiquité*, n°s 302, 329, 338, 356. — Winckelm., *Monum. ined.*, n° 4.

(3) Aussi la voyous-nous associée à ses combats, à ses travaux. Pallas est, comme Jupiter, représentée à la fois assise et nicéphore. — Car la déesse *Roma* n'est que le palladium d'une seconde Troie. — La divinité représentée au revers du statère d'or des Étoliens est la seule exception à ce principe que nous connaissions.

(4) Mionnet, t. III, n°s 282, 287, 290, 295, 296, 303, 306, 307, 308, 312, 313, 314, 330. — A Sidé de Pamphylie, la Victoire est constamment au revers de la tête de Minerve. Là aussi ces deux déesses alternent sur les médailles.

(5) L'influence victorieuse des astres sur les reptiles est un fait qui ressort de l'examen d'une foule de monuments ; le combat des puissances du ciel contre les géants produits de la terre humide en est l'expression symbolique ; le soleil et la lune sont les destructeurs reconnus de tous les monstres. Un vase très précieux, publié par M. Roulez dans le *Bulletin de l'Académie royale de Bruxelles*, nous montre Hercule et Iolas triomphant de l'hydre au moyen des armes solaires et lunaires, la harpé et les torches (pag. 128, 1840, t. VII,

avaient à cet égard quelques traditions particulières, suivant lesquelles, sans doute, leur pays aurait été témoin de cet événement. La Fable fait naître en Cilicie Typhon, que Jupiter foudroie aussitôt après sa naissance (1); le Titan Sycéas, poursuivi par le fils de Saturne, trouva un refuge dans cette province, et donna son nom à l'une de ses villes (2). Enfin les médailles de Séleucie, de Doron et de Diocésarée viennent encore nous révéler une croyance dont elles sont le dernier reflet.

2° partie). Le vase d'Archémore, publié par M. Gerhard dans les *Nouvelles Annales* (t. I, 1837, p. 356), fournit une nouvelle preuve de cette idée ; Hercule qui tue le dragon des Hespérides est accompagné de la lune et d'Hespérus (*Bull. de l'Inst. arch.*, 1835, p. 201 et suiv.), et c'est Minerve qui lui envoie la victoire. Persée qui détruit le monstre n'est lui-même que le soleil, et le char à quatre chevaux de la Pallas foudroyante la rapproche singulièrement de l'astre des nuits qui, dans sa course vagabonde, lance des flèches mortelles aux ennemis de l'Olympe. — D'autre part, si Persée est le soleil, Minerve est aussi la lune (*Religions de l'ant.*, t. II, p. 752). Minerve et Diane sont les compagnes des jeux de Proserpine quand celle-ci est enlevée dans les plaines d'Enna, et l'on sait qu'en pareil cas les acolythes d'une déesse ne sont que de simples variantes des formes de la même divinité (*Nouv. Gal. myth.*, p. 35). Si l'on rapproche ce qui précède de l'idée de Pluton (*Phædon*, p. 41, Bek.), qui considère Jupiter dans son quadrige et Pluton dans son char comme l'image du soleil levant et couchant, on comprendra combien le quadrige, en donnant à Pallas le caractère de la lune qui se lève, convient à son action destructive. — Cf. les médailles d'Athènes, au revers desquelles la chouette est remplacée par un croissant. Mionnet, II, 30.

(1) Eustathe, I, 345; Eudox., *Violarium*, 406; Apollod., I, 6, 3.
(2) Athen., III, 78.

NOUVELLES OBSERVATIONS

SUR

UN DENIER DE LA FAMILLE TITIA

(Extrait du tome IV de la *Revue numismatique*, 1839, pp. 178-184.)

Au mois de janvier 1838, la Revue donna un article de M. Ch. Lenormant, sur quelques types de médailles romaines (1). L'auteur discutait, entre autres choses, la valeur assignable à la figure barbue que porte une des variétés de deniers de la famille consulaire Titia. Il avait compris, avec cette sagacité qu'il apporte dans tous ses travaux, que ce type, comme celui de beaucoup d'autres médailles de la même classe, était une allusion au nom du monétaire.

Cette explication, si conforme à l'esprit qui dictait le choix des types anciens, était en même temps si simple, qu'elle n'avait guère besoin que d'être énoncée pour être comprise et acceptée par les archéologues.

Pour moi, et je ne me cite ici que pour prouver que l'opinion de M. Lenormant pouvait être facilement saisie par les moins éclairés, pour moi, dis-je, je crus que l'on ne pouvait mettre en doute la justesse de cette interprétation, et je m'empressai d'y rendre hommage (2). C'est donc avec surprise que j'ai vu paraître quelques mois après une réponse à l'article de M. Lenormant, dans laquelle M. le baron d'Ailly réfutait ou plutôt niait l'explication donnée du type des deniers de la

(1) *Revue numismatique*, 1838, p. 11.
(2) *Encycl. du XIXe siècle*, t. XXIV, p. 484.

famille Titia (1). Mais en même temps, M. d'Ailly annonçait une explication nouvelle qu'il comptait développer avec l'aide des auteurs italiens; et ce travail, longtemps attendu, vient enfin de paraître.

Je dois dire d'abord que, lorsque j'en eus pris connaissance, le premier sentiment que j'ai éprouvé a été un vif désappointement. Je m'attendais, en effet, à y trouver la question résolue d'une manière complète; et je vois qu'en faisant le catalogue raisonné des diverses opinions émises par les antiquaires italiens, M. d'Ailly se trouve forcé de rejeter toutes leurs idées relatives au Pégase, et se contente de considérer ce type comme *prenant sa source dans un fait qui nous est encore inconnu*.

M. d'Ailly avouera avec moi que cette proposition est un peu vague, et laisse le champ libre à bien des conjectures. Il me permettra donc, jusqu'à ce qu'on ait découvert le fait qui doit nous éclairer absolument, de m'en tenir à l'opinion de M. Lenormant. Mais avant de parler du Pégase, je vais d'abord examiner l'interprétation de M. Betti, telle que M. d'Ailly l'a reproduite, abandonnant, avec ces Messieurs, tout ce qu'a dit sur ce sujet le comte Borghesi.

M. Betti établit que la tête diadèmée, ailée et barbue, est celle de Mercure, et de Mercure considéré comme dieu du Sommeil, caractère qui lui était donné suivant Homère et Athénée (2).

Pour expliquer ensuite la connexion qui peut exister entre le Sommeil et Q. Titius, qui a fait frapper les deniers qui nous occupent, il rattache la famille Titia à un Titus des premiers temps de la république. Or, ce Titus vit, suivant l'histoire, deux fois Jupiter en songe; donc ses descendants, ou prétendus tels, *ont tenu à honneur de faire graver sur leurs monnaies la tête du Sommeil, sous des traits vraiment archaïques, afin de mieux rappeler l'époque reculée à laquelle avait eu lieu ce fait prodigieux* (3).

(1) *Revue numism.*, 1838, p. 243.
(2) *Ibid.*, 1839, p. 23.
(3) *Ibid.*, p. 24.

Maintenant, sans rechercher si les artistes de la fin de la république romaine étaient assez *antiquaires* pour donner à la tête qu'ils avaient à représenter des traits vraiment archaïques, je dirai que le plus grand obstacle à l'admission de l'idée de M. Betti est le défaut total de preuves de la liaison de la famille Titia avec le Titus dont parle Tite-Live. Cette supposition est parfaitement gratuite et ne repose sur aucun témoignage historique, ou s'il en existe qui nous soient restés inconnus, il était important de les produire ; c'est par là qu'il eût fallu commencer.

Dans l'état des choses, il me semble infiniment plus naturel de voir dans la tête à barbe cunéiforme une représentation du dieu Titinius, choisi comme type *parlant,* comme expression *phonétique* du nom de Titius.

C'est là tout ce qu'a dit M. Lenormant, et je m'étonne que l'on ait cherché un autre sens à ses paroles. Ainsi lorsque M. d'Ailly suppose *que le monétaire romain a emprunté les divers types de ses monnaies à ceux de la ville de Lampsaque* (1), lorsqu'*il s'étonne du peu de soin qu'a mis le monétaire romain à mieux imiter le Revers des monnaies de cette ville* (2), il crée à plaisir des difficultés dont le travail de M. Lenormant ne renferme pas la moindre trace.

Il est tout à fait évident, pour quiconque connaît les médailles de la Grèce, que le denier romain n'a point été copié sur les médailles de Lampsaque, ni en tout, ni en partie (3).

Mais il n'en est pas moins vrai que ces médailles présentent des types analogues, dont l'origine doit être expliquée, non pas par une intention d'imitation servile de la part de l'artiste romain, mais par une communauté de culte entre les deux villes, Rome et Lampsaque, communauté qui devait pro-

---

(1) *Revue numismatique*, 1838, p. 243.
(2) *Ibid.*, p. 244.
(3) A propos de la médaille de la famille Cornuficia, que M. d'Ailly cite, avec raison, comme ayant été frappée hors de Rome, je ferai remarquer que si Q. Cornuficius, gouverneur d'Afrique, a emprunté à la Cyrénaïque le type de sa monnaie, on a tout lieu de croire qu'il ne l'a fait qu'en raison du rapport que ce type avait avec son nom de famille.

duire des figures semblables pour les mêmes divinités. Or, quoique M. d'Ailly nous assure que *la tête de Priape, que nous montrent les monnaies de Lampsaque, a les caractères de laideur et de difformité qui engagèrent l'amour-propre de Vénus à le cacher dans cette ville* (1), je n'ai rien trouvé de semblable sur ces monnaies. Loin de là, je citerai deux bronzes de M.-Aurèle (2), frappés à Lampsaque, sur lesquels la tête de Priape a tous les traits d'une beauté remarquable. Sur l'un d'eux le buste de Priape a les cheveux relevés au moyen de bandelettes, dont les extrémités retombent sur son cou. Un autre bronze de Maximin (3) présente un Priape ithyphallique, dont la barbe cunéiforme est très distincte.

Le Priape en forme d'Hermès, publié par M. le professeur Gerhard (4), a le visage aussi beau que celui de Jupiter; ses cheveux sont relevés par un bandeau, et sa longue barbe descend sur sa poitrine. Il est vrai qu'il n'a point d'ailes à la tête; mais la double figure à barbe pointue que porte l'as de la famille Titia (5) en manque également, et cependant cette figure est bien la même que celle des monnaies d'argent de la même famille. La seule chose que l'on puisse en conclure, c'est que les ailes n'étaient pas un attribut indispensable pour caractériser les figures de Priape, quoique nous sachions par un passage de Suidas (6), que ce symbole du mouvement appartenait à ce dieu.

Tandis qu'on ne connaît aucune figure du *Sommeil*, portant la longue barbe cunéiforme, qui avait certainement une signification, et qui s'explique très bien par la nature des fonctions de Mutinus Titinus.

M. d'Ailly pose ensuite en fait que la tête de Liber ou d'Ariadne n'a aucun rapport avec la tête barbue et ailée; et en

(1) *Revue numismatique*, 1838, p. 244.
(2) Mionnet, t. II, nos 325, 326.
(3) *Ibid.*, t. II, n° 340.
(4) *Antike Bildwerke*, pl. XLI.
(5) Morell, fig. IV.
(6) Τὰ δὲ πτερὰ τὴν ταχύτητα τῆς κινήσεως δηλοῖ. *Alæ celeritatem motus significant.* Suidas, *verb.* Πρίαπος, p. 172.

ceci il aurait raison, s'il considère cette dernière comme celle de Mercure-Sommeil.

Mais, au contraire, si on lui restitue son véritable nom, on ne s'étonnera pas de voir, et à Lampsaque et à Rome, Bacchus et Priape alterner sur la monnaie, se substituer l'un à l'autre pour ainsi dire, s'emprunter leurs attributs (1). Un fait qui vient prouver positivement le rapport qui existe entre les deux têtes des médailles de la famille Titia (2), c'est qu'il existe au cabinet des antiques un buste de marbre double à la manière des Janus, dont une des têtes est celle de Bacchus imberbe et couronné de lierre, tandis que l'autre est précisément cette même tête de vieillard, ailée, diadèmée, et à barbe cunéiforme, qui fait le sujet de cette discussion. Après cela, que l'on trouve une divinité autre que Priape, qui puisse être ainsi accolée à Bacchus, c'est ce que je ne crois pas.

On sait assez, au contraire, que ces deux personnages se confondent en plusieurs points dans la mythologie. On peut au reste consulter saint Clément d'Alexandrie, pour le mythe de Prosymnus, et cette fable impure donnera la mesure de l'étroite liaison qui existe entre Bacchus et Priape (3).

La dernière assertion que je relèverai est celle-ci : *L'animal que l'on voit sur quelques monnaies de Lampsaque*, dit M. d'Ailly, *est un cheval marin ailé. Ce type de l'hippocampe ailé est exclusivement propre à cette ville*, etc., etc. (4). J'ai examiné avec soin toutes les monnaies de Lampsaque que

(1) Mionnet, t, II, nos 340-344. Priape ityphallique, tenant le thyrse et le canthare.

(2) M. d'Ailly considère le Pégase de Titius comme un exemple unique dans la série des monnaies d'argent de familles romaines, d'un Revers parfaitement le même avec variété de têtes à l'*Avers*; le nombre des familles à qui ce fait est commun est si considérable que je ne puis les citer ici. Voir Morell *passim*.

(3) Ὑπόμνημα τοῦ πάθους τούτου μυστικὸν, φάλλοι κατὰ πόλεις ἀνίστανται Διονύσῳ. *Atque hoc facinus mystico ritu commemorant, qui Baccho phallos, fere per universas Græciæ urbes erigunt.* Clem. Alex., Προρεπ, p. 29-30, ed. Potter.

(4) *Revue*, 1838, p. 245. Des médailles de Panticapée nous montrent le même type; partie antérieure d'un cheval ailé. Mionnet, t. II, Sup., n° 45. On le voit encore sur des médailles de Scepsis, d'Antandrus, etc. L'hippocampe ailé se trouve sur les médailles de Tarente, de Populonia, de Theba, etc., etc.

possède le cabinet des médailles; j'ai vu sur toutes les pièces d'or, et sur un grand nombre de celles d'argent, la partie antérieure d'un cheval ailé, mais qui n'a rien de marin, point de nageoires, point de sabots fendus, rien qui rappelle un hippocampe. Seulement, sur des petits bronzes impériaux, à partir de Commode, ce premier type est remplacé par un cheval, dont le corps se termine en poisson. Je finirai en faisant remarquer que ce fait n'a rien qui doive étonner, lorsqu'on sait que Pégase, comme tous les chevaux de la fable, est l'œuvre de Neptune. M. le duc de Luynes, en éclaircissant ce point mythologique (1), lève tous les doutes que pourrait faire naître la différence du Pégase et du cheval marin.

(1) *Études numismatiques*, p. 63. *Nouv. Annal. de l'Instit. archéol.*

RESTITUTION A LA LYCIE

DE MÉDAILLES

ATTRIBUÉES A RHODANUSIA DE LA NARBONNAISE.

(Extrait du tome VI de la *Revue numismatique*,
1841, pp. 405-414.)

Lorsqu'une attribution numismatique a régné sans contestation pendant de longues années, quelque peu solide qu'elle fût d'ailleurs, il devient extrêmement difficile de la combattre, et l'on ne peut se flatter d'obtenir l'assentiment du plus grand nombre des antiquaires, à moins que l'on n'apporte à l'appui de son opinion des monuments inédits qui entraînent avec eux une évidence complète.

Il y a donc presque toujours quelque désavantage à venir traiter de nouveau une question considérée, à tort ou à raison, comme résolue, quand les éléments de conviction sont encore les mêmes, et quand on n'a d'autres ressources pour faire triompher son idée que la combinaison de ces mêmes éléments présentés sous un jour différent.

Cependant, quand on est persuadé profondément de la fausseté du fait accrédité ; quand ce fait, mis en avant avec la plus grande légèreté, n'a jamais été prouvé scientifiquement et que la sanction qu'il a reçue des autorités, dont on pourrait nous opposer le témoignage, tient plutôt à un défaut d'examen qu'à une communauté de doctrine, alors il semble qu'il est du devoir d'un ami de la science de faire part aux érudits de ses doutes et de ses suppositions.

C'est à cette considération que je cède en venant essayer de faire accepter une attribution neuve pour les hémidrachmes, classées à Rhodanusia de la Narbonnaise, pièces dont la fabrique n'a rien qui les rattache à la Gaule, et dont il n'a peut-être jamais été trouvé un seul exemplaire sur le sol de notre pays.

La tête du Soleil, posée de face et en partie cachée par un aigle de profil; au revers, une rose, expression phonétique du nom de Rhodes, avec les lettres MA (p. 23, 1), tels étaient les types que l'on a considérés comme convenant parfaitement à la colonie Massaliote, établie à Rhodanusia. Mais il semble que c'était précisément le contraire que l'on aurait dû s'attendre à rencontrer, c'est-à-dire le type marseillais accompagné des initiales PO. Les médailles des *Cænicenses* (1), des *Tricorii* (2), des *Segovii* (3), ont été conçues dans ce sens, et dans les circonstances que présentent les hémidrachmes en question, on pouvait tout au plus voir une copie de la monnaie rhodienne, faite à Marseille même.

Toutefois l'opinion émise par Pellerin (4), acceptée par Eckhel, Fauris de Saint-Vincens et Mionnet, semble n'avoir soulevé le doute de personne, et dans ces derniers temps elle a encore obtenu le suffrage des esprits distingués qui ont fait une étude spéciale des monnaies gauloises. Le plus récent de tous, M. J. Lelewel, cet antiquaire si fin et si profond, qui pousse jusqu'aux nuances les distinctions archéologiques, ne paraît pas avoir hésité à accepter pour Rhodanusia les médailles qui portent le type que j'ai décrit (5).

Tant d'autorités et de si graves, opposées à mon sentiment, pourraient me faire accuser de témérité. C'est pour répondre d'avance à ce reproche que je crois devoir prévenir ici que M. de la Saussaye, dont personne assurément ne serait tenté de contester la compétence en pareille matière, et à qui j'ai

---

(1) *Descript. de quelques méd. de Massilia*, etc., par M. le marquis de Lagoy, p. 25.
(2) *Notices sur quelq. méd. de la Gaule*, par le même, n° 16.
(3) J. Lelewel, *Études numism. et archéol.*, type gaulois, p. 221.
(4) *Recueil de médailles des peuples, villes et rois*, t. I, p. 25.
(5) *Loc. laud.*, p. 114.

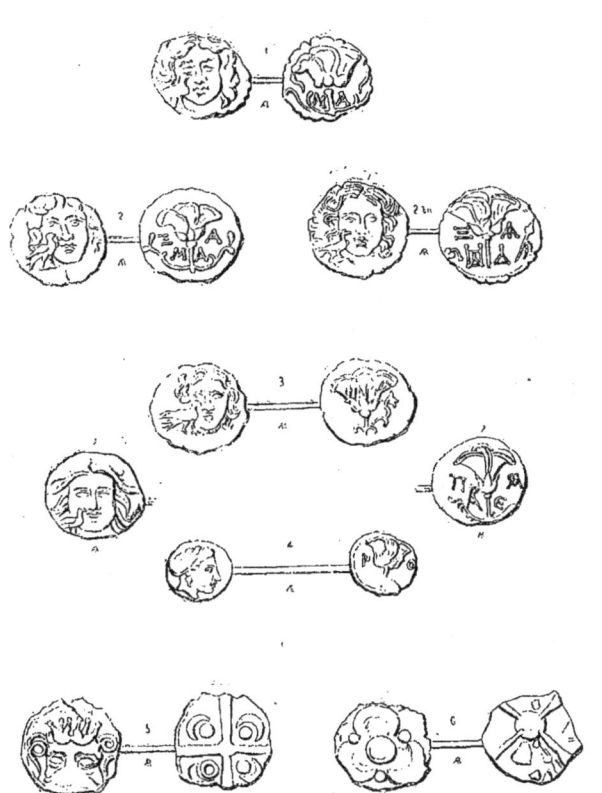

fait part de mon projet de restitution, lui a donné son approbation en m'engageant à le développer (1).

Fauris de Saint-Vincens avait classé parmi les médailles de Marseille un moyen bronze qui porte au droit un buste de Diane à droite, et au revers un *parazonium* avec une tête de cerf et les lettres MA (2). Cette pièce a été rendue par Sestini (3) à la Lycie, et les lettres ΛΥ, qui sont dans le champ du droit et que Fauris de Saint-Vincens n'avait pas aperçues, en donnaient parfaitement le motif. D'ailleurs ce type de la Diane sur un moyen bronze se trouve fréquemment dans la numismatique de cette province, et le type du *parazonium* en particulier était déjà connu sur un bronze de Cragus (4). Sestini attribua donc la prétendue médaille de Marseille aux Massicytes, peuples dont la monnaie d'argent est absolument semblable à celles de Cragus, qui elles-mêmes appartiennent à un système qui paraît commun à toute la Lycie.

Remarquons que le moyen bronze de Cragus, avec la Diane et le *parazonium*, porte, outre KP, les lettres ΞΑ, qui nous indiquent la ville de Xanthus, à n'en pas douter, puisqu'un autre bronze, d'un type différent, nous donne KP. ΞΑΝ, légende qui, pendant longtemps, n'a pu être interprétée, et qui pourtant est assez claire.

Maintenant, parmi les médailles de Xanthus, qui sont rares, nous en trouvons une qui présente les types de la tête du Soleil de face, en partie cachée par un aigle, et du *balaustium* ou rose, accompagnée des lettres ΞΑ. On voit que cette pièce a une étroite parenté avec l'hémidrachme attribuée à Rhodanusia. Si j'ajoute qu'il existe, dans le beau cabinet de notre

---

(1) M. de la Saussaye avait résolu, avant de connaître ma restitution, d'ôter à la Gaule Narbonnaise des médailles que leur fabrique sépare tellement de celles de cette province.

(2) *Notice sur Fauris de Saint-Vincens*, pl. IV, n° 13.

(3) *Descrizione delle medaglie antiche greche del museo hedervariano*, t. II, p. 251.

(4) *Ibid.*, p. 250; ou plutôt de Xanthus, car la légende est ainsi placée : $\frac{\Xi AN}{KP}$, tandis que, sur le bronze qui porte le type de Kragus, le buste d'Apollon et la lyre, la légende est ainsi : $\frac{KP}{\Xi AN}$.

savant collaborateur, M. le marquis de Lagoy, une hémidrachme portant à la fois les syllabes MA et ΞA (p. 23, 2), toujours avec le type de la rose, il devient impossible de méconnaître une émission de médailles au type rhodien, fabriquées soit par les gens de Xanthus, soit par les Massicytes, soit par ces deux peuples en société ; alliance dont les monnaies de Cragus nous ont fourni un exemple appartenant à la même contrée, et dans laquelle une des deux villes, Xanthus, figure déjà.

Quant à la monnaie muette attribuée également à Rhodanusia (1), non plus à cause de sa légende, mais en raison probablement de l'aigle qui passe devant la joue droite du Soleil (p. 23, 3), je la rends à Rhodes, où ce type de l'aigle est déjà connu (2), aussi bien que les médailles sans les initiales de la ville (3).

J'ai dit que la monnaie d'argent attribuée depuis longtemps aux Massicytes appartenait à un système commun à toute la Lycie. En effet, nous connaissons une série d'hémidrachmes portant au droit la tête d'Apollon, et présentant au revers, dans un carré creux, peu profond et parfaitement régulier, une lyre accompagnée de notes, qui varient suivant la ville. C'est KPAΓ, et plus souvent KP, pour Cragus ; OΛΥM ou OΛ pour Olympus, TΛ pour Tlos, MΑΣ ou MA pour les Massicytes, PO pour Rhodia, KY pour Cyane, MY pour Myra, ΠA pour Patara, ΛI pour Limyra.

Comment concevoir, pourra-t-on dire, que les Lyciens, qui étaient en possession d'un système monétaire si bien établi et si uniforme, y aient renoncé pour imiter la monnaie rhodienne ?

La réponse est simple, et l'histoire est là pour en fournir les éléments.

Polybe nous apprend que la Lycie, après la défaite d'Antiochus *magnus*, en l'année 189 avant J.-C., fut donnée aux Rho-

---

(1) Mionnet, t. I, p. 78, n° 195.
(2) *Ibid.*, t. VI, Suppl., n° 162.
(3) *Ibid.*, t. III, n° 214.

diens : πλὴν Λυκίας καὶ Καρίας τὰ μέχρι τοῦ Μαιάνδρου ποταμοῦ, ταῦτα δὲ Ῥοδίων ὑπάρχειν (1). Les Lyciens ne voulaient pas se considérer comme soumis aux Rhodiens, mais seulement comme leurs alliés. Εὕρηνται Λύκιοι δεδομένοι Ῥοδίοις, οὐκ ἐν δωρεᾷ, τὸ δὲ πλεῖον ὡς φίλοι καὶ σύμμαχοι (2). Les gens de Xanthus envoyèrent une ambassade à Rome, pour se plaindre, et parvinrent à toucher le sénat : οἱ γὰρ Ξάνθιοι, καθ' ὃν καιρὸν ἔμελλον εἰς τὸν πόλεμον ἐμβαίνειν ἐξέπεμψαν πρεσβευτὰς εἴς τε τὴν Ἀχαΐαν καὶ τὴν Ῥώμην, τοὺς περὶ Νικόστρατον, οἳ τότε παραγενηθέντες εἰς τὴν Ῥώμην, πολλοὺς εἰς ἔλεον ἐξεκαλέσαντο τῶν ἐν τῷ συνεδρίῳ, τιθέντες ὑπὸ τὴν ὄψιν τήν τε Ῥοδίων βαρύτητα καὶ τὴν αὐτῶν περίστασιν (3). Les Romains intervinrent, envoyèrent des députés pour examiner la réalité des griefs exposés par les gens de Xanthus, et, après une guerre dans laquelle Ptolémée-Épiphane soutint les peuples du continent, tandis qu'Eumène secourait les Rhodiens, le sénat, par un décret rendu en l'an 146 avant J.-C., affranchit la Carie et la Lycie du joug des insulaires : κατὰ δὲ τὸν αὐτὸν καιρὸν ἡ σύγκλητος ἐξέβαλε δόγμα, διότι δεῖ Κᾶρας καὶ Λυκίους ἐλευθέρους εἶναι πάντας, ὅσους προσένειμε Ῥοδίοις μετὰ τὸν Ἀντιοχικὸν πόλεμον (4).

On a vu que ceux de Xanthus étaient à la tête du mouvement qui tendait à chasser les Rhodiens du continent. Il est très probable que c'est à cette époque qu'ils s'allièrent avec les habitants de Cragus, comme ils l'avaient fait avec les Massicytes pour frapper des monnaies au type de Rhodes, lorsqu'ils voulaient être les amis et les compagnons des Rhodiens, φίλοι καὶ σύμμαχοι.

On connaît de même, de Nisyros, île qui appartenait aux Rhodiens, mais dont les monnaies ont pour type constant un dauphin, un petit bronze que M. Millingen a publié (5), et qui porte une rose accostée des caractères NI. Le même auteur a restitué à l'île de Mégiste, dépendante de Rhodes, les hémi-

---

(1) Polyb., XXII, 7, 7. Μετὰ δὲ ταῦτα Ῥοδίοις ἐχρημάτισαν, διδόντες Λυκίαν καὶ Καρίας τὰ μέχρι Μαιάνδρου ποταμοῦ, πλὴν Τελμισοῦ. Id., 27, 8.
(2) Ibid., XXVI, 7, 5.
(3) Ibid., XXVI, 7, 3, 4.
(4) Ibid., XXX, 5, 12.
(5) Sylloge of ancient unedited coins, p. 75, pl. II, n° 50.

drachmes d'argent avec ME, que Sestini avait inconsidérément classées à Medmasa de Carie, malgré la rose qui forme leur type (1).

Une autre monnaie au type de la rose, et portant en outre les lettres KY, est habituellement classée à l'île de Cythnus, une des Cyclades. Il semblerait beaucoup plus naturel de la donner à Cyane de Lycie, dont la monnaie d'argent a été rappelée plus haut parmi celles des villes alliées qui battaient monnaie avec un type uniforme. M. Millingen n'a pas manqué d'en faire la remarque ; mais il s'est néanmoins rangé à l'opinion commune, en considération d'une monnaie au même type, gravée très grossièrement dans le catalogue de Pembroke (2), et sur laquelle on lit KYΘN. Il serait bien important d'examiner cette médaille en original, car le Θ n'est peut-être qu'un A dont on ne pouvait soupçonner la présence à une époque où l'on croyait que le nom de la ville lycienne était Cydna (3).

J'avoue que le sens de l'aigle, transporté du revers de la monnaie rhodienne que j'ai déjà citée, sur la face du Soleil, dont il cache une partie, m'échappe tout à fait. La lecture attentive des mythographes ne m'a jusqu'ici fourni aucune explication raisonnable de cette bizarrerie. Cependant je ne doute pas que la cause ne s'en découvre un jour. C'est ainsi qu'au temps d'Eckhel, il paraissait impossible de rendre compte de la substitution de la tête de Méduse à celle du Soleil, sur quelques médailles de Rhodes ; et toutefois, des médailles avec ce type singulier, qui ont été depuis découvertes, et au revers desquelles se voit le nom du magistrat, ΓΟΡΓΟΣ, ne me laissent aucun doute sur l'intention qui a présidé à l'adop-

---

(1) *Lettere numismatiche*, t. VI, p. 55. La Carie ayant, comme on l'a vu plus haut, appartenu aux Rhodiens, l'attribution de Sestini pourrait fort bien être acceptée, si les médailles qui portent ME étaient la reproduction de celles de Rhodes; mais la tête de l'Apollon, tournée à gauche, et qui n'est point radiée, constitue une dissemblance qui éloigne toute idée d'imitation. La même observation s'applique au petit bronze de Nisyros, qu'autrement il aurait été possible d'attribuer à Ninoé de Carie.
(2) IIe part., tab. 16.
(3) Mionnet, t. III, p. 435.

tion du type de la *Gorgone* (1). D'autant plus que ce type, image de la lune nouvelle qui se lève toute sanglante, avait encore une application religieuse dans le culte sidéral des Rhodiens. La présence alternative, sur des monnaies, d'Apollon et d'Hécate, d'*Hélius* et de *Sélèné*, est un fait qu'il est bon de constater.

En général, je crois que la substitution des types, sur la monnaie d'une même ville et d'une même époque, ne doit pas être attribuée au hasard, ni au caprice des artistes. On sait tout le parti que l'érudition de notre siècle a tiré de circonstances analogues, observées avec sagacité sur les vases peints et sur d'autres monuments figurés.

Ceci me donne lieu de consigner un nouveau fait à l'appui de ce genre de recherches. Les monnaies de bronze du plus petit module qui aient été fabriquées à Rhodes, présentent, soit une rose sur chaque face, soit une seule rose au revers d'une tête de femme, dont le caractère a quelque chose de tout particulier, et qui est gravée avec une finesse admirable (p. 23, 4).

Toutes ces monnaies paraissent, au reste, appartenir à la même époque. Or cette femme, dont la tête alterne ainsi avec une rose, me paraît être la nymphe Rhodé, l'épouse du Soleil (2), la même qu'Halia, et qui, comme M. J. de Witte l'a prouvé, avec cette habileté qu'il apporte dans tous ses travaux, n'est qu'une des formes d'Aphrodite (3).

Si l'opinion de notre savant collaborateur n'était pas appuyée sur tant de preuves concluantes, je dirais qu'elle reçoit un nouveau degré de certitude de l'explication des petits bronzes de Rhodes, puisque la nymphe qu'ils représentent

---

(1) Le rapprochement établi, par le magistrat Gorgos, entre son nom et le *Gorgonium*, me donne lieu de penser que les fables attribuées à saint Georges, personnage originaire de l'Asie Mineure, fables que l'Église rejette avec sagesse, n'ont peut-être pas d'autre origine que la ressemblance de son nom avec le mot γοργος, dont la prononciation, au moyen âge, avait quelque chose d'adouci, à peu près comme les mots arabes *Kan* ou *Koutoub*, qui se prononcent *Kian* et *Koutioub*. Bien que γοργος et γεωργιος n'aient pas la même racine, ils ont pu néanmoins être confondus dans des temps d'ignorance.

(2) Apollod., I, 2, 7.

(3) *Nouvelles Annales de l'Inst. archéol.*, t. I, p. 98.

est ainsi mise en contact avec la fleur sacrée d'Aphrodite : ῥόδον μὲν καὶ μυρσίνην Ἀφροδίτης τε ἱερὰ εἶναι (1).

Une certaine classe de monnaies rhodiennes a, pour type du revers, une rose de face. Je ne sais s'il faut considérer ce revers comme le modèle qui a servi aux graveurs espagnols lorsqu'ils ont produit les coins de ces belles monnaies d'argent de Rhoda qui portent la légende ΡΟΔΗΤΩΝ (2). Si j'en juge par la fabrique, je me prononcerais pour la négative, car les médailles espagnoles sont supérieures pour le style, et par conséquent antérieures à celles de Rhodes. Eckhel est resté incertain sur la question de savoir si les monnaies dont je parle devaient être classées à Rhoda de la Tarragonaise, ou à Rhoda de la Gaule (Rhodanusia) (3). Les caractères celtibériens qui se remarquent sur une de ces monnaies tranchent la question pour nous (4); mais ces monuments sont cependant fort intéressants pour notre pays, car ils ont donné naissance au type d'une série très remarquable de monnaies gauloises, ainsi que cela est actuellement reconnu par tous les numismatistes. Deux variétés inédites de ces monnaies m'ont été communiquées par M. Léon d'Hervé, qui les a tout récemment acquises à l'Ile de Noé, près Condom, lieu même de leur découverte.

L'une (p. 23, n° 5) ne présente pas le type habituel de la tête grossièrement dessinée, tournée à gauche, mais un buste de face, orné d'une couronne radiée et placé entre deux serpents, imitation assez pure encore du cabire de la monnaie des îles Baléares. Il est bon de la rapprocher du petit bronze publié par M. le marquis de Lagoy (5), qui se trouve de

---

(1) Pausan., VI, 24. Ed. Frid. Fac., p. 223.
(2) Mionnet, t. I, p. 40, n° 349.
(3) Doctr. num., t. I, p. 70.
(4) Mionnet, t. I, n° 358 ; pl. xix, n° 20.
(5) *Notice sur l'attribution de quelq. méd. des Gaules*, n° 14. Il est encore nécessaire de rappeler la découverte mentionnée dans le catalogue d'Ennery, p. 113, de monnaies de bronze au type du Cabyre, avec une légende phénicienne au revers, faite à Vieille-Toulouse à la fin du dernier siècle. Si la monnaie des îles Baléares avait cours dans le Languedoc, il n'est pas étonnant que les peuples de cette province l'aient imitée en partie.

cette façon rattaché à la Gaule, bien que les monuments connus, lors de son apparition, ne permissent pas de le faire avec assurance.

La seconde médaille (p. 23, n° 6) porte d'un côté une rose à trois pétales, assez distinctement figurée, tandis que le revers montre la même fleur réduite à l'état de croix, cantonnée de globules irréguliers. Je crois pouvoir rappeler ici que j'ai, l'un des premiers peut-être (1), retiré aux évêques de Maguelonne les monnaies de cette classe, que Duby leur avait attribuées. J'en donnais pour raison que les prétendus croissants, que l'on croyait voir ainsi mêlés à des symboles chrétiens, n'étaient que les pétales d'une rose déformés par un copiste grossier. Aujourd'hui cette opinion, reproduite par plusieurs antiquaires, est devenue générale. J'ose espérer que la restitution aux Massicytes de l'hémidrachme de Rhodanusia, appuyée par des faits que le temps ne peut manquer d'apporter, jouira d'un égal succès.

(1) *Revue numismatique*, 1838, p. 443, note 7.

MÉDAILLE D'OR INÉDITE

DE DYNAMIS

REINE DE PONT.

(Extrait du tome XV des *Annales de l'Institut archéologique*, 1843, pp. 320-326.)

Le nom de la reine Dynamis n'est cité que par Dion, dans deux passages que nous produirons plus loin. Quoique ce nom, tout grec et bien significatif, fût par cela même à l'abri d'altérations de la part des historiens ou des copistes, on aurait pu craindre que sa forme primitive, barbare comme auraient dit les anciens, n'eût été ramenée à une valeur hellénique au moyen du changement de quelque lettre et par conséquent ne nous fût pas parvenu tel que l'avait porté la princesse asiatique. La reine des Parthes que Josèphe nomme Thermusa, est bien sans contredit la même que les médailles orthographient Musa (1) ; les tétradrachmes de Dyrrachium donnent tout lieu de croire que le Μενούνιος de Polybe s'appelait Μονούνιος (2). Quoi qu'il en soit, Visconti avait parfaitement

---

(1) Voyez Raoul-Rochette, deuxième supplément à la Notice sur quelques médailles grecques inédites des rois de la Bactriane et de l'Inde ; vignette et page 52.

(2) Mionnet, t. III, 353. Cf. J. Gustav Droysen, *Zur Geschichte der Pæonier*

restitué l'inscription suivante trouvée dans un jardin attenant à l'église de Taman (l'ancienne Phanagoria) :

ΑΥΤΟΚΡΑΤΩΡΑΚΑΙΣΑΡΑΕ.ΟΥΥΙΟ
ΣΕΒΑΣΤ.....ΝΠΑΣΗΣΓΗΣΚΑΙ
ΘΑΛΑΣΣΗΣ.....ΧΟΝΤΑ
ΤΟΝ ΕΑΥΤΗΣΣΟΠΗΡ.......ΕΤΗ
ΒΑΣΙΛΙΣΣΑΔΥΙ.....(1).

Dans ces cinq lignes, le nom de la reine qui consacre ce monument à l'empereur Auguste César, fils d'un dieu, souverain de toute la terre et de toute la mer, son sauveur, son bienfaiteur, est réduit à deux lettres, et néanmoins l'illustre auteur de l'Iconographie y avait suppléé avec cette sagacité qu'il apportait dans tous ses travaux. Voici la transcription qu'il donne en caractères courants :

Αὐτοκράτορα Καίσαρα θεοῦ υἱὸν
Σεβαστὸν, τὸν πάσης γῆς καὶ
πάσης θαλάσσης ἄρχοντα,
τὸν ἑαυτῆς σωτῆρα καὶ εὐεργέτην
Βασίλισσα Δύναμις (2).

Visconti se fondait, pour compléter le nom de la reine, sur les passages de Dion que j'ai déjà mentionnés. Il eût trouvé un bien juste sujet de satisfaction dans la médaille que je vais faire connaître, puisque ce monument, tout en confirmant d'une manière indubitable la leçon de l'écrivain que le savant antiquaire avait adoptée, lui eût permis d'enrichir d'un portrait

---

und Dardaner. Tite-Live appelle le prince Dardanien Honunus, si toutefois le changement de l'M initial en H n'est pas une simple faute de transcription. On pourrait citer d'autres exemples de noms propres dont les médailles ont rectifié l'orthographe. Mithridate est écrit Μιθραδάτης sur tous les monuments numismatiques qui nous restent de lui. La médaille récemment découverte du premier roi de la Bactriane nous a fait voir que son nom était Διόδοτος et non pas *Theodotus*, ainsi qu'il se trouve dans Justin, XLI, 4.

(1) Visconti, *Iconographie grecque*, t. II, p. 143.
(2) Les titres donnés à Auguste dans cette inscription rappellent ceux dont se parent, dans les mêmes lieux, les sultans turcs, sur la monnaie desquels on lit : *Empereur des deux continents et prince des deux mers*.

nouveau et authentique l'admirable collection iconographique que nous devons à ses patientes recherches.

Le statère d'or qui appartient à M. de Reuss, de Vienne, et qui a été apporté à Paris où son antiquité a été reconnue incontestable, présente d'un côté un buste de reine, la tête ceinte d'un diadème, et au revers un astre au-dessus d'un croissant avec la légende : ΒΑΣΙΛΙΣΣΗΣ ΔΥΝΑΜΕΩΣ et la date ΛΠΣ (281). L'Λ numérique de cette date a la forme d'un Λ, mais son rang ne laisse aucun doute sur la valeur que l'on doit lui attribuer.

Dynamis était fille de Pharnace, roi de Pont, le même qui, après avoir, par sa trahison, forcé son père le grand Mithridate à se donner la mort, envoya son corps à Pompée qui résidait alors à Sinope (1). Cet acte atroce de lâcheté orientale (2) se passait en l'an de Rome 691, 63 avant J.-C. Nous savons par le témoignage positif d'Appien que le fils de Mithridate régna quinze années, tant sur le Pont que sur le Bosphore (3). Vers l'an 704 de Rome (46 av. J.-C.) il avait cru éviter les effets de la colère de J. Cæsar, qui arrivait triomphant d'Égypte pour lui arracher les provinces dont il s'était rendu maître, en envoyant à sa rencontre des ambassadeurs chargés d'offrir au général romain une couronne d'or et la main de Dynamis (4).

Cæsar méprisa l'offre du parricide et marchant droit à lui, le força à rentrer dans le Bosphore où Asandre, qu'il avait laissé pour y commander, se révolta contre lui et nous venons de citer le passage d'Appien qui donne le récit de sa mort.

(1) Appien, *De bello Mithridatico*, CXIII. Φαρνάκης δὲ Πομπηίῳ τὸν νέκυν τοῦ πατρὸς ἐς Σινώπην ἐπὶ τριήρους ἔπεμπε... δεόμενος, ἢ τῆς πατρῴας ἀρχῆς ἢ Βοσπόρου γε βασιλεύειν μόνου κ. τ. λ.

(2) Le crime de Pharnace paraît d'autant plus odieux que son père avait pour lui l'affection la plus tendre : Φαρνάκης, ὁ τῶν παίδων αὐτῷ τιμιώτατός τε, καὶ πολλάκις ὑπ' αὐτοῦ τῆς ἀρχῆς ἀποδεδειγμένος ἔσεσθαι διάδοχος. Appien, *De bell. Mithrid.*, CX.

(3) Φαρνάκης μόνος ἠγωνίζετο καλῶς, μέχρι κατατρωθεὶς ἀπέθανε, πεντηκοντούτης ὤν, καὶ βασιλεὺς Βοσπόρου πεντεκαίδεκα ἔτεσιν. *De bell. Mithrid.*, CXX.

(4) Προσιόντος δὲ τοῦ Καίσαρος ἐταράσσετο καὶ μετεγίγνωσκε, καὶ ἀπὸ σταδίων διακοσίων γενομένῳ πρέσβεις ἔπεμπεν ὑπὲρ εἰρήνης, στέφανόν τε χρύσειον αὐτῷ

Dynamis devint la femme d'Asandre, c'est du moins ce que nous apprend l'historien Dion Cassius, et lorsque ce prince mourut à l'âge de quatre-vingt-treize ans (1), après un règne de trente-quatre années, il laissa son royaume à sa veuve, M. Licinius Crassus et Cn. Cornelius Lentulus étant consuls, c'est-à-dire l'an de Rome 740 (14 av. J.-C.).

Notre médaille qui porte la date 281 de l'ère du Bospore, époque qui correspond, suivant les calculs les plus vraisemblables, à l'an de Rome 738 (14 av. J.-C.), a donc été frappée avant la mort d'Asandre et comme un témoignage public de l'influence qu'exerçait dans le gouvernement d'un vieillard une femme du sang de Mithridate qui, tout nous porte à le croire, avait hérité de la politique honteuse dont sa famille avait donné trop d'exemples.

En effet, après avoir épousé Asandre, le meurtrier de son père, elle devient la femme d'un aventurier qui venait de combattre son mari. Σκριβώνιος γάρ τις, τοῦ τε Μιθριδάτου ἔγγονος εἶναι, καὶ παρὰ τοῦ Αὐγούστου τὴν βασιλείαν, ἐπειδήπερ ὁ Ἄσανδρος ἐτεθνήκει, λέγων εἰληφέναι, τὴν γυναῖκα αὐτοῦ Δύναμίν τε καλουμένην, καὶ τὴν ἀρχὴν παρὰ τοῦ ἀνδρὸς ἐπιτετραμμένην, ἡ τοῦ τε Φαρνάκου θυγάτηρ καὶ τοῦ Μιθριδάτου ἔγγονος ἦν, ἠγάγετο, καὶ τὸν Βόσπορον διὰ χειρὸς ἐποίει (2).

Les habitants du Bospore ne supportèrent la domination de Scribonius que tant qu'ils le crurent soutenu par les Romains ; mais aussitôt qu'Agrippa, à la tête de ses troupes, vint à Sinope conférer le rang suprême à Polémon, ils mirent à mort l'aventurier qui s'était donné comme un descendant de Mithridate, et Dynamis, devenue encore une fois veuve, épousa le nouveau roi (3). Si l'on suppose qu'elle était âgée de onze ans

φέροντας, καὶ ἐς γάμον, ὑπ' ἀνοίας, ἐγγυῶντας Καίσαρι τὴν Φαρνάκους θυγατέρα. App., *De bell. Civ.*, II, XCI.

(1) Ἄσανδρος δὲ ὁ ὑπὸ τοῦ θεοῦ Σεβαστοῦ ἀντὶ ἐθνάρχου βασιλεὺς ἀναγορευθεὶς Βοσπόρου... ὡς δὲ ἑώρα τοὺς ὑπὸ τῇ μάχῃ Σκριβωνίῳ προστιθεμένους ἀποσχόμενος σιτίων ἐτελεύτησε βιοὺς ἔτη τρία καὶ ἐνενήκοντα. Lucian., *Longæv.*, XVII.

(2) Dion, *Hist.*, lib. LIV, § 24.

(3) Πρὶν τὸν Ἀγρίππαν ἐς Σινώπην ἐλθεῖν, ὡς καὶ ἐπ' αὐτοὺς στρατεύσοντα· οὕτω δὲ τά τε ὅπλα κατέθεντο, καὶ τῷ Πολέμωνι παρεδόθησαν· ἥ τε γυνὴ ἡ Δύναμις συνῴκησεν αὐτῷ, τοῦ Αὐγούστου δηλονότι ταῦτα δικαιώσαντος. Dion, *Hist.*, lib. LIV, § 24.

lorsqu'elle fut offerte en mariage (ἐς γάμον, non pas en présent) à Jules Cæsar, elle aurait eu douze ans à l'avènement d'Asandre, quarante-quatre ans à l'époque où fut frappé le statère que nous publions, et lorsqu'elle épousa Polémon au moins quarante-six ans, âge qui, dans l'Orient, doit ôter à une femme toute chance de rencontrer un époux qui soit animé d'un sentiment autre que l'ambition.

Nous n'avons aucune certitude relativement à l'époque de la mort de Dynamis; il est à présumer qu'elle avait cessé de vivre dès les premières années de l'ère chrétienne; voici sur quel témoignage nous appuyons cette opinion : Polémon épousa en secondes noces Pythodoris, fille de Pythodorus, citoyen de Tralles (1); il eut d'elle deux fils dont l'aîné fut couronné roi d'Arménie par Germanicus en l'an de Rome 771 (18 de J.-C.). La médaille qui rappelle cet événement, et que M. le duc de Luynes a publiée (2), représente le jeune roi près de Germanicus; sa taille est celle d'un adolescent, et si elle n'égale pas tout à fait celle du fils d'Antonia, nous devons attribuer cette différence bien moins à une infériorité réelle qu'à la coutume des artistes romains qui, pour exprimer la puissance impériale, donnaient aux Augustes et aux Césars des proportions supérieures a celles des barbares (3). Artaxias était donc né probablement en l'an trois ou quatre après J.-C. Lorsqu'il fut mis à la tête de l'Arménie, Pythodoris devenue veuve gouvernait seule le Pont depuis quelques années. C'est Strabon qui nous l'apprend (4), et personne ne sera tenté de contester l'autorité de cet écrivain alors qu'il raconte les faits qui se sont accomplis dans sa patrie et de son temps. Cette circonstance, d'accord avec les monuments que nous allons

---

(1) Πυθοδωρὶς, γυνὴ σώφρων καὶ δυνατὴ προΐστασθαι πραγμάτων. Ἔστι δὲ θυγάτηρ Πυθοδώρου τοῦ Τραλλιανοῦ. Strab., lib. XII, § 29.

(2) *Revue numismatique*, 1838, p. 338.

(3) Cf. les médailles de grand bronze de Trajan avec le revers REX PARTHIS DATVS; d'Antonin, avec le revers REX ARMENIIS DATVS, REX QVADIS DATUS.

(4) Γυνὴ δ' ἐγένετο Πολέμωνος, καὶ συνεβασίλευσεν ἐκείνῳ χρόνον τινά, εἶτα διεδέξατο τὴν ἀρχήν. κ. τ. λ. Lib. XII, § 29.

citer, peut servir à fixer approximativement l'époque de la mort de Polémon, fait sur lequel Cary et Visconti ont déclaré que l'on ne savait absolument rien.

Des deux médailles de Pythodoris décrites pas Mionnet (1), l'une porte la tête d'Auguste et l'autre celle de Tibère avec la même date (Ξ, 60° année depuis la défaite de Pharnace par Cæsar). Elles ont par conséquent été frappées la même année, c'est-à-dire avant et après le mois d'août 767 de Rome (14 de J.-C.). Polémon n'existait donc déjà plus, puisque le nom de la reine paraît seul au revers de la tête impériale. Nous en concluons que les médailles d'argent qui portent le nom de cette princesse ont été frappées pour célébrer sa prise de possession des rênes de l'État, quand Polémon eut cessé de vivre en l'an 13 ou au commencement de l'an 14.

Le croissant accompagné d'un astre du statère de Dynamis, type qui se retrouve sur les tétradrachmes de Mithridate III et de Mithridate VI, est très vraisemblablement une représentation du Pharnace qui avait un temple dans la ville de Cabira (2).

Le nom de Pharnace était celui d'un petit-fils de Cyrus dont les rois de Pont prétendaient tirer leur origine ; de plus, il était porté par le père de la reine ; il n'y a rien d'étonnant à ce qu'elle ait choisi pour sa monnaie un type qui faisait allusion

---

(1) *Description des médailles grecques*, t. II, p. 364, n° 32, et t. IV, *Suppl.*, p. 476, n° 46.

(2) Ἔχει δὲ καὶ τὸ ἱερὸν Μηνὸς, Φαρνάκου καλούμενον... ἐτίμησαν δ' οἱ Βασιλεῖς τὸ ἱερὸν τοῦτο οὕτως εἰς ὑπερβολὴν, ὥστε τὸν βασιλικὸν καλούμενον ὅρκον τοῦτον ἀπέφηναν, τύχην Βασιλέως καὶ Μῆνα Φαρνάκου. Ἔστι δὲ καὶ τοῦτο τῆς Σελήνης τὸ ἱερόν... Strab., lib. XII, § 31.

Il est assez remarquable que Plutarque, dans son traité Περὶ τοῦ προσώπου τῆς Σελήνης, ait donné le nom de Pharnace à l'un des interlocuteurs qui discutent sur la nature et les phases de la lune.

M. Cavedoni (*Spicilegio*, p. 125) a remarqué avec beaucoup de raison que l'Apollon assis qui se voit au revers du statère d'or de Pharnace II, s'accorde avec la tradition conservée par Hésychius, qui fait naître Cinnyras de ce dieu et d'une nymphe appelée Pharnace : Κιννύρας, Ἀπόλλωνος καὶ Φαρνάκης παῖς, βασιλεὺς Κυπρίων. Ce serait alors une alliance du soleil et de la lune, et les Grecs auraient dans ce cas transformé le Pharnace en femme, de même qu'ils faisaient une divinité femelle du Lunus oriental. Il est naturel d'admettre que le génie de la langue modifie chez un peuple la forme de mythes étrangers.

à des gloires de famille en même temps qu'il était un hommage à une divinité topique dont le culte devait se rattacher à la doctrine religieuse propagée en Asie Mineure par la race Achéménide.

NOTICE

SUR LES MÉDAILLES DE SEPT VILLES

QUI NE FIGURENT PAS

DANS LES TABLES GÉNÉRALES DE MIONNET.

(Extrait du tome VIII de la *Revue numismatique* de 1843, pp. 243-254.)

On ne doit considérer ce travail que comme un simple catalogue annoté faisant connaître les nouveaux noms de villes qui sont venus s'ajouter à la liste, déjà si riche, que nous a laissée notre célèbre devancier.

J'aurais pu, je l'avoue, épargner beaucoup de place en supprimant les explications dans lesquellles je suis entré. Mais j'ai cru pouvoir faire, pour quelques médailles antiques, ce que l'on regarde comme indispensable pour le moindre denier du moyen âge. Il est vrai que, en ce qui touche l'antiquité, on est encore si peu avancé, que, quelque soin que l'on se donne, on arrive difficilement à résoudre d'une manière satisfaisante ces problèmes d'origine des types, d'âge positif des monuments, de signification des légendes, sur lesquels on prononce maintenant presque à coup sûr lorsqu'il s'agit de nos monnaies françaises.

Les villes dont je publie ici des médailles sont, à l'exception d'une, complètement oubliées. Quelques-unes, comme Orthia et Clanudda, ne se trouvent dans aucun dictionnaire géographique, quoique l'une soit citée par Pausanias, et l'autre indiquée dans la Table de Peutinger. Ceci prouve combien il serait à désirer que quelque patient érudit dépouillât avec soin les index des auteurs anciens, pour nous donner un complet

dictionnaire de géographie antique, livre que la science attend encore.

EURYMENÆ DE THESSALIE.

Tête de Bacchus couronnée de pampre, tournée à droite.

℞. ΕΥΡΥΜΕΝΑΙΩΝ. Cep de vigne chargé de grappes; dessous, un grand cratère et un dauphin. Æ. 6. p. 39, n° 1.

Mêmes types. Les lettres du revers sont disposées différemment. Æ. 6. Le cep de vigne a six feuilles et six grappes, au lieu de quatre feuilles. P. 39, n° 2.

La ville d'Eurymenæ n'était connue que par une mention de Valerius Flaccus (1) et par un passage de Tite-Live (2). Il est cependant probable que c'est la même ville que l'Erymnæ de Strabon, orthographiée Erymnis, par Pline.

La vigne du revers et le vase à mettre le vin sont des sources d'une ivresse intense qui peut se caractériser par le nom d'Ευρυμανιας.

ORTHIA D'ÉLIDE.

Tête casquée de Pallas, à droite.

℞. ΟΡΘΙΕΙΩΝ. Partie antérieure d'un cheval sortant d'un rocher sur lequel s'élèvent deux rameaux d'olivier. Le tout renfermé dans une couronne (de laurier). Æ. 6, p. 39, n° 4.

La localité qui portait le nom d'Orthia ne nous est connue que par un seul passage de Pausanias. Cet écrivain raconte que les femmes de l'Élide célébraient deux chœurs en l'honneur d'Hippodamie et de Physcoa. Cette dernière avait vu le jour dans un dème de l'Élide appelé Orthia. Aimée de Bacchus, elle en eut un fils du nom de Narcæus. Celui-ci, ayant acquis, en combattant ses voisins, de grandes richesses, consacra un temple à Minerve, qu'il surnomma Narcæa (3).

(1) *Argonaut.*, II, v. 14.
(2) Lib. XXXIX, cap. 25.
(3) Αἱ δὲ ἑκκαίδεκα γυναῖκες καὶ χοροὺς δύο ἱστᾶσι, καὶ τὸν μὲν Φυσκόας τῶν χορῶν, τὸν δὲ Ἱπποδαμείας καλοῦσι. Τὴν Φυσκόαν δὲ εἶναι ταύτην φασὶν ἐκ τῆς Ἤλιδος τῆς κοίλης· τῷ δήμῳ δὲ ἔνθα ᾤκησεν, ὄνομα μὲν Ὀρθίαν εἶναι. Ταύτῃ τῇ Φυσκόᾳ Διόνυσον συγγενέσθαι λέγουσι· Φυσκόαν δὲ ἐκ Διονύσου τεκεῖν παῖδα Ναρκαῖον. Τοῦτον, ὡς ηὐξήθη, πολεμεῖν τοῖς προσοίκοις, καὶ δυνάμεως ἐπὶ μέγα ἀρθῆναι, καὶ δὴ καὶ Ἀθηνᾶς ἱερὸν ἐπίκλησιν Ναρκαίας αὐτὸν ἱδρύσασθαι. IV.

Nous ne pouvons douter, d'après cette autorité, que notre médaille ne porte l'image de l'Athéné Narcæa. Quant au revers, il nous donne une représentation nouvelle du mythe bien connu de la lutte entre Neptune et Minerve. Le cheval qui s'élance du rocher, et l'olivier (1) qui pousse avec vigueur, tout en représentant la fable attique, sont peut-être encore une expression détournée du nom de la ville (ὄρθαι, aor. sec. d'ὄρνυμι, ou ἐλαία ὀρθία). Le type est placé dans une couronne de laurier pour indiquer la victoire de la déesse, ou plus exactement peut-être pour exprimer qu'elle est la Victoire, *Hæc sola omnium deorum dearumque non cognomen habet Victoriæ, sed ipsa dicitur Victoria* (2).

Comment le mythe attique s'est-il ainsi reproduit sur un monument de l'Élide? Je pense que ce fait peut s'expliquer d'abord par la raison que, dans un lieu où s'était établi le culte de Minerve, on ne pouvait choisir un type plus propre à honorer cette déesse que celui qui rappelait sa victoire sur le Jupiter de la mer, et ensuite par la notion que nous a laissée Thucydide d'une alliance conclue pour cent ans entre les Athéniens et les Éléens, la 1ʳᵉ année de la 90ᵉ olympiade, c'est-à-dire 436 avant J.-C. (3).

---

(1) Περὶ δὲ τῆς Ἐλαίας οὐδὲν ἔχουσιν ἄλλο εἰπεῖν, ἢ τῇ θεῷ μαρτύριον γενέσθαι τοῦτο ἐς τὸν ἀγῶνα καὶ ἐπὶ τῇ χώρᾳ. Pausan., *Attic.*

(2) Aristid., *Orat. in Pallad.*

V. *Élite des monuments céramographiques*, t. I, pp. 255 et suiv. MM. Ch. Lenormant et J. de Witte ont réuni dans cette partie de leur ouvrage tous les témoignages de l'antiquité relatifs à cette lutte célèbre de Pallas et de Neptune.

Quant au caractère de Nicé donné à Pallas, il se trouve très complètement exprimé sur un grand bronze de Caracalla, frappé à Sidé de Pamphylie, et imparfaitement décrit par Mionnet (t. III, p. 480, n° 198). La figure ailée qui, traînée par un quadrige, tient une palme et une couronne, est casquée, et cette particularité, que la conservation de la médaille pourrait laisser douteuse, est confirmée par un moyen bronze du même règne et de la même ville (Mionnet, t. III, p. 480, n° 199), qui nous montre une Minerve debout, casquée et portant une palme.

(3) La 2ᵉ année de la 87ᵉ olympiade, 323 de Rome, les Athéniens vinrent à Phia d'Élide, dévastèrent les campagnes et défirent trois cents hommes qui étaient venus de l'Élide inférieure, avec d'autres Éléens, au secours de cette ville.

Οἱ δὲ Ἀθηναῖοι, ἄραντες παρέπλεον· καὶ σχόντες τῆς Ἠλείας ἐς Φειὰν, ἐδῄουν

On remarquera l'étroite ressemblance qui existe entre le droit de cette médaille et celui des doubles statères d'or d'Alexandre; les moindres détails de la tête de Minerve sont identiques, on croirait voir deux ouvrages du même artiste. On en peut conclure du moins que ces monuments sont contemporains; c'est-à-dire que le bronze d'Orthia appartient aux dernières années du iv° siècle avant notre ère.

On trouve dans le *Thesaurus Græcæ Linguæ*, édition de Londres, t. V, 6923, au mot Ορθια : *Lex erat Palladis, argumentum bellicum continens*. Il semble qu'il y ait ici une équivoque à laquelle a donné lieu une fausse interprétation du mot νόμος. Le nome orthien, que Minerve avait inventé,

........παρθένος, αὐλῶν τεῦχε πάμφωνον μέλος,
"Οφρα τὸν Εὐρυάλας ἐκ καρπαλιμᾶν γενύων
Χριμφθέντα, σὺν ἔντεσι μιμήταιτ' ἐρικλάγταν γόον.
Εὖρεν θεός· ἀλλά νιν εὑροῖσ' ἀνδράσι θνατοῖς ἔχειν,
'Ωνόμασεν κεφαλᾶν πολλᾶν νόμον,
Εὐκλεᾶ λαοσσόων μναστῆρ' ἀγώνων (1).

était, comme on le voit par ces vers de Pindare, un mode musical, et non une loi. Toujours est-il que Pallas pouvait, comme inventrice du chant orthien, être surnommée Orthia, et ce serait une raison de plus à donner de la présence de cette déesse sur la monnaie que je viens de décrire.

ANTICYRA DE PHOCIDE.

Buste de Neptune, tourné à droite, avec un trident sur l'épaule.

ꝶ. **ΑΝΤΙΚΥΡΕΩΝ**. Diane tenant un flambeau, marchant à droite; à ses pieds, un chien. Æ. 7. P. 39, n° 3.

τὴν γῆν ἐπὶ δύο ἡμέρας, καὶ προσβοηθήσαντας τοῦ ἐκ τῆς κοίλης Ἠλίδος τριακοσίους λογάδας, καὶ τῶν αὐτόθεν ἐκ τῆς περιοικίδος· Ἠλείων, μάχῃ ἐκράτησαν. Thucyd., lib. II, 25.

L'an 1er de la 90e olympiade, les Athéniens, les Argiens, les Mantinéens et les Éléens conclurent une alliance pour cent ans, tant sur terre que sur mer.

Σπονδὰς ἐποιήσαντο ἑκατὸν Ἀθηναῖοι ἔτη, καὶ Ἀργεῖοι, καὶ Μαντινῆς, καὶ Ἠλεῖοι, ὑπὲρ σφῶν αὐτῶν, καὶ ξυμμάχων ὧν ἄρχουσιν ἑκάτεροι, ἀδόλοις, καὶ ἀβλαβεῖς, καὶ κατὰ γῆν καὶ κατὰ θαλάσσαν. Thucyd., lib. V, 47.

(1) Pind., *Pyth*. XII, v. 19 et sqq. Ed. Bœckh.

La ville d'Anticyra ou *Anticyrra* était une des plus célèbres de la Phocide ; Homère lui donne le nom de Cyparissus ; et néanmoins Pausanias suppose qu'il connaissait l'appellation qu'elle avait reçue d'Anticyrée, contemporain d'Hercule. La 1re année de la 108e olympiade, Philippe, fils d'Amyntas, chassa de leur ville les Anticyréens pour les punir de s'être emparés du temple de Delphes. Sous le règne d'un autre Philippe, le fils de Démétrius, dont ils étaient alors sujets, ils furent encore dépossédés par Atilius, général romain, qui avait pris le parti d'Athènes contre le roi macédonien. Sur le port d'Anticyra, on voyait, du temps de Pausanias, un temple de Neptune, petit et construit de pierres choisies : οὐ μέγα ἱερὸν, λογάσιν ᾠκοδομημένον λίθοις. La statue du dieu était de bronze et tenait dans la main un trident. Le type du droit de notre médaille représente donc le dieu tutélaire de la ville. Nous allons voir que le revers s'explique parfaitement aussi, au moyen d'un autre passage du même écrivain voyageur. « En sortant de la ville, à droite, dit-il, à une distance de deux stades tout au plus, se trouve un rocher très élevé qui fait partie de la montagne. L'on a construit sur ce rocher un temple de Diane ; la statue est de Praxitèle. Elle tient un flambeau dans la main droite, porte un carquois sur les épaules, et son chien est à sa gauche. » Après avoir lu cette brève description, si l'on jette les yeux sur le revers de la médaille d'Anticyra, on aura la conviction qu'elle nous a conservé la copie, bien réduite, il est vrai, mais en même temps bien complète, d'un de ces chefs-d'œuvre dont Praxitèle avait orné les temples de la Grèce. C'est là à coup sûr une particularité qui se recommande vivement à notre attention.

C'était dans les rochers qui avoisinent Anticyre que croissait l'ellébore, cette plante au suc laxatif, que la médecine de l'antiquité employait à la guérison de la folie.

Je ne rapporterai pas ici tous les passages des écrivains latins et grecs qui rappellent la propriété de cette plante. Ils sont indiqués dans le *Notitia orbis antiqui* de Cellarius. Ce serait, sans contredit, une tâche aisée que de citer quelques lambeaux de classiques dont la liste est toute faite dans le livre du géographe ; mais je laisse cette façon de traiter la philologie à coups de lexiques à certains exploiteurs de l'antiquité, qui aiment à enrichir leurs travaux de faciles trophées, et que cette méthode dispense de véritables recherches.

La présence d'une figure de Diane, portant un flambeau, *Lucifera* (avec le caractère de Lune par conséquent), au milieu des rochers où croît l'ellébore, donne lieu de penser que la consécration de cette statue se rattache à l'idée si arrêtée chez les anciens d'une influence secrète de la Lune sur les maladies de l'esprit.

Outre qu'en général Diane est appelée οὔλια (1), et que son nom d'Artémis vient : ἀπὸ τοῦ ἀρτεμέας ποεῖν (2), dans le cas particulier de la folie, son action devait se faire d'autant plus efficacement sentir qu'elle était complètement réfrigérante ; δροσοβόλοι γὰρ αἱ πανσέληνοι, « car les pleines lunes répandent la rosée », dit Plutarque, et cet auteur cite à l'appui de son allocution l'ancienne tradition qui fait naître la rosée de la Lune et de Jupiter,

Διὸς θυγάτηρ Ἔρσα τρέφει καὶ Σελάνας δίας (3).

Il est curieux du reste de retrouver cette humidité de la lune, jouant dans la religion védique un rôle si important qu'elle en fait pour ainsi dire le fondement.

Le *Soma*, ou la lune, qui croît ou décroît suivant qu'elle s'emplit ou se vide, est la source de toute humidité ; c'est l'astre aux rayons pluvieux. O toi qui es liquide! dit un hymne du *Rig-Véda* qui s'adresse à la lune (4); et dans un sanskrit moins primitif on trouve l'Océan appelé père de la lune, *Indoudjanak*.

Je dois cependant remarquer que Dioscorides (lib. IV, c. 149), en racontant les cérémonies avec lesquelles on cueillait l'el-

---

(1) Cf. Macrob., *Saturn.*, lib. I, c. 7.
(2) Strab., lib. XIV.
(3) Plut., *Quæst. nat.*, XXIV.
(4) *Rigved.*, edit. Rosen, p. 180. H. xci, sloka 1.

lébore, parle d'une invocation adressée à Apollon, mais ne nomme pas Diane.

PLATIA.

ΠΛΑΤΕΙ. Tête casquée de Pallas, à droite.

ꝶ. ...ΛΑΤΙΟ... Chouette tournée à droite; devant elle une branche d'olivier. Æ. 4, p. 29, n° 5.

Étienne de Byzance cite Platia, Πλάτεια, après les Cyclades.

Voici le récit d'Hérodote, dans lequel il est question de l'île de Platia, qu'il écrit Platæa, Πλάταια (1).

« On fut sept ans à Théra sans qu'il plût, et tous les arbres y périrent de sécheresse, excepté un seul. Les Théréens ayant consulté l'oracle, la pythie leur reprocha de n'avoir point envoyé en Lybie la colonie qu'elle leur avait enjoint d'y expédier. Comme ils ne voyaient point de remède à leurs maux, ils députèrent en Crète pour s'informer s'il n'y avait point quelque Crétois ou quelque étranger qui eût voyagé en Lybie. Les envoyés parcoururent l'île, et étant arrivés à Itanos, ils y trouvèrent un teinturier en pourpre, nommé Corobius, qui leur dit qu'ayant été poussé vers la Lybie par un vent violent, il avait abordé à l'île de Platia de Lybie. Une récompense qu'ils lui donnèrent le détermina à les accompagner... Et l'y ayant conduit, ils le laissèrent avec des vivres pour quelques mois. Comme ils furent plus longtemps absents qu'ils n'en étaient convenus, Corobius se trouva dans une très grande disette; mais un vaisseau de Samos, qui allait en Égypte, étant abordé à Platæa, lui laissa des vivres pour un an. Les Théréens de retour dans leur île dirent qu'ils avaient commencé une habitation dans une île attenante à la Lybie. Là-dessus il fut résolu que de tous leurs cantons, on enverrait des hommes, que les frères tireraient entre eux au sort, et que Battus serait leur roi. En conséquence, on envoya à Platæa deux vaisseaux de cinquante rames chacun. Telle est la manière dont les Théréens racontent cette histoire. Les Cyrénéens sont d'accord avec eux en tout, excepté en ce qui concerne

---

(1) Hérod., lib. IV, xli à xlvii.

une couronne de feuillage. Æ. 3. Il est difficile de savoir ce que tient la déesse sur la main gauche. P. 39, n° 8.

Clanudda, d'après la table de Peutinger, est située entre Alydda (l'Iluza moderne) et Philadelphie, à environ un demi-degré au nord-ouest d'Apamée Cibotus, dans cette partie de la Phrygie appelée Pacatiana.

Aucun auteur au surplus ne mentionne cette ville.

Le modius et le voile qui distinguent la figure que représente le revers de cette médaille, caractérisent bien une divinité asiatique. Le culte de Cybèle était si répandu dans toute la Phrygie, que l'on est autorisé à voir cette déesse sur la monnaie de Clanudda.

EUBROGIS DE GALATIE.

Tête de femme tourrelée, à droite, sur le cou une contremarque.

℞. ΕΥΒΡ. Vase à deux anses; dessous, un épi. P. 39, n° 9.

Ce qui frappe dans cette médaille, c'est l'étroite ressemblance de la tête tourrelée qu'elle porte au droit avec celle que nous montrent les monnaies de Sinope et d'Amisus de Pont.

L'Itinéraire d'Antonin, qui place Eubrogis à 20 milles à l'est de Sarmalium, à 24 milles à l'ouest d'Adapara, à 78 milles à l'est d'Ancyra et à 48 à l'ouest de Tavia, détermine si exactement sa position, que l'on ne peut chercher en aucune façon à rapprocher cette ville des deux cités du Pont, que j'ai nommées.

Néanmoins je ne puis m'empêcher de regarder la tête de la monnaie d'Eubrogis comme une imitation.

La contremarque est une circonstance assez frappante dans ce cas, car on sait que bon nombre de médailles de Sinope présentent les mêmes surfrappes. Il est vrai que ces monnaies sont d'argent, et que par conséquent on avait intérêt à leur conserver un cours certain, après que la fraude de faussaires avait fait perdre la valeur à un type que l'on savait contrefait. Diogène Laërce nous apprend qu'Icésias, père du philosophe

Diogène, avait été obligé de s'enfuir de Sinope, après avoir fait de la fausse monnaie (1).

D'après les indications de l'Itinéraire, on serait tenté de croire qu'Eubrogis est l'Eccobriga des atlas de Reichard et de d'Anville ; car la position de cette dernière ville, sur le bord du fleuve Halys, répond complètement aux distances que je viens de donner.

(1) Διογένης, Ἰκεσίου τραπεζίτου, Σινωπεῖς· φησὶ δὲ Διοκλῆς, δημοσίαν αὐτοῦ τὴν τράπεζαν ἔχοντος τοῦ πατρὸς, καὶ παραχαράξαντος τὸ νόμισμα, φυγεῖν. Diog. Laert., lib. VI.

NOTICE

SUR

QUELQUES MÉDAILLES GRECQUES

(Extrait du tome VIII de la *Revue numismatique*, 1843, pp. 413-436.)

En publiant dans le quatrième numéro de la Revue de cette année (1) les explications que me semble comporter le type de quelques monnaies grecques de la Bibliothèque Royale, je n'avais fait que proposer timidement certaines idées fondées assurément, je le crois, mais qui peuvent ne pas paraître telles à tous les antiquaires. Maintenant que la plupart des numismatistes ont cru devoir restreindre leurs études aux monuments du moyen âge, il est hardi et presque dangereux d'élever la voix en faveur de recherches qui inspirent peu de sympathies, et de parler un langage pour ainsi dire oublié. C'est donc avec un vif sentiment de plaisir que j'ai lu la note dans laquelle M. J. de Witte accorde un précieux suffrage à l'opinion que j'ai émise touchant le type d'Euryménée. Non seulement ce savant archéologue admet l'allusion que j'entrevoyais dans le cep de vigne et le cratère, mais il corrobore cette idée en expliquant d'une manière aussi ingénieuse que solide la présence d'un dauphin au milieu de symboles dionysiaques. Je dois avouer que je suis d'autant plus coupable de n'avoir pas trouvé cette interprétation que j'ai très présents à la mémoire les bas-reliefs du monument choragique de Lysicrate, dont j'ai deux années de suite examiné les plâtres dans le Musée Britannique (2).

(1) V. l'article précédent.
(2) V. Stuart, *Description d'Athènes*, t. I, ch. iv, pl. xxx.

La frise de ce monument, auquel Praxitèle avait travaillé, ainsi que le prouve l'inscription découverte par M. Pittakys, représente, entre autres sujets dionysiaques, la destruction des pirates tyrrhéniens. Trois de ces antagonistes du fils de Sémélé ont déjà toute la partie supérieure du corps changée en dauphin et se précipitent dans les flots (1).

Il était d'autant plus nécessaire de rendre compte du dauphin qui se voit sur la monnaie d'Euryménée, que ce poisson ne se trouve d'ordinaire en rapport qu'avec Neptune ou des nymphes crénæennes, et qu'il n'apparaît ici que pour exprimer par sa situation exceptionnelle une idée évidemment d'un ordre particulier.

Puisque je reviens sur les médailles précédemment décrites, je dois ajouter que je n'avais pas osé dire toute ma pensée sur le type d'Eubrogis de Galatie. Le vase à boire réuni à un épi, accompagné des lettres EYBP, m'avait d'abord frappé comme tout à fait significatif.

N'est-il pas probable, en effet, qu'en n'écrivant pas en entier le nom du peuple qui a fait frapper la monnaie, on a voulu, par un artifice tout à fait dans l'esprit de l'antiquité, laisser la possibilité de faire un jeu de mots?

Si l'on complète cette inscription au moyen d'un composé des verbes βρέχω ou βρώσκω et de l'adjectif εὖ, on pourra lire εὔβροσις ou εὔβροχις qui tout en offrant avec le nom de la ville une ressemblance très étroite, s'appliquent parfaitement au type de la monnaie.

Je crois qu'en général les allusions fondées sur un mot abrégé, qui peut se compléter de plusieurs manières, sont beaucoup plus fréquentes qu'on ne le pense dans la numismatique ancienne, et j'aurai l'occasion de revenir plusieurs fois sur ce sujet.

Quant au choix d'un type qui n'est que l'expression approchée du nom de la ville qui a fabriqué la monnaie, nous en

---

(1) V. Pittakys, *l'Ancienne Athènes*, p. 170. Ce savant Hellène fixe, d'après une inscription, la date du monument à l'an 336 avant J.-C.

avons des exemples qui ont été admis par un antiquaire si éminent qu'ils peuvent faire loi (1).

C'est ainsi que le κότινον est reconnu pour l'emblème de l'île de Κύθνος.

Un numismatiste de Smyrne, M. H. Borell, a tout récemment publié (2) un moyen bronze d'Antycira de Phocide, tout semblable à celui dont j'ai expliqué le type dans ce recueil. Seulement le savant numismatiste a lu Ἀντικυρίεων au lieu d'Ἀντικυρεων, que porte la médaille de la Bibliothèque Royale, et tout en reconnaissant comme moi un flambeau dans la main de la déesse, il a pris cette dernière pour une Proserpine, sans faire attention qu'un ajustement *succinct* ne conviendrait pas à ce personnage mythologique.

Je suppose que la médaille de M. Borell est mal conservée, et dans tous les cas elle ne saurait porter la légende Ἀντικυρίεων qui ferait du nom de la ville Anticyria. Peut-être au lieu d'un *iota* faut-il voir un second P, ce qui serait conforme à la leçon de Strabon, Ἀντίκυρρα.

TARENTUM DE LUCANIE.

Cavalier armé d'une lance, à droite.

℞. Taras sur un dauphin, tenant une quenouille sur son épaule ; dessous ΦΙ et des vagues ; dans le champ une cigogne. AR. $4\frac{1}{2}$.

Les antiquaires sont d'accord sur la signification de la quenouille chargée de laine que tient le héros. C'est le symbole de l'excellence des étoffes de laine qui rendirent Tarente célèbre dans toute l'antiquité. M. Raoul-Rochette a dernièrement encore consacré cette explication qu'il a fortifiée par de nouvelles preuves, et dont il a tiré d'utiles conséquences (3).

Quant au type accessoire de la cigogne, il rappelle l'histoire d'un oiseau de cette espèce qui avait été guéri par une femme

---

(1) M. Celestino Cavedoni. Voyez le *Spicilegio Numismatico* de cet auteur.
(2) *Numismatic Chronicle*, october 1843, p. 124.
(3) *Mémoires de numismatique et d'antiquité*. Paris, 1840, p. 213 et suiv.

veuve de Tarente, et qui l'année d'ensuite avait rapporté à sa bienfaitrice une pierre précieuse en signe de gratitude. Cette légende était assez célèbre à Tarente, puisqu'elle a été rapportée par Ælien (1), et l'oiseau pieux aura été choisi comme épisème par un magistrat, dont nous connaissons les initiales ΦΙ, et qui vraisemblablement se nommait Φίλοικτος, Φιλόζωος, Φιλόχθος ou de quelque autre nom de formation analogue. Les intéressantes recherches de M. Fiorelli (2) nous ont prouvé qu'à Tarente, comme dans beaucoup d'autres villes, les types accessoires font allusion aux noms de magistrats qui les accompagnent, et c'est parce que je n'ai pas trouvé la cigogne parmi les *simboli aggiunti*, dont l'antiquaire napolitain a donné la liste, que j'ai cru devoir faire connaître ce type en proposant l'explication qui me paraît la plus naturelle.

AGRIGENTUM DE SICILE.

Crabe dont la carapace porte les traits de Méduse; dans le champ un grain d'orge et une cigale; sous le crabe un crustacé (langouste).

℞. Lièvre déchiré par deux aigles, dont l'un crie. AR. 5. P. 55, n° 1.

Les monnaies des villes de Pupluna (Populonia) et de Camarina représentent une tête de Méduse de face. « Clément d'Alexandrie, citant Epigènes qui expose les paroles d'Orphée, nous éclaire à ce sujet. Il rapporte qu'Orphée appelle : ἀργίδα τὴν νύκτα διὰ τὴν ἀνάπαυσιν, καὶ ΓΟΡΓΟΝΙΟΝ τὴν σελήνην διὰ τὸ ἐν αὐτῇ πρόσωπον (la nuit, Argida, à cause de son calme, et la lune, *Gorgonium*, en raison du visage que l'on y voit). Comme les anciens artistes suivirent pour la plupart l'autorité des poètes dans l'exécution de leurs œuvres, il est aisé de croire que souvent ils auront, d'après l'oracle d'Orphée, caché la lune sous le symbole de la Gorgone. S'il en est ainsi, je suis

---

(1) *De natura animalium*, VIII, 22.
(2) *Osservazioni sopra talune monete rare di città greche*. Naples, 1843.

naturellement porté à penser que par ce type du masque on a voulu indiquer la lune comme faisant allusion au nom de la ville PVPLVNA. Car ce mot me paraît composé de deux radicaux, tout aussi bien qu'un grand nombre de noms de villes, tels que Jérusalem, Néapolis, Centumcellæ, etc.; et pour ce qui est de *Pupluna*, Mazochi n'en doute pas, quoiqu'il soit d'un avis différent du mien. Quoi qu'il en soit de la syllabe PVP que, dans l'ignorance où l'on est de la langue étrusque, je n'oserais définir, il est certain que LVNA est étrusque, quoique probablement d'origine orientale (car Vossius tire ce mot de l'hébreu לין, *pernoctare*) et que les Étrusques ont désigné sous le nom de *Luna* l'astre de la nuit. La ville de Luna, une des douze cités étrusques, fournit un argument irréfragable à l'appui de cette assertion, car son nom vient de ce que son port était entouré de montagnes disposées en croissant; ce qui non seulement ressort du témoignage de Strabon, mais encore du dire du Pseudocornutus qui, à propos de l'expression de Perse : *Lunai Portum*, ajoute *qui, propter curvationem, Portus Lunæ vocatur.* »

« Je trouve une nouvelle preuve en faveur de mon opinion dans les monnaies de Camarina; car, en voyant sur ces monuments un masque de Gorgone, semblable à celui de Populonia, je me suis demandé si un type identique ne demande pas une explication identique, et j'ai trouvé qu'ainsi que Pupluna tire son nom de *Luna*, Camarina dérive le sien du nom du même astre, mais dans une autre langue. *Karam* en arabe signifie lune, et non seulement la Lune ou Lunus a été connue sous ce nom dans les villes grecques, mais elle recevait sous ce même nom un culte public, ainsi que le constate la monnaie de Nysa de Carie, sur laquelle l'image du Lunus est accompagnée de la légende **KAMAPEITHC**. »

On sera curieux de savoir à quel jeune antiquaire, à quel imprudent novateur j'emprunte ces lignes où l'on fait intervenir les étymologies orientales dans l'explication des traditions grecques-italiotes.

Je me hâte de déclarer que ce hardi interprète de l'antiquité

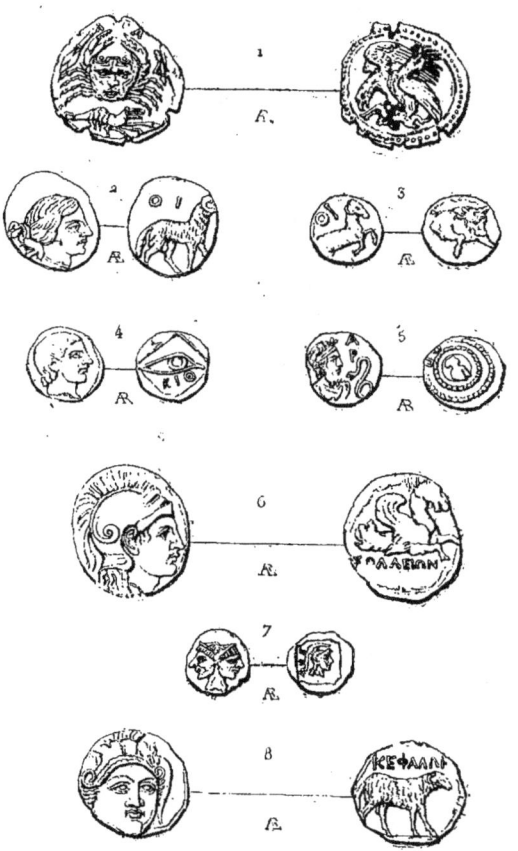

n'est autre que le docte Eckhel (1), le plus circonspect, le plus positif, le moins symboliste de tous les archéologues.

M. le duc de Luynes, en reprenant ce sujet, s'est attaché non plus seulement à établir la parité qui existe entre le Gorgonium et la lune, mais à démêler la valeur symbolique de ce mythe (2). L'illustre académicien déduit d'un grand nombre d'autorités, qu'il cite et qu'il commente, que la véritable tête d'Hécate infernale était le Gorgonium, que rien n'était plus naturel que de prendre pour symbole funèbre cette tête redoutable, dont le seul aspect donnait la mort, et que les combinaisons monstrueuses du Gorgonium avec les corps de divers animaux étaient bien dignes d'être ensevelies dans les tombeaux, et d'y représenter le séjour infernal des ombres, des apparitions et des fantômes dont Hécate est la souveraine (3).

Maintenant je dois faire voir que le crabe est un animal lunaire, et ceci ressort de la lecture des écrivains de l'antiquité aussi bien que de l'examen des monuments.

Le crabe était consacré à la Lune, suivant Porphyre : καὶ προσγειότατος μὲν ὢν ἡμῖν ὁ καρκίνος, εὐλόγως τῇ προσγειοτάτῃ σελήνῃ ἀπεδόθαι. La raison est sans doute fort mauvaise et digne de l'époque à laquelle vivait Porphyre ; mais le fait est constant. En faisant l'énumération des signes du zodiaque consacrés aux divinités, le même auteur ajoute : καὶ σελήνης λοιπὸν καρκίνον (4). Les statues de Diane d'Éphèse portent au cou un crabe, et une pierre gravée de la Bibliothèque Royale représente cet animal placé vis-à-vis d'une tête de la lune. Ce rapport du crabe était peut-être fondé sur des observations naturelles telles que celles dont Pline, Aristote, Ælien nous ont gardé le souvenir. *Omnia ejus generis (cancri) hieme læduntur, autumne et vere pinguescunt et plenilunio magis* (5). Les crustacés, crabes, pagures, etc., ont cela de particulier que, lorsque

---

(1) *Numi veteres anecdoti.* Vienne, 1775, p. 14 et suiv.
(2) *Études numismatiques sur quelques types relatifs au culte d'Hécate.* Paris, 1835.
(3) *Études numismatiques,* chap. II, p. 77.
(4) *De Antro Nymphar.*, Rom.
(5) Plin., *Hist. nat.*, lib. IX, cap. 51.

la *lune* décroît, ils s'affaiblissent et se vident (1). Peut-être la forme de la carapace et des pinces du crabe le faisait-il regarder comme une représentation vivante de la pleine lune et du croissant. Il est vraisemblable aussi que l'habitude qu'ont certains crabes de marcher ou se diriger vers l'eau pendant la nuit, les a fait comparer à l'astre qui, aux mêmes heures, trace sa route dans le ciel pour se plonger dans l'Océan. Une circonstance remarquable est que le radical arabe *cárab* signifie : *Ivit itinere nocturno, ut mane ad aquam perveniret* (2). J'aimerais autant cette origine pour le mot κάρκος que le τῷ κάρα βαίνει indiqué par M. Duméril dans le *Dictionnaire des Sciences naturelles* (3). Enfin pour hasarder une dernière conjecture, le nom de Maia, donné au crabe, a peut-être pris naissance dans l'Orient, soit du mot arien *mao*, lune, soit du mot sémitique *ma, maia*, eau.

Quoi qu'il en soit, le crabe et la lune étaient si bien identifiés que dans l'astronomie et l'astrologie, on a dit indistinctement *porte du Cancer* ou *porte de la Lune*, pour désigner cette ouverture ou tropique par lequel les âmes descendaient sur la terre (4).

Qu'il nous suffise d'avoir indiqué pourquoi le crabe et le Gorgonium étant, pris séparément, des symboles lunaires, ont pu être réunis pour exprimer d'une manière complète la personnification de la Lune, déesse du port d'Agrigente.

OETAEI DE THESSALIE.

Buste de Diane, tourné à droite; ses cheveux sont noués derrière la tête; sur son épaule se voit un carquois.

℞. OI. Bélier, debout, marchant à droite. Æ. 4. (P. 55, n° 2.)
Partie antérieure d'un taureau, à droite.
℞. OI. Partie antérieure d'un bélier. Æ. 2. (P. 55, n° 3.)

(1) Ælian., *De Nat. animal.*, lib. IX, cap. 17.
(2) Freytag, *Lexicon arabico-latinum*, p. 494.
(3) T. XI, p. 299.
(4) Félix Lajard, *Mémoire sur deux bas-reliefs mithriaques*, 1840, in-4°.

Je crois que le bélier figure ici en raison de son nom Οἶς; le buste de Diane s'explique comme celui d'une divinité, *archer* qui lance des traits, ὀϊστευτὴς (1). Quant au taureau qui galope presque de face, il semble οἰστρήεις, c'est-à-dire emporté et furieux par suite de la piqûre du taon.

CITHRUM DE THESSALIE.

Tête à droite.

ꞅ. ΚΙΘ. Œil; le tout dans un carré creux. AR. 2. (P. 55, n° 4.)

La ville de Cithrum, aujourd'hui Zotriwar, est mentionnée par Théophraste comme un lieu bas et humide (2).

La fabrique de cette monnaie est tout à fait thessalienne; et l'œil posé en diagonale dans un carré creux rappelle le bouton de fleur des médailles de Pheræ, de Scotusa.

Ce type de l'œil (peut-être le Κιθὼν χερχτοειδής), jusqu'à présent inconnu dans la numismatique, est très fréquent sur les vases peints.

Sur ces derniers monuments il me semble que l'œil doit avoir une intention funèbre; presque toujours il est associé au gorgonium (3) et complète avec ce symbole un système de décoration très convenable pour des ornements de tombeau.

Un passage très curieux de Plutarque nous indique suffisamment quel rapport les anciens établissaient entre l'œil et Proserpine : Κόρη, dit cet écrivain, δ' ἐν σελήνῃ (ἐστιν) καὶ (κυρία) τῶν περὶ σελήνην· Κόρη δὲ καὶ Περσεφόνη κέκληται, τὸ μὲν, ὡς φωσφόρος οὖσα, Κόρη δὲ, ὅτι καὶ τοῦ ὄμματος, ἐν ᾧ τὸ εἴδωλον ἀντιλάμπει τοῦ βλέποντος, ὥσπερ τὸ ἡλίου φέγγος ἐνορᾶται τῇ σελήνῃ, κόρην προσαγορεύομεν (4).

On sent très bien que Plutarque, philosophe rationaliste,

---

(1) Une autre monnaie des Oetæi porte la tête d'Apollon (ὀϊστευτὴς), et au revers, avec la légende ΟΙΤΑΙ, un fer de trait, ὀϊστὸς et une mâchoire de lion. Une demi-drachme du même peuple montre le fer de trait dans la gueule du lion.

(2) Τῆς τε γὰρ Θετταλίας περὶ Κίθρον μάλισθ', ὡς εἰπεῖν, ἔκπηξίς ἐστιν· ὁ δὲ τόπος κοῖλος καὶ ὕφυδρος. *De caus. plant.*, lib. V, cap. xiv, 4.

(3) J. de Witte, *Catalogue Durand*, nos 10, 27, 34, 35, 37, 88, 122, 126, 167, 206, 209. — *Catalogue Canino*, nos 30, 39.

(4) *De facie in orbe lunæ*, cap. xxvii.

cherche à expliquer physiquement une croyance ancienne. Plus loin, le même auteur ajoute : Autrefois les Athéniens appelaient les morts les gens de Cérès, τοὺς νεκροὺς Ἀθηναῖοι δημητρείους ὠνόμαζον τὸ παλαιόν. La mort est dans la lune soumise à Proserpine : θάνατος... δ' ἐν τῇ σελήνῃ τῆς Περσεφόνης. J'ai exposé plus haut l'opinion de célèbres antiquaires sur la valeur symbolique de la Lune-gorgone ; je pense que l'œil-Proserpine est une autre forme de la même idée, et je m'explique la présence de cet œil sur des vases placés dans les tombeaux par la raison qui a fait sculpter si souvent l'enlèvement de Proserpine sur des sarcophages (1).

La tête qui se voit au droit de la monnaie de Cithrum est du plus ancien style grec ; c'est probablement un portrait d'Apollon.

PHARCADON DE THESSALIE.

ΟΓ. Bouclier sur lequel est un pied de taureau.

℞. [Φ]ΑΡ. Buste d'Æsculape, les cheveux retenus par une bandelette ; devant le dieu, un serpent qui se dresse en repliant la tête. AR. 2. (P. 55, n° 5.)

Cette monnaie, décrite par Mionnet parmi les *Incertaines*, sous le n° 173, me semble appartenir à Pharcadon de Thessalie ; le pied de taureau est une abréviation du type ordinaire de cette ville, de même que sur les monnaies de Cranium de Céphallénie, le pied du bélier remplace quelquefois l'animal complet (2).

Le type du taureau, commun à plusieurs villes de Thessalie, peut s'expliquer comme le fait M. de Cadalvène (3), à l'aide du passage de Paléphates (4), qui raconte comment, du temps d'Ixion, roi de Thessalie, quelques jeunes hommes qui avaient dressé des chevaux poursuivirent et parvinrent à détruire des troupeaux de taureaux furieux qui ravageaient le mont Pélion.

---

(1) Cf. *Catalogue du Capitole*, p. 42, n° 28. Bouillon, *Mus. des Antiq.*, pl. III, etc.
(2) Bosset, *Médailles de Céphal. et d'Ithaque*, pl. II.
(3) *Recueil des médailles grecques*, p. 127.
(4) Palephat, *De incredib.*, § 1.

Les médailles de Larissa nous ont conservé pour ainsi dire une série de tableaux retraçant les scènes principales de cette chasse. Ainsi, sur une drachme décrite par Mionnet (1), un jeune homme monte un cheval lancé au galop, et semble poursuivre le taureau qu'il menace du bras et qui, au revers, est en fuite.

Sur une autre drachme, le cavalier vient de saisir le taureau par les cornes et le cheval attend la bride sur le cou (2). Enfin, sur une troisième, la lutte est engagée et l'éphèbe est soulevé par l'effort que fait le taureau pour se défendre (3).

La drachme de Pharcadon qui représente un homme luttant avec un taureau qu'il tient par les cornes, comme celle de Crannon qui porte le même sujet (4), a emprunté son type à la tradition commune à toute la contrée.

Le buste d'Æsculape nous fait souvenir que Pharcadon était la ville la plus voisine de Tricca, lieu de naissance de ce dieu, à qui l'on y avait élevé un temple célèbre (5).

SOLLIUM D'ACARNANIE.

Tête casquée de Minerve, à droite.

℟. ΣΟΛΛΕΙΩΝ. Partie antérieure d'un cheval ailé. Æ. 5. (P. 55, n° 6.)

Étienne de Byzance nous a conservé le nom de Sollium avec la même orthographe que dans notre médaille, Σολλείον. Du reste cette ville n'est mentionnée dans l'histoire qu'une seule fois.

Thucydide raconte qu'au commencement de la guerre du Péloponèse, les Athéniens qui côtoyaient la péninsule avec cent vaisseaux, prirent Solium (Σόλιον), petite ville (πόλισμα) fondée par les Corinthiens et la livrèrent ainsi que son territoire aux Acarnaniens de Palæra (6).

(1) Supplément, n° 178.
(2) Id., n° 176.
(3) Corps d'ouvrage, n° 107, n°ˢ 26 à 28.
(4) Panofka, *Annales de l'Institut archéol.*, t. V, p. 132.
(5) Strabon, lib. VIII et lib. IX.
(6) Thucyd., lib. II, 30.

Le scholiaste ajoute que Sollium était situé en Acarnanie : la fabrique de notre médaille s'accorde avec ce témoignage, car elle est tout identique à celle des bronzes d'Acarnanie *in genere* et des Œniadæ.

Quant au type, il a conservé quelque chose de corinthien ; la tête de Minerve et le Pégase étant, ainsi qu'on le sait, les sujets ordinaires que nous montrent les nombreuses monnaies de Corinthe et de ses colonies. Il n'est pourtant pas possible de faire remonter l'âge de notre médaille jusqu'au temps de la guerre du Péloponèse ; une semblable pièce n'a pu être frappée avant 430 (av. J.-C.), année de la prise de Sollium ; elle doit être d'un siècle et demi plus moderne.

Reichard et d'Anville placent Sollium sur la côte sud-ouest de l'Acarnanie en face des îles Carnus et Ithaque.

ATHENAE.

Double tête de femme assemblée à la manière des Janus.

℞. ΑΘΕ. Tête casquée de Minerve, à droite. Le tout dans un carré creux. AR. 2. (P. 55, n° 7.)

Combe (Musée Hunter, tab. 10, n° xxvi) a figuré une tétrobole sur laquelle on voit une tête double, évidemment mal rendue, puisque le nez, les yeux, les cheveux, rien n'est en rapport avec ce que nous connaissons de la fabrique primitive athénienne.

Une triobole publiée par le même auteur (tab. 10, n° xxvii) nous montre d'un côté une tête casquée de Minerve d'ancien style, et de l'autre une tête nue de femme accompagnée des lettres ΑΘΕ rétrogrades et de deux feuilles d'olivier. Je regarde cette tête comme une seconde représentation de la Vierge antique, et c'est précisément cette même tête que nous voyons double sur l'obole inédite que j'ai entreprise d'expliquer.

La nature complètement féminine de la double tête se prouverait au besoin par l'examen des monnaies de Lampsaque qui présentent le même type : une double tête de femme au revers d'une Minerve casquée (1).

(1) Notamment une belle drachme, rapportée de Grèce par M. Charles Lenormant, sur laquelle la tête double a de longs cheveux.

En expliquant les peintures d'une hydrie qui appartient à M. le comte Alberic du Chastel, M. de Witte a donné de la double Minerve qui décore ce vase, une interprétation qui ne laisse rien à désirer (1).

Il résulte en effet du témoignage d'Apollodore que Minerve se divisait en deux personnes, Athéné et Pallas, dont l'une tua l'autre. Ce thème d'une existence complexe, qui se termine par la destruction d'une moitié par l'autre, cet antagonisme fraternel, commun aux Dioscures, se rattache à l'idée de dualisme si répandue dans l'antiquité.

Sur l'hydrie publiée par M. de Witte, la double Minerve est casquée (2); mais les monuments qui représentent cette déesse la tête nue, sans être très nombreux, ne nous manquent cependant pas.

Je mentionnerai d'abord un beau vase de très ancien style (de la collection de la Bibliothèque Royale), sur lequel est peint le combat d'Hercule et des Ligures; ce héros est accompagné, comme dans tous ses travaux, d'une Minerve, cette fois sans casque. Je citerai ensuite le monument qui illustre le mieux notre médaille; c'est une amphore inédite placée dans la grande salle de la Pinacothèque, à Munich, dont le sujet est une *Minerve double*, bien reconnaissable à l'égide dont elle est armée, à la chouette qui est à ses pieds, et ayant la *tête nue*.

CEPHALLENIA.

Tête casquée de Minerve, posée de face.

ɴ. **ΚΕΦΑΛΛΗ**..... Bélier, à droite. Æ. 5. (P. 55, n° 8.)

Voici le premier monument numismatique appartenant d'une manière incontestable à l'île de Céphallénie *in genere*. La légende ne permet aucun doute à cet égard.

Mionnet décrit, dans son corps d'ouvrage, trois médailles, et neuf autres dans son supplément, qu'il attribue à Céphal-

---

(1) *Bulletin de l'Académie royale de Bruxelles*, t. VIII, n° 1.
(2) Voy. les nouveaux détails sur la double Minerve donnés par MM. Lenormant et de Witte, *Élite des monuments céramographiques*, t. I, p. 290.

lénie. Je crois nécessaire de comparer entre elles toutes ces pièces et d'en réduire la liste aux variétés bien réelles, puis d'examiner si toutes doivent être conservées à cette localité.

(*a*) Les n°s 1 de la *Description*, 4, 5 et 6 du *Supplément* ne sont qu'une seule et même médaille différemment décrite par les antiquaires auxquels M. Mionnet en a emprunté la notion ; le n° 3 du *Supplément* n'est qu'une variété de cette médaille sur laquelle la tête de femme, regardée comme une Cérès, est tournée à gauche au lieu de l'être à droite.

(*b*) Le n° 2 du *Corps* d'ouvrage et le n° 7 du *Supplément* ne sont aussi que des variantes de description d'une même médaille.

(*c*) Les n°s 3 du *Corps* d'ouvrage et 9 du *Supplément* se réduisent encore à un seul individu.

(*d*) Enfin, il en est de même pour les n°s 1 et 2 du *Supplément*.

Les médailles (*a*), attribuées par Torremuzza à Cephaloedium de Sicile, puis placées à Céphallénie (en raison d'une étude plus attentive du revers qui représente le chasseur Céphale bien déterminé par la légende ΚΕΦΑΛΟΣ), ont été rendues aux Pallensès, peuple de la même île, dont le nom se trouve indiqué par les lettres ΠΑ qui occupent le champ du droit, et M. Mionnet avait, sur la foi d'Eckhel, décrit ces médailles au chapitre de ces deux dernières localités. L'attribution aux Pallensès est aujourd'hui généralement admise, et M. de Cadalvène a reconnu dans la tête de femme, jeune et coiffée comme les nymphes locales qui se voient sur tant de médailles, le portrait de Procris, cette épouse fidèle du héros éponyme de l'île.

La médaille (*b*), tirée, suivant Mionnet, des *Numismata* de Pembroke (part. II, tab. 3), ne se trouve pas dans cet ouvrage. M. de Cadalvène (p. 183), [décrit en effet cette même pièce comme inédite ; elle porte d'un côté la tête de Céphale, coiffée d'un bonnet, et de l'autre la tête de Procris.

Les médailles (*d*), gravées dans les descriptions du Musée Britannique (tab. VII, 20) et de la collection Hunter (tab. XVI, 23), ne portent pas de légende et peuvent avoir été frappées à Cranium.

Enfin, la médaille (c), à laquelle je joindrai deux pièces inédites, qui n'en diffèrent pas dans le type essentiel, reçoit une nouvelle lumière du bronze décrit en tête de ce paragraphe. En voici d'abord la description.

Tête tournée à droite.

℞. KE. Tête de bélier; dessous, un aigle. Æ. 4.

La pièce suivante, récemment acquise pour la Bibliothèque Royale, offre des variantes qui ne sont pas sans intérêt.

KE. Tête laurée à droite; dessous, un caducée.

℞. Tête de bélier; dessous, un aigle. Æ. 5 $\frac{1}{2}$.

Ici la légende KE, transportée du côté de la tête, indique un portrait de Céphale que caractérise encore l'addition du caducée; on sait en effet que ce héros était fils de Mercure (1), et cette origine rend compte de la présence du bélier sur tant de médailles de l'île.

Un très petit bronze rapporté de Grèce par M. Lenormant, porte le type que voici :

Tête laurée, à droite.

℞. K. Tête de bélier. Æ. 1.

Lorsqu'on possède un monument certain de la numismatique de Céphallénie *in genere*, tel que celui que je publie ici, on n'a plus de motifs pour refuser à cette île les trois médailles qui précèdent. La tête de bélier a pu être désignée à la fois par κεφαλή et par κρανίον, et recevoir dans ce même pays cette double acception qui favorisait la tendance qu'ont toujours les types monétaires à se propager.

APTERA DE CRÈTE.

Tête laurée de Jupiter, à droite.

℞. ΑΠΤΑΡΑΙΩΝ. Mercure debout. AR. 3.

L'absence d'ailes au pétase et au caducée de Mercure me paraît une particularité remarquable qui constitue une allusion au nom de la ville.

(1) Ἔρσης δὲ καὶ Ἑρμοῦ Κέφαλος. Apollod., III, xiv, 3, 1.

CERAITÆ DE CRÈTE.

Tête d'Apollon à droite, ceinte d'une couronne de feuillage. ℞. KE. Fer de lance et fer de flèche. Æ. 4. P. 67, n° 9.

Cette monnaie a passé du cabinet de Hedervar dans celui de la Bibliothèque Royale de Paris.

Le type du revers est absolument le même que celui de la drachme d'argent qui porte la légende KEPAITAN, et qui existe à Paris et à Londres.

Sestini, considérant la conformité de types, n'a pas hésité à supposer des légendes identiques et avec une incompréhensible légèreté il a fait graver notre pièce de bronze (1) avec la légende complète KEPAITAN à une place où il n'existe pas la moindre trace de caractères dans l'original. Comme la présence de l'E lunaire l'embarrassait, il en fait un croissant au centre duquel il a placé une étoile, complétant ainsi le symbole bien connu qui se voit sur tant de médailles d'Asie. La médaille dont je donne ici la figure, provenant du musée du comte Wiczai, est bien la même qu'avait décrite Sestini, et il est aussi constant que sa légende se réduit à deux lettres.

La couronne qui, sur la monnaie d'argent, entoure les deux armes, n'est certainement pas de laurier, je crois qu'elle est composée de tiges de la plante κεράϊνς. Le rameau qui ceint la tête de la monnaie de bronze me paraît de la même nature.

La drachme représente, au droit, au lieu d'une tête d'Apollon, celle d'une femme coiffée d'une couronne à longues pointes courbes et rapprochées. Ce type rappelle l'ajustement de tête des figures hiératiques publiées par Visconti dans les *Monumenti inediti*, et que cet illustre antiquaire considérait comme les *Heures* (2), ou des vierges lacédémoniennes accomplissant les rites de Diane à Carye. Zoéga voyait dans ces figures des esclaves consacrées (ἱερόδουλοι) au culte de Vénus, et M. Millingen enfin pense que ce sont des amazones.

(1) *Descrizione di molte medaglie grecche*, p. 96, tab. XIII, n° 7.
(2) *Monumenti inediti*, p. 57, n°s 47 et 48.

Quoi qu'il en soit de ces diverses opinions, je suis porté à croire qu'ici la tête féminine entourée de pousses cornues de palmier ou de roseau n'a été choisie qu'en sa qualité de κεραϊστής.

ARGOS DE CRÈTE.

Tête casquée de Minerve, à gauche.

ฬ. ΑΡΓΕΙΩ. Chouette, à gauche; dans le champ un arc. Æ. 2. P. 67, n° 10.

CHERSONESUS DE CRÈTE.

Tête casquée de Minerve, à droite.

ฬ. ΧΕΡΣ. Chouette; dans le champ, ΣΥ. Σ. Æ. $3\frac{1}{2}$. P. 67, n° 11.

POLYRHENIUM DE CRÈTE.

Tête casquée de Minerve, à droite ; sur la joue de la déesse, MA en contremarque.

ฬ. ...ΛΥΡΗ... Chouette; dans le champ, un arc. Æ. 3. P. 67, n° 12.

L'arc qui se voit dans le champ du revers de cette monnaie rappelle le type du beau tétradrachme publié par Mionnet, t. II, p. 293, n° 280, et qui représente un héros l'arc sur l'épaule.

On sait de quelle renommée jouissaient les archers crétois ; Pausanias cite ceux d'Aptère (1), et leur monnaie porte un arc pour type du revers.

Le tétradrachme de Cydonia décrit par Mionnet, t. II, n° 112, nous montre une figure tenant un arc qu'elle bande avec effort.

M. Cavedoni, dans son excellent mémoire intitulé : *Osservazioni sopra le antiche monete di Atene*, a donné la liste des tétradrachmes crétois, imités servilement de la monnaie d'Athènes. Ce sont ceux de Cydonia, de Gortyna, d'Hierapytna et

---

(1) Pausan., B. 372.

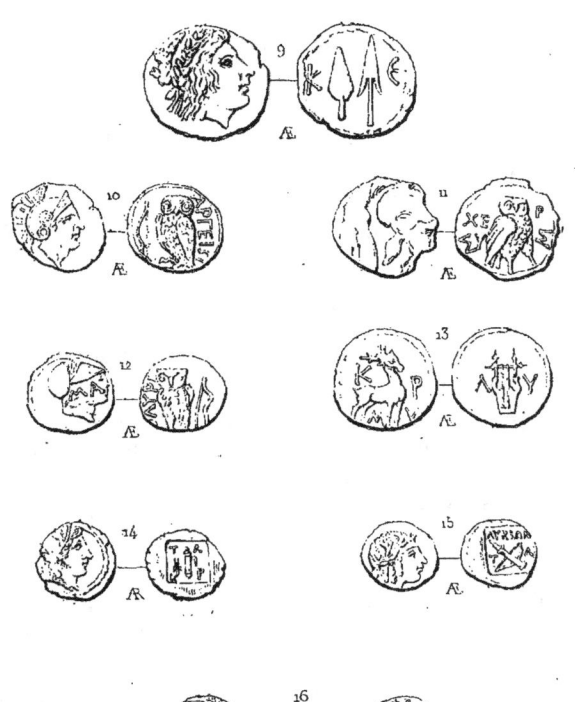

de Priansus; le savant archéologue, après avoir expliqué les symboles accessoires qui accompagnent sur la monnaie athénienne les noms de magistrats, et démontré que ces types sont des armes parlantes, fait observer qu'en substituant aux noms de magistrats leur propre nom, les villes ont fait placer dans le champ, comme épisème, un symbole local.

J'ai réuni ici trois monnaies inédites de bronze qui doivent avoir été fabriquées à la même époque que ces tétradrachmes, c'est-à-dire très probablement à l'époque où les Crétois et les Athéniens s'allièrent contre Philippe V de Macédoine (1).

Il est bon de faire remarquer que le type de nos trois monnaies est d'autant plus sûrement une imitation étrangère qu'il n'y a pas de chouettes en Crète, et que les oiseaux de cette espèce que l'on apportait dans l'île y mouraient aussitôt (2).

DARDANUS DE TROADE.

Cavalier, coiffé d'un chapeau plat, galopant à droite ; dessous, une chouette.

℞. ΔΑΡΔΑ. Coq ; devant, figure du Palladium. Æ. 4.

Cette médaille n'offrant qu'une légère variante du type des pièces décrites par Mionnet, t. II, n° 168 et t. V du supplément n° 371, je ne crois pas nécessaire de la figurer ; mais il m'a semblé important de proposer une explication du coq qui se voit sur toutes les médailles de cette ville. Je crois l'avoir trouvée dans un fragment d'Hellanicus, conservé par le scholiaste d'Apollonius de Rhodes (3). Cet écrivain nous apprend qu'Électre, mère de Dardanus (4), était aussi appelée Ἠλεκτρυώνη. Dardanus étant ainsi un Électrionide, il est tout naturel que les habitants de la ville qu'il avait fondée aient personnifié cette origine par un coq, ἀλεκτρυών. M. Cavedoni, à qui cette

---

(1) Pausan., Λ. 36, 4.
(2) Ælian., De Nat. animal., lib. V, cap. 2.
(3) I, 916. Ἐκεῖ (à Samothrace) ᾤκει Ἠλέκτρα ἡ Ἄτλαντος... ἥν φησιν Ἑλλάνικος Ἠλεκτρυώνην καλεῖσθαι.
(4) Apollodore, lib. III, cap. XII. Ἠλέκτρας δὲ Ἄτλαντος καὶ Διὸς Ἰασίων καὶ Δάρδανος ἐγένοντο.

remarque a échappé, a néanmoins fait observer que le type du cavalier coiffé d'un chapeau macédonien ou arcadien, représentait évidemment le héros Dardanus, venu de Samothrace ou d'Arcadie suivant que l'on adopte le récit de Diodore ou celui de Denys d'Halicarnasse. J'ajouterai que bien que le Palladium ait un sens aisément explicable lorsqu'il se rencontre sur un monument de la Troade, il peut avoir ici une valeur particulière, puisque Chrisé, en épousant Dardanus, lui apporta en dot les deux *Palladium* qu'il transporta en Asie et plaça dans la ville qu'il construisit près de l'Hellespont. Ces simulacres furent emportés de Dardanus par Ilus qui les plaça dans la citadelle de Troie. Un vase peint, publié par Millingen, nous montre Ulysse et Diomède, enlevant le double Palladium (1).

APERLAE DE LYCIE.

Dans la notice que j'ai dernièrement publiée sur une didrachme de Lycie du cabinet royal de Munich, j'ai mentionné les monnaies au type du triskèle et portant la légende ΓΛPEKΛΛ, *Péréclé*, que M. Sharpe croit être le nom lycien d'une *Héraclée* qui n'existe pas en Lycie et qu'il faudrait aller chercher entre Milet et le Méandre (2).

Après avoir examiné de nouveau cette opinion, je la considère comme tout à fait inadmissible.

Il se pourrait qu'une ville d'Héraclée eût existé en Lycie ; mais il ne nous en reste pas la moindre trace dans les inscriptions ou les écrits des anciens.

La lettre Γ figure dans les mots *Pattarazu*, *Kopalle*, *Zrppedone*, *Arppagos*, et la transcription grecque de ces noms nous fait voir qu'elle y entre comme labiale dure et non pas comme aspirée.

Que l'on suppose un instant la lettre Γ aspirée, on obtiendra tout simplement *Phéréclé* ; mais encore, de ce que le Φ a le

---

(1) Millingen, *Ancient unedited monuments ;* painted greek vases, p. 73.
(2) V. t. 1er des Œuvres de A. de Longpérier, p. 29.

son de F qui a la forme du digamma, il n'en résulte pas que le Φ soit un digamma, esprit qui ne paraît pas avoir existé dans la langue lycienne.

Je crois donc que le mot *Péreclé* est la forme originale du nom que Ptolémée orthographie Ἀπερραι, mais que l'on trouve sous la forme *Aperlæ* dans l'atlas de Reichard, auteur qui puise toujours aux meilleures sources. Une médaille unique de Gordien III, que possède la Bibliothèque Royale et que M. Millingen a publiée, donne ΑΠΕΡΛΕΙΤΩΝ parfaitement distinct (1) et tranche la question. Le savant antiquaire a néanmoins lu et fait graver Ἀπεραειτων, et fait remarquer que le nom de la ville doit s'écrire avec un seul P.

L'époque très ancienne à laquelle remonte la monnaie au triskèle et la date comparativement récente du grand bronze de Gordien III, suffisent pour expliquer le changement de forme de *Péreclé*, mot dans lequel le second E est bref (ou muet) en *Aperlæ*.

L'A initial peut n'être qu'un article qui se sera soudé par l'usage au nom de la ville ; c'est ainsi que la ville de Ῥάγα en Afrique est aussi écrite Ἥραγα. La chute du K est un de ces adoucissements si ordinaires qui ont modifié le sanskrit en zend, le pehlvi en persan, l'allemand en anglais. Qui sait d'ailleurs si en lycien le K devant un L ne s'évanouissait pas comme le *g* devant un *l* en italien?

Quant à l'orthographe Ἀπερραι donnée par Ptolémée, elle prouve seulement que la différence entre les lettres L et R, prononcées par les Lyciens, était insaisissable pour les oreilles grecques ; c'est ainsi que l'on a écrit Telmessus et Termessus, Tlos et Tros.

CRAGUS DE LYCIE.

ΚΡ. ΜΥ. Cerf debout, à droite. ℞. ΛΥ. Lyre. Æ. 4. P. 67, n° 13.

Cette précieuse médaille que M. Badeigts de la Borde a bien voulu me permetter de publier, offre un nouvel exemple d'al-

---

(1) *Recueil de quelques médailles grecques inédites.* Rome, 1812, p. 67.

liance monétaire entre les villes de la Lycie. On connaît déjà une pièce de fabrique analogue portant d'un côté une tête de Diane, accompagnée des initiales ΛΥ et de l'autre un carquois avec KP-ΞΛ, monnaie frappée pour Cragus et Xanthus. Un autre moyen bronze sur lequel Neumann lisait KPAN, Ξ, et dont il faisait en conséquence une monnaie de Cranium de Céphallénie (1), porte bien réellement KP ΞAN et indique un pacte monétaire en les deux villes de Cragus et de Xanthus, ainsi que je l'ai dit ailleurs (2).

Le petit bronze de M. de la Borde nous révèle une association entre Cragus et Myra.

TLOS DE LYCIE.

Tête laurée d'Apollon, à droite.
ꝶ. TΛ. KP. Lyre; dans le champ, caducée. AR. 2. P. 67, n° 14.
Tête laurée d'Apollon, à droite.
ꝶ. ΛΥΚΙΩΝ ΤΛ. Arc et carquois croisés. Æ. 2. P. 67, n° 15.

La première de ces médailles existe dans le médaillier de la Bibliothèque Royale; je dois la connaissance de la seconde à l'amitié de M. Arnold Morel-Fatio, qui l'a récemment acquise ; toutes deux ont été frappées, à la même époque, par cette ville de Tlos, au sujet de laquelle j'ai dans le précédent numéro de la Revue exposé les découvertes philologiques de M. Sharpe (3).

Le diobole porte les initiales de Cragus en signe d'alliance. Le caducée se voit déjà sur la monnaie d'argent de Pattara (4).

Je trouve dans la pl. 34 du second voyage en Lycie de M. Fellows, un petit bronze de Tlos qui diffère de celui-ci en ce que la tête qui est au droit paraît être celle d'une femme ou du moins un type d'Apollon androgyne, coiffé comme Diane.

(1) *Populorum et regum numi veteres*, t. I, p. 209.
(2) *Revue Numism.*, 1841, p. 408. — P. 24 du présent volume. Il n'y a pas à hésiter, puisque du côté de la tête d'Apollon se lisent les initiales génériques ΛΥ.
(3) *Rev. num.*, 1843, p. 334. — T. I des *Œuvres de A. de L.*, p. 29.
(4) Ch. Fellows, 2° voyage, p. 461.

APHRODISIAS DE CYRÉNAIQUE.

Tête, à gauche.

℞. **ΑΦΡ**. Bélier, à droite. Æ. 1. P. 67, n° 16.

Cette charmante monnaie me paraît appartenir à Aphrodisias, petite île qui, suivant Hérodote, se trouve sur le rivage de la Cyrénaïque, et dont Reichard fait dans son atlas un port situé près du 40° degré de longitude.

Le type du bélier est commun sur les médailles de cette province ; sans parler des moyens bronzes des rois Magas et Ptolémée Apion, les médailles d'Héracléo et de la Cyrénaïque proconsulaire nous montrent encore cet animal ; ce qui se rapporte à l'abondance des troupeaux dans cette partie de l'Afrique qu'Hérodote (1) appelle Λιβύη μηλοτρόφος, la Lybie *fertile en moutons* (2).

Comme il exista plusieurs villes qui portèrent le nom d'Aphrodisias, je crois devoir dire que je me suis décidé à classer à l'Afrique cette petite monnaie, non pas pour le vain plaisir d'enrichir la numismatique d'une nouvelle ville, mais parce que j'ai été frappé de l'analogie de fabrique qui existe entre cette pièce et un petit bronze frappé à Cyrène et décrit par Mionnet, t. VI, n° 124, p. 566.

---

(1) Herod., IV, cap. 169.
(2) Cf. duc de Luynes, *Annali dell' Instituto arch.*, t. V, p. 60. Le savant antiquaire, expliquant la coupe qui représente le roi de Cyrénaïque, Arcésilas, est d'avis que la matière blanche que des esclaves pèsent devant le monarque est de la laine, et ceci me paraît d'autant plus probable qu'une substance pulvérisable, comme l'*assa fœtida*, ne saurait être transportée dans des sacs de filet. Un mot tracé dans le champ de cette coupe, OPVXO, et qui ne s'applique à aucun des personnages de la composition, rappelle que la femme d'Arcésilas, celle qui, suivant Hérodote, vengea sa mort sur Léarque, se nommait Eryxo : Λέαρχον δὲ ἡ γυνὴ ἡ Ἀρκεσίλεω δόλῳ κτείνει, τῇ οὔνομα ἦν Ἐρυξώ (IV, 160). L'*epsilon* et l'*omicron* permutaient quelquefois : c'est ainsi que l'on a écrit *Erchomène* et *Orchomène*. Le nom de la reine Eryxo a pu être tracé sur les vases funéraires que la pieuse veuve aurait fait fabriquer. C'est une idée qui peut être combattue et sur la valeur de laquelle les érudits spéciaux prononceront.

ATTRIBUTION
D'UNE MÉDAILLE GAULOISE

A AGEDINCUM SENONUM.

(Extrait du tome IX de la *Revue numismatique*, 1844, pp. 165-169.)

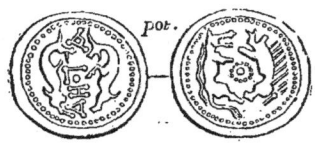

Lorsqu'une explication très simple d'une monnaie vient à la pensée, on s'étonne, en raison même de cette simplicité, qu'elle n'ait pas depuis longtemps été proposée, et l'on hésite à croire que l'on ait le premier trouvé ce que chacun pouvait aisément découvrir.

C'est avec cette impression que je présente aujourd'hui l'attribution à Sens, *Agedincum Senonum*, d'une monnaie de potin coulée dont il existe deux exemplaires très bien conservés dans le médaillier de la Bibliothèque Royale.

Mionnet, qui a décrit cette monnaie sous le n° 305 de son supplément, n'a tenté aucune interprétation de la légende qu'elle porte.

Voici la description de la pièce :

AΓHΔ rétrograde ; deux chèvres dressées sur leurs pieds de derrière et tournées vis-à-vis l'une de l'autre ; au centre un point.

℞. Sanglier et bœuf? opposés par les pieds; au centre, une rosace formée d'un point entouré d'un cercle de perles Pot. 4 $\frac{1}{2}$.

A cette monnaie vient se rattacher une série de pièces sans légendes, mais présentant les mêmes types ou une complète analogie de fabrique, et si mon attribution est admise sans peine, comme j'ai lieu de l'espérer, tout ce groupe monétaire aura trouvé sa place exacte dans nos collections. Je laisse le soin de cet arrangement aux habiles numismatistes qui font de la Gaule le sujet de leurs fructueuses études. Quant à moi, je puis, sans encourir le reproche d'empiètement, faire connaître sommairement une opinion qui m'a paru plausible.

Depuis longtemps d'ailleurs j'avais remarqué que les monnaies de potin, avec les deux chèvres (type qui présente une frappante analogie avec celui des bronzes d'Amphipolis et de Thessalonique), se trouvent très communément dans la Champagne et dans la Brie; j'en ai moi-même recueilli plusieurs dans les ruines de l'ancien Meaux; quelques autres m'ont été montrées comme ayant été trouvées à Melun; enfin la collection de feu Alfred Lorne en renfermait plusieurs qu'il avait réunies à Sens (1).

Ptolémée nomme dans sa géographie la principale ville des Sénonais, Ἀγηδικὸν, et la légende ΑΓΗΔ de notre monnaie est évidemment l'abrégé de l'ethnique de ce nom. Dans les anciennes éditions de l'itinéraire d'Antonin, on trouve *Agredicum*, mais cette leçon a été depuis longtemps corrigée en *Agedincum* par Surita. La table théodosienne donne *Agetincum*.

Il est vrai que César écrit toujours *Agendicum* (2), et que son traducteur grec nous donne la même orthographe Ἀγενδίκη; mais c'est là une simple transcription du latin. Toutefois, dès l'instant que, par une raison que nous ne savons pas apprécier, le peuple de la capitale du Sénonais avait adopté la

---

(1) Melun et Meaux faisaient, aussi bien que Paris, partie de l'ancienne province archiépiscopale de Sens; l'Église avait conservé les divisions territoriales gallo-romaines; la découverte des monnaies qui nous occupent dans ces diverses villes concourt donc à appuyer la classification que je viens d'établir.

(2) *De bell. Gall.*, lib. VI, 44; lib. VII, 54.

langue grecque pour sa monnaie, nous devons trouver son nom avec la forme hellénique.

J'ai fait remarquer en passant la ressemblance du type d'Agédincum avec celui de Thessalonique et d'Amphipolis; je pense que quelques monnaies de ces villes ont pu suivre la même route que les *philippes* d'or de Macédoine, et être copiées comme ces pièces, dans la Gaule, avec les altérations que subissaient toujours plus ou moins les modèles grecs.

Il me reste à parler d'une question importante, déjà bien des fois agitée, et sur laquelle notre monnaie est destinée à jeter quelque jour.

Agedincum ou *Agendicum Senonum* est-il Provins ou Sens ? Tel est le sujet de longues et nombreuses dissertations que je ne tenterai même pas d'analyser. Qu'il me suffise de dire que si d'un côté Scaliger, Sanson, Hadrien de Valois et d'Anville ont avancé avec les preuves les plus concluantes qu'Agedincum est Sens, l'opinion contraire n'a été soutenue que par des écrivains qui n'étaient nullement compétents pour juger en semblable matière. M. Opoix (1), et après lui M. E. Lemaire (2), ont fait valoir l'existence à Provins de substructions antiques qu'ils considéraient comme des hôpitaux souterrains destinés par César *ad continendum exercitum, et quidem numerosum in hibernis, captivos, ægrotos, vulneratos, calones, subdititios equos, arma, machinas.*

L'idée d'une armée nombreuse, passant l'hiver cachée dans des caves, également choisies comme lieux sains et propres à la guérison des malades et des blessés, ne serait qu'une conception bizarre, que l'on s'étonnerait de trouver sous la plume d'un pharmacien, car telle était la profession de M. Opoix; mais lorsqu'on a vu les prétendues constructions de César, à Provins, et qu'il est évident qu'elles ne remontent pas au delà du xiie siècle et sont l'œuvre des comtes de Champagne (3), on

---

(1) *L'ancien Provins*, par M. Opoix, inspecteur des eaux minérales; in-8°, 1818.

(2) Dans son édition de César, *Dissertatio de urbe Agendico*, placée à la fin du 1er volume.

(3) Voyez l'*Histoire de Provins*, de M. Félix Bourquelot. Ce jeune et savant

a peine à concevoir comment M. Lemaire a pu insister sur ce genre de preuve, et surtout ajouter la phrase suivante : *Porro urbi* Sens, *nec ista vestigia antiquitatis, nec iste situs exercitui explicando et collocando conveniens.*

Chacun sait, au contraire, que les antiquités romaines de Sens *étaient* extrêmement remarquables et parfaitement suffisantes pour constituer une ville forte gallo-romaine.

Au reste les archéologues qui voudront désormais établir la comparaison entre les murs de Provins et ceux de Sens seront obligés de s'en tenir, pour ce qui regarde cette dernière ville, aux dessins publiés par Alexandre de Laborde ou Jorand. L'autorité départementale a cru rendre un immense service à la ville des Sénonais, en la débarrassant tout récemment de cette enceinte tant étudiée par les voyageurs et les artistes, et qui avait le tort de rappeler les temps de la domination romaine.

J'espère que parmi les débris écroulés de ces remparts, après tant de fragments antiques déjà découverts, M. Tarbé et M. Leys recueilleront quelques potins d'Agedincum. Cette circonstance ne laisserait plus aucun doute, tant sur mon attribution que sur la question de géographie comparée dont je viens de donner un aperçu.

écrivain, aussi bien que son compatriote M. Allou, évêque de Meaux, mettant de côté cet absurde esprit de localité qui fait écrire tant de faussetés, repousse le nom d'*Agendicum*, comme n'ayant jamais appartenu à Provins.

NOTICE

SUR UN STATÈRE D'OR

DE PTOLÉMÉE Ier SOTER,

ROI D'ÉGYPTE.

(Extrait du tome IX de la *Revue numismatique*, 1844, pp. 325-329.)

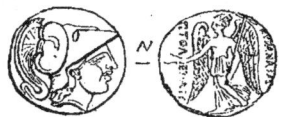

L'antiquaire chargé de rédiger le catalogue de la magnifique collection de médailles de feu Thomas Thomas, dont la vente vient d'être faite à Londres, a placé, sous le n° 2706, un statère d'or, qu'il présume unique, et qu'il décrit ainsi :

Tête casquée de Minerve, à droite.

℞. [ΑΛ]ΕΞΑΝΔΡ[ΟΥ] ΠΤΟΛΕΜΑΙ[ΟΥ]. Victoire ailée, debout, à gauche. Au. 4. Poids : 2 gros 17 grains.

Cette pièce, apportée de Smyrne, et acquise d'abord par M. Joseph William Boddington de Stoke Newington, est passée du cabinet de ce numismatiste dans celui du célèbre collecteur dont les trésors ont été dispersés. M. Rollin, acquéreur du statère d'or, m'a permis, avec cette obligeance dont je lui sais tant de gré, quoique chez lui ce soit chose habituelle, de l'étudier et de publier à ce sujet le résultat de mes observations.

Au premier examen, je reconnus que la légende avait été

mal lue ; et il y a d'autant plus lieu de s'en étonner, que la plupart des caractères qui la composent sont encore très distincts. Mais il paraît évident que M. Th. Thomas, aussi bien que la personne qui a rédigé son catalogue, a été préoccupé exclusivement par le type de la monnaie, sur laquelle, en conséquence, il lui fallut absolument voir le nom d'Alexandre. En effet, pour tout numismatiste qui ne considérerait que la légende, abstraction faite du type et du souvenir qu'il fait naître, il est impossible de lire autre chose que ΚΥΡΑΝΑΙΩ[Ν] ΠΤΟΛΕΜΑΙ[ΟΥ].

Cette variante est d'une grande importance, et nous allons voir qu'à l'aide de ces deux mots on peut fixer l'année pendant laquelle cette monnaie a été frappée.

Ptolémée, fils de Lagus, vieux compagnon d'armes d'Alexandre, qu'il avait puissamment secondé dans toutes ses expéditions, fut chargé, à la mort du conquérant, arrivée au mois de mai de l'an 323 av. J.-C., de gouverner l'Égypte au nom de Philippe Arrhidée ; bientôt après il se rendit indépendant.

Pendant ce temps, un aventurier, nommé Thimbron, qui de Crète était passé en Afrique, à la tête de six mille hommes, était venu après d'assez longs combats mettre le siège devant Cyrène (1). Les habitants de cette ville s'étant divisés, le peuple chassa les riches citoyens de la ville (τοὺς κτηματικοὺς ἐκβαλλόντων).

Ceux-ci allèrent implorer le secours de Ptolémée, qui, saisissant avec empressement cette occasion d'accroître ses possessions, envoie une expédition sous le commandement d'Ophellas. Ce général, après avoir vaincu et pris Thimbron, s'empara de Cyrène et des villes voisines, qui furent ainsi soumises au sceptre de Ptolémée (οἱ μὲν οὖν Κυρηναῖοι καὶ αἱ περιοικοῦσαι πόλεις τοῦτον τὸν τρόπον ἀποβαλοῦσαι τὴν ἐλευθερίαν, ὑπὸ τὴν Πτολεμαϊκὴν βασιλείαν ἐτάχθησαν).

Cette conquête eut lieu pendant l'automne de l'an 322. C'est

(1) Diod. Sic., lib. XVIII, 19, 20, 21.

à cette époque, je crois, que fut frappé le statère que j'ai décrit plus haut, et sur lequel Ptolémée ne prend pas encore le titre de roi.

En admettant que l'on continua pendant quelque temps à fabriquer de la monnaie d'or avec l'ancien type d'Alexandre et le poids attique, cette émission ne dura pas plus de six mois, et voici comment j'établis cette opinion.

Il existe dans le médaillier de la Bibliothèque Royale deux exemplaires variés d'un très rare statère d'or qui porte la tête de Ptolémée Ier, et dont le revers a été inexactement décrit par Eckhel (1) et Mionnet (2). Le premier de ces auteurs y voit, dans un char traîné par quatre éléphants, un Jupiter armé de la foudre et portant un *bouclier* (*Jupiter dextrâ fulmen, sinistrâ clipeum in quadrigis elephantorum*). Le second, tout en substituant un *pallium* au bouclier, n'en maintient pas moins le nom de Jupiter pour le personnage debout placé dans le char.

Eckhel avoue qu'il n'a pu trouver la raison pour laquelle les quatre éléphants ont été attelés à ce char, puisque d'ordinaire ces animaux ne sont pas mis en rapport avec Jupiter. Il est vrai que ce fait n'eût pas été plus insolite que l'addition d'un bouclier à une figure de ce dieu, circonstance que le numismatiste viennois laisse passer sans aucune réflexion.

Heureusement Athénée, en nous racontant les honneurs funèbres rendus au corps d'Alexandre le Grand, lorsque Ptolémée-Soter le reçut à Alexandrie, nous a conservé un passage de Callixènes de Rhodes, qui explique le type de nos statères.

A la fin du cortège, dit-il, figurait une statue d'or d'Alexandre, placée dans un char tiré par des éléphants : καὶ Ἀλεξάνδρου, ὃς ἐφ' ἅρματος ἐλεφάντων ἀληθινῶν ἐφέρετο χρυσοῦς (3).

Si l'on examine attentivement la figure placée debout dans

---

(1) *Doct. Num. Vet.*, t. IV, p. 6.
(2) *Description des Méd. ant.*, t. VI, p. 2, n°s 14 et 15.
(3) Callix. Rhod. apud Athen., lib. V.

le char, on voit qu'elle est complètement imberbe; et ce caractère, en même temps qu'il exclut Jupiter, appartient si bien au grand roi de Macédoine, que je n'hésite pas à reconnaître ici sa statue d'or, telle qu'elle a dû paraître dans la marche funèbre préparée pendant deux ans par Philippe-Arrhidée.

Sur l'un des deux statères de la Bibliothèque Royale, l'objet qu'Alexandre tient à la main pourrait être pris pour une fleur de lotus, symbole funéraire qui convient fort bien au sujet. Les rois Achéménides de Perse dont Alexandre s'était constitué le successeur, sont représentés à Persépolis avec la fleur à la main. Sur le second statère, je crois distinguer un foudre, et cet attribut qui a trompé Eckhel et Mionnet, n'a rien qui doive faire repousser mon explication nouvelle, puisque de son vivant même Alexandre, qui d'ailleurs se donnait pour fils de Jupiter (1), avait été représenté par Apelles, armé de la foudre. C'est ce que Pline nous apprend : *Pinxit et Alexandrum Magnum fulmen tenentem in templo Ephesiæ Dianæ* (2).

Maintenant, après avoir établi, je crois, que le type de ces statères a été choisi par Ptolémée pour rappeler le convoi d'Alexandre, je ferai remarquer que non seulement nous voyons au droit le portrait du monarque égyptien, mais que la légende ΠΤΟΛΕΜΑΙΟΥ ΒΑΣΙΛΕΩΣ consacre sa royauté. Or, la cérémonie funèbre eut lieu au printemps de l'an 321 (3), par conséquent six mois après la prise de Cyrène; et il ne me paraît pas probable que Ptolémée, après avoir fait frapper des monnaies avec sa tête et son titre de roi, soit revenu à l'ancien

---

(1) Cette paternité, qui fait le sujet de plaisanteries dans les *Dialogues* de Lucien, avait, comme on sait, fait représenter Alexandre avec des cornes de bélier, symbole emprunté à Ammon Cnouphis, identifié à Jupiter par les Grecs. Les Arabes, vivement frappés de cette circonstance, ont conservé au héros macédonien le nom d'*Iskander dhoul' carnaïn*, c'est-à-dire, Alexandre aux deux cornes. Maracci, d'Herbelot et d'autres orientalistes, faute d'être familiarisés avec l'iconographie grecque, n'ont pas compris le sens de cette expression qui se trouve dans le Coran. Ils ont cru que les deux cornes désignaient les deux extrémités du monde.

(2) *Hist. nat.*, lib. XXXV, 26, 29.

(3) A la fin de la onzième année de la 114e olympiade; le huitième mois de l'an 426 de Nabonassar; deux années après la mort d'Alexandre.

type macédonien, et ait laissé continuer l'émission de statères sans le mot ΒΑΣΙΛΕΥΣ (1).

Réciproquement, l'existence du statère de poids attique, portant la tête de Minerve, qui n'a pas pu être émis plus de six mois avant les *médailles* de l'enterrement d'Alexandre, prouve que ces pièces, dont l'excessive rareté fait penser qu'il n'en a été frappé qu'au moment de la solennité, sont les premières monnaies d'or sur lesquelles le fils de Lagus se soit fait représenter, et les premières aussi dont le poids soit calculé sur l'étalon phénicien.

Comme il est assez rare de pouvoir fixer avec quelque degré de certitude l'époque à laquelle ont été fabriquées celles des monnaies de rois grecs qui ne portent pas d'année, j'ai cru intéressant de signaler cet exemple dans lequel l'élément historique suffit à lui seul pour tout éclaircir.

(1) Excepté, bien entendu, lorsqu'on remplaçait ce titre par ΣΩΤΗΡ, mot qui l'assimilait aux dieux et l'emportait encore sur ΒΑΣΙΛΕΥΣ.

NUMISMATIQUE

(Extrait du tome Ier de la *Revue archéologique*, 1844-45,
1re partie, pp. 89-97 [1].)

Ce que l'on se propose, ou plus exactement, ce que l'on devrait se proposer en étudiant les médailles, ce n'est pas tant de déterminer la rareté de ces monuments, mérite bien secondaire aux yeux des vrais archéologues, que de les faire servir à l'histoire humaine en obtenant de leur connaissance toutes les vérités générales qu'un examen méthodique peut scientifiquement établir. Pour cela il faut, ce me semble, après avoir approfondi dans leurs moindres particularités toutes les branches de la numismatique, abandonner un instant l'analyse pour embrasser d'un coup d'œil tout ce qui a été reconnu certain. Alors, en jugeant dans leur ensemble tous ces groupes d'idées qu'un rapprochement délicat et scrupuleux a permis de composer, il devient possible de découvrir la loi organique qui a dû présider à l'apparition des types monétaires, comme à toute autre production des hommes. Aujourd'hui les grands travaux analytiques existent, un nombre considérable de bons écrits nous offrent une source abondante de détails, il ne s'agit plus que de les résumer, d'en extraire la doctrine.

(1) Cet article est une réimpression avec quelques variantes d'un premier travail paru dans le t. XV des *Mémoires de la Soc. des Antiq. de France*, 1840, sous le titre : *Essai d'appréciations générales en numismatique*.

J'ai parlé du *type* monétaire, et c'est de ce sujet si fécond de nos études que je vais entretenir les lecteurs de la Revue ; avant tout, nous devons définir ce terme. On nomme type, en numismatique, l'image, l'objet, l'arrangement des figures ; en un mot, la composition que représente une monnaie ou une médaille. Chaque jour on acquiert de nouvelles preuves des fruits que peuvent retirer les sciences historiques de l'examen des types que portent les médailles ; mais l'on ne s'est pas attaché à établir des notions générales qui facilitassent l'appréciation du type en fixant les diverses valeurs qu'il convient de lui attribuer suivant l'ordre d'idées auquel il doit son origine, suivant l'époque à laquelle il appartient ; et bien souvent, faute de tenir compte de ces circonstances, il est arrivé que l'on a appliqué à un type une signification que ne comportait pas sa nature. De là des conséquences absurdes qui sont venues frapper de discrédit des documents précieux qu'une étude mieux entendue, basée sur un système raisonné et d'une application générale, eût pu vivifier et présenter dans toute leur valeur. Nous n'entreprendrons pas de donner la nomenclature, même abrégée, des types de médailles ; un tel travail, quelque utile d'ailleurs qu'il puisse être, ne saurait trouver place ici ; mais nous essayerons de tracer le tableau des modifications que le type a subies dans son essence, persuadé que nous sommes de la nécessité de cette méthode pour bien saisir le sens des médailles, ces pages écrites où l'art a su rendre merveilleusement significatifs les représentations les plus petites, les types les plus restreints dans leurs dimensions.

Et d'abord, on ne doit pas oublier qu'à l'origine de la monnaie le type n'avait d'autres fonctions que de donner une valeur légale au morceau de métal qui en recevait l'empreinte. Ceci explique la simplicité, nous dirons presque l'insignifiance des premiers types, qui n'avaient d'ailleurs qu'un seul côté des monnaies pour se produire. Cet état de choses ne fut pas de longue durée ; avec les perfectionnements introduits dans l'exécution matérielle des monnaies se présente un changement bien autrement important ; la religion, la science, s'emparent du type des monnaies, s'en font un moyen de communication avec le vulgaire illettré; le type eut dès ce moment un but, une obligation à remplir. L'observation des phénomènes de l'univers, la compréhension des forces génératrices de la nature firent naître dans l'esprit des premiers philosophes certaines idées qui furent la base du polythéisme. Ce sont ces idées que l'on s'attacha d'abord à exprimer dans les arts par des symboles qui ont perdu une partie de leur sens pour nous et dont cependant une intelligente appréciation nous fait quelquefois reconnaître la portée. Bien qu'il faille admettre quelques rares exceptions, si nous considérons que le type des monnaies antiques nous retrace d'une manière plus ou moins détournée les mythes particuliers à chaque contrée, les idées dominantes d'un peuple, nous comprendrons bien vite que c'est à ces précieuses images qu'il nous faut redemander les éléments nécessaires pour reconstruire le colosse de la pensée antique.

Le caractère sacré des premiers types devait leur assurer une longue durée, et c'est en effet ce qui arriva.

La persistance de certains types à travers les âges n'est pas une bizarrerie du goût des peuples; c'est la conséquence de leurs institutions. Tant que l'art demeura subordonné à la direction sacerdotale, tant que la reproduction d'un type consacré à l'expression d'une idée religieuse fut regardée comme un acte pieux, l'exactitude la plus rigoureuse dut présider à la composition des sujets que portent les médailles.

Les graveurs, comme les statuaires, comme les peintres, à Égine, à Rhodes, se renfermaient dans certaines limites que le culte posait à l'art, et qui donnaient à leur style une unité toute hiératique et toute stationnaire. L'école novatrice de Phidias rencontra l'opposition la plus vive de la part des premiers d'entre les Grecs par le rang, par l'intelligence.

Aux yeux de Platon, ce génie immense, l'immutabilité de l'art égyptien, c'était la perfection; et en exprimant cette idée, le philosophe ne faisait que confirmer les règles établies par les législateurs de sa patrie. A Thèbes aussi la loi enjoignait aux artistes, sous peine d'amende, l'exacte observation des anciens types. On ne s'étonnera donc point de voir le plus inconstant des peuples anciens conserver pendant huit siècles le même type. Alors que les symboles des autres villes disparaissaient de la monnaie pour faire place à l'effigie des empereurs, la vierge d'Athènes ne céda pas aux maîtres du monde. Cet attachement des peuples pour le type de leurs monnaies ne s'explique que par la valeur religieuse de ces représentations; ainsi se trouve exclu le système de quelques antiquaires qui ne voient dans certains types, très certainement mythologiques, tels que des animaux, des plantes, qu'une allusion à la fertilité de la contrée, qu'un échantillon des productions du pays. C'est méconnaître le génie de l'antiquité que de s'arrêter à un sens aussi étroit. On conçoit aisément que chaque peuple ait de préférence exprimé ses idées au moyen des objets qui se trouvaient le plus à sa portée; que, suivant sa position, l'un ait vu dans un poisson, l'autre dans un épi un symbole de génération; mais encore une fois il est difficile de croire qu'aucune ville ait voulu enseigner à la postérité que son territoire était fertile en céréales, que son port regorgeait de poissons.

J'insiste sur ce point, parce que je regarde comme une erreur déplorable l'opinion qui tendrait à transformer les médailles antiques en autant d'enseignes de marchands, en autant de mercuriales tarifant la disette et l'abondance.

D'ailleurs, en suivant cette manière de raisonner, que fera-t-on du lion des monnaies de Capoue, de Vélie, de Marseille, de Reims, toutes villes où cet animal n'a pu exister que par *importation*? Voudra-t-on y voir un emblème du courage, de la force des habitants de ces villes? Autre erreur; si telle eût été la signification de ce type, toutes les villes ne l'eussent-elles pas adopté avec empressement? et que devrait-on penser de celles qui en avaient choisi de nature à réveiller une idée tout opposée? Dira-t-on que les habitants d'Argos étaient des lâches et des pillards parce que leur monnaie a pour type un loup?

Lorsque l'animal, la plante, l'objet que réprésente une médaille n'est pas l'attribut d'une divinité, il faut examiner si ce n'est pas par sa forme ou par son nom qu'il est significatif; certaines plantes, par exemple, étaient prises comme symboles de l'idée que leur forme faisait naître (1). Bien plus souvent encore le type n'était qu'une expression phonétique du nom du peuple, de la ville qui l'avait adopté; j'en citerai plusieurs exemples. Les monnaies des Phocéens de l'Ionie et de la Gaule portent un phoque, φώκη; celle des Phéniciens de Tyr un palmier, φοῖνιξ, ou la coquille de pourpre, φοίνικες; celles de Chrithote des épis d'orge, κριθή; on trouve une chèvre, αἴξ, gén. αἴγος, sur les monnaies d'Ægée, d'Ægine, d'Ægos-Potamos, d'Ægire; un cœur, κάρδια, sur celles de Cardia; une clef, κλείδιον, sur celles de Clides; une grenade, σίδον, sur celles de Side; une pomme, μῆλον, sur celles de Melos; une rose, ῥόδον, sur celles de Rhodes de Carie et de Rhodes d'Espagne; un coude, ἄγκων, sur celles d'Ancône; une feuille de persil, σέλινον, sur celles de Selinunte; un renard, ἀλώπηξ, sur celles d'Alopeconesus. Le cavalier qui presse un cheval, κέλην δέρω, est une allusion au nom de Célenderis. La drachme de Céraïtæ représente une femme cornue, κεραϊστής; les monnaies d'Histiæ une femme qui fait flotter un voile, ἱστίον. On peut encore citer le porc, γλούνειον, sur une monnaie de Clunia de la Tarragonaise; la lune, *Camar* (Phénic.) sur les médailles de Camarina; une tête de bélier, κεφαλή, sur des monnaies de Céphallénie. Les savantes recherches de M. J. de Witte ont prouvé que le lion des médailles de Milet et de Vélie, le daim de Damas étaient encore des types parlants (2).

C'est ici le lieu de citer les types obscènes que l'on voit sur quelques médailles antiques. Les pièces frappées dans le mont

---

(1) Je ne rappellerai ici que le grain d'orge était un symbole féminin de la génération que parce que je trouve là l'occasion de consigner un exemple curieux de la perpétuation des idées antiques. Je tiens de mon ami Ali ben Hamdan, d'Alger, que dans les montagnes des Beni Djénad, où l'on fait encore des sacrifices de moutons à la manière des anciens, les cheïks prononcent des paroles sur des grains d'orge que les femmes portent ensuite à leur cou dans le but de devenir fécondes.

(2) *Annales de l'Institut archéol.*, t. VI, p. 343. *Revue numismatique*, t. III, p. 8.

Pangée, à Eione, à Amphipolis, dans l'île de Thasos, à Lampsaque, présentent des sujets que nos idées modernes ont peine à reconnaître pour des images religieuses, et qui, pourtant, n'avaient pas d'autre signification (1).

Outre le type principal qui occupe le centre et pour ainsi dire la première place du champ des médailles, on y remarque souvent de petits types accessoires, très finement gravés, et qui sont placés là comme différents monétaires; ils étaient très certainement laissés au choix du magistrat préposé à la fabrication de la monnaie, et faisaient allusion à son nom ou à quelque circonstance particulière à l'histoire fabuleuse de sa famille.

Sur les tétradrachmes d'Athènes, trois femmes suppliantes à genoux (Ἰκετίδαι) font allusion au nom de l'archonte Hicesius. La massue d'Hercule (Ἡρακλῆς) accompagne le nom de l'archonte Héraclides. M. Fiorelli, dans un intéressant ouvrage sur la numismatique italienne, a relevé les noms des magistrats et mis en regard les types qui accompagnent ces noms et qui s'y rapportent; ainsi, Apollonius a pour épisème la tête radiée du soleil; Dyonisius, une amphore ou une tête de bacchante; Héracletas, un arc et un carquois; Léon, un lion; Neumenius, le croissant de la lune; Olympis, une couronne; Symmachus, un casque à cimier; Nikon, un cavalier qui couronne son cheval vainqueur. Les rois empruntèrent cet usage aux magistrats; le revers d'un tétradrachme de Démétrius Soter de Syrie nous montre la figure de Cérès, en grec Δημήτηρ.

Le roi indien Mayas a fait placer sur ses monnaies de cuivre une tête d'éléphant qui rappelle celui que Maya vit en songe lorsqu'elle portait Bouddha dans son sein.

De même l'ancre des monnaies de Séleucus n'exprime pas la puissance maritime de ce roi, mais consacre la légende de

(1) Plus tard, à Rome, on fabriquait des tessères obscènes que l'on distribuait dans les théâtres. Là il ne faut voir aucune intention religieuse, les pièces elles-mêmes le démontrent; car leurs types ne présentent que l'idée d'une débauche recherchée et n'ont rien de la gravité que conservent toujours les types archaïques, même lorsqu'ils nous montrent les actions les plus matérielles.

sa mère Laodice, qui avait, en songe, reçu d'Apollon une bague sur laquelle une ancre était gravée.

On voit donc par ce que je viens de dire que le type des médailles des temps grecs était purement mythologique; et si nous ajoutons que les rois ne parurent sur la monnaie que comme divinités, et que les types qui expriment le nom des peuples et des villes rappelaient aussi très certainement les mythes inhérents à l'origine de ces noms (1), on pourra poser en principe que, jusqu'à la prépondérance de Rome, la totalité des monnaies ne porte que des types religieux sans exception.

Rome, en adoptant les divinités de la Grèce, semble n'y avoir vu que des statues douées, malgré leur inanimation, d'une puissance supérieure. Il y a loin de là au symbolisme oriental qui reposait sur les idées les plus profondes. Les villes avaient adopté chacune une forme de la divinité, Rome se les appropria toutes, et, pour augmenter cette collection, elle créa de nouveaux dieux, parmi lesquels elle se plaça elle-même, ainsi que son sénat. La Grèce déchue, répudiant ses vieilles divinités protectrices, célébrait, sur ses monuments, sur sa monnaie, le sénat et le peuple par excellence. Les figures caractérisées par les inscriptions Ἱερὰ Σύγκλητος, Ἱερὸς Δῆμος, devinrent les types de toutes les monnaies. Bientôt après, la bassesse, l'abjection de la Grèce amenèrent une nouvelle sorte de type sur sa monnaie : l'effigie des empereurs, non pas, comme celle des anciens rois, cachée sous les traits des dieux, mais humaine, vivante et accompagnée du nom du personnage. Toutefois, et comme si les villes grecques avaient voulu atténuer la honte de leur soumission par le souvenir de leur gloire passée, le revers des médailles impériales représente les temples, les statues les plus fameuses, les acropoles, tous ces vestiges d'une époque de génie et de liberté qui ne devait plus revenir.

A Rome, vers la fin de la république, apparaît un type d'un

---

(1) Ce sont des chèvres qui sauvèrent la ville d'Égire lorsqu'elle allait tomber au pouvoir des habitants de Sicyone. *Pausan.*, VII, 26. C'est ainsi encore que la tête de Pan forme les types des monnaies de Panticapée.

caractère tout nouveau, le type historique ; l'enlèvement des Sabines, la mort de Tarpeïa, l'alliance avec Gabies, le serment des chefs de la guerre sociale, la soumission du roi Arétas rentrent dans cette catégorie. Nous verrons plus tard quel développement le type historique prit sous les empereurs. Les types parlants se retrouvent aussi fréquemment sur les monnaies consulaires : la tête de Pan sur les médailles de Pansa; les Muses sur celles de Pomp. Musa; un veau sur celles de Voc. Vitulus; un marteau sur celles de Val. Acisculus; les étoiles de la grande Ourse, *Triones*, sur les deniers qui portent le nom de Lucr. Trio; la tête du roi Philippe sur les monnaies frappées par un magistrat romain de ce nom ; le masque de Silène sur celles de Silanus ; un maillet sur celles de Malleolus ; une fleur sur celles de Florus. M. Ch. Lenormant a reconnu sur les deniers de la famille Titia la tête du dieu Mutinus Titinus (1), et sur ceux de la famille Valeria l'oiseau Valeria.

Mais c'est sous les empereurs que le changement de nature des types se fait surtout sentir. Le type des médailles impériales, particulièrement de celles d'or et d'argent, qui émanaient directement des empereurs sans le contrôle du sénat, est en quelque sorte consacré à la famille souveraine ; c'est l'empereur, sa femme, ses fils, ses proches, leurs actions, leurs vertus que célèbrent les monnaies où l'on voit rappelées par de pompeux trophées, par de magnifiques arcs de triomphe, les moindres victoires, des expéditions qui n'avaient pas toujours été couronnées de succès. Aux sujets historiques viennent se joindre les types allégoriques ; c'est la prudence, la piété, la santé, l'abondance, le courage, la libéralité de l'empereur ; la pudeur, la fécondité de l'impératrice. Toutes ces idées immatérielles, représentées sous la forme humaine, sont caractérisées par des attributs et de plus exprimées dans la légende de la médaille. Ce sont ces types allégoriques qui ont induit en erreur les antiquaires lorsqu'ils ont voulu expliquer les types plus anciens ; mais ces abstractions personni-

---

(1) *Revue numismatique*, 1838, 11.

fiées sont essentiellement propres au génie romain et ne doivent pas être cherchées ailleurs que sur les monuments qu'il a produits. Quelquefois même des légendes en apparence allégoriques se rattachent à des symboles religieux. On doit à M. Charles Lenormant de curieux mémoires sur l'Æon d'Hadrumète et le dieu d'Émèse, qui prouvent que les monnaies frappées dans l'Orient par les empereurs, tout en adoptant la phraséologie latine, conservaient leurs types locaux et sacrés.

Il est à remarquer que vers le milieu du IIIe siècle, alors que les révolutions se multipliaient et que les empereurs se succédaient rapidement, élevés et renversés presque aussitôt par la garde prétorienne, les types de la sécurité, du bonheur des temps et de la fidélité des troupes se reproduisent continuellement. Quelle était donc leur valeur : un heureux présage ou une affectation de confiance? Toujours est-il que les événements en ont fait autant de mensonges. Un type encore que nous ne devons pas oublier, c'est celui de la consécration, qui revient inévitablement à la mort de tous les princes. C'est ordinairement un char funèbre ou le bûcher sur lequel on brûlait les corps. Auguste, en déifiant César, avait donné un exemple qui fut suivi par tous les empereurs jusqu'à Constantin, et que Julien critique amèrement dans sa mordante satire des Césars (1). Rien n'était en effet plus propre à renverser le polythéisme que l'admission au rang des dieux de monstres que la société humaine ne pouvait conserver dans son sein. L'Olympe escaladé par tant d'hommes, *les dieux s'en allaient.*

Cependant le christianisme, déjà répandu sur toute la terre, montait sur le trône impérial avec Constantin ; le signe de la foi chrétienne parut alors sur la monnaie. Pendant quelque temps la croix fut placée dans la main de la Victoire ; victoire toute chrétienne, il est vrai, puisqu'elle est figurée sous la forme d'un ange, mais qui n'est pas moins un reste de l'art païen (2). Plus tard la croix occupa seule le revers des monnaies, et lors du démembrement de l'empire, les souverains

---

(1) Θεῶν ὄντως Σωτήρων ἔργα δέοντα συνεφύρησεν οὗτος ὁ κοροπλάστης, κ. τ. λ.
(2) Les statères d'or d'Alexandre et les monnaies de plusieurs autres rois

des nouveaux États la prirent pour type de leurs monnaies, qu'ils fabriquaient à l'imitation de celles de l'empereur.

Pendant le moyen âge, le type indispensable, général, c'est la croix; symbole quelquefois politique, religieux toujours; c'est le principe et la fin de toute action; ornement variable à l'infini dans sa forme, c'est la base presque unique de l'art. A plusieurs époques on trouve des monnaies qui ont pour type une croix sur chacune de leur faces. Au ixe siècle, les rois franks donnaient une tournure cruciforme au monogramme de leur nom qui sert de type à leur monnaie, s'effaçant ainsi devant le symbole de la foi. Un type qui parut à la même époque, et que nous devons mentionner à cause de sa longue durée, c'est le temple chrétien. La légende qui l'accompagne : XPISTIANA RELIGIO, ne laisse pas de doutes qu'on y ait vu, non pas un simple monument, mais cette puissante Église immatérielle à laquelle le Christ avait donné le grand apôtre pour première pierre.

Lorsque les prélats eurent obtenu des rois les droits régaliens, ils prirent ordinairement pour type de leur monnaie le saint patron de leur église. Quelquefois, à l'exemple des seigneurs laïcs, ils ne firent que copier la monnaie du souverain. C'est ici le lieu de dire un mot de l'imitation des types, qui introduisit sur les monnaies des singularités inexplicables pour qui n'aurait pas cette notion.

La conformité de types que l'on remarque sur les monnaies de quelques villes de l'antiquité tient, le plus souvent, à une communauté d'idées, de culte. Cependant il est certains cas où l'imitation servile est tout à fait sensible (1). Au moyen âge, où la monnaie était souvent la principale source des revenus de celui qui la fabriquait, on s'efforçait de lui donner le cours le plus étendu possible. Pour cela on copiait le type en vogue; que ce fût le florin de Florence, le gros de Tours

grecs nous montrent la Victoire portant une croix qui n'est autre chose que l'armature destinée à former un trophée.

(1) Les tétradrachmes de Cydonia, de Gortyna, d'Hiérapytna, de Priansus, villes de Crète, sont évidemment calqués sur ceux d'Athènes. A Pharsale de Thessalie, à Héraclée d'Ionie, on trouve des imitations de la Minerve attique.

ou le sterling d'Angleterre, peu importe. On conçoit facilement quelles bizarreries résultèrent de cette coutume. Des évêques et des comtesses se firent graver sur leurs monnaies, à cheval, en armure complète et la couronne royale en tête. Le pape Clément IV fut obligé de réprimander certains évêques qui copiaient la monnaie arabe avec le nom de Mahomet, tandis que les sultans de la race d'Ortok battaient des monnaies à l'effigie du Christ, de la Vierge et des empereurs (1). L'introduction des armoiries sur la monnaie ne fut même pas un obstacle à l'imitation (2). De nos jours encore les petits souverains copient la monnaie des grand États.

Depuis deux siècles le type des monnaies, en général fort simple, est devenu fixe, c'est-à-dire qu'une fois adopté par un souverain, il se continue pendant toute la durée de son règne, et souvent même est adopté par ses successeurs. Bien des artistes ont émis le vœu de voir reparaître sur la monnaie les types variés et commémoratifs; mais cette rénovation ne se ferait qu'au profit de l'art seul. Quant à l'histoire, aux idées religieuses, elles peuvent se passer désormais de ce moyen de publicité. L'imprimerie est pour elles un auxiliaire bien autrement puissant; le changement continuel de type nécessiterait des dépenses énormes et n'atteindrait pas le but qu'on semble se proposer de laisser des monuments durables de notre histoire. La grande circulation de nos monnaies, les refontes qui en sont la conséquence inévitable, ne laissent subsister aucune monnaie d'un siècle à l'autre. Quand même Louis XIV eût fait retracer sur ses monnaies les nombreux événements de son long règne, ses écus n'en seraient pas moins décriés et détruits; les chefs-d'œuvre de Warin n'ont pas trouvé grâce devant le creuset niveleur du système décimal.

(1) Une magnifique monnaie du cabinet de feu M. le duc de Blacas n'est autre chose que la reproduction servile d'un dinar du khalif Haroun Al' Raschid, avec l'addition du nom du roi de Mercie, Offa II.

(2) Les seigneurs de Wezemale, de Mantoue, de Cugnon, d'Orange, d'Arche ont reproduit sur leurs monnaies les trois fleurs de lis de France, sans s'inquiéter des droits qu'ils pouvaient y avoir.

FRAGMENT INÉDIT

DE

TABLE ILIAQUE

(Extrait du tome I de la *Revue de philologie*, 1845, pp. 438-446.)

Il semble que tout ce qui se rapporte d'une façon quelconque aux poésies homériques participe à l'intérêt toujours si vif qu'inspirent ces immortels chefs-d'œuvre. Nous ne devons donc pas nous étonner du prix que les savants du dernier siècle ont attaché à la découverte de quelques fragments antiques de tables de stuc, sur lesquelles sont figurées en bas-relief des scènes de l'*Iliade*, accompagnées d'un texte explicatif.

Le premier monument de cette espèce que l'on ait retrouvé est celui que possède le musée du Capitole. Publié d'abord par Fabretti (1), il a été successivement reproduit par Beger (2), Montfaucon (3), Foggini (4), et accompagné par chacun de ces auteurs d'un long commentaire.

Un autre fragment de *Table iliaque*, longtemps conservé au musée de Vérone, puis déposé à la Bibliothèque Nationale de Paris, ne porte que quelques noms au-dessous des groupes qu'il représente. Il a été gravé dans les ouvrages de Montfaucon et de Foggini (5).

(1) *De Columna Trajana*. Rome, 1673, in f°.
(2) *Bellum et excidium Trojan.* Berlin, 1699, in-4°.
(3) *Antiquité expliquée*, t. IV, 2ᵉ part.
(4) *Museum Capitolinum*, Rome, 1782, in-f°, t. IV, p. 327 et suiv., pl. 68.
(5) *Ant. expl.*, suppl. t. IV, p. 84, pl. 38; *Mus. Capit.*, t. IV, p. 336.

L'abbé Barthélemy pensait que ces sortes de tables servaient aux rhéteurs pour l'instruction de la jeunesse, dans les écoles où les poèmes d'Homère formaient la base de l'enseignement. Cette idée ingénieuse ne nous satisfait pas pleinement, et le monument que nous allons faire connaître ne nous a pas paru propre à la confirmer. Les fautes d'orthographe assez nombreuses que l'on y remarque, l'introduction de faits empruntés à d'autres poètes, sont les principales circonstances qui nous autorisent à nous écarter de l'opinion émise par le célèbre antiquaire français (1).

Les fragments de Tables iliaques, trouvés en Italie, l'un d'eux près de la voie Appienne à l'endroit où s'élevait le tombeau de la famille Julia, nous paraissent avoir été conçus dans le but de rappeler l'origine de Rome et de la famille impériale. C'est ce que semble indiquer suffisamment le rôle important qu'y jouent Énée, Anchise, Ascagne. Ce dernier personnage, qui n'est pas homérique, placé au centre de la Table capitoline, est le meilleur argument que nous puissions invoquer à l'appui de notre manière de voir. Quel usage aurait-on pu faire, dans les écoles, de tableaux assez lourds, puisqu'ils sont de pierre, et sur lesquels se lisent non pas des extraits bien suivis de l'*Iliade*, mais de courtes indications, incorrectement orthographiées, et de plus écrites en caractères si fins, que l'on ne peut les déchiffrer le plus souvent qu'à l'aide de la loupe?

On sait que l'Église grecque a conservé jusqu'à nos jours l'usage de faire retracer sur de petits tableaux, que l'on nomme diptyques ou triptyques suivant le nombre de panneaux dont il se composent, les principaux sujets de l'Ancien et du Nouveau Testament, auxquels viennent se joindre des détails tirés des Évangiles apocryphes.

Il est probable que cette coutume est empruntée à l'anti-

(1) Voy. les *Mém. de l'Acad. des inscript. et bell.-lettr.*, t. XXVIII, p. 596. Cf. Welcker, dans les *Annali dell' Instit. Archeol.*, t. I, p. 227; Lehrs, dans le *Neuem rhein. Museum*, t. II, p. 354; et le P. Secchi, dans le *Bullet. de l'Inst. Archéol.* 1844, p. 191.

quité, et que les Tables iliaques ont été de véritables monuments de piété destinés à honorer la généalogie héroïque des Jules.

Quoi qu'il en soit, et à part l'intérêt qu'offre un monument de l'antiquité figurée, contenant plus de cent groupes, la table du Capitole est précieuse par la notion littéraire qu'elle nous a transmise; en effet l'inscription ainsi conçue : Ἰλιὰς κατὰ Ὅμηρον. Αἰθιοπὶς κατὰ Ἀρκτῖνον τὸν Μιλήσιον. Ἰλιὰς ἡ μικρὰ λεγομένη κατὰ Λέσχην Πυρραῖον. Ἰλίου πέρσις κατὰ Στησίχορον, qui se voit au milieu du bas-relief, attribue l'*Ethiopide* à Arctinus de Milet, et en même temps substitue à cet écrivain Stésichore comme auteur du *Sac de Troie*, qui, suivant Pausanias, serait l'œuvre de Leschès; enfin, d'accord avec Tzetzès, elle fait de Leschès Pyrrhéen le poète de la *Petite Iliade*. Ce témoignage n'est assurément pas à dédaigner, et nous nous étonnons que la critique moderne ne semble pas en avoir tenu compte. Ainsi dans le volume des poètes cycliques de la collection Didot, nous trouvons divers fragments des ouvrages mentionnés plus haut, mais pas une note qui indique le renseignement si explicite fourni par le monument antique, soit pour admettre ses attributions, soit pour y opposer des motifs de rejet.

Le nouveau fragment de Table iliaque, acquis dernièrement par le département des antiques de la Bibliothèque Royale de Paris, sans être aussi considérable que celui du Capitole, nous a cependant paru digne d'être publié (1).

La portion du bas-relief qui subsiste est extrêmement restreinte; on y voit, comme dans la Table du Capitole, des temples, la ville de Troie, et diverses scènes de combats entre des Grecs et des Troyens, que l'on reconnaît à leur casque ou à leur bonnet phrygien; aucun nom du reste qui, tracé auprès des guerriers, nous serve à les distinguer. A la gauche du bas-relief, un bandeau de 85 millimètres de hauteur sur 23

---

(1) Ce monument a été acheté à un antiquaire de Lyon; mais sa provenance primitive est inconnue ; on suppose toutefois qu'il a été trouvé dans le midi de la France. Il est de marbre jaunâtre d'un grain très serré. Les figures sont taillées négligemment et pour ainsi dire d'après des types convenus, dont il suffisait d'indiquer le galbe général et la place.

FRAGMENT INÉDIT

de largeur, porte soixante-quatre lignes de caractères, que nous transcrivons ici :

```
1    . . . . . . . . . . . . ΣΟΥΝ
     ΑΥΤΗΣΥΠΟΖΗΝΟΔΟΤΟΥΕΣΤΙΝ
     ΕΝΤΗΠΡΩΤΗΗΜΕΡΑΧΡΥΣ
     ΕΩΠΡΩΣΑΧΑΙΟΥΣΑΦΙΞΙΣ
5    ΚΑΙΑΠΑΙΤΗΣΙΣΧΡΥΣΗΙΔΟΣ
     ΤΟΥΔΕΑΓΑΜΕΜΝΟΝΟΣΑΠΕΙ
     ΘΟΥΝΤΟΣΚΑΙΜΗΒΟΥΛΟΜΕΝ
     ΟΥΑΠΟΔΙΔΟΝΑΙΧΡΥΣΗΣΕΠΙ
     ΤΟΙΣΕΙΡΗΜΕΝΟΙΣΔΥΣΦΟΡ
10   ΩΝΑΞΙΟΙΤΟΝΑΠΟΛΛΩΤΗΣΑ
     ΔΙΚΙΑΣΤΗΣΕΠΑΥΤΟΝΓΕΝ
     ΟΜΕΝΗΣΑΝΤΑΜΕΙΨΑΣΘΑΙ
     ΤΟΥΣΑΧΑΙΟΥΣΤΟΥΔΕΑΠΟΛ
     ΛΩΝΟΣΜΗΝΙΣΑΝΤΟΣΤΟΙΣ
15   ΑΧΑΙΟΙΣΚΑΙΛΟΙΜΟΝΕΜΒΑ
     ΛΟΝΤΟΣΕΙΣΤΟΣΤΡΑΤΟΠΕΔ
     ΟΝΑΥΤΩΝΕΠΕΝΝΕΑΗΜΕΡΑ
     ΚΑΘΑΠΕΡΕΙΡΗΚΕΝΕΝΝΗΜΑ
     ΡΜΕΝΑΝΑΣΤΡΑΤΟΝΩΧΕΤΟΚΗΛ
20   ΑΘΕΟΙΟΚΑΙΕΠΙΒΑΛΛΕΙΤΗΔΕΚΑ
     ΤΗΔΑΓΟΡΗΝΕΚΑΛΕΣΣΑΤΟΛΑ
     ΟΝΑΚΙΛΛΕΥΣΕΝΤΑΥΤΗΠΑΛΙ
     ΜΗΝΙ.ΚΑΙΧΡΥΣΗΙΔΟΣΑΠΟΣΤΟ
     ΛΗΚΑΙΑΠΑΙΤΗΣΙΣΒΡΙΣΗΙΔΟΣ
25   ΚΑΙΑΧΙΛΛΕΟΣΚΑΙΘΕΤΙΔΟΣΣΥΛ
     ΛΟΓΟΣΥΠΕΡΤΩΝΑΧΑΙΩΝΚΑΙ..
     ΛΕΥΟΝΤΟΣΤΗΝΜΗΤΕΡΑΞΙΟΣ
     ΑΙΤΟΝΔΙΑΟΠΟΣΤΙΜΗΣΟΣΙΝΑΥ
     ΤΟΝΟΙΑΧΑΙΟΙΕΠΙΒΑΛΛΕΙΗΘΕ
30   ΤΙΣΕΙΜΑΥΤΗΠΡΟΣΟΛΥΜΠΟΝΑΓ
     ΑΝΝΙΦΟΝΑΙΚΕΠΙΘΗΑΙΑΛΛΑΣΥ
     ΜΕΝΝΥΝΝΕΥΣΙΠΑΡΗΜΕΝΟΣΟ
     ΚΥΠΟΡΟΙΣΙΝΜΗΝΙΑΧΑΙΟΙΣΙΝΠΟ
     ΛΕΜΟΥΔΑΠΟΠΑΥΕΟΠΑΜΠΑΝ
35   ΖΕΥΣΓΑΡΕΣΩΚΕΑΝΟΝΜΕΤΑ
     ΜΥΜΟΝΑΣΧΘΙΖΟΣΕΒΗΜΕΤΑ
```

ΔΑΙΤΑΘΕΟΙΔΑΜΑΠΑΝΤΕΣΕ
ΠΟΝΤΟΔΟΔΕΚΑΤΗΔΕΤΟΙΑΥΤΙΣ
ΕΛΕΥΣΕΤΑΙΟΥΛΙΜΠΟΝΔΕ
40 ΩΣΤΕΠΟΡΕΥΣΘΑΙΑΥΤΟΝΤΗΕΝΑ
ΤΗΔΙΕΛΘΟΥΣΟΝΟΥΝΤΟΝΑΝΑ
ΜΕΣΟΝΗΜΕΡΩΝΕΡΧΕΤΑΙΟΖ
ΕΥΣΤΗΠΡΟΕΙΡΗΜΕΝΗΔΩΔΕ
ΚΑΤΗΚΑΙΗΘΕΤΙΣΚΑΤΑΤΟΠΡΟ
45 ΣΤΑΓΜΑΤΟΥΥΙΟΥΑΝΑΒΑΙΝΕΙ
ΠΡΟΣΤΟΝΔΙΑΚΑΚΕΙΝΟΥΥΠΟΣ.
ΟΜΕΝΟΥΠΟΗΣΕΙΝΚΑΘΑΠΕΡΗ
ΞΙΟΥΑΠΑΛΛΑΣΣΕΤΑΙΗΘΕΤΙΣ
ΤΑΕΙΡΗΜΕΝΑΤΩΥΙΩΑΠΑΓΓΕΛ
50 ΟΥΣΑΤΑΥΤΗΣΔΙΕΛΘΟΥΣΗΣΤΗ
ΣΗΜΕΡΑΣΚΑΙΤΟΝΗΜΕΡΩΝΑΡΙΘΜ
ΟΝΕΧΟΥΣΟΝΕΙΚΟΣΙΕΠΙΒΑΛΛΕΙ
ΜΙΑΚΑΙΙΚΟΣΤΗΕΝΗΕΣΤΙΝΑΧ
ΑΙΩΝΑΓΟΡΑΝΕΩΝΚΑΤΑΛΟΓ
55 ΟΣΣΥΝΑΓΩΓΗΤΩΝΑΧΑΙΩ
ΚΑΙΟΙΚΙΑΚΑΙΜΕΝΕΛ
ΑΛΕΞΑΝΔΡΟΥΜΟΝΟ
ΘΕΩΝΑΓΟΡΑΚΑΙΟΙ
ΧΥΣΙΣΚΑΙΕΠΙΠΟ
60 ΔΙΑΣΜΑΧΗΔΙ
ΑΚΑΙΑΙΝΗΟΥ
ΤΡΟΣΙΣΠF
ΝΗΟΥΑΙ
ΜΑΣ

Les dimensions du bandeau portant l'inscription, telles que nous les avons indiquées, font suffisamment juger de la finesse du caractère, et nous devons dire que la partie la plus difficile de notre tâche a été la lecture matérielle de ce texte microscopique. Aussi notre but est-il tout simplement d'éviter un pareil travail aux philologues, qui pourront maintenant utiliser ce qui, entre nos mains, resterait complètement stérile.

La partie supérieure de l'inscription est brisée; d'après l'état du bas-relief qui l'avoisine on peut juger qu'il manque environ une demi-douzaine de lignes. Nous ne prétendons pas les restituer; mais, sans un très grand effort de critique, on peut supposer que la phrase dont la première ligne est réduite à quatre lettres était à peu près ainsi conçue :

[ἐπιτομὴ τῆς Ἰλιάδος ὑπω]σοῦν
αὐτῆς ὑπὸ Ζηνοδότου ἐστίν.

Ce commencement nous fournit une indication curieuse, puisqu'il semble attribuer ce qui va suivre au célèbre bibliothécaire d'Alexandrie, ce grammairien que Suidas présente à tort comme auteur de la première revision des écrits d'Homère, dont Aristote avait déjà épuré le texte (1).

Les lignes 3 à 18 contiennent une analyse assez fidèle des premières pages de l'*Iliade*.

Ἐν τῇ πρώτῃ ἡμέρᾳ, Χρύσεω πρὸς Ἀχαιοὺς ἄφιξις καὶ ἀπαίτησις Χρυσηίδος· τοῦ δὲ Ἀγαμέμνονος ἀπειθοῦντος καὶ μὴ βουλομένου ἀποδιδόναι, Χρύσης, ἐπὶ τοῖς εἰρημένοις δυσφορῶν, ἀξιοῖ τὸν Ἀπόλλω τῆς ἀδικίας τῆς ἐπ' αὐτὸν γενομένης ἀντᾳμείψασθαι τοὺς Ἀχαιούς· τοῦ δὲ Ἀπόλλωνος μηνίσαντος τοῖς Ἀχαιοῖς, καὶ λοιμὸν ἐμβαλόντος εἰς τὸ στρατόπεδον αὐτῶν, ἐπ' ἐννέα ἡμέρα[ς], καθάπερ εἴρηκεν·

De la fin de la ligne 18 au milieu de la ligne 22, nous trouvons les vers 53 et 54 du premier chant de l'*Iliade*, le second, avec une petite variante : ἀγορὴν ἐκαλέσσατο pour ἀγορήνδε καλέσσατο.

Ἐννῆμαρ μὲν ἀνὰ στρατὸν ᾤχετο κῆλα θεοῖο.
Καὶ ἐπιβάλλει·
Τῇ δεκάτῃ δ' ἀγορὴν ἐκαλέσσατο λαὸν Ἀχιλλεύς.

Puis, le récit continue :

Ἐν ταύτῃ πάλι[ν] μῆνις, καὶ Χρυσηίδος ἀποστολὴ, καὶ ἀπαίτησις Βρισηίδος· καὶ Ἀχιλλέως καὶ Θέτιδος σύλλογος ὑπὲρ τῶν Ἀχαιῶν, καὶ [κε]λεύοντος τὴν μητέρ[α] ἀξιῶσαι τὸν Δία ὅπως τιμήσωσιν αὐτὸν οἱ Ἀχαιοί, ἐπιβάλλει ἡ Θέτις·

(1) Suidas cite encore un autre Zénodote, Alexandrin, qui a écrit sur Homère; mais il n'avait pas la réputation du premier, que ses charges de bibliothécaire et de précepteur des enfants de Ptolémée Philadelphe avaient mis en évidence. Du reste Eusthate accorde aussi à Zénodote d'Éphèse le mérite d'avoir le premier revisé les œuvres du poète immortel. On ne sait auquel des deux Zénodote appliquer la critique de Lucien, *Ver. hist.*, lib. II, 20.

Πάλι, qui termine la ligne 22, est pour πάλιν, le ν, qui se prononce μ avant μῆνις, ayant été oublié par le graveur. Il a également, à la ligne 27, omis l'α de μητέρα, sans doute pour la même cause, parce que le mot suivant commence par la même lettre.

Après la phrase peu élégante que nous venons de transcrire et qui finit seulement au commencement de la ligne 30, vient le discours de Thétis; c'est la citation des vers 420 à 425 du premier chant de l'*Iliade*:

420 Εἶμ' αὐτὴ πρὸς Ὄλυμπον ἀγάννιφον, αἴ κε πίθηαι.
Ἀλλὰ σὺ μὲν νῦν, νευσὶ παρήμενος ὠκυπόροισιν,
μήνι' Ἀχαιοῖσιν, πολέμου δ' ἀποπαύεο πάμπαν.
Ζεὺς γὰρ ἐς Ὠκεανὸν μετ' ἀμύμονας (Αἰθιοπῆας)
χθιζὸς ἔβη μετὰ δαῖτα, θεοὶ δ' ἅμα πάντες ἕποντο·
425 δωδεκάτῃ δέ τοι αὖτις ἐλεύσεται Οὔλυμπόνδε.

Remarquons au vers 420, πίθηαι au lieu de πίθηται, qu'on lit dans l'*Iliade*; le graveur ayant omis les vers précédents, pouvait, à la rigueur, faire rapporter ce verbe à Achille. — Le vers 421 nous donne, dans νευσί, une nouvelle forme du datif pluriel de ναῦς, forme qui, cependant, n'est peut-être qu'une faute du graveur. — Dans le vers 423, le graveur a oublié Αἰθιοπῆας, peut-être parce qu'il ne le comprenait pas, et qu'il lui importait peu de savoir chez qui s'en allait Jupiter, pourvu que ce fût chez de braves gens. — Enfin, au vers suivant, notre monument confirme la leçon des manuscrits et des anciennes éditions, μετὰ δαῖτα, que Wolf avait remplacé par κατὰ δαῖτα, en se fondant sur une scholie qui attribue cette correction à Aristarque; mais cette scholie est contredite par une autre, suivant laquelle ce serait ἐπί et non κατά, qui aurait été proposé par le critique d'Alexandrie; d'ailleurs, ainsi que l'a démontré M. Spitzner, cet emploi de κατά est contraire à l'usage de la langue homérique. Nous appelons d'autant plus l'attention des philologues sur ce point, que le nouveau fragment de table iliaque nous paraît, en raison de la forme des lettres, particulièrement des Σ et des Ω, appartenir à la première moitié du 1er siècle de l'ère vulgaire.

Au commencement de la ligne 40 le récit continue en ces termes :

Ὥστε πορεύεσθαι αὐτὸν τῇ ἐν[ν]άτῃ. Διελθουσῶν οὖν τῶν ἀνὰ μέσον ἡμερῶν, ἔρχεται ὁ Ζεὺς τῇ προειρημένῃ δωδεκάτῃ, καὶ ἡ Θέτις, κατὰ τὸ πρόσαγμα τοῦ υἱοῦ, ἀναβαίνει πρὸς τὸν Δία· κἀκείνου ὑποσχομένου πο[ι]ήσειν καθάπερ ἠξίου, ἀπαλλάσσεται ἡ Θέτις, τὰ εἰρημένα τῷ υἱῷ ἀπαγγελοῦσα. Ταύτης διελθούσης τῆς ἡμέρας, καὶ τῶν ἡμερῶν ἀριθμὸν ἐχουσῶν εἴκοσι, ἐπιβάλλει μία καὶ εἰκοστή, ἐν ᾗ ἐστὶν Ἀχαιῶν ἀγορά, νεῶν κατάλογος, συναγωγὴ τῶν Ἀχαιῶ[ν].

Ce dernier mot termine la ligne 65 ; à partir de là le marbre est brisé en biais, et chaque ligne devient plus courte de quelques lettres que celle qui la précède. Nous avons essayé de tirer de ces lignes tout ce qu'elles contiennent encore de noms et de faits, et nous allons donner le résultat de notre tentative, quelque inexpérience qu'elle doive révéler :

   καὶ ὅ[ρ]κια, καὶ Μενελ[άου καὶ]
   Ἀλεξάνδρου μονο[μαχία, καὶ]
   Θεῶν ἀγορὰ, καὶ ὅ|ρκίων σύγ]
   -χυσις, καὶ ἐπιπώ[λησις....
   δίας, μάχη Δι[ομήδους ἔπει τ- (?)
   α καὶ Αἰνήου[, καὶ Ἀφροδίτης (?)
   τρώσις . . . . [Αἰ-
   νήου . . . .
   μας . . . .
    . . . .

On voit que, loin d'être fidèle à la méthode qu'il avait adoptée au commencement, le narrateur supprime, vers la fin de l'inscription, tout développement, et se contente d'entasser les faits, afin de trouver une place pour Énée, ce héros chéri des Romains, dont le nom se reconnaît à la ligne 61, dans le mot **ΑΙΝΗΟΥ** (1). Rien n'indique le nombre de lignes dont nous sommes privés ; mais la singulière accumulation d'idées que l'on remarque dans les dernières lignes qui nous restent, fait pressentir le terme du récit.

(1) Dans la Table iliaque du Capitole, Énée figure en cinq endroits, et toujours le nom écrit à côté est orthographié **ΑΙΝΗΑΣ**. — Sur la monnaie très antique attribuée à la ville d'Æneia, le nom du héros est écrit **ΑΙΝΕΑΣ**. Voy. Millingen, *Syllog. of ancient coins*, London, 1837, p. 41.

ATTRIBUTION DE QUELQUES MONNAIES

A NÉSUS DE CÉPHALLÉNIE

(Extrait du tome X de la *Revue numismatique*, 1845,
pp. 413-416.)

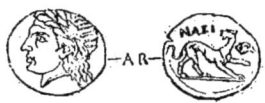

Mionnet classe, dans sa description des médailles grecques (1), plusieurs monnaies à une localité incertaine, qu'il nomme Nasi ou Napi de Lesbos. Parmi ces monnaies, il s'en trouve une qui représente, au droit, la tête de Bacchus couronnée de lierre et tournée à droite, et, au revers, une panthère, avec la légende ANΔPI. Aux yeux de la plupart des numismatistes, cette pièce semblerait appartenir à l'île d'Andros, et cependant le savant académicien l'a rangée à la ville dont nous parlons, pour se conformer, dit-il en note, au système de Sestini. J'avoue que j'ignore sur quels motifs Sestini se fondait pour attribuer à un lieu incertain (2) une monnaie qui présente le nom presque complet d'une île parfaitement connue, et j'admire avec quelle indulgence Mionnet enregistre, sans y ajouter la moindre remarque, l'attribution capricieuse

(1) T. VI, p. 78.
(2) Strabon et Étienne de Byzance mentionnent Νάπη, lieu de Lesbos; mais entre *Nape* et *Nasi* la différence est notable.

et absurde d'un homme qui l'avait si souvent critiqué d'une façon cruellement injuste. Je relève ce trait, parce qu'il honore la mémoire de mon vénérable prédécesseur.

En examinant les médailles données à Napi, j'ai remarqué que, outre la pièce d'argent qui figure en tête de cette notice, et sur laquelle on voit une petite tête de bélier auprès de la panthère, il en existe une autre de bronze et de très petit module, sur laquelle on voit le même symbole accessoire. Cette circonstance m'a porté à croire que les monnaies avec la légende **ΝΑΣΙ** pourraient bien avoir été fabriquées dans la ville dont les habitants sont appelés *Nesiotæ* par Tite-Live (1), et qui existait suivant lui dans l'île de Céphallénie. On sait que la tête laurée d'Apollon forme le type de plusieurs monnaies de cette île, et que le bélier et la tête de bélier ont été adoptés par ses villes (2). Je proposerais donc de compléter la légende ainsi : **ΝΑΣΙΩΤΩΝ**, doriquement pour Νησιωτῶν. La petite *tête* de bélier équivaudrait à : τῶν ἐν τῇ Κεφαλληνίᾳ.

Voici maintenant la description des médailles que j'attribue à Nésus.

1. Tête d'Apollon laurée, tournée à gauche.

℞. **ΝΑΣΙ**. Panthère marchant à droite en retournant la tête; devant, une petite tête de bélier. Ar. 4.

2. Tête laurée d'Apollon, tournée à droite.

(1) Lib. XXXVIII, c. 28. *M. Fulvius, cum trajecisset in Cephalleniam, circà civitates insulæ misit percunctatum, utrum se dedere Romanis, an belli fortunam experiri mallent. Metus ad omnes valuit, ne deditionem recusarent. Obsides inde imperatos, pro viribus inopis populi, vicenos Nesiotæ, Cranii, Pallenses et Samæi dederunt.* La ville de Nésus pouvait avoir acquis sous les Romains une importance qu'elle n'avait pas encore du temps de l'autonomie; d'ailleurs on sait combien peu les auteurs anciens ont parlé de la Céphallénie et surtout de ses villes. — Polybe et Tite-Live citent une autre ville de Nésus qui existait en Acarnanie. "Ἤδη παρῄρηνται μὲν Ἀκαρνάνων Οἰνιάδας καὶ Νῆσον. Polyb., IX, 39, 2. Ne serait-il pas possible que cette ville fût la même que celle qui est désignée comme appartenant à Céphallénie? En effet ne semble-t-il pas, d'après les vers de l'*Iliade* 631 à 636 (ch. II), que les habitants du continent voisin des îles qui obéissaient à Ulysse étaient compris dans la dénomination générale de Céphalléniens? Pomponius Mela (II, 7) cite encore une ville de l'Eubée nommée Nésus; mais notre monnaie, qui ne présente aucune analogie avec celles de l'Eubée, ne saurait être attribuée à ce lieu.

(2) V. Bosset, *Médailles de Céphalonie et d'Ithaque*, pl. II, n°s 26, 28, 30, et pl. I, n° 8; pl. II, n°s 18 à 25; pl. III, n° 34; pl. IV, n°s 48 à 52.

℞. *Légende effacée.* Panthère marchant à droite en retournant la tête ; devant, une petite tête de bélier. Æ. 1.

3. Tête laurée d'Apollon, tournée à droite.
℞. **ΝΑΣΙ**. Dauphin ; dessous, une palme. Æ. 7.

3. Mêmes types ; même légende. Æ. 3.

Le type du dauphin est déjà connu sur des monnaies de Céphallénie (1), et je dois dire qu'en comparant les pièces qui représentent la panthère avec des monnaies de Samé qui portent un lévrier assis, j'ai été frappé de l'analogie de style et de fabrique qui rapproche ces monuments.

Quant à la panthère, c'est, il est vrai, un type nouveau pour l'île de Céphallénie ; mais ne pourrait-on pas supposer qu'elle fait allusion au Bacchus Céphallène, Διόνυσος ὁ Κεφαλλήν, dont les habitants de Métymne avaient déposé une statue de bronze dans le trésor de Delphes (2) ? Ce simulacre était certainement célèbre comme toutes les figures consacrées dans ce lieu, et les insulaires de Céphallénie ont pu, après coup, et quoique le dieu n'eût pas été inventé par eux-mêmes, lui rendre quelques honneurs en raison de la conformité de nom qui le rattachait à leur patrie. Pour ce qui est du culte qu'ils rendaient à Apollon, je renvoie au récit de Pausanias (3).

Cellarius, commentant le passage de Tite-Live que nous avons cité, s'exprime ainsi : *lis de tertio oppido superest, cujus incolas Livius* Nesiotas vocat, *quod commune insulanorum nomen est.* Et Mannert, allant plus loin, accuse l'écrivain romain d'une précipitation évidente, *offenbarer Uebereilung.* Cependant l'illustre d'Anville, dont l'opinion fait autorité, admet Nésus dans son grand atlas, et place cette ville sur la côte occidentale de l'extrémité nord de l'île. Il est certain que Νησιώτης est l'ethnique d'une île quelconque ; mais il n'en peut pas moins être le nom d'un peuple. Doit-on retrancher de la géographie française la ville flamande qui se nomme *Insula?* D'ailleurs nous ferons observer que le mot Νῆσος s'applique à

---

(1) Bosset, pl. I, nos 10, 11, 14, 16.
(2) Pausanias, lib. X, 19, 2.
(3) Lib. VI, 15, 7.

une ville maritime, en nous appuyant sur le texte si précis d'Étienne de Byzance : Νῆσος ἡ ἐν θαλάσσῃ πόλις.

En proposant mon attribution nouvelle aux numismatistes, je suis heureux d'ajouter qu'elle a rencontré l'assentiment de M. Ch. Lenormant et de M. J. de Witte, à qui j'avais soumis mon opinion.

FIGURINE DE BRONZE

DU CABINET DE M. LE VICOMTE DE JESSAINT,

PAIR DE FRANCE.

(Extrait du tome Ier de la *Revue archéologique*, 1844-45, 2e partie, pp. 458-461.)

(PL. II.)

De toutes les figures de bronze que nous a laissées l'antiquité, les plus rares, sans contredit, sont celles qui représentent des particuliers. Je ne parle pas des bustes, mais des images entières, surtout de celles qui sont exécutées en petit. La raison de cette rareté est, en premier lieu, que l'exécution d'un portrait réclame le talent d'un artiste habile; que, dans l'antiquité, les artistes ne furent jamais bien nombreux, et que peu de particuliers pouvaient faire les sacrifices d'argent nécessaires pour mettre à leur service un ciseau consacré à la reproduction du type idéal de Jupiter, de Vénus ou d'Apollon; quant aux artistes médiocres, aux artisans, ils préféraient sans doute copier à la douzaine les statues célèbres des dieux et des héros; il ne s'agissait plus pour eux, dans ce cas, que d'imiter une attitude bien connue qui suffisait pour déterminer l'identité du personnage.

Si l'on avait quelque vœu à accomplir, quelque offrande intéressée à déposer dans les temples, plutôt que de faire faire sa propre image, on aimait mieux dédier une statue de dieu, même d'un dieu différent de celui que l'on voulait implorer ou remercier, comme l'a fait voir M. Letronne (1).

(1) Voyez *Rev. arch.*, t. I, 2e partie, p. 439.

En second lieu, les portraits de particuliers n'offraient souvent, après quelques générations, aucun intérêt, et s'ils étaient de métal, ils échappaient bien difficilement à la fonte, genre de malheur que le marbre n'avait pas du moins à redouter. Il en fut de même au moyen âge, temps pendant lequel les représentations de Dieu, de la Vierge et des Saints étaient transmises de siècle en siècle, et toujours conservées par les fidèles.

La découverte de la figurine dont M. le vicomte de Jessaint vient d'enrichir sa collection est donc un fait digne de remarque. Ce monument fut récemment trouvé dans l'Aisne, à quelque distance de Soissons; sa hauteur est de 11 centimètres, et il est fait de bronze jaune recouvert d'une belle patine brune. Les yeux sont d'argent, et toute la figure est exécutée avec un soin qui en fait un morceau précieux, indépendamment de l'intérêt qu'elle excite sous le rapport archéologique.

Le personnage que représente cette figurine est assis sur un siège dont les pieds manquent; il a les cuisses et les jambes recouvertes par une draperie, dont l'extrémité tombe derrière le siège. La tête offre une expression douce et souffrante. Un des pieds est nu et posé seulement sur une sandale, l'autre est complètement chaussé.

Ce qui rend cette figure extrêmement remarquable, c'est l'état de maigreur extraordinaire des bras et du torse qui laissent voir tout le système osseux. Une créature humaine ne peut être amenée à cette étisie surprenante qu'après une maladie fort longue et fort grave, telle par exemple que la phthisie pulmonaire. On s'aperçoit bien facilement que l'artiste a découvert toute la partie supérieure du corps pour mettre en évidence cette effrayante maigreur.

La gravité maladive du visage, le soin avec lequel les cheveux et les yeux sont traités, excluent l'idée d'une caricature, car on a des exemples d'empereurs, d'acteurs, de divinités même, dont les imperfections étaient ridiculisées avec une extrême liberté (1). Parmi les infirmités qui prêtaient à la rail-

---

(1) Winckelman, *Monumenti inediti*, n° 190. — Lenormant, *Mémoire sur les caricatures de Caracalla* conservées dans le musée d'Avignon; *Nouvelles annales*

lerie, on peut compter la maigreur, témoin les misérables infibulés, dont Winckelman a publié le dessin (1); mais l'attitude grotesque de ces figures les distingue complètement de la nôtre.

Celle-ci paraît avoir été faite par ordre d'un malade qui voulait consacrer dans le temple d'un Dieu sauveur, Apollon ou Æsculape, le souvenir de sa guérison, plus heureux que Phayllus, général phocéen, dont parle Pausanias, qui, s'étant vu en songe aussi maigre que le squelette de bronze dédié par Hippocrate dans le temple de Delphes (2), ne tarda pas à tomber dans une maladie de langueur qui réalisa bientôt ce que le songe avait présagé, et le conduisit au tombeau.

Sur le devant de la draperie, se lit une inscription en caractères formés de points :

ΕΥΔΑΜΙΔΑC
ΠΕΡΔΙΚ

On doit sous-entendre ΑΝΕΘΗΚΕΝ, et traduire : *Eudamidas, fils de Perdiccas, a dédié cette figure.*

C'est donc un ex-voto du genre de ceux que le christianisme a rendus si communs; mais je ne connaissais d'autre monument antique de cette classe que la jambe de plomb suspendue à une chaîne d'or que Linck avait rapportée de Grèce.

Cette statuette, trouvée au centre de la Gaule, ne saurait y avoir été fabriquée, mais elle a pu y être apportée comme une singularité intéressante à l'époque où les mœurs romaines, et avec elles le goût des collections, se répandirent dans notre pays.

Les caractères sont tracés de manière que l'on ne sait, au premier abord, s'il faut lire ΕΥΔΑΛΛΙΔΑC ou ΕΥΔΑΜΙΔΑC. Sans la petite distance qui existe entre les jambages intérieurs

---

de l'Institut archéologique, t. II, deuxième partie. — J. de Witte, *Catalogue de la collection Durand*, nos 1685 à 1692, 669 et 670. Le même, *Explication d'une amphore à sujet comique*; *Annales de l'Inst. archéol. de Rome*, t. XIII, p. 330. Voy. la parodie de l'arrivée d'Apollon à Delphes gravée en tête de la thèse de M. Lenormant : *cur Plato Aristophanem in convivium induxerit*; 1833.

(1) *Monumenti inediti*, n° 188.

(2) Ἐν τοῖς ἀναθήμασι τοῦ Ἀπόλλωνος μίμημα ἦν χαλκοῦ χρονιωτέρου, κατερρυηκότος τε ἤδη τὰς σάρκας, καὶ τὰ ὀστᾶ ὑπολειπομένου μόνα. Paus., *Phocid.*, II, 10.

de l'**M**, ce qui semble en faire deux *lambda*, je ne penserais pas au premier de ces noms qui est, autant que je puis le croire, tout à fait inconnu, tandis que l'histoire et les monuments nous ont conservé le souvenir de plusieurs Eudamidas. Car, sans compter ce Corinthien si confiant en amitié, et dont Lucien a rendu le testament célèbre (1), on connaît deux rois de Sparte (2) qui portaient ce nom, ainsi qu'un νομοφύλαξ de la même ville (3), et ce chef lacédémonien, frère de Phœbidas, qui fut mis à la tête de troupes envoyées en Thrace pendant la guerre contre les Olynthiens (4).

D'ailleurs, ce nom est un dérivé régulier d'Eudamus, nom connu aussi bien que celui d'Eudames (5). Perdiccas est un nom que l'on peut dire exclusivement macédonien, et qui se rencontre rarement dans les écrivains anciens, mais il a pu être porté à Alexandrie, et de là transporté à Rome.

Il est assez difficile de déterminer le pays où cette figurine a été fabriquée; quant à l'époque à laquelle vivait Eudamidas, je crois qu'elle a dû précéder de bien peu l'ère chrétienne. La coiffure de ce personnage est tout à fait celle d'Auguste; je dois faire observer, en outre, que l'on aperçoit aux extrémités des jambages droits des lettres de l'inscription (voyez pl. II, le *fac-simile* placé au-dessous de la figure) de petits traits que les paléographes appellent *apices*, genre d'ornement qui s'est introduit vers le Ier siècle avant Jésus-Christ, mais seulement, comme le remarque M. Letronne (6), dans l'écri-

---

(1) Lucian, *Toxaris*, 22. Ἀπολείπω Ἀρεταίῳ μὲν τὴν μητέρα μου τρέφειν καὶ γηροκομεῖν, Χαριξένῳ δὲ τὴν θυγατέρα μου ἐκδοῦναι μετὰ προικός, ὁπόσην ἂν πλείστην ἐπιδοῦναι παρ' αὐτοῦ δύνηται.

(2) Polyb., IV, 35, 13. — Plut. *in Agid.*, c. 3. — Pausan., III, 10, 5.

(3) Inscription trouvée à Sparte près du théâtre et de la tour méridionale. Bœckh, Ier vol., p. 616, n° 1240. V. deux autres personnages du même nom dans les inscriptions découvertes au théâtre et près du temple de Lycurgue *Ibid.*, p. 623, n° 1249, et p. 628, n° 1256.

(4) Xenoph., *Hist. græc.*, lib. V, c. II, 24. — Diod. Sic., lib. XV, xx, 3; xxi, 1.

(5) Aristoph., *Pl.* 884. Eudamus, philosophe qui vendait des anneaux magiques. — Cf. Mionnet. Ces noms se trouvent sur des médailles de Cos et de Smyrne. — V. aussi Muratori, MXXVII, 1. L'inscription d'Eudamus, fils de Castor. — Cf. Diog. Laert., IV, 30, 31.

(6) *Explication d'une inscription grecque trouvée dans l'intérieur d'une statue antique de bronze.* Paris, 1843, p. 33.

ture des inscriptions sur pierre ou sur métal, car il n'en reste aucune trace dans celle des manuscrits d'Égypte ou d'Herculanum.

Il est fort étonnant que l'artiste à qui l'on doit l'*ex-voto* d'Eudamidas, et qui a su modeler le cou, le dos, le bas-ventre et les bras avec un talent anatomique vraiment irréprochable, n'ait pas su comment s'attachaient les côtes et n'ait nullement indiqué le sternum. Un petit squelette de bronze conservé dans le musée Kircher (1) présente la même singularité; sept côtes de chaque côté viennent se joindre entre elles sans sternum ni fausses côtes.

Cet oubli dénote, chez les artistes de l'antiquité, l'absence d'études ostéologiques, et le fait est que les représentations de squelettes sont très rares. Cela tient à ce que, bien différents en cela des chrétiens du moyen âge, les anciens avaient horreur de la mort; si, à une époque, comparativement récente, on voit Trimalcion faire apporter à ses convives, au milieu d'un festin, un squelette d'argent, il faut considérer cette action comme un raffinement de débauche d'un homme blasé qui avait emprunté à la civilisation corrompue des Égyptiens (2) ce moyen d'excitation, et que la peur de cesser de vivre stimulait à abuser de la vie.

(1) Ficoroni, *Gemm. antiq. litterat.* Rome, 1758, pl. VIII, n° 4.
(2) Hérodote, II, 78. Ἐν δὲ τῇσι συνουσίῃσι τοῖσι εὐδαίμοσι αὐτέων, ἐπεὰν ἀπὸ δείπνου γένωνται, περιφέρει ἀνὴρ νεκρὸν ἐν σορῷ ξύλινον πεποιημένον, μεμιμημένον ἐς τὰ μάλιστα καὶ γραφῇ καὶ ἔργῳ· μέγαθος ὅσον τε πάντη πηχυαῖον, ἢ δίπηχυν· δεικνὺς δὲ ἑκάστῳ τῶν συμποτέων, λέγει, Ἐς τοῦτον ὁρέων, πῖνέ τε καὶ τέρπευ· ἔσεαι γὰρ ἀποθανὼν τοιοῦτος.

LES

TUMULUS DE DJEBEL EL AKHDHAR

DANS LA PROVINCE D'ORAN

(MAURITANIE CÉSARIENNE).

(Extrait du tome 1er de la *Revue archéologique*, 1844-45, 2e partie, pp. 565-572.)

Les recherches des archéologues n'ont pas encore complètement déterminé quelle était la destination de certaines collines factices, formées de terres amoncelées et quelquefois revêtues de pierres, qui se voient en divers points des Gaules et de la Grande-Bretagne. L'opinion la plus commune donne à ces monuments une origine celtique ou gallo-romaine, et les fouilles pratiquées en plusieurs lieux ont amené quelques découvertes qui indiquent des sépultures. Les *tumulus* de l'Italie sont mieux connus et plus faciles à apprécier (1). L'état de conservation parfait dans lequel sont restés les tombeaux coniques de l'Étrurie a permis de juger avec certitude de l'usage pour lequel ils avaient été édifiés. Sur les bords de la mer Noire, dans les contrées que peuplèrent les Scythes, on retrouve les tumulus funéraires dont la Grèce et l'Asie Mineure présentent aussi quelques exemples. Dans l'Inde enfin et dans l'Afghanistan, partout où le Bouddhisme a porté ses doctrines, on découvre des monuments circulaires connus sous le nom de *Stoupas* ou *Topes* (2), qui paraissent avoir été érigés pour conserver des restes mortels ou des reliques.

(1) Micali, *Monumenti per servire alla storia degli ant. pop. Italiani.* Pl. LXII, nos 7 et 8. — V. dans le même ouvrage le *Nouraghe d'Isili*, pl. LXXI, no 4.
(2) Masson. *Memoir on the topes and sepulchral monuments of Afghanistan.* Ariana antiqua. London, 1841, p. 55. — Ritter, *Die Stupas.*

D'après le récit de quelques voyageurs nous savions que dans l'Afrique septentrionale il existait deux tombeaux célèbres. Celui dont Peyssonnel, cité par M. Dureau de la Malle (1), donne une description détaillée, est un grand corps de bâtiment rond, de deux cents mètres de circonférence, qui se termine en pyramide par trente-deux degrés de pierre ; il est situé à Médrachem, à une dizaine de lieues au nord-ouest de Lamba (l'antique Lambasa), dans la province de Constantine. L'autre, appelé communément Qobeur er' Roumiah (le tombeau de la chrétienne), est à l'ouest de Coléah. Il est comme le premier haut de trente mètres, posé sur une base cylindrique et se termine aussi en pyramide.

Un officier français, M. Azéma de Montgravier, envoyé avec la division de Mascara dans le Sersou (nom que les Turcs ont donné aux plateaux dans lesquels prennent leurs sources les rivières qui coulent au nord), a singulièrement accru les notions que nous possédions sur l'architecture africaine, et les principaux monuments qu'il signale sont des tumulus qui ressemblent de la manière la plus frappante à ceux de l'Inde, plus encore peut-être qu'aux constructions du même genre que nous avons pu examiner en France. M. Hase a reçu du savant officier des dessins très habilement faits, accompagnés d'un rapport fort intéressant dont nous allons extraire les renseignements nécessaires à la complète intelligence des figures que nous avons fait graver.

La campagne de 1843 permit à M. de Montgravier d'explorer toute la portion du Sersou comprise entre la chaîne du Djébel-Nador, la haute Mina et les Keffs, dans une longueur d'environ dix myriamètres. L'armée, partie de Tiaret, longea successivement tous les côtés de ce vaste rectangle qu'elle parcourut plusieurs fois en divers sens. Les monuments qui existent dans cette région peuvent être classés en deux catégories bien distinctes : 1° les postes romains ; 2° les cités barbares protégées par ces postes et les monuments tumulaires

(1) *Recueil de renseignements pour l'expédition dans la province de Constantine.* 1837, p. 212 et suiv.

voisins de ces cités; c'est ce qui se voit à Tiaret, à Loha, à Mérat sur les Keffs, à Kennouda et à Bentnçara sur le cours de la Mina. Dans chacun de ces points on remarque en dehors de l'oppidum romain une enceinte continue en maçonnerie, et dans l'espace qu'elle renferme, des débris confus auxquels on pourrait donner le nom de cité barbare. Sur les crêtes du Djébel-Nador, à chaque source principale, à côté du poste romain se trouvent des vestiges de forteresses barbares; on reconnaît dès l'abord que ceux qui les ont élevées n'ont pas toujours eu à leur disposition les instruments nécessaires pour la taille des pierres ni le ciment pour les assembler. De larges dalles en forment le sol, et leurs débris couvrent les flancs des mamelons. Il ne reste d'intact que certaines constructions gigantesques qui rappellent les pierres de Karnac et nos autres monuments druidiques.

Parmi les points explorés, Kennouda est un de ceux qui offrent le plus d'intérêt par la réunion de la cité à la nécropole. Là, par un examen attentif, il est facile de reconnaître un bâtiment central de forme circulaire, situé au milieu d'un carrefour auquel viennent aboutir les lignes principales des rues ou habitations particulières. Les fouilles ont démontré que le mode de construction de ces étranges monuments consistait en pierres sèches, formant deux parements, l'un intérieur, l'autre extérieur, entre lesquels était jeté un blocage de moellons de petites dimensions.

A l'intérieur de la ville, on trouve la nécropole, où l'on remarque des pierres colossales, disposées comme nos *dolmen*. Un de ces monuments a quatre mètres de long sur deux de large et deux de hauteur. La pierre supérieure est percée de trois augets communiquant entre eux par un canal. Deux cavités rondes, placées symétriquement, semblent avoir été creusées pour recevoir les hampes de lances ou les supports d'un baldaquin dans une cérémonie religieuse, et, si cette hypothèse ne devait par paraître trop hardie, on pourrait déclarer que cet autel barbare est un véritable dolmen. Il serait certainement fort intéressant de retrouver sur les confins du désert un monument qui semble établir quelque analogie entre les usages des peuples de la Gaule et ceux des habitants de l'Afrique septentrionale avant l'occupation romaine.

M. de Montgravier, en remontant la vallée de la Mina, au delà de Kennouda, arriva à Bentnçara, lieu marqué sur la carte comme étant le point de rencontre de deux affluents principaux de la Mina dans ces régions élevées, savoir : l'Oued Tisnouna à l'ouest, et l'Oued el Djad à l'est. Bentnçara, en arabe, signifie la fille des chrétiens ; on y remarque de nombreuses ruines. L'acropole n'est autre chose qu'un de ces camps construits par les légions, dans tous les lieux soumis au pouvoir des Romains, depuis l'extrémité de la Grande-Bretagne jusqu'au pied de l'Atlas ; le temps n'a pu faire complètement disparaître la trace des remparts, des tours, des portes et du prétoire, puissantes constructions de pierre de taille, réunies entre elles par des crampons de fer et un excellent ciment.

Autour du camp, une immense quantité de débris de poteries et des matériaux de tout genre, confusément épars sur le sol, révèlent une cité romaine barbare et deux races différentes, dont les générations ont pendant plusieurs siècles confondu leurs cendres. Les fouilles exécutées sur ce point n'ont laissé aucun doute à cet égard ; elles ont fait découvrir autant de monnaies mauritaniennes de plomb à la figure de Jupiter Ammon (1) que de médailles romaines ; et même quelques inscriptions tumulaires portant des noms barbares précédés de prénoms romains.

A Bentnçara, comme à Kennouda, la nécropole couvre un espace de terrain considérable ; elle s'étend le long de l'Oued Tisnouna jusqu'auprès du Djebel el Akhdhar, au sommet duquel on aperçoit les tumulus que nous allons décrire, et qui, se dressant sur les trois principaux pitons de cette montagne, paraissent de loin une énorme masse de rochers.

---

(1) Nous avons conservé les propres expressions de M. de Montgravier, quoique nous ne sachions pas de quelle espèce de monnaies il a entendu parler. En général, les pièces de plomb antiques qui nous sont parvenues ne sont pas des monnaies proprement dites, mais des tessères.

Dans une forêt de chênes, sorte de bois sacré, qui, suivant la tradition, couvrait autrefois la contrée, prêtant son ombrage mystérieux aux sources de la Mina et aux sépultures d'El Akhdhar, s'élèvent trois collines; en suivant le chemin qui conduit à la plus élevée, l'on trouve à l'un des contours du sentier un magnifique monument portant dans sa construction elle-même le témoignage de son antiquité.

C'est un parallélipipède dont la base a 50 mètres de côté et la hauteur 10 mètres. Il sert de soubassement à une pyramide, dont le parement extérieur est construit en belles pierres de taille en gradins, comme celles des pyramides d'Égypte, et qui devait se terminer par un monolithe. La hauteur totale du monument est de 30 mètres. Il est orienté, et la face tournée vers l'est, sur laquelle devait se trouver l'entrée, indique par des éboulements considérables, les efforts que l'on a tentés, à diverses époques, pour pénétrer dans l'intérieur. La pyramide n'offre pas d'inscriptions; mais les pierres de la base en sont chargées.

Le deuxième tumulus est absolument semblable au premier, quant à la forme, mais de plus petite dimension; il ne porte aucune inscription.

Le troisième monument, situé sur une colline voisine, présente un rapport frappant avec les deux autres. Le plateau sur lequel il est construit est tout entier couvert de matériaux éboulés (1). On devait arriver au tumulus par un vestibule à ciel ouvert ; un premier escalier rachetait la pente entre la partie la plus basse du vestibule et la deuxième enceinte ; mais à partir de celle-ci commençait un deuxième vestibule couvert, renfermé dans le premier, d'où un autre escalier descendait vers le monument. Ces deux vestibules furent déblayés et l'on put reconnaître la situation des lieux. A leur

point de jonction avec les murs du monument se trouvait l'entrée ; elle a 1 mètre 50 centimètres de largeur et s'ouvre sur un troisième escalier qui descend par une pente rapide sous le monument lui-même. Cette ouverture et la galerie souterraine ont pu être examinées, mais l'étranglement de cette dernière et les matériaux qui l'obstruaient rendirent inutiles les efforts que firent les officiers pour y pénétrer. Cependant une excavation qui existait sur la pyramide permit à un homme qui s'y introduisit de reconnaître les amorces de deux galeries se dirigeant à droite et à gauche à partir de la galerie principale. Les fouilles ne purent en enseigner davantage sur la disposition intérieure du tumulus. Quant à sa construction extérieure, voici les particularités qu'elle présente.

(1) Cette construction a la plus grande analogie avec la pyramide de Meydoun, au midi de Sakkarah. (V. *Appendix to operations carried on at the pyramids of Gizeh*, vol. III, p. 78.)

Le plateau est entouré d'un mur en bonne maçonnerie, flanqué de quatre tours carrées. Un deuxième mur, beaucoup plus rapproché du monument, le circonscrit d'une manière régulière ; il est formé de deux parements de pierres de taille de grande dimension, parfaitement travaillés. L'intervalle entre ces deux parements est comblé par une excellente maçonnerie : les tours offrent la même nature de construction, ainsi que le parallélipipède servant de soubassement à la pyramide. Enfin les matériaux qui composent la pyramide elle-même sont réunis entre eux par un ciment solide, dans lequel sont engagées les pierres de taille disposées en gradins.

Le tumulus que nous venons de décrire diffère donc du premier en ce qu'il repose sur une triple base dont les arêtes et la majeure partie sont conservées. Il est construit sur une plate-forme figurant, ainsi qu'on peut le voir dans le plan

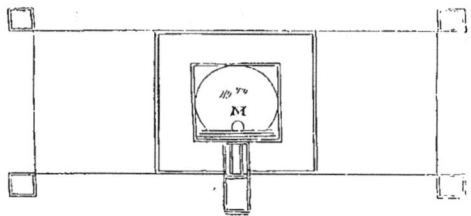

ci-dessus, exécuté à 2 millimètres, un long rectangle flanqué aux quatre coins de constructions carrées ; sur un des longs côtés du rectangle est pratiquée la voie qui conduit à l'entrée ; à 12 mètres environ de distance se trouvent les premiers degrés qui conduisent sur la plate-forme ; de la plate-forme un second degré conduit sur la seconde base ; la troisième base est occupée dans toute sa largeur par un degré en haut duquel se trouve pratiquée l'entrée qui se compose de fortes assises de pierres ; les deux d'en haut se rapprochent de manière à donner à la partie supérieure la forme d'une ogive ouverte par sa pointe ; de chaque côté est percé un trou cylindrique, et trois assises de pierre grandissant graduellement forment le gigantesque linteau de cette porte. Il est très intéressant de retrouver cette sorte d'ogive dans un monument

africain bien antérieur sans contredit à toutes les ogives européennes. Ne peut-on pas voir là en quelque sorte le germe de cette architecture que les Maures transportèrent en Espagne, et qui a eu peut-être sur le style des monuments de l'Occident plus d'influence que l'on ne s'est jusqu'ici accordé à lui en reconnaître ?

Malgré la petitesse de nos dessins, on aura pu remarquer sur la base du premier tumulus les inscriptions qui se trouvent réparties au centre de chaque pierre de taille. Ce sont des monogrammes tant soit peu barbares, de courts groupes de caractères dans lesquels les lettres romaines se mêlent à des signes qui présentent une ressemblance éloignée avec les caractères qui se voient en si grand nombre sur les rochers du mont Sinaï (1). Quoi qu'il en soit, on ne saurait attacher

---

(1) Beer. *Studia asiatica.* Leipsig, 1840, in-4°. *Inscriptiones veteres litteris et lingua hucusque incognitis ad montem Sinaï magno numero servatæ; cum tabulis lithographicis XVI.* Ce fascicule, qui offre le résultat de découvertes pleines d'intérêt, devait être suivi de plusieurs autres dont la mort prématurée de Beer nous a privés.

une bien grande importance à des inscriptions si peu explicites. Ce sont ou des marques qui ont servi aux ouvriers à désigner la place que devaient occuper les pierres, ou des signes indiquant le nom de ces mêmes ouvriers, ou bien encore des signatures abrégées laissées par des visiteurs ou des pèlerins; il serait possible, en effet, que de même que les stoupas de l'Inde ou les dagobas de Ceylan, ces tumulus africains eussent recouvert des corps de personnages vénérés. On sait que dans le même pays on vient actuellement de tous côtés pour rendre hommage aux dômes qui servent de sépultures à des marabouts et qui sont connus sous le nom de *qobbah*. Quant aux deux inscriptions qui se trouvent sur les faces sud et nord du même tumulus, elle se composent, l'une de deux lignes, l'autre de quatre, donnant en tout une trentaine de caractères appartenant à un alphabet inconnu. Il y aurait certainement quelque profit pour la science à tenter le déchiffrement de ces deux inscriptions; mais dans tous les cas il n'est guère probable que l'on y retrouve le canon des dynasties mauritaniennes dont M. de Montgravier pense que les noms royaux existent sur ces monuments. Nous croyons que l'opinion de Pomponius Méla (1), qui désigne le Qobeur er' Roumiah par ces mots : *Monumentum commune regiæ gentis*, ne repose que sur une tradition sans preuve, et que le nom de ce tumulus (qu'il faudrait, pour plus d'exactitude peut-être, traduire par *tombeau de la Romaine*) (2) est un indice d'origine comparativement moderne.

(1) I, vi, 10.
(2) Il est évident que si, dans le langage actuel, surtout dans l'acception populaire, *roumi* signifie un chrétien, ce mot veut dire aussi un Romain chez les habitants de l'Afrique septentrionale, et un Grec chez les Turcs et les Arabes de Syrie. En traduisant *Quobeur er' Roumiah* par *tombeau de la chrétienne*, les voyageurs se sont donc plutôt appliqués à exprimer l'idée que les musulmans actuels attachent à ces mots, que le sens qu'ils représentaient dans l'origine. Le grand mausolée circulaire de Médrachem a pu être, comme le monument si connu de Cæcilia Metella, élevé pour quelque Romaine de distinction.

ÉLITE DES MONUMENTS CÉRAMOGRAPHIQUES, *matériaux pour servir à l'histoire des religions et des mœurs de l'antiquité, expliqués et commentés par MM. Ch. Lenormant et J. de Witte*. — Paris, Leleux, in-4°, tome Ier.

COMPTE RENDU.

(Extrait du tome 1 de la *Revue archéologique*, 1844-45, 2e partie, pp. 776-784 et 846-852.)

[PL. III (1).]

1er ARTICLE.

C'est assurément une heureuse idée que celle de réunir dans un même livre, de format commode, tous les sujets intéressants inédits ou connus que représentent les vases peints de l'antiquité. Cette vaste et utile entreprise réclamait de la part des auteurs, non seulement une érudition riche et féconde, mais encore une patience, un courage bien rares de notre temps. Pour qui ne connaît pas personnellement les deux savants qui promettaient il y a quelques années d'accomplir cette tâche, le doute était permis, tant elle semblait rude ; mais aujourd'hui, un premier volume, tout à fait conforme au plan indiqué par le Prospectus, vient servir de réponse à qui mettrait le succès en question. Hâtons-nous de dire que nous n'avons cessé d'accompagner de tous nos vœux un travail dont le résultat immédiat est de rendre accessible au grand nombre l'étude d'une branche extrêmement importante de l'archéologie. Réduire en quatre volumes in-4° la matière de cinquante volumes grand in-folio, classer tous les

---

(1) Cette planche est composée de vases qui tous existent au musée Céramique de Sèvres, et les figures en sont empruntées à diverses planches du bel ouvrage, actuellement sous presse, dans lequel MM. Brongniart et Riocreux décrivent cette riche collection.

sujets dans un ordre méthodique et rigoureux, n'est-ce pas là, quand les auteurs n'eussent pas fait plus, un service immense rendu au public studieux? Qui pourrait regretter l'incommensurable appareil scientifique dont cet ouvrage dispense? Qui donc préférerait encombrer ses pages de citations de cent *tirages à part*, impossibles à trouver, plutôt que de faire usage d'un livre que chacun peut consulter aisément? Nous ne pensons pas qu'il existe un seul antiquaire qui ne soit pas de notre opinion à cet égard ; il faudrait qu'il eût oublié que le premier devoir du savant est de vulgariser les moyens d'instruction, et que c'est la seule ressource qu'il ait pour se faire pardonner l'auréole d'ennui dont l'entoure sa *spécialité*, lorsqu'il est assez malheureux pour en avoir une.

Les auteurs de l'*Élite des monuments céramographiques* ont employé, pour désigner la forme des vases, le vocabulaire formé il y a quinze ans par le savant Théodore Panofka, et nous déclarons tout d'abord avec franchise qu'il eût été nécessaire d'établir des restrictions au système de dénomination, qui a été, comme chacun le sait, combattu avec tant de force par M. Letronne. Un grand nombre de lecteurs de la *Revue* nous ayant témoigné le désir de trouver ici des renseignements sur l'état de la question, comme aussi sur les différentes *fabriques*, nous avons réuni quelques notions sur cette matière, et nous les exposerons brièvement avant de passer à l'examen du livre de MM. Lenormant et J. de Witte.

Fabrique phénicienne. (Pl. III, n°s 4 et 5.) On a longtemps considéré comme égyptiens, des vases de terre jaunâtre terne, de forme écrasée, ornés de figures brunes ou noires rehaussées de rouge et de violet. Ces vases, qui se trouvent en Grèce, dans les îles de la Méditerranée, et en Étrurie, représentent soit des rangées processionnelles d'animaux réels ou fabuleux, soit un oiseau aux ailes immenses qui enveloppent pour ainsi dire toute la surface du monument, soit encore une femme tenant par le col deux oies qu'elle paraît étrangler. L'orifice s'élargit singulièrement et rappelle le tailloir des colonnes de Pestum. Du reste, rien qui ressemble aux compositions si caractérisées de l'Égypte : point d'attributs symboliques, point de figures d'hommes à tête d'animal ; on y remarque au contraire des représentations d'animaux à tête humaine, combinaison véritablement asiatique, dont les colonnes de Persépolis et de Khorsabad, les cylindres babyloniens et perses, l'Écriture Sainte nous ont fourni tant d'exemples. Sur les vases dont nous parlons les hommes et les animaux sont presque toujours ailés, et à ce trait encore on reconnaîtra l'influence cananéenne ou arienne. Une observation fort ingénieuse a été faite au sujet de ces vases par M. Raoul Rochette. Ce savant a remarqué que tous étaient parsemés de rosaces à cinq ou six pétales, et que cette rosace se retrouve exactement semblable sur un des deux fragments de briques émaillées rapportées des ruines de Babylone par l'abbé de Beauchamp. Toutes ces considérations ont fait abandonner depuis quelques années la dénomination d'égyptiens à laquelle a succédé celle de *tyrrhéno-phéniciens*, ou simplement *phéniciens*. Ces vases sont très anciens (celui que M. Dodwell a trouvé près de Corinthe porte une inscription dont les caractères paraissent remonter à la 50e olympiade (vie siècle avant J.-C.), suivant Ottfried Müller). On ne prétend pas dire qu'ils aient tous été fabriqués par des ouvriers phéniciens, et celui que nous venons de citer serait la preuve du contraire ; mais ils doivent avoir été faits à l'imitation de ceux que le commerce maritime apportait de Tyr et de Sidon, dans les îles de la Grèce et sur les côtes de l'Italie.

On a trouvé dans la Grande-Grèce et jusqu'à Corneto, un grand nombre de vases qui procèdent directement de ceux que les Phéniciens avaient mis en usage, et qui sont aux vases grecs ce qu'au moyen âge les monuments de la sculpture du xe siècle sont aux œuvres d'art du xiiie. M. Panofka a donné le nom d'*aryballos* au n° 4 de notre planche III, et celui de *bombylios* au n° 5. M. Letronne paraît admettre la première de ces dénominations, mais il repousse la seconde. Nous pensons que ce vase doit être classé parmi les *alabastron*.

Fabrique grecque. (Pl. III, nos 2, 3, 7, 9.) Le vase figuré sous le n° 2 est essentiellement attique. On en voit plusieurs de cette forme dans le tombeau d'enfant, découvert à Athènes, que la *Revue* a publié (pl. xi, numéro de septembre 1844). Souvent le fond blanc de la partie cylindrique est orné de dessins au trait, d'un rouge pâle et généralement d'un grand style. M. Grasset, consul de France à Janina, avait apporté à Paris un vase à fond blanc, chargé de figures peintes de diverses couleurs très brillantes. Ce merveilleux monument de la peinture antique avait été trouvé à Salamine, et fut publié par M. Raoul Rochette (1). Il a été depuis acquis par le Musée Britannique. C'est très certainement une variété de la famille des *lecythus*, sans que l'on puisse affirmer, ainsi que le fait observer M. Letronne, que ce soit le *lecythus* par excellence.

La *phiale* qui vient ensuite (n° 3) est de terre brune, enduite d'une couverte d'un noir trouble. C'est un de ces vases que l'on trouve dans la Grande-Grèce et que M. de Witte nomme *vases grecs à reliefs* (Cat. Dur., p. 336); en effet, divers sujets se détachent sur le fond intérieur. Plusieurs phiales représentent des courses de chars montés par des dieux que guident des victoires et au-devant desquels volent des figures ailées en rapport avec le caractère de chacun d'eux. Il y a là, entre la divinité et le génie qui plane au-dessus d'elle une connexion qui rappelle les *férouers* des sculptures de l'Orient, êtres mystiques qui accompagnent le roi-dieu. Dans la phiale du musée de Sèvres nous voyons cinq fois le soleil, dont la tête radiée est placée entre les deux chevaux dont la disposition offre une analogie frappante avec les chapiteaux du tombeau bien connu de Nakschi-Roustam.

Le vase n° 7 est d'une forme très rare (2); M. Panofka, qui en connaissait un semblable dans le cabinet de M. le duc de Blacas, le croyait unique; le premier a été, comme celui que

---

(1) *Peintures antiques inédites*, p. 415, pl. viii, ix, x et xi.
(2) Les poteries d'Égine étaient réputées pour leur légèreté; ce vase est d'une finesse remarquable. Il est fait d'une terre en grande partie composée de carapaces ou test siliceux d'animaux microscopiques infusoires. (Brongniart, *Traité des arts céramiques*, t. I, p. 576.)

nous venons de citer, trouvé à Égine ; la Bibliothèque Royale en possède un troisième, rapporté de Grèce par M. le baron Rouen. Le fond jaune pâle, avec des zones et des stries rouges et noires, distingue le vase des îles ; c'est ainsi que la poterie de Milo, de Théra présente les mêmes ornements. M. Panofka regardait le vase que nous décrivons comme une *thermopotis*, c'est-à-dire un vaisseau destiné à contenir des boissons chaudes ; cette dénomination, qui n'avait alors pour base que la présence du couvercle, pouvait alors ne pas paraître bien certaine. Aujourd'hui, nous pensons avoir pour l'adopter la raison que voici :

Suivant Athénée (XI, 783), l'*anaphæa* était chez les Crétois une *thermopotis*, Ἀναφαία ἡ θερμοποτὶς παρὰ Κρησίν. Or, les monnaies d'Anaphé, petite île de la mer Égée, voisine de Crète, ont pour type un vase que le savant Célestino Cavedoni n'a pas hésité à regarder comme l'*anaphæa* (1). Voici tout au moins une variété de thermopotis qui nous est connue, et nous devons dire qu'elle ressemble beaucoup à notre vase n° 7, excepté que les anses sont placées dans le sens horizontal. On rencontre assez fréquemment dans les îles de petits fourneaux de terre jaune décorés de méandres, de stries, de zones brunes et rouges, et sur lesquels les vases de l'espèce que je viens de décrire s'ajustent d'une façon qui ne saurait être l'effet du hasard ; cette circonstance jointe à l'argument que nous tirons de la monnaie d'Anaphé et qui nous paraît très concluant, nous porte à admettre dans la nomenclature céramique applicable, la *thermopotis* ou vase à boisson chaude.

Nous voici enfin arrivé à la description d'un de ces vases classiques à fond noir brillant et à figures rouges, que l'on a longtemps confondus avec les vases étrusques (2). Le n° 9 est de fabrique agrigentine, c'est le *vaso à colonnette*. de la Grande-Grèce. Le nom de *kélebé* par lequel on le désigne, est, comme l'a démontré M. Letronne, tout à fait impropre, et peut s'appliquer à des vaisseaux de formes très éloignées de celle que

(1) *Spicilego numismatico*, p. 115.
(2) Voyez la *Revue archéologique*, numéro de mai 1844, p. 82.

nous avons sous les yeux, et qui rentre bien plutôt dans le genre *crateres*, car ce dernier terme nous paraît en général employé pour désigner les vases de grande dimension. Les vases à colonnettes, qui se recommandent surtout par leur belle fabrique et leur grand style, ne nous ont, pour la plupart, conservé que des scènes assez peu instructives. Sur celui-ci, on voit un éphèbe nu qui s'apprête à assommer d'un coup de massue un taureau qu'il a saisi par les cornes ; devant lui, une femme, vêtue d'une tunique talaire et d'un péplum, court en retournant la tête ; elle tient de la main gauche une corne ou des crotales. On peut voir dans cette composition Thésée qui se prépare à immoler en l'honneur d'Apollon delphinien le taureau de Marathon, qu'il vient de dompter, ou un sacrifice à Bacchus du taureau dionysiaque, précédé par une ménade.

Une autre classe de vases, que l'on trouve très nombreux dans les sépultures de Nola, présente plusieurs points de ressemblance avec les amphores d'Agrigente. C'est le même vernis luisant, la même élégance dans les formes. Les sujets que représentent ces monuments sont le plus souvent bachiques ou érotiques ; mais ils conservent ordinairement une certaine majesté qui leur donne un couvert hiératique. On a recueilli aussi à Nola une quantité considérable de poteries de toutes formes et de toutes grandeurs, entièrement noires, dont le galbe toujours très pur est remarquable par son hellénisme.

Fabrique étrusque. (Pl. III, n°s 6, 8 et 11.) M. Lenormant a fait voir dans un journal (1) que si l'on ne doit pas appeler étrusques tous les vases qui se découvrent en Toscane, il fallait réserver ce nom à quelques monuments céramiques contemporains de la prépondérance tyrrhénienne en Italie. C'est à Chiusi que l'on a formé les plus belles collections de vases de ce genre, dont le n° 6 est un échantillon. L'argile qui le compose est noire à l'intérieur comme à l'extérieur. La coupe, très épaisse, et par conséquent fort lourde, est ornée de bas-

---

(1) *Revue archéologique*, t. I, p. 82.

reliefs imprimés à l'aide d'un cylindre dont le roulement a reproduit plusieurs fois la même scène. Les sujets empreints sur les vases de Chiusi sont tout à fait orientaux, et l'on se souvient, en les voyant, de ces cylindres de pierre dure que l'on rapporte des environs de Babylone et de Ninive.

Nous avons vu à Albano, chez un maître d'école, une prodigieuse quantité de poteries noires trouvées près du lac, au fond d'une tourbière. Ces monuments, de l'avis des plus savants antiquaires, remontent à l'époque la plus reculée de l'histoire italiote. M. de Witte a déjà fait mention (*Revue archéol.*, p. 309) de cabanes funéraires qui faisaient partie de la découverte dont nous parlons. Ce sont de petites maisons de terre cuite noire, d'environ trente centimètres de long sur vingt de large. Ces édifices en miniature contiennent des cendres et des ossements calcinés.

Il semble que les Tyrrhéniens, lorsqu'ils s'établirent en Italie, aient continué la fabrication en usage chez les Aborigènes, en améliorant l'art de la cuisson, et en introduisant le vernis et l'emploi du cylindre pour décorer les surfaces planes. On a donné à la coupe étrusque qui est figurée dans notre planche le nom d'*holcion*, Ὁλκεῖον ou Ὅλκιον, qui n'a pu se faire accepter par la science. En effet, à part l'incertitude qui règne sur la forme de l'*holcion*, en ne consultant que le texte des auteurs qui le citent, ne doit-on pas hésiter à proposer un terme grec pour exprimer le nom d'un ustensile purement étrusque?

Le vase n° 8 provient des fouilles de Vulci ; c'est le produit d'un art d'imitation qui puise ses inspirations dans l'hellénisme. Ce qui appartient presque exclusivement à la localité, c'est le grand œil qui se voit sur tant d'autres monuments découverts dans le même lieu. Nous avons expliqué ailleurs (1) les raisons qui nous font considérer cette représentation comme un symbole funéraire. Son intime association avec le *gorgonium*, qui orne presque toujours le fond des coupes sur lesquelles ce type existe, association qui devient encore plus évi-

---

(1) *Revue numismatique*, 1843, p. 421. — P. 58 du présent volume.

dente sur le vase de M. le colonel W. M. Leake, qui nous montre le *gorgonium* servant de prunelle à quatre grands yeux, nous a fait croire que l'intention des artistes de Vulci avait été de figurer une Κόρη mystique. Suivant Plutarque, la mort est, dans la lune, soumise à Proserpine (Κόρη) : Θάνατος... δ' ἐν τῇ σελήνῃ τῆς Περσεφόνης (1). Je ne reviendrai pas sur l'assimilation de la lune au *gorgonium*, question si bien traitée par M. le duc de Luynes, et je me bornerai à répéter que j'attribue la présence de l'œil sur des vases placés dans les tombeaux, à la même intention qui a fait sculpter l'image de Proserpine sur des sarcophages.

Au reste, dans un bas-relief sculpté sur un tombeau étrusque, on remarque un génie infernal, sur l'aile duquel est tracé un œil semblable à celui des vases peints (2).

La tasse de Vulci (n° 8) est, suivant M. Ed. Gerhard, une *cyathis*, et M. Letronne s'oppose à l'emploi de cette dénomination. La hauteur de l'anse nous fait croire que cette tasse servait à puiser un liquide contenu dans un vase plus grand, action exprimée par les verbes ἀφύω, ἀφύσσω (3), d'où le substantif ἄφυτις, vase à puiser. Quoique ce mot ne se trouve pas dans les lexiques, nous n'en croyons pas moins qu'il ait dû exister ; car sur les monnaies de la ville d'Aphytis de Macédoine, nous voyons un canthare à anses élevées qui nous paraît merveilleusement propre à l'usage qu'exprime le nom de la ville. Si nous ne craignions d'être suspecté de partialité, nous dirions que la numismatique offre à notre sens, pour la recherche du nom des vases, un secours puissant auquel on aurait dû plus tôt recourir. Ainsi, lorsque l'on voit sur les monnaies de Thasos et de Chios des amphores parfaitement semblables, que M. Cavedoni rapproche avec sa critique habituelle du passage de Strabon : Κέραμόν τε Θάσιον καὶ Χίον, on aurait pu faire intervenir ces types pour fournir la *forme* que les lexicographes ne décrivent pas. Photius a dit : Σταμνία, τὰ Θάσια

---

(1) *De facie in orbe lunæ*, cap. XXVII.
(2) Micali, *Monum. per serv. alla stor. degli ant. pop.*, Pl. CV.
(3) *Odyss.*, XXIII, 305.

κεράμια, et dans Hésychius le *Stamnion* est donné comme synonyme du Κάδος; Horace (III, od. 19, 5), à son tour, parle du *Cadus Chius*. D'après cela, n'est-il pas permis d'induire que les monuments numismatiques de Thasos et de Chios nous ont conservé la figure du *Stamnos?* Or cette forme est précisément celle du vase à vin qui se découvre dans les caves de Pompéi et de toutes les autres villes antiques dont on déblaie les substructions. C'est ainsi encore, que la forme particulière de l'*amphore de Corcyre* nous semble très clairement illustrée par la monnaie de cette île représentant un satyre versant du vin d'un diota dans un autre (Eckhel, t. II, p. 180).

On voit dans la planche III (n° 11), un vase étrusque, c'est-à-dire fabriqué en Étrurie, à l'imitation des produits de l'art grec. Celui-ci est l'*amphore bachique* de Canino; le combat qu'il représente est une des scènes homériques que les peintres et les sculpteurs de l'antiquité se plaisent à multiplier. Les vases de cette espèce ne sont pas aussi anciens qu'on pourrait le supposer; la forme des armes, les figures noires sur fond jaune, l'emploi du blanc pour teinter les *chairs* de femmes, sont des traits d'archaïsme auxquels il ne faut pas se méprendre.

Fabrique de la Basilicate. (Pl. III, n°s 1 et 10.) Rien de plus varié que la forme et les ornements qui rendent les vases de cette partie de l'Italie si remarquables. Leurs dimensions extraordinaires semblent défier les efforts des imitateurs modernes. Le vernis en est toujours noir; les personnages et les ornements rouges ou jaunes avec des retouches épaisses rouges, blanches, violettes, jaune clair et quelquefois même dorées. Le dessin des figures est souvent détestable et toujours maniéré. Les compositions qui décorent ces vases, principalement les plus grands, sont empruntées soit au théâtre, soit à un système d'initiations des plus compliqués, dans lequel l'hermaphroditisme joue un rôle important. Toutes les scènes peuvent être ramenées à un sens funéraire. Ces monuments considérés *absolument* tendraient à déplacer singulièrement certaines données mythologiques.

Il serait peut-être utile de restreindre délicatement les indications auxquelles ils conduisent, en leur assignant, dans l'histoire des croyances grecques et latines, une valeur à peu près égale à celle que l'on accorde sans hésiter aux symboles gnostiques dans l'étude des théologies égyptienne et chrétienne. Le n° 1 montre une tête de Vénus, abrégé de la déesse qui est placée près d'un cippe et d'un édicule funèbres, sur tant d'autres vases de la même provenance. Le n° 10, qui appartient au genre *lécythus*, représente une femme portant un plat (*phiale*) chargé d'offrandes destinées aux morts, sujet qui se répète de cent manières, et qui n'offre qu'un faible degré d'intérêt.

Dans le second article, nous exposerons le système de classification adopté par les auteurs de l'*Élite des monuments céramographiques*.

2° ARTICLE.

Nous trouvons en tête du volume une introduction savante et développée, divisée en trois chapitres; le premier contient l'exposition très complète de tous les systèmes adoptés jusqu'à nos jours par différents archéologues touchant l'origine des compositions qui ornent les vases peints ainsi que des vases eux-mêmes. Toutes ces opinions peuvent être ramenées à deux manières de voir principales; l'une qui ferait attribuer à la Grèce les vases que l'on trouve en Italie, où ils auraient été transportés par le commerce; l'autre qui accorderait aux peuples de l'Étrurie et de la Pouille le mérite d'avoir fabriqué ces élégants vaisseaux d'après leurs seules inspirations. Les auteurs de l'*Élite des monuments céramographiques* ne se rallient ni à l'une ni à l'autre de ces opinions. Le second chapitre est consacré à la démonstration de cette supposition, que là où les vases peints se trouvent en très petit nombre, il est probable qu'originairement on les avait importés dans le pays, et que là, au contraire, où on les découvre en grande abondance, cette abondance ne s'explique que par l'existence d'une fabrique locale. Ce système, tout en faisant prédominer le fait de la multiplication des fabriques, laisse encore, comme on le voit, une assez belle part à celui de l'importation. Athènes, Égine, Corinthe paraissent être les seuls centres de fabrication dans la Grèce continentale. Dans l'archipel, il faut citer Milo et Santorin. Les vases trouvés sur les bords de la mer Noire, à Panticapée, offrent des particularités qui doivent faire croire à une industrie locale. On remarque au musée de Leyde un petit vase noir trouvé dans la Cyrénaïque, orné d'une tête de Jupiter Ammon, en relief, type national à Cyrène et qui semblerait déterminer le lieu où fut fait ce monument. La contribution de la Sicile à l'ensemble des richesses céramographiques, quoique plus considérable jusqu'à présent que celle de la Grèce, est loin de pouvoir se comparer à ce qu'a fourni l'Italie.

Dans cette dernière contrée, il faut distinguer trois groupes principaux, dont chacun se divise en plusieurs branches différentes. Le midi de la péninsule, désigné sous le nom de Grande-Grèce, est représenté par les fabriques de Locres et de Tarente, dont les produits se distinguent plus par la qualité que par le nombre. On peut dire absolument le contraire, comme nous l'avons déjà remarqué, des vases presque innombrables qu'on découvre dans la région montueuse de la Basilicate et dans les cantons intérieurs de la Pouille ; les nécropoles de Canosa et de Ruvo figurent en première ligne dans cette abondante production. Dans la Campanie, on trouve dans les sépultures de Cumes des vases qui, d'après leur style, paraissent avoir été exécutés postérieurement à la prise de cette ville par les Samnites. Tout le monde connaît la finesse des produits céramiques de Nola, qui ne le cèdent qu'à ceux d'Athènes. A mesure que l'on monte vers les gorges du Samnium, à Capoue, à Avella, à Santa-Agatha de Goti, le goût s'affaiblit graduellement en une pompe mêlée de rudesse. Si les vases de ces localités conservent quelque supériorité sur ceux de la Basilicate, cette prééminence tient sans doute à l'ancienneté comparativement plus grande de la fabrique. Les villes du revers de la Campanie tombèrent avec la ligue du Samnium vers la fin du IIIe siècle avant notre ère, tandis que la Lucanie et le Brutium maintinrent encore leur prospérité jusqu'au temps de la guerre sociale. Or, plus un peuple continue longtemps à pratiquer un art, plus les produits de cet art deviennent maniérés et médiocres. Au nord de Rome, les vases peints se découvrent aussi abondamment qu'au midi, depuis Clusium jusqu'à Véies, mais surtout à Tarquinies et à Vulci.

MM. Lenormant et de Witte ne s'occupent que des vases *peints*, et c'est à ce point de vue qu'il faut juger leurs divisions. Comme ces monuments, en presque tous les lieux où on les exhume, révèlent une influence grecque, il est nécessaire d'en découvrir la raison.

La difficulté que présenterait le transport de vases si fragiles est un grave obstacle à opposer aux savants qui pensent que ces monuments ont tous été fabriqués en Grèce. Cette difficulté paraîtra encore plus imposante si l'on réfléchit au peu de relations qui existaient entre les divers peuples de l'Italie, ce qui se comprend lorsqu'on voit combien différaient les unités monétaires des villes dont les territoires étaient limitrophes. C'est à l'exposition de cette idée qu'est consacré le troisième chapitre, et nous recommandons ce morceau à l'attention des archéologues comme étant de nature à jeter le plus grand jour sur plusieurs questions très importantes de la numismatique. Les monnaies de l'Italie présentent plus ou moins la trace de l'influence hellénique, et il est à remarquer que cette influence est en rapport avec celle que révèlent les peintures des vases trouvés dans les lieux où furent frappées ces monnaies. Personne assurément ne sera tenté de croire que les monuments numismatiques de l'Italie, quand même ils nous montrent des légendes grecques, aient été fabriqués dans l'Attique ou dans l'Achaïe.

Si les objets d'art étaient difficiles ou même impossibles à transporter en grandes masses, les artistes qui les exécutaient ne rencontraient pas individuellement les mêmes obstacles. Les monuments numismatiques sont encore ici d'un grand secours ; car, sans parler des signatures d'un seul et même graveur inscrites sur les monnaies de plusieurs villes, quelquefois séparées les unes des autres par de grands intervalles, il existe souvent une telle identité de style et de travail entre les monnaies appartenant à des contrées situées à des distances considérables, qu'on ne peut s'empêcher de conclure que les hommes de talent, partout bien accueillis, n'hésitaient pas à louer leur industrie à qui savait la récompenser, en quelque lieu et sous quelque gouvernement que ce fût. Ainsi donc le point capital qui ressort de l'introduction est la substitution de l'hypothèse du déplacement des artistes, à l'hypothèse du transport des vases. Il y a là évidemment un grand pas de fait vers la vérité.

On sait que les sujets mythologiques forment la classe la plus nombreuse des peintures de vases. L'ouvrage commence par les *mythes des dieux*, que suivront les *mythes des héros*. Ces deux divisions formeront donc une *galerie mythologique* aussi complète que possible, dans son genre toutefois, puisqu'elle est tirée uniquement des produits de l'art céramographique. Et ici, qu'il nous soit permis de dire quelques mots sur la manière dont nous concevons l'emploi des monuments de l'antiquité dans les recherches qui ont pour but l'histoire des idées religieuses. Ainsi, par exemple, il nous semble que la plus grande importance doit être accordée aux bas-reliefs ou aux statues qui ornaient les temples; le simple bon sens dit que ces représentations devaient être empreintes de toute l'orthodoxie relative que l'on peut attendre des peuples de l'antiquité (nous entendons parler du monde hellénique). Viennent ensuite les tombeaux qui ont dû être sculptés ou peints avec une intention arrêtée et grave; les monnaies dont les types ne dénotent pas, nous le croyons, des idées bien profondes de la part des graveurs, mais qui nous conservent des copies de figures, de groupes, de symboles, reproduites parce que les originaux étaient consacrés dans les temples. Or, ces modèles avaient été conçus, avec toute apparence, suivant des idées hiératiques. Les monnaies nous offrent donc le reflet des mythes, et on doit les expliquer dans le sens religieux, sans pour cela faire des artistes qui les ont produites d'ingénieux théologiens. Nous classons, en dernier lieu, les peintures, les sculptures *privées*, celles que l'on trouve dans les habitations particulières, et celles qui décorent les ustensiles au nombre desquels nous rangeons les vases. A coup sûr le caprice ou l'arrangement ont pu avoir dans l'ornementation de ces derniers monuments une grande part, et nous croyons qu'il est peut-être utile de tenir compte de cette donnée lorsqu'on explique les peintures céramographiques.

Si nous faisons nos réserves pour ce qui concerne les vases funéraires, nous distinguons cependant la destination pieuse, de l'usage officiel.

Ce n'est pas assurément que nous inclinions vers la mythologie réduite en biographie, où les événements et les actions se développent d'une manière rationnelle, en suivant l'ordre possible dans l'existence humaine. Ce qui, dans la mythologie des monuments, paraît de la confusion, tend, en fin de compte, à faire prévaloir le dogme de l'unité dont les différentes fables ne sont que des expressions variées. La permutation des individus dans les scènes religieuses montre que les dieux les plus différents confinent et se mêlent comme les rameaux qui appartiennent à une même souche.

Nous voulons seulement dire que la signification donnée à un type doit dépendre de la place qu'occupe la composition qu'il s'agit d'expliquer, et qu'il ne serait pas prudent de modifier la forme théorique d'un mythe pour quelque association de personne fournie par une peinture de vase, où une dévotion personnelle, le besoin de remplir un vide ont pu lui faire donner un rôle exceptionnel.

Les vases peints n'ont conservé que bien peu de traces des divinités italiotes; une amphore qui existe depuis peu de temps dans le cabinet de M. le comte de Pourtalès, représentant *Rhéa* qui apporte à *Saturne* une pierre emmaillotée, et un rhython, orné d'une *Cybèle*, cité par M. Raoul Rochette (*Journal des Savants*, nov. 1841), n'ont pu être figurés dans le livre de MM. Lenormant et de Witte, qui commencent leur collection par les scènes de la guerre des dieux et des *Géants* qui occupent les onze premières planches. Dix-sept autres planches sont consacrées à la représentation de *Jupiter*, soit sous la forme humaine et entouré de quelques divinités, soit sous la forme d'aigle ou de taureau, enlevant *Thalia*, Égine, Europe. Dix planches nous montrent *Junon*, seule ou accompagnée ; cette déesse est, quelquefois, très difficile à reconnaître. Les sujets relatifs à *Vulcain* sont répartis en dix-neuf planches, dont les deux tiers représentent ce dieu ramené à l'Olympe par Bacchus, sujet éminemment funéraire. On trouve à la fin de ce même chapitre deux scènes de la formation de *Pandore* et de la naissance des *Paliques*. Trente-neuf planches retracent l'histoire de *Minerve ;* la seule *naissance* de la déesse en occupe treize. On conçoit sans peine que les peintres aient fréquemment figuré l'*artifex* par excellence. Quant à l'enfantement mystique de Jupiter, c'est un de ces sujets qui, exprimant l'origine de la vie, devaient naturellement être mis en parallèle avec les enlèvements, allégories de la mort. Les dix dernières planches du premier volume offrent différents types de la *Victoire*, placée à la suite de Minerve, parce qu'elle n'est pour ainsi dire qu'un dédoublement de la déesse ou plutôt un acolythe si intimement lié avec elle, que souvent toutes deux ne forment qu'une même divinité, devenant alors cette *Athéné-Nicé*, dont Pausanias vit le temple sur l'Acropolis de Mégare. Une belle peinture (Pl. XCIV), tirée d'un vase de Hamilton, représente la Victoire qui érige un trophée. Les auteurs de l'*Élite des monuments céramographiques*, rapprochant avec raison ce sujet du type qui se voit sur les tétradrachmes d'Agathocle, roi de Syracuse, pensent que si le vase est de fabrique sicilienne, il a pu être peint à l'époque des triomphes de ce roi sur les Carthaginois. Cette remarque est très ingénieuse, et nous croyons que l'époque assignée à ce monument serait tout à fait convenable ; car des types analogues se retrouvent sur les monnaies de deux contemporains d'Agathocle, Séleucus Ier, roi de Syrie, et Dionysus, tyran d'Héraclée. L'examen des médailles prouve avec quelle régularité le niveau des idées en fait d'art tendait continuellement à s'établir partout où l'influence grecque avait accès.

Il est quelquefois très dificile de classer des peintures dans lesquelles paraissent plusieurs divinités. Par exemple, les luttes de Jupiter et d'Apollon, de ce dernier avec Hercule, avec Neptune, de Neptune avec Minerve, avec Bacchus, peuvent faire ranger les scènes dont elles font le sujet au chapitre de l'un ou de l'autre des personnages que nous avons énumérés ; des renvois fréquents peuvent seuls parer à cet inconvénient inséparable de la matière.

MM. Lenormant et de Witte décrivent avec le plus grand soin les compositions, les figures, les accessoires qu'ils observent sur les vases. Ils savent habilement tirer parti de chaque circonstance pour rattacher les types céramographiques à d'autres monuments figurés ou à des textes qui peuvent concourir à en donner l'intelligence. A coup sûr la mythologie, telle qu'elle ressort de la comparaison que permet d'établir l'immense quantité de vases découverts depuis quelques années, est essentiellement différente de celle que l'on s'était faite depuis la renaissance des lettres, à l'aide d'Horace, de Virgile et d'Ovide. On ne voulait voir dans les croyances antiques qu'un fade allégorisme ou une obscénité recherchée ; il semblait que Demoustier et Lachaud avaient dit le dernier mot sur la religion de la Grèce et de Rome. Aujourd'hui on se trouve en face d'un arsenal de documents d'une haute valeur ; il est devenu indispensable de renoncer à la *biographie* des dieux et des héros ; à la place de personnes, on trouve des idées qui s'expriment surtout par la combinaison des individus. Les dieux ne sont plus que des acteurs chargés tour à tour de représenter une *force* qui témoigne d'une puissance supérieure à l'humanité. L'action est la chose importante, le nom de ceux qui y prennent part est presque indifférent. Cette théorie se déduit nécessairement des exemples fréquents et certains de permutations et d'associations que nous présentent les scènes mythologiques. On peut, à la vérité, dire comme

Simonide, chargé par Hiéron de définir la divinité : *Quanto diutius considero, tanto mihi res videtur obscurior* (1). Mais plus la mythologie deviendra complexe et obscure, et rebelle à tout code, plus selon nous, il sera possible de nous faire une idée de ce qu'elle était dans l'antiquité chez les peuples de race indo-germanique.

Une table de cinquante-deux pages à deux colonnes termine le volume que nous analysons ; c'est assez dire que les auteurs n'on rien négligé pour rendre leur ouvrage utile et instructif. La lecture de cette table suffit déjà pour donner une idée fort étendue de la mythologie. Les cent neuf planches, qu'explique cette première partie, sont exécutées avec un grand soin et rendent le style des originaux avec beaucoup d'exactitude ; ceux qui ne voudraient considérer la céramographie qu'au seul point de vue de l'art, trouveront donc dans ce livre de quoi se satisfaire amplement.

Dans quelque esprit que l'on étudie le travail de MM. Lenormant et de Witte, on reconnaîtra sa grande utilité, la méthode simple qui a présidé à sa rédaction, enfin l'érudition riche, ingénieuse que les auteurs y ont déployée avec une bonne foi entière, un zèle qui ne s'efforce pas de dissimuler les difficultés, une conscience qui leur fait rechercher les exceptions. Espérons que rien ne s'opposera à la prompte publication des volumes suivants.

(1) Cicer., *De nat. Deor.*, I, XXII.

NOTE

SUR UN CAMÉE INÉDIT

DU CABINET DES ANTIQUES.

(Extrait du tome II de la *Revue archéologique*, 1845-46,
1re partie, pp. 19-24.)

Le récit des extravagances d'Élagabale que nous a laissé Lampride, contient des faits si bizarres que l'on serait quelquefois tenté d'accuser l'historien d'exagération. Après avoir lu les annales des règnes de Caligula, de Néron, de Commode, on pourrait croire impossible d'ajouter un trait de plus au tableau affligeant de la dépravation impériale ; cependant le jeune prêtre d'Émèse trouve encore de nouveaux crimes, de nouvelles infamies à étaler aux yeux du peuple romain. Ce qui, chez ses prédécesseurs provient d'une brutale folie, semble chez lui être le résultat d'une volupté réfléchie et ingénieuse. « Au milieu de tant de règnes exécrables, celui d'Élagabale se distingue par quelque chose de particulier. Ce que l'imagination des Arabes a produit de plus merveilleux en fêtes, en pompes, en richesses, ne semble qu'une tradition confuse du règne du prêtre du Soleil.... Il fallait que toutes les passions et tous les vices passassent sur le trône, afin que les hommes consentissent à y placer la religion, qui condamne tous les vices et toutes les passions. »

L'illustre auteur des études historiques a parfaitement saisi le caractère distinctif des actions d'Élagabale et s'il avait pu lire dans le texte arabe (cette langue qui, comme le latin, dans les mots brave l'honnêteté) quelques-uns des contes des *Mille et une Nuits*, nous ne doutons pas qu'il n'eût établi un parallèle plus complet entre le fils de Sœmias et les héros des romans orientaux. M. de Chateaubriand, en donnant une analyse très animée des historiens de cette époque d'opprobre, nous fournit d'avance une excuse à présenter dans le cas où l'on nous reprocherait la publication d'un monument qui rappelle les jeux de l'impudique empereur.

Lampride s'exprime ainsi : « habuit gemmata vehicula et aurata, contemptis argentatis et eboratis et æratis. Jungit et quaternas mulieres pulcherrimas, et *binas* ad papillam, vel trenas et amplius, et sic vectatus est : sed plerumque *nudus* quum illum *nudæ* traherent (1). »

Quoique ce mépris de la femme, poussé au dernier degré, puisse s'expliquer par l'origine orientale d'Élagabale, cependant il forme un contraste si frappant avec la conduite de ce prince, instituant un sénat féminin et faisant asseoir sa mère auprès des consuls, que l'on pourrait se refuser à y croire si nous n'avions pas un monument positif qui vient l'attester.

Il existe au Cabinet des Antiques de la Bibliothèque Royale un petit camée, taillé dans un caillou gris de la plus mauvaise qualité, d'un grain à la fois cassant et réfractaire et tout à fait impropre au travail de la glyptique. Évidemment on n'a pu employer une semblable matière qu'en Occident et dans un but éphémère.

Ce camée représente un homme ithyphallique, armé d'un fouet, conduisant un char traîné par deux femmes nues, marchant sur les mains et les genoux, et imitant autant que possible l'allure des quadrupèdes : au-dessus et au-dessous se lit : ΕΠΙΞΕΝΗ ΝΕΙΚΑ ou ΝΕΙΚΑΣ ; la dernière lettre est incertaine.

Ce qui frappe tout d'abord, lorsque l'on examine cette pierre gravée, c'est la coiffure des deux femmes, qui appartient aux premières années du IIIe siècle. Nous plaçons ici une monnaie de Julia Paula, femme d'Élagabale, qui la répudia en l'an 219 de J.-C. (973 de R.). La manière dont les cheveux de cette

---

(1) *Vita Hel.*, cap. XXIX.

princesse sont disposés est tout à fait remarquable et c'est

précisément celle qu'ont adoptée les deux femmes du camée. Avant et après Julia Paula, l'édifice capillaire des impératrices est différent de ce que nous voyons sur cette monnaie, et nous devons croire que la mode suivait exactement les variations introduites par la femme la plus élevée en dignité qui fût dans tout l'empire. Quelque peu grave que puisse paraître ce détail, il est à nos yeux tout à fait important dans la question qui nous occupe, puisqu'il sert à déterminer positivement l'âge du camée.

Ce monument appartient, à notre avis, au règne d'Élagabale, ce que la forme des lettres de l'inscription concourt à prouver; et nous irons plus loin encore, nous dirons qu'il nous paraît représenter l'empereur lui-même. En premier lieu, l'action qui est ici retracée est trop extraordinaire pour avoir été souvent répétée; après le règne d'Élagabale, les révolutions et incontestablement aussi les progrès du christianisme, mirent un frein à ces grandes débauches de despotisme que les empereurs des deux premiers siècles osèrent se permettre; si, d'un autre côté, cet attelage singulier avait été inventé par les Caligula ou les Néron, il est fort à croire que Suétone ne lui eût pas fait grâce d'une mention. En second lieu, nous savons qu'Élagabale ne dédaignait pas les honneurs publics du cirque : « Aurigas Protogenem et Gordium, primo *in certamine curuli socios*, post in omni vita et actu participes habuit (1). » A l'exemple de Commode, qui descendait dans l'arène comme gladiateur, et qui, suivant Lampride : « quoties

---

(1) *Vita Hel.*, cap. VI.

ingrederetur publicis monumentis indi jussit (1) », Élagabale devait voir avec plaisir que l'on retraçât ses exploits. Quelle gemme était plus propre que celle dont nous donnons ici le dessin à orner ces chars dorés qu'il trouvait seuls dignes de porter son auguste personne? Ne pouvons-nous pas aussi attribuer ce camée au prince qui faisait fabriquer, « vasa centenaria argentea sculpta, et nonnulla schematibus libidinosis inquinata (2)? » Ou bien encore aimera-t-on mieux croire que notre pierre gravée a pu figurer parmi celles qui décoraient la chaussure du jeune prêtre d'Émèse : « habuit et in calciamentis *gemmas et quidem sculptas* (3)? »

Une particularité que la petitesse du monument rend à peine saisissable, mais que j'ai vérifiée avec soin, c'est que la figure qui conduit le char porte sur la joue un peu de barbe. On pourrait se prévaloir de cette circonstance pour refuser de voir ici le portrait d'Élagabale, qui avait à peine vingt-deux ans lorsqu'il fut massacré, et qui d'ailleurs s'épilait : « ipse quoque barbam psilothro accurans (4). » La monnaie de bronze que je produis ici répond suffisamment aux objections que l'on peut faire à cet égard; elle porte pour légende du revers : P. M. TR. P. IIII. COS. III. P.P, ce qui indique qu'elle fut frappée en l'an 220 de J.-C. (974 de R.); c'est là précisément l'époque à laquelle la coiffure de Julia Paula était à la mode ; ainsi la date du camée serait indiquée d'une manière singulièrement exacte. On ne trouvera pas extraordinaire, nous le pensons, qu'Élagabale se soit laissé représenter ithyphallique, puisque les anciens considéraient ce caractère comme une simple plaisanterie théâtrale, que perpétue de nos jours le *Karagouz* des Orientaux, et qu'ils ne craignirent pas d'affubler de phallus postiches des dieux tels que Jupiter, Apollon, Mercure (5),

---

(1) Lamprid., *Vita Commodi*, cap. XI.
(2) *Vita Hel.*, cap. XIX.
(3) *Ibid.*, cap. XXIII.
(4) *Ibid.*, cap. XXXI.
(5) Visconti, *Monum. antiq. inéd.*, tab. CXC. — Lenormant et de Witte, *Élite des monuments céramographiques*, t. II, pl. XCIV. — Lenormant, *Quæstio cur Plato Aristoph. in conviv. induxerit*, p. 16 et planche annexée. — Panofka, *Cab. Pourtalès*, pl. X.

plusieurs siècles avant que l'on ne distribuât dans les spectacles des tessères spintriennes. Après tout, c'était peut-être l'effet d'une flatterie appropriée aux idées d'un empereur qui : « ad honores promovit commendatos sibi pudibilium enormitate membrorum (1). »

J'arrive maintenant à l'inscription ΕΠΙΞΕΝΗ ΝΕΙΚΑ, qui a besoin d'un commentaire. La pierre est un peu cassée, et je lis : Ἐπίξενη νικᾶ. On sait très bien, lorsqu'on a lu l'histoire impériale, que les Césars de Rome parlaient grec à tout propos ; en outre, Élagabale, élevé dans une ville dont les monnaies révèlent l'emploi officiel du grec, devait, plus qu'aucun autre, être familiarisé avec cet idiome. Ses compagnons de courses, Protogène, Gordius, Hiéroclès, Zoticus portent tous des noms grecs ; il n'y aurait rien d'étonnant à ce qu'une des femmes qui remplissaient, pour satisfaire son caprice, l'office de cheval, se soit appelée Épixena. Je ne connais pas d'exemple de ce nom, pas plus que du masculin Ἐπίξενος ou Ἐπιξένιος, ce n'est pas à dire qu'ils ne figurent dans aucune inscription, je constate seulement mon ignorance à cet égard ; cependant tout ἅπαξ λεγόμενον que soit pour moi le nom Épixena, je n'en considère pas moins la pierre comme indubitablement antique, me fondant non seulement sur le travail, qui n'a rien de moderne, mais encore sur ce nom même qu'un faussaire n'aurait pas été choisir, alors qu'il est si rare, si toutefois il n'est pas complètement nouveau.

Une classe de médailles, qui paraissent avoir été destinées à célébrer les victoires du cirque, et que l'on nomme vulgairement *contorniates*, nous montre très fréquemment, avec la représentation d'un char ou seulement de son conducteur, des inscriptions tout à fait analogues à celle qui se lit sur le camée d'Élagabale.

C'est ainsi que nous trouvons, sur celles des pièces contorniates qu'ont publiées Havercamp et Eckhel (2) :

---

(1) Lamprid., *Vita Hell.*, cap. XII.
(2) Havercamp., *Dissertationes de Alex. M. numismat... ut et de numis contorniatis.* — Eckhel, *Doctrina. num. vet.*, t. VIII, p. 293.

vrse vincas, homme tenant un fouet.
evtimi vincas, homme dans un quadrige, de face.
Autre, homme tenant un cheval par la bride.
artemivs vincas, homme dans un quadrige.
iohannes nicas, athlète.
laurenti nica, joueur d'orgue hydraulique.
leaeni nica, homme dans un quadrige.
olvmpi nika, homme dans un bige, à droite.
pannoni nika, homme dans un quadrige, à droite.
panononi nika, *id*.
evtymi nika, *id*.
pomphi nika, deux chevaux (anneau du mus. de Florence).
stefan nika, homme dans un quadrige, de face.

Et même le nom d'une femme : margarita vincas, femme debout tenant une couronne.

Il est vrai que tous ces noms désignent les conducteurs de chars ou de coursiers; mais nous trouvons aussi sur ces contorniates le nom des chevaux: *Mus, Alliger, Tyricius, Alsan, Toxotes* (Τοξότης), *Amor, Seracusus, Dignus, Speciosus, Achilles, Desidereus, Ospis, Niceforus, Aeropetes, Botrocalenes, Acciatus;* ceci nous permet d'appliquer le nom d'Épixena à l'une des deux femmes en faveur de laquelle était poussée une exclamation.

Je rapprocherai cette représentation du sujet qui se trouve sur un vase de terre découvert à Xanten, et qui offre un groupe obscène accompagné de l'inscription tv sola nica (1). L'antiquaire qui a publié le vase, croit que nica est le nom de la femme : mais je pense qu'il y a plutôt là un mélange de grec et de latin comme dans les inscriptions iohannes nicas et pomphi nika que j'ai rapportées plus haut.

Enfin, cette apostrophe approbative, ce *vivat* lancé au vainqueur, paraît tellement général dans l'antiquité, que l'on peut croire que du cirque il avait passé dans le langage habituel, et nous le voyons employer dans un ordre d'idées bien éloi-

(1) *Antike erotische bildwerke in Houbens Rœmischen antiquarium zu Xanten*, 1839, tab. V.

gné assurément de la pensée qui présidait aux jeux impurs d'Élagabale. Si nous rappelons que les monuments chrétiens, de toutes natures, portent fort souvent l'inscription Ἰησοῦς Χριστὸς νικᾷ, c'est que cette notice est écrite dans un but sérieux et que dès lors on ne peut nous attribuer aucunement l'intention de confondre le sacré et le profane. Nous étudions ici un fait historique avec toute la gravité que saint Clément d'Alexandrie mettait à raconter la fable de Prosymnus.

Lorsqu'une des assertions de Lampride se trouve ainsi vérifiée par l'apparition fortuite d'un monument, on peut regarder comme certaines les autres parties de son récit. Nous ne pouvons plus nous refuser à croire à ces repas fabuleux où l'on voyait figurer des talons de chameau, des crêtes arrachées à des coqs vivants, des langues de paons et de rossignols, des légumes fricassés avec des grains d'or et des perles. Il faut admettre ces sacrifices humains, ce luxe funèbre avec lequel Élagabale avait fait paver de pierres précieuses une cour dans laquelle il devait se précipiter du haut d'une tour pour échapper à la mort infâme qu'il prévoyait; il faut donner place dans l'histoire à ces sanglantes fantaisies qui faisaient de chaque fête une scène de meurtre, des lois une dérision, de l'amitié une souillure, en un mot à toutes ces hontes du peuple romain. « Se faut-il étonner, dit M. de Chateaubriand, qu'il y eût alors dans les catacombes de Rome, dans les sables de la Thébaïde, un autre peuple, qui, par des austérités et des larmes, appelât la création d'un autre univers? »

VASES GAULOIS DE LA PUISAYE

(Extrait du tome 11 de la *Revue archéologique*,
1re partie, pp. 301-306.)

C'est avec la plus grande circonspection, sans doute, que l'on doit aborder l'étude de tout monument que sa provenance, jointe à l'impossibilité de le rattacher à des œuvres d'une époque bien connue, nous fait attribuer *à priori* à l'antiquité gauloise.

Il est si facile d'édifier des systèmes et d'improviser des explications en l'absence de textes qui pourraient seuls nous conduire à la certitude, que depuis un demi-siècle les monuments de la Gaule semblent avoir eu le privilège de faire éclore des travaux insensés.

Toutefois, ces secours empruntés aux sources classiques, sont assez nombreux pour nous permettre d'espérer quelques résultats lorsqu'on voudra s'en tenir aux moyens que la critique avoue. Après les grands travaux de M. Amédée Thierry sur l'histoire proprement dite de la Gaule, les curieuses recherches de M. Pictet sur la langue celtique et les belles publications numismatiques de M. L. de la Saussaye, nous ont montré combien l'érudition saine et véritable pouvait avancer la solution des problèmes que soulève l'archéologie gauloise.

Plus on étudie, plus on acquiert la conviction de l'extrême simplicité native dans laquelle vivaient les peuplades qui couvraient le sol de notre pays avant l'invasion romaine. Agriculture, arts, littérature, en un mot toutes les acquisitions élémentaires de l'esprit paraissent leur avoir été complètement étrangères. Attribuer aux Gaulois des idées philosophiques arrêtées, un culte régulier basé sur une savante symbolique, c'est leur faire un gratuit honneur, bien inutile à notre gloire nationale, et qui offre l'immense inconvénient de reposer sur des données imaginaires.

Rien dans les récits de César et de Diodore, relatifs aux Gaulois, qui ne puisse s'appliquer aux populations sauvages que les conquérants de l'Amérique du nord ont successivement détruites ou refoulées dans les montagnes et les forêts. Comme les aborigènes de l'Amérique, les Gaulois n'avaient-ils pas des prêtres qui cumulaient les fonctions de magiciens et de médecins ?

L'appareil bizarre du culte des druides, leur cérémonial mystérieux paraissent avoir captivé à un très haut point l'attention des Romains, grands amateurs, comme on sait, de tous les genres de pratiques religieuses. Ils introduisirent donc en Italie certains rites plus ou moins celtiques qui leur servaient de prétexte pour se livrer à d'horribles cruautés. Dans une savante dissertation sur Sérapis, M. Guigniaut nous a fait voir comment le culte étranger de ce dieu égyptien, interdit par des décrets du Sénat, persécuté par les empereurs, se maintint cependant à Rome pendant plusieurs siècles (1).

De même que la superstition égyptienne, le druidisme romain fut réprimé par les empereurs. Auguste l'avait proscrit, Tibère chassa les druides de Rome (2), Claude abolit radicalement, *penitùs*, leurs pratiques (3). Plus tard, les druides paraissent avoir joué dans l'empire romain un rôle analogue à celui des Zingari de notre moderne Europe ; ils disaient la bonne aventure. Alors ils n'étaient plus l'objet des rigueurs impé-

---

(1) *Le dieu Sérapis et son origine*, etc., dissertation jointe au tome V des œuvres de Tacite, publiées par M. Burnouf ; p. 26 et suiv. du tirage à part, in-8. Hachette, 1828.

(2) Pline, XXX, 1.

(3) « Druidarum religionem apud Gallos diræ immanitatis, et tantam civibus sub Augusto interdictam, penitùs abolevit. » Sueton., *Claud.*, XXV.

riales; ils semblent, au contraire, avoir joui d'un certain crédit. C'est ainsi qu'une druidesse prédit à Alexandre Sévère le sort qui le menaçait (1), et qu'Aurélien, qui se souvenait peut-être de ce fait, consulta des femmes de cette espèce sur les destinées politiques de sa race (2). Du temps de Dagobert, il existait encore des adorateurs de pierres, suivant un sermon de saint Éloi (3); il est probable que les sorciers perpétuèrent cette idolâtrie fort avant dans le moyen âge.

C'était l'introduction de rites secrets et sanguinaires que l'on poursuivait à Rome, où ils s'étaient glissés sous le couvert d'une religion étrangère, et nous ne pensons pas que les conquérants de la Gaule aient détruit dans ce pays les monuments érigés avant leur arrivée, par cela seul qu'ils auraient été consacrés à la religion des Gaulois. Ce serait contraire à tout ce que nous savons de leur tolérance dans le reste du monde. S'ils dépouillèrent la Grèce et l'Égypte des statues et des obélisques dont ils ornaient la ville éternelle, parce que c'étaient des objets d'art qu'ils admiraient vivement, ils n'avaient pas le même motif pour enlever les *dolmens* et les *menhirs* grossiers qu'ils avaient trouvés chez nous.

C'est donc avoir recours à un mauvais prétexte que d'attribuer l'indigence où nous sommes d'édifices ou d'objets d'art dignes de ce nom, appartenant à l'époque celtique, aux efforts qu'auraient faits les Romains pour effacer jusqu'aux dernières traces du culte druidique. Nous devons avouer que nos ancêtres édifièrent peu et qu'encore leurs œuvres étaient grossières. Si l'on nous objecte certaines copies des monnaies grecques d'or qui sont évidemment de travail gaulois, nous répondrons que la contrefaçon, quelque habile qu'elle soit (et celle des *philippes d'or* est bien loin d'être telle), n'implique nullement le fait de la civilisation. La contrefaçon est un talent de sauvages, et l'on sait que certaines tribus de Kabyles, errants

---

(1) « Mulier Druias eunti exclamavit *gallico sermone :* Vadas, nec victoriam speres, nec militi tuo credas. » Lamprid., *Alex. Sever.*, c. LX.

(2) « Aurelianum Gallicanas consuluisse druidas, sciscitantem, utrum apud ejus posteros imperium permaneret? » Flav. Vopisc., *Aurelian.*, c. XLIV.

(3) S. Augustin. Opera, tom. VI, Appendix, p. 268, B.

dans les rochers de l'Atlas, possèdent les plus adroits faux monnayeurs de notre temps.

Tout grossiers qu'ils sont, les monuments gaulois doivent être décrits avec soin; la barbarie même a ses degrés qui autorisent une classification, et peuvent fournir un chapitre à l'histoire de l'esthétique universelle.

Nous avons vu maintes fois des fragments de poterie très imparfaite, pétrie à la main et sur laquelle nulle trace régulière ne révélait l'action du tour; ces fragments découverts avec des armes de silex, appartenaient bien certainement à la période gauloise antéromaine, et précèdent dans l'échelle chronologique les poteries rouges dont l'histoire est encore à faire. Nous ne pensons pas que l'on ait jusqu'à présent publié de vases de l'espèce de ceux que nous allons faire connaître, et qui, autant que nous le pouvons croire, n'ont encore été observés qu'en un seul lieu.

Dans cette partie du Gâtinais appelée la Puisaye, sur les bords du Loing, existe une vallée toute couverte de bois et d'étangs, au centre de laquelle se voient les restes de l'abbaye de Moutier où vécut le célèbre Raoul Glaber, et que domine la tour de Saint-Sauveur. Un savant antiquaire de ce pays, M. Paultre des Ormes qui, depuis bien des années, recueille avec le plus louable zèle tous les documents propres à éclaircir l'histoire de la localité, a remarqué dans la vallée du Loing, et le plus souvent au milieu des bois, de petites enceintes quadrilatères formées de murs en pierres sèches, et de peu de hauteur. Dans chacune de ces enceintes se trouve un vase de pierre, complet ou fragmenté, plus ou moins régulier, mais présentant toujours la même particularité, c'est-à-dire deux gouttières creusées dans le bord, vis-à-vis l'une de l'autre, et destinées certainement à vider le contenu du vase que sa matière rendait lourd et par conséquent difficile à renverser. Le premier des vases que nous figurons ici est de grès ferrugineux; il a 28 centimètres de diamètre et 15 de hauteur (1); il provient

(1) Dans les gravures que nous publions ici tous les vases sont réduits d'après une échelle commune; on peut donc parfaitement juger de leur rapport.

de Moutier. Les fragments qui l'accompagnent sont de calcaire et furent recueillis près de Saint-Sauveur.

Le vase suivant, un des plus beaux de la collection de M. des Ormes, a été trouvé aux Laurets, lieu voisin de Saint-Sauveur, par un ouvrier qui fouillait une enceinte quadrilatère et à qui le savant antiquaire avait recommandé d'extraire avec précaution le vase qui devait infailliblement se rencontrer en cet endroit.

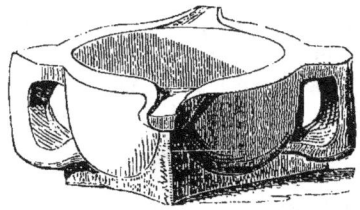

Les anses sont bien détachées, et la panse ne manque pas d'une certaine élégance.

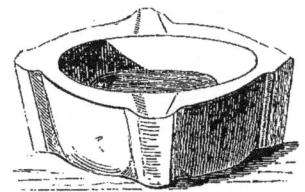

Un autre vase taillé dans le grès comme le précédent, présente, au lieu d'anses, deux espèces de contreforts assez difficiles à tenir et qui semblent destinés à figurer symétriquement avec les bases des deux gouttières. Lorsque ce vase est mouillé, on aperçoit au fond une teinte rougeâtre qui donne lieu de supposer qu'il avait été imbibé d'une liqueur rouge, peut-être de sang. Il a été trouvé au bas de la montagne de Saint-Sauveur près de Péreuse, au lieu nommé Morparé (mons reparatus).

Le quatrième vase provient de Toucy ; par sa forme, sa matière, ses dimensions, il se rapproche tout à fait des deux

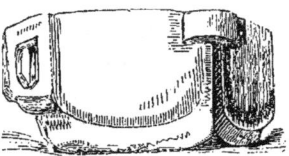

précédents. Tous ces vases, comme on le voit, ont dû servir au même usage sacré ou profane, et tous doivent appartenir à peu de chose près à la même époque. Nous ferons connaître en dernier lieu un vase de calcaire très blanc, de 38 centimètres de diamètre sur 21 de hauteur, que M. des Ormes s'est procuré à Moutier. Les anses de celui-ci ne sont pas détachées mais seulement indiquées; la sculpture qui orne la face antérieure est assez fine et indubitablement antique. On y

remarque des branches de chêne avec leur glands, décoration qui s'accorde parfaitement avec ce que nous savons des idées religieuses des Gaulois. Au centre figure une fleur de lis sur

la présence de laquelle on pourrait se fonder pour refuser à
l'antiquité le monument sur lequel elle est tracée. Nous allons
au-devant de cette objection en rappelant que la fleur de lis
paraît fréquemment sur les monnaies de la Gaule. M. Rey,
dans un article inséré dans la *Revue numismatique* (1), en a
réuni vingt-quatre variétés. Ce vase, dont la partie postérieure

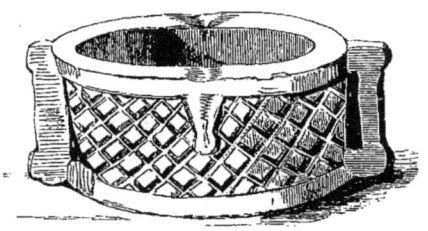

est taillée à facettes, nous paraît le plus moderne de tous; il
a dû évidemment servir au même usage que les précédents,
mais son style dénote l'influence romaine, déjà devenue puissante.

Que ces vases soient purement gaulois, ou gallo-romains,
il est constant qu'ils sont antiques, qu'ils font partie d'un arrangement systématique puisqu'ils se trouvent toujours dans
l'enceinte de pierres sèches; que jusqu'à présent on ne connaît
d'analogues dans aucun musée. La science archéologique est
donc redevable envers M. Paultre des Ormes d'une acquisition
très intéressante sur laquelle nous nous bornons aujourd'hui
à appeler l'attention des antiquaires spéciaux en réclamant
de leur part l'indication de faits qui pourraient se rattacher à
cette question.

(1) T. II, 1837, p. 15-20, pl. I.

BELLÉROPHON [1]

(Extrait du tome XVII des *Annales de l'Institut archéologique*, 1845, pp. 227-233 [*Mon.*, t. IV, pl. XXI].)

Quelle que soit l'origine des idées que représente le mythe de Bellérophon, il est constant que de très bonne heure ce mythe a reçu une forme tout hellénique, et que, raconté avec complaisance par Homère, il a joui dans toute l'antiquité du privilège d'inspirer les artistes et les écrivains. Cette faveur ne doit pas être attribuée seulement à l'intérêt qui s'attache partout aux épisodes iliaques; on doit reconnaître que l'histoire aventureuse de Bellérophon est d'une essence particulièrement dramatique, s'il est permis de s'exprimer ainsi; fondée sur l'appréciation de passions et de sentiments naturels (2), cette histoire n'emprunte, dans ses développements, que la part de merveilleux strictement inhérente à l'âge qui l'a vu mettre en circulation; elle présente encore le tableau éternellement touchant de la vertu calomnieusement accusée et triomphant après une série d'exploits héroïques. D'un autre

---

(1) Le vase peint que l'on décrit ici a été trouvé à Ruvo et déposé au musée de Naples, où M. le duc de Luynes l'a fait dessiner. C'est une amphore à volutes.

(2) Euripide, qui composa, dans la 3e année de la 88e olympiade, une tragédie de *Bellérophon*, où, très probablement, l'amour d'Antéa occupait une large place, avait, dans la 4e année de la 87e olympiade, fait représenter *Hippolyte*, pièce dans laquelle Phèdre joue un rôle identique. — L'aventure de Joseph et de la femme de Pétéphré, célèbre dans le monde sémitique, n'est pas moins célèbre dans l'Europe chrétienne.

côté, le sens mystique que comporte la fable de Bellérophon, offre une occasion de plus de lui donner place sur les monuments religieux, entre autres sur ceux dont la destination est funéraire.

On connaît assez les scènes d'adieux que représentent des peintures céramographiques. Tantôt c'est le départ de Castor (1), tantôt Hector montant sur son char et quittant Priam et Andromaque qui lui présente le petit Astyanax (2); ou bien encore Amphiaraüs qui prend congé d'Ériphyle (3). Dans cette dernière composition, le devin argien sait d'avance le sort qui l'attend. Il ne représente donc que la puissance inévitable de la destinée.

La scène que nous montre le vase dont nous allons donner la description, exprime, d'une façon plus exacte, l'état commun des mortels qui partent sans savoir quel danger les attend sur une autre rive.

C'est assez dire que nous croyons voir ici le jeune fils de Glaucus au moment où, prêt à se rendre en Lycie, il reçoit de Prœtus les tablettes fatales qui doivent assurer sa perte.

Bellérophon est représenté sous les traits d'un éphèbe aux cheveux courts; une légère draperie passe derrière son corps et retombe sur chacun de ses bras; il tient deux lances de la main gauche; de la droite, il saisit les tablettes (πίναξ πτυκτός) que lui présente Prœtus, debout et barbu, à demi enveloppé dans un manteau et appuyé sur un bâton incliné.

De l'autre côté, une femme assise sur un siège à dossier, vêtue d'une tunique talaire, recouverte en partie d'une courte draperie à bordure, le cou et les bras ornés d'un collier et d'anneaux, le front paré d'un bandeau, semble attirer sur son visage, par un mouvement de la main droite, un voile posé sur sa tête, et qui retombe sur ses épaules. Cette action qu

---

(1) J. Roulez, *Bullet. de l'Acad. royale de Bruxelles*, t. VII, 1re part., p. 114.
(2) J. de Witte, *Descript. des vases proven. de l'Étrurie*, 1837, p. 89, n° 142. — Un autre vase avec variantes est décrit par J.-J. Dubois, *Notices d'une coll. de vas. antiq. provenant des fouilles faites en Étrurie par feu le prince de Canino*, 1843, p. 30, n° 105.
(3 J. Roulez, *Ann. de l'Inst. arch.*, t. XV, p. 206.

dénote l'intention de se cacher, nous paraît une indication matérielle de la dissimulation avec laquelle la reine Antéa (ou Sthénébœa) (1), accomplit sa vengeance. Derrière la princesse, une suivante également vêtue d'une tunique talaire, soutient un flabellum. Cet accessoire d'aspect oriental pourrait autoriser une explication différente pour la composition qui nous occupe. Si l'on n'admet pas qu'en Italie, à Rubi, et à l'époque relativement assez basse à laquelle a été fabriquée l'amphore du musée de Naples, on a pu transporter en Argolide un attribut asiatique de la royauté (2), il faudrait de toute nécessité voir dans la princesse assise, non plus Antéa, mais Philonoé (ou Anticlia) (3) sa sœur, fille d'Iobatès. Ce serait alors le roi de Lycie, et non point Prœtus, qui serait placé vis-à-vis de Bellérophon, des mains de qui il recevrait les tablettes accusatrices.

Nous devons dire, en soumettant cette seconde interprétation au lecteur, qu'elle ne nous semble pas la meilleure. En effet, si Bellérophon remettait les tablettes au lieu de les recevoir, son attitude serait fort différente. Nous connaissons d'ailleurs deux amphores de Nola et de Vulci (4) qui représentent l'arrivée du héros corinthien chez Iobatès ; or, dans ces peintures, le roi de Lycie est couvert d'un riche manteau et ne ressemble en aucune façon au personnage barbu que nous avons nommé Prœtus. On nous accordera aussi que la femme assise, éventée par une esclave, donne bien moins l'idée d'une jeune fille que d'une reine et d'une femme capable de concevoir la passion qui a rendu Antéa célèbre.

Les galets et la touffe d'algues qui occupent le premier plan ne sauraient être d'aucun secours pour lever nos doutes ; ils semblent faire allusion à la traversée de Bellérophon, et n'indiquent pas d'une façon précise l'arrivée plutôt que le départ.

(1) Homère (*Il.*, VI, 155) nomme la princesse Antéa ; suivant Apollodore (I, 9, 3), les tragiques l'appelaient Sthénébœa.
(2) On trouve le parasol et le chasse-mouche dans les bas-reliefs de Persépolis (Ker Porter, t. I, pl. 48), et même dans ceux que Fellows a rapportés de Lycie.
(3) Philonoé suivant Apollodore (II, 8, 2), et Anticlia dans le scholiaste de Pindare, *ad Olymp.*, XIII, 61.
(4) J. de Witte, *Catal. Durand*, n°s 247 et 317. Cf. Millin, *Galerie myth.*, n°s 292 et 293.

En avant de la princesse assise, l'artiste a placé un petit chien, qui ne paraît pas avoir le moindre rapport avec l'action générale, et qui d'ailleurs, se retrouvant sur d'autres vases de même fabrique mêlé à des scènes auxquelles il est également étranger, doit être regardé comme un caprice du peintre. Remarquons simplement que cet animal, auquel sa race ne permet pas d'attribuer un caractère mythologique (1), est tout à fait semblable à celui qui se voit, accompagné de quelques caractères étrusques, sur certaines monnaies, de bronze et de petit module, jusqu'à présent fort difficiles à classer (2).

Homère, dans le récit des exploits de Bellérophon, tel qu'il le place dans la bouche de Glaucus, petit-fils du héros, ne mentionne pas l'intervention de Pégase ; mais la tradition qui fait jouer un rôle considérable à cet animal divin, lors du combat contre la Chimère, est fort ancienne, puisque Hésiode déjà lui donne place dans sa Théogonie ; après avoir cité les deux vers d'Homère qui contiennent la description du monstre lycien :

Πρόσθε λέων, ὄπιθεν δὲ δράκων, μέσση δὲ Χίμαιρα,
Δεινὸν ἀποπνείουσα πυρὸς μένος αἰθομένοιο.

Hésiode ajoute aussitôt :

Τὴν μὲν Πήγασος εἷλε καὶ ἐσθλὸς Βελλεροφόντης (3).

A cette époque reculée le frère de Chrysaor semble avoir une part active dans le combat ; plus tard, il est réduit par Apollodore au rôle ordinaire d'un cheval de bataille. Sans prétendre donner une grande importance à cette remarque, nous dirons que le tour de phrase d'Hésiode rappelle ces antiques conceptions orientales, suivant lesquelles les animaux composés ou naturels, symbolisent les luttes antéhistoriques de certaines

(1) Le chien infernal qui accompagne Mercure (Dubois, Vases Canino, n° 14) ; le chien de Crète (J. de Witte, Catal. Durand, n° 262, cf. Revue numism. de 1840, p. 188 et suiv.) ; le chien d'Anacréon (S. Birch, Archeologia, t. XXXI, p. 257), sont de taille haute et effilée. Ce sont des animaux de noble race.
(2) Marchi et Tessieri, l'Æs grave, tav. di supplemento, class. III, n° 6.
(3) Theog., 523-5. La citation des deux vers d'Homère semble prouver que c'est à l'Iliade que les premières notions de Bellérophon étaient dues, chez les Grecs du moins.

races humaines (1). Il n'est pas étonnant qu'Apollodore ainsi que ses contemporains n'aient nullement entrevu un fait qui n'était plus en harmonie avec les idées des mythographes rationalistes. Les monuments sont là d'ailleurs pour nous prouver que les peintres et les sculpteurs avaient depuis longtemps figuré Pégase servant de monture à Bellérophon (2); idée conforme au génie grec.

Dans tous les cas, le cheval divin n'apparaît, tant dans les textes que dans les compositions des artistes, qu'en Lycie et au moment où ce héros va combattre la Chimère. Nous entendons parler des récits suivis; car, à côté de cela nous trouvons des traditions, sans indications chronologiques, qui donnent à croire que Bellérophon avait possédé Pégase avant même d'avoir quitté l'Achaïe. C'est ainsi que Strabon, rapportant l'opinion des Corinthiens, dit que Pégase fut pris par le jeune héros alors qu'il s'abreuvait dans la fontaine Pirène (3). Une monnaie de bronze frappée sous la domination romaine, représente Bellérophon domptant son coursier ailé devant la porte de Corinthe (4). En Béotie, la source Hippocrène lui devait aussi son origine (5). Ces citations suffisent pour faire voir qu'avec le temps les prétentions locales étaient intervenues pour accroître singulièrement la donnée primitive; il a dû en effet arriver pour Bellérophon, comme pour la plupart des

(1) Le combat du lion et du taureau, des griffons et des Arimaspes, des grues et des pygmées; le rapprochement est autorisé, maintenant qu'il paraît certain que la langue des Lyciens est d'origine arienne.

(2) Millingen, *Anc. uned. mon.*, Series II, pl. III. Les bas-reliefs de terre cuite de la collection Burgon. — Ch. Fellows, *An account of discoveries in Lycia*, 1841, p. 136. — Médaille autonome de Corinthe. Millingen, *Médailles grecques inédites*, pl. II, n° 18. — Médaille autonome de Veseris. Millingen, *Anc. coins of gr. cit. and kings*, pl. II, n° 8. — Une belle intaille, représentant le héros casqué monté sur Pégase, est publiée par M. Hase, *Leonis. Diac. hist.*, 1819, p. 271, explic., p. XXII, etc.

(3) Strab., *Geogr.*, liv. VIII. — Pégase s'abreuvant au pied de l'Acrocorinthe en présence de la Nymphe se voit sur un beau vase d'argent à reliefs, provenant de Berthouville. Voy. *Mém. sur la coll. de vases antiq.*, par Aug. Leprevost, pl. VIII, n° 1. — Cf. aussi la médaille de Corinthe avec le même type. Millingen, *Médailles inéd.*, pl. II, n° 21.

(4) Eckhel, *Doct. num. vet.*, t. II, p. 238. Voyez Morell., *Fam. Tadia.*

(5) Pausanias, II, 31, 319, et IX, 31, 3.

personnages mythologiques et même historiques, que les faits devinrent plus abondants et plus précis à mesure que l'on s'éloignait davantage de l'époque à laquelle il en avait été question pour la première fois.

C'est ainsi que s'explique, à notre avis, la présence de Pégase dans la scène de départ que nous décrivons ; elle sert en outre à caractériser Bellérophon, et l'on sait que chez les artistes de l'antiquité cette considération devait l'emporter de beaucoup sur les notions de temps et de lieu.

Le casque conique, presque ovoïde, placé au-dessus du cheval, indique encore les combats contre la Chimère, les Solymes, les Amazones. On a donc réuni ici les symboles rappelant plusieurs phases de la vie du héros.

Notre intention n'est pas de nous étendre davantage sur cet épisode du mythe de Bellérophon. M. le duc de Luynes a donné dans ce recueil une savante notice sur l'assimilation du héros corinthien avec Persée (1); tout ce qui concerne le caractère et la valeur mythologique de ces deux personnages se trouve exposé dans l'*Histoire des religions de l'antiquité* de Creuzer. L'éminent érudit qui a su rendre lumineuse la traduction de cet ouvrage nous promet de nouveaux détails dans les notes et éclaircissements auxquels il met la dernière main. C'est de M. Guigniaut que nous attendons maintenant la solution des difficultés que les dissertations de Banier et de Fréret (2) n'ont pas réussi à résoudre, mais sur lesquelles les récentes découvertes faites en Lycie doivent jeter quelque lumière (3).

(1) *Ann. de l'Inst. arch.*, VI, p. 311.
(2) *Mém de l'Acad. des inscr.*, t. VII, p. 69 et 83.
(3) Quoique le déchiffrement des inscriptions lyciennes soit loin d'être complet encore, cependant on en sait assez sur ce sujet pour qu'il soit permis d'affirmer que la langue de ces inscriptions est un dialecte du zend. A ce point de vue, certaines comparaisons historiques ne peuvent-elles pas devenir fécondes? Par exemple, le passage de Plutarque (*Moralia*, De virtut. mulier. IX) qui raconte de quelle manière les femmes lyciennes forcèrent Bellérophon à faire rentrer la mer dans son lit, ne peut-il pas être rapproché de ce que Justin (lib. I, c. vi, 13), rapporte de l'action tout à fait identique des femmes perses, et n'y a-t-il pas là un indice de communauté de race?

NOTICE

SUR UNE

INSCRIPTION LATINE INÉDITE

(Extrait du tome XVIII (1846) des *Mémoires de la Société des Antiquaires de France*, pp. 262-268.)

Un cultivateur du Forez, en labourant son champ situé à Marclop, dans la commune de Saint-Laurent la Conche, à 8 kil. et demi au sud de Feurs (que l'on croit être l'antique Forum Segusiavorum), découvrit, au mois de février 1846, une plaque de bronze portant une inscription funéraire conçue ainsi (1) :

	SEX · IVL · LVCANO · IIVIR	
	CIVITAT · SEGVSIAVOR	
	APPARITORES · LIB	
TITTIUS	SACERDOTALI	C'ETTINUS
COCILLUS		CASURINUS
ARDA		ATTICUS

Nous avons pu examiner une excellente empreinte prise sur le monument, par M. l'abbé Renon, et adressée par lui à la Société royale des Antiquaires de France, et nous devons dire que, bien que très courte, l'épitaphe ne nous en a pas moins paru fort digne d'attention.

(1) V. p. 159.

L'inscription, qui paraît avoir été gravée au 1ᵉʳ siècle de notre ère, contient les noms d'un personnage appelé Sextus Julius Lucanus, duumvir de la cité (c'est-à-dire du pays) des Ségusiaves. Ce titre de *duumvir* ne suffirait pas pour nous faire connaître à quel ordre appartenait S. J. Lucanus; aussi les consécrateurs du monument ont-ils jugé nécessaire d'ajouter après coup le mot SACERDOTALI, qui est tracé par une main inhabile et en caractères grossiers, tout à fait différents de ceux qui composent le reste de l'inscription (1). Cet adjectif, très rare dans l'épigraphie latine, tout en nous faisant savoir que les fonctions du mort se rattachaient au culte, n'est pas cependant assez défini pour nous éclairer sur le rang qu'il servait à exprimer.

Les six personnages qui ont dédié le monument funéraire à la mémoire de S. J. Lucanus, c'est-à-dire Tittius, Cocillus, Arda, Cettinus, Casurinus, Atticus, étaient probablement des Gaulois comme leurs noms l'indiquent assez, à l'exception pourtant du dernier d'entre eux qui pouvait être originaire de la Grèce, ou du moins descendre de quelque esclave amené de cette contrée. Le nom Arda se lit sur trois variétés de monnaies gauloises dont les types sont imités de ceux de deniers consulaires romains et que leur style permet, nous le croyons, d'attribuer à la Lyonnaise (2). Jusqu'à présent on

---

(1) Il serait possible que l'inscription ait été gravée à Lugdunum ou à Forum Segusiavorum, et que, l'artiste ayant oublié le mot *sacerdotali*, les consécrateurs aient été obligés de faire tracer ce mot par un ouvrier de leur petite localité, dans le seul endroit de la plaque de bronze qui fût resté libre.

(2) Mionnet n'a pas décrit ces médailles. *Voyez* Atlas de la *Numismatique gauloise*, de Lelewel, pl. IX, nᵒˢ 31, 32, 33 et 34.

La première de ces monnaies porte pour type une tête de Vénus et paraît copiée d'un denier de la famille Julia.

La seconde (nᵒ 32) représente une tête à barbe pointue semblable à celle que nous connaissons sur les deniers des familles Terentia, Metilia, Memmia, Pompeia, et au revers, un cavalier, type emprunté aux deniers de la famille Marcia.

La troisième (nᵒˢ 33, 34) montre une tête couverte d'une peau de chèvre qui se remarque sur les deniers des familles *Papia, Roscia, Mettia, Thoria* et *Procilia*, et qui est reconnue par tous les numismatistes pour une représentation de Junon Sospita.

n'avait pu savoir si ce mot ARDA était un nom d'homme ou de lieu ; s'il était complet ou abrégé, car fort souvent les monnaies gauloises présentent des noms qui ne sont pas dans leur entier ; l'inscription de Marclop lève tous les doutes que l'on pourrait concevoir à cet égard, car tous les noms étant au nominatif et complets, il n'est pas permis de croire que celui d'Arda déroge à la forme adoptée. Ces six personnages prennent le titre d'*Apparitores lib.* qu'il faut, nous le pensons, lire : *Apparitores liberti*, et traduire par les *affranchis appariteurs*. C'est en effet dans le *Columbarium* des affranchis de Livie (1) que l'on a retrouvé une inscription contenant le titre d'*Apparitores sacris*. Il est fort probable que telle était aussi la profession des six consécrateurs, puisque le duumvir leur patron était de l'ordre *sacerdotal*.

Deux autres inscriptions découvertes, l'une à Rome, à la *porta Capena* (2), l'autre à Vérone (3) nous montrent le titre d'appariteur attribué à des personnages de condition servile.

On a pu remarquer que, dans l'inscription qui fait l'objet de cette notice, le nom de la cité est écrit *Segusiavor* pour *civitas Segusiavorum*, et cette circonstance contribue à rendre tout à fait intéressante l'inscription qui la fournit. En effet, la monnaie d'argent frappée, vers la fin de l'autonomie gauloise, par les peuples du pays où fut retrouvée notre inscription, porte pour légende, autour d'une tête casquée : SEGVSIAV. S. et l'on avait cru devoir séparer le V. du mot *Segusia* (4), tandis que maintenant nous sommes autorisé à lire SEGUSIAVA *Salutaris* (je donne cette épithète sans garantir son appropriation). Cette leçon n'est pas un fait isolé, puisque dans le Musée de

(1) Orelli, *Inscriptiones*, n° 2974.
(2) Marini, *Atti*, p. 675. Orelli, n° 3202.
(3) Maffei, *Mus. Ver.*, 116, 2. Orelli, n° 3219.
(4) Voyez pour l'explication du revers de cette monnaie la savante description des médailles gauloises de la Bibliothèque Royale que vient de publier notre collègue M. Duchalais, p. 130. Ce revers représente Hercule consacrant sa massue, près de Télesphore. La tête du droit doit être celle de Minerve *Medica* ; ce qui donne quelque apparence de réalité à l'explication de la lettre S, par *salutaris*.

Toulouse il existe une inscription, découverte à Bagnères de Luchon et ainsi conçue (1) :

```
NYMPHIS
CASSIA
TOVTA
SEGVSIAV
V.S.L.M.
```

et par laquelle on voit que Cassia Tuta, qui consacre un monument aux nymphes, est qualifiée de *Segusiava*.

Ce n'est pas tout, et ces témoignages doivent être rapprochés de la forme que nous fournit la table théodosienne : *Forum Segustavarum*. Pour ceux à qui la table de Peutinger est familière, nous ne paraîtrons pas trop téméraire, sans doute, lorsque nous proposons de corriger cette forme *Segustavarum* en *Segusiavorum*. On sait, en effet, que les noms inscrits dans ce précieux itinéraire ne sont pas tracés en capitales, mais en *minuscule* assez ronde et que rien n'est plus facile dans ce genre d'écriture que de prendre un I pour un T et un O pour un A.

Ptolémée, dira-t-on, ainsi que d'autres écrivains, orthographie ce nom d'une manière différente : il donne *Forum Segusianorum;* mais cet auteur, du reste fort exact, a pu être entraîné à prendre cette leçon, par le souvenir du nom d'un peuple italien beaucoup plus connu de lui sans doute et dans tout le monde classique aussi, que celui d'une assez mince localité de la Gaule. Quoi qu'il en soit, nous croyons que les autorités sont assez nombreuses et assez graves pour nous déterminer à corriger désormais le nom écrit ordinairement *Forum Segusianorum* en celui de *Forum Segusiavorum*.

(1) Cette inscription nous a été communiquée par notre confrère M. A. Bernard, qui s'occupe d'un travail historique considérable sur la province de Lyon.

QUELQUES INSCRIPTIONS LATINES

DÉCOUVERTES DANS LA LYONNAISE.

(Extrait du tome II de la *Revue de philologie*, 1846-47, pp. 191-196.)

En appelant l'attention des érudits sur quelques inscriptions latines dont je vais donner la copie, je n'ai pas la prétention de leur offrir des monuments du premier ordre, de ces textes riches d'indications politiques ou administratives qui ont tant de prix pour les historiens et les économistes. Toutefois il m'a semblé qu'il n'était pas permis de rejeter des documents dont le sens est bien complet, alors que, dans une occasion, que l'on ne saurait prévoir d'avance, à la vérité, des savants peuvent en faire un utile usage.

Le 5 du mois de septembre 1846, M. Sadé, entrepreneur de maçonnerie à Lyon, découvrit, en faisant exécuter quelques ouvrages dans le faubourg de Vaise, un énorme bloc de pierre pesant plus de huit mille kilogrammes, et sur l'une des faces duquel existe une inscription de treize lignes. M. Muret, l'un des employés du département des antiques de la Bibliothèque Royale (qui venait d'arriver à Lyon, dans l'intention d'accroître sa collection d'aquarelles représentant les ustensiles et des monuments portatifs de l'antiquité, vaste recueil auquel il travaille depuis un grand nombre d'années), ayant appris cette trouvaille, s'empressa d'aller prendre une excellente copie de cette inscription, qu'il a bien voulu me remettre.

En voici la transcription :

```
        D.   M.
    MAVREL PRIMVS
    VETERANVS LEGIM
    MISSVS HONESTMIS
    SIONCIVIS REMVIVS
     SIBI FECIT ETC
    MODESTINPEREGR
    NO VETERANO LEG
    EIVSDMISSOHONEST
    MISSIONCIVAGRPP
    CONTVBERNALMIH
    CARISSIMET SVBAS
    CIA DEDICAVERVNT
```

C'est-à-dire, à ce que je crois : *Dis manibus; Marcus Aurelius Primus, veteranus legionis primæ Minerviæ, missus honesta missione, civis Remensis, vivus sibi fecit et Caio Modestino Peregrino, veterano legionis ejusdem, misso honesta missione, civi Agrippinensi, contubernali mihi carissimo, et sub ascia dedicaverunt.*

Le style de cette inscription est tant soit peu gaulois; car la phrase est construite de façon que, après avoir commencé à la troisième personne du singulier, elle continue à la première personne aussi du singulier, puis se termine à la troisième personne du pluriel. De tout cela il résulte cependant qu'un vétéran, citoyen de Reims, a voulu consacrer de son vivant, un monument à ses mânes, et qu'il a fait partager cet honneur anticipé à un citoyen de Cologne, son cher camarade, son compagnon de *chambrée*, comme on dirait aujourd'hui. Ce qui est curieux, c'est que ce deuxième personnage n'était pas mort non plus, et que les deux vieux amis déclarent avoir dédié de concert leur futur monument funéraire.

Cette circonstance devra paraître assez importante à ceux qui s'occupent des formules épigraphiques ; car il résulte de là que les mots *sub ascia* n'ont pas une acception funèbre tellement caractérisée qu'ils ne puissent être employés par des individus vivants qui parlent d'eux-mêmes. Je fais cette observation, parce que, l'année dernière, M. Anatole Barthélemy a publié, dans les *Mémoires de la sociéte des antiquaires de l'Ouest*, un travail, d'ailleurs très remarquable (1), dans lequel il est amené par diverses considérations à supposer que l'*ascia* rappelle la hache à l'aide de laquelle Valeria Luperca guérissait les pestiférés de Faléries, et que la formule tant de fois discutée est un symbole de consécration aux dieux infernaux, ou plutôt l'équivalent de *vale*, mot que prononçait la jeune fille en touchant les malades. Les mots *sub ascia* auraient par conséquent pour but de protéger le mort dans l'autre vie, mais ils exprimeraient en même temps un *adieu* que l'on ne peut se dire à soi-même.

La nouvelle inscription de Lyon semble au contraire favoriser le système de Montfaucon, qui, considérant l'*ascia* comme l'outil du tailleur de pierre, croit que l'on voulait indiquer par elle, que la stèle funéraire avait été consacrée au sortir des mains de l'ouvrier.

Dans le cas que j'examine actuellement, le texte conviendrait parfaitement au sens qui vient d'être rappelé en dernier lieu; et le désir de dédier la stèle au moment où elle venait d'être terminée, ou même pendant qu'elle recevait les derniers coups de ciseau, désir fondé sur quelque idée traditionnelle, donnerait le motif de cette consécration d'un monument funéraire par deux vivants à leurs propres mânes. Je n'insiste du reste en aucune façon sur un sujet qui est encore fort obscur; mais il n'est pas inutile de faire entrevoir le parti que l'on peut tirer de cette inscription singulièrement tournée.

Une autre pierre, découverte également à Lyon, dans les restes du plus ancien pont sur la Saône, présente un genre d'intérêt tout différent; elle est ainsi conçue :

PMAGLIOPRISCIAN
SEGVSIAVO
PATRIPAMAEPRISCIAN

(1) Ce mémoire a été analysé dans la *Revue archéologique*, t. III, p. 57.

et je crois pouvoir la transcrire ainsi : *Publio Maglio Prisciano, Segusiavo, patri pientissimo, amatissimo, Aelius Priscianus* (1).

Ce texte, qui au premier coup d'œil semble bien insignifiant, a cependant à mes yeux une certaine valeur, parce qu'il fournit un nouvel exemple de l'ethnique *Segusiavus* que j'ai proposé de substituer dans les nomenclatures géographiques, à *Segusianus*, lorsqu'il s'agit du peuple gaulois habitant cette partie de la Lyonnaise qui s'est appelée Forez dans les temps modernes.

On me permettra de faire connaître en quelques mots l'état de la question.

Au mois de février 1846, un cultivateur de Marclop (commune de Saint-Laurent la Conche) découvrit dans un champ situé à 8 kil. et demi de Feurs, une plaque de bronze sur laquelle est gravée l'inscription que voici :

```
SEX ▸ IVL ▸ LVCANO ▸ II VIR
   CIVITAT ▸ SEGVSIAVOR
      APPARITORES ▸ LIB
TITTIVS       SACERDOTALI      C'ETTINVS
COCILLVS                       CASVRINVS
ARDA                           ATTICVS
```

Dans une notice que j'ai lue, le 9 mars, à la Société royale des antiquaires de France (2), j'ai tâché d'expliquer ce monument, et j'ai fait remarquer, entre autres choses, la forme du nom de la cité gauloise, *civitas Segusiavorum*, qui nous aide à interpréter la légende d'une belle monnaie d'argent, frappée, vers la fin de l'autonomie gauloise, par le peuple chez

(1) Cette inscription m'a été communiquée par M. Bernard, qui va faire paraître un travail considérable sur l'histoire du Lyonnais et à qui j'ai remis la transcription latine de ces trois lignes.
(2) Ma notice, à laquelle je renvoie pour l'explication de l'inscription, est imprimée dans les *Mémoires de la société royale des antiquaires de France*, t. XVIII, p. 262. — Voyez p. 157 du présent volume.

lequel fut retrouvée la plaque de bronze. La légende de cette monnaie est SEGVSIA V S. Les lettres V et S sont séparées des autres par le casque et la lance d'un buste imberbe, qui a paru à M. Duchalais être celui de *Minerve Segusia* (1), protectrice du peuple ségusien, que le type gravé au revers de la monnaie fait assimiler par cet antiquaire à *Minerve medica*. M. Duchalais ne donne du reste aucune explication des lettres V. S. qu'il sépare du mot *Segusia* par des points, bien qu'il n'y en ait point sur la monnaie. Cependant l'inscription découverte à Marclop, appuyée par cette autre inscription trouvée à Bagnères-de-Luchon, et conservée au musée de Toulouse :

NYMPHS
CASSIA
TOVTA
SEGVSIAV
V. S. L. M.

nous met en droit de tenter une lecture plus complète de la médaille.

Quoique en général il soit peu conforme aux lois de la critique de proposer deux interprétations pour une même légende, puisque évidemment cette légende n'a pu avoir qu'un seul sens, je dois cependant avouer que je ne sais comment opter entre les deux explications que voici.

Dans le premier cas, on pourrait lire SEGVSIAVS pour *Segusiavus*, de même que l'on a vu plus haut dans l'inscription des deux vétérans VIVS pour *vivus*, et alors le buste casqué serait celui du héros local éponyme, peut-être du κτιστής de la capitale des Ségusiaves. La sévère gravité du visage permet d'attribuer cette figure à un jeune homme aux traits idéalisés, aussi bien qu'à Minerve.

Dans le second cas, il faudrait, tout en conservant de l'idée émise par M. Duchalais ce qu'elle a d'essentiel, allonger d'une

---

(1) Voyez la *Description des médailles gauloises de la Bibliothèque royale*, p. 130, n° 378.

syllabe le surnom de Minerve, qui deviendrait SEGVSIAV*a*, et considérer la lettre S comme une initiale de l'épithète *Salutaris*.

La notice que j'ai déjà mentionnée rappelle que, dans la Table de Peutinger, on trouve la station de Feurs désignée par les mots **foro Segustavaru**, que l'on a transcrit *Forum Segustavarum*, tandis que nous pouvons être certains actuellement que l'original primitif portait *Forum Segusiavorum*.

J'ai donc proposé de corriger non seulement la leçon anciennement adoptée par les éditeurs de la Table théodosienne, mais de substituer *Segusiavus* à *Segusianus* toutes les fois qu'il sera question du peuple gaulois qui appartient à la Lyonnaise, et non pas du peuple de la Gaule Cisalpine, dont la capitale Segusio se nomme aujourd'hui Suse.

Le nom de MAGLIUS me rappelle celui d'un autre Gaulois, que j'ai copié sur une stèle encore inédite, découverte l'année dernière à Entrain (*Inter amnes*), station romaine du Nivernais. Au-dessous d'un buste de face, sculpté dans un renfoncement circulaire, on lit :

```
        D.      M.
       CAGLIONVS
       CAHANI FILI
        V        S
```

La disposition des caractères pourrait donner lieu de croire à une sorte de jeu épigraphique, à l'aide duquel les deux dernières lettres, tout en complétant le mot *filius*, représenteraient encore l'idée d'un *votum solutum*.

Cette forme un peu barbare de Maglius et de Caglionus semblera peut-être gauloise au premier abord. Mais on conviendra cependant que si, dans notre pays, on avait eu la coutume d'employer le GL à la place du double L, il devrait en subsister quelques traces dans les noms de lieux, ainsi que cela s'observe en Italie, où tant de *Castellum* sont devenus des *Castiglione*, où *Senogallia* s'est changé en *Sinigaglia*, etc., etc. (1).

(1) Je ne cite ici que des noms de lieux; les noms d'hommes et les mots de

Je remarque que précisément il existe près de Rome une petite ville de Magliano, et dans les Abruzzes, un château du même nom, qui doit quelque célébrité à la victoire que Charles d'Anjou remporta dans son voisinage, en 1268.

Le nom antique de Cagli, dans le duché d'Urbin, était Callium; et il serait possible que nos deux Gallo-Romains eussent porté des noms tirés de celui des villes italiennes.

Toujours est-il que, pour l'étude de la transformation qui a donné le jour aux idiomes néo-latins, nos deux inscriptions ne manquent pas d'une certaine utilité.

la langue italienne offrent un grand nombre d'exemples analogues, qui font voir que l'introduction de ce G tenait à une disposition organique générale.

NOTICE

SUR UNE INSCRIPTION INÉDITE

TROUVÉE A SENS.

(Extrait du tome II de la *Revue de Philologie*, 1846-47,
pp. 353 à 360.)

On sait quel parti les érudits ont pu tirer de certaines inscriptions découvertes sur le sol des villes antiques, complètement ruinées, et dont le nom même était devenu le sujet de doutes et de contestations. En Asie Mineure, sur les côtes de la mer Rouge et dans l'Afrique septentrionale, un nom de lieu tracé sur un fragment de stèle a maintes fois révélé aux géographes l'emplacement de cités jadis célèbres, à l'égard desquelles la tradition était muette ou insuffisante. Dans l'Europe occidentale les découvertes de ce genre ont en général moins d'importance, parce que la mémoire des origines s'est mieux conservée, et que, depuis le xvi° siècle, les historiens locaux se sont appliqués à réunir tous les genres d'informations qui pouvaient assurer une noblesse antique aux villes dont ils publiaient les annales.

Voici cependant un monument épigraphique de la Gaule appelé à jouer un rôle décisif dans une question longtemps débattue. Depuis trois siècles en effet divers écrivains (1) ont

(1) A commencer par Robert Gaguin, dans sa traduction de César, de 1541. — Cf. *L'Ancien Provins*, par M. Opoix, in-8°, 1818. — Achaintre, *Dissertatio de urbe Agendico*. Ier vol. du *César* de Lemaire. Barbié du Bocage qui, dans une carte des Gaules, a placé Agendicum au point géographique de Provins. — M. Doé, qui a imprimé dans le t. V des *Mémoires de l'Académie celtique*, un travail sur Agendicum-Provins.

prétendu appliquer à Provins le nom d'Agendicum mentionné par César, nom qui antérieurement était attribué à Sens.

M. Allou, évêque de Meaux (1), M. Félix Bourquelot (2), tous deux nés à Provins, et que cette circonstance même aurait pu influencer en faveur de cette ville, ont pensé, après un examen critique basé sur la connaissance du pays, que c'était Sens qu'il fallait identifier avec Agendicum. Néanmoins les arguments de ces deux auteurs étant purement scientifiques, ne pouvaient être acceptés généralement comme l'est un fait matériel, et récemment encore on vient de réimprimer à Provins l'ouvrage dans lequel M. Opoix s'était efforcé de soutenir une opinion contraire à la leur (3).

M. Allou s'exprimait ainsi : « La question ne me paraît pas susceptible d'être décidée d'une manière *absolue*. Aucun *monument de l'antiquité*, aucun témoignage historique des premiers temps ne nous apprend positivement qu'Agendicum soit Sens ou Provins. Une tradition presque universelle veut que ce soit Sens ; je le pense ainsi, mais il me serait impossible de le prouver. Tout ce que je sais c'est que Provins et Sens se disputant cet honneur, Provins ne peut soutenir la concurrence. Je vais tâcher de l'établir en discutant toutes les preuves nouvellement produites par les défenseurs de Provins. Si je démontre que toutes ces preuves conviennent mieux à Sens qu'à Provins, je croirai avoir fait tout ce qu'il est possible de faire, etc. »

Le même auteur avait singulièrement éclairé la discussion en reproduisant des textes du ixe siècle, desquels il ressort

---

(1) *Mémoire sur l'Agendicum des Commentaires de César* (composé en 1821), imprimé en 1846 dans le *Bulletin de la société archéologique de Sens*, p. 97.

(2) *Histoire de Provins*, 1839, in-8°, t. 1er, p. 47 et suiv.

(3) *L'Ancien Provins*, cité plus haut. L'auteur de cet ouvrage se propose non seulement de démontrer que Provins est Agendicum, mais encore que cette ville a été bâtie par J. César, qui destinait les caves profondes dont elle est remplie à loger pendant l'hiver les chevaux de son armée, ses machines de guerre et ses *soldats malades*. L'architecture de ces souterrains, qui est fort belle en général, indique les xiie et xiiie siècles. En 1818 on était encore si peu avancé en fait d'archéologie, que la discussion au sujet de ces caves s'engageait non pas sur les caractères des chapiteaux, des moulures que l'on y trouve en grand nombre, mais sur la nature du ciment qui lie les pierres entre elles.

manifestement qu'à cette époque, du moins, l'application du nom d'Agendicum à Sens était acceptée dans le pays (1). Il résulte cependant des paroles de MM. Allou et Bourquelot, qui ont si soigneusement étudié tous les éléments de la question, que l'identité d'Agendicum et de Sens, indiquée par la critique judicieuse d'un ensemble de petits faits convergents, attend encore cette sanction décisive et irrécusable que fourniraient des *monuments de l'antiquité* cherchés en vain jusqu'à présent.

C'est là une lacune que je vais faire disparaître en donnant la copie d'une inscription tracée sur une plaque de bronze trouvée à Sens il y a une dizaine d'années environ.

Avant d'aller plus loin, je suis forcé d'entrer dans quelques détails au sujet de ce monument. Acheté à un ouvrier, qui venait de le déterrer, par M. Alfred Lorne, il fut conservé dans le cabinet de cet antiquaire, qui me le fit voir à diverses reprises. M. Lorne étant mort en 1843, toute sa collection d'antiquités fut acquise par M. Rollin, et transportée de Sens à Paris. Je n'avais jamais eu le temps de copier ni d'étudier l'inscription découverte à Sens, et je dois dire que celui qui la possédait n'a pas su quel intérêt particulier elle offrait pour l'histoire de son pays. Il faut donc bien se garder de confondre ce précieux monument avec ces bronzes de travail moderne qui ont été fabriqués à Sens il y a deux ans. Ceux-là portaient de courtes inscriptions d'une latinité douteuse mentionnant *César, une légion romaine*, etc., suivant cette érudition qui défraye habituellement les inventions des faussaires; de plus la *patine*, cette couleur que le temps seul peut donner, était détestablement imitée. L'inscription qui nous occupe aujourd'hui n'aurait pu être construite que par un épigraphiste exercé, connaissant à fond l'organisation des magistratures romaines, sachant ranger l'indication de diverses charges

---

(1) Deux passages des *Annales de Saint-Bertin* mentionnent *Agendicum Senonum*; la Notice de Magnon, évêque de Sens en 804, donne Senonus-Agendicum. Cette érudition du clergé du ix° siècle a pu provenir de la lecture des *Commentaires de César*.

suivant leur importance, en un mot singulièrement versé dans l'étude des *res romanæ*. Or, en France, les hommes habiles à ce point ne sont pas communs, surtout en dehors des grands centres d'érudition ; ce qui fait notre honte fait donc en même temps notre sécurité.

Les lecteurs de cette Revue ont pu remarquer combien je suis réservé lorsqu'il s'agit de discuter quelque détail de philologie ; mais, lorsqu'il faut prononcer sur l'aspect matériel d'un monument de bronze, l'antiquaire reprend ses droits ; et j'ose affirmer que celui-ci est parfaitement authentique.

```
        C · AMATIO · C · AMAT PATERN
        FILIATERNINO AEDIL · VIKAN
        AGIED AEDIL · C · S · ACTOR · P · PAGI
        TOVTACT · IZ VINQVENN · CIVIT
KAL     II VIR · AB AER MVNER · PRAEFAN     APR
        NON DESIGN IVEN · INTEGERR
        MATERN · EVCHARISTVS ET PAZR
        POLLIO SILL· OFF · EIVS · OB MER · PP
        D N DECIO AVG II ET GRATO COS
```

Caio Amatio, Caii Amati (a) (1) *Paterni filio* (b) *Aternino* (c) *ædili vicanorum* (d) *Agiedicensium* (e), *ædili curuli Senonum* (f), *actori prædiorum, pagi tutori* (g), *actori I........* (h), *quenquennali civitatis, duumviro ab æris munere, præfecto annonæ designato, juveni* (i) *integerrimo, Maternus Eucharistus et Pat.r* (j) *Pollio Sillius* (k), *officiales* (l) *ejus, ob merita posuerunt ; domino nostro Decio augusto iterum et Grato consulibus* (m) ; *kalendis Aprilibus*.

a. — L'I qui termine le mot *Amati* se trouve figuré par le prolongement du jambage de la première lettre de *Paterni*.

(1) Les lettres placées entre parenthèses dans ce texte indiquent les renvois aux explications qui vont suivre.

b. — *Fili* pour *filio* est une abréviation singulière. Disons en passant qu'un faussaire n'eût pas osé en faire usage; l'I final est très net. Peut-on supposer que le graveur ait oublié la tête d'un P, et que le mot qui suit soit *Paterninus?* Je ne le pense pas.

c. — Le surnom *Aterninus* est un dérivé d'Aternius. Il existait à Rome une famille Aternia, et la loi *Aternia*, qui fixait en numéraire le montant des amendes payées en bétail (ou qui défendait de dépasser un certain nombre de pièces de bétail, dans les amendes), avait été proposée par C. Aternius Fontinalis. Il est probable que les Aternius de Rome étaient originaires d'Aternum, petite ville du Picenum, aujourd'hui Pescaire, ou, ce qui est plus douteux, d'Aternum sur le Silarus en Lucanie. C. Amatius, ou l'un de ses ancêtres, a pu être client de la famille Aternia.

d. — Le mot *vicani* écrit avec un K est déjà connu dans un certain nombre d'inscriptions; voyez entre autres exemples les inscriptions de villes suisses rapportées par Orelli sous les nos 324, 344, 345.

e. — *Agiedicensis*, ethnique d'*Agiedicum;* cette orthographe est conforme à celle de Ptolémée Ἀγηδικόν. L'intercalation de l'I après le G prononcé dur, exprime très bien le son du *gamma.* Dans les anciennes éditions de l'*Itinéraire* d'Antonin on trouve *Agredicum*, forme que Surita a corrigée en y substituant *Agedincum*, tandis que s'il eût connu notre inscription, le savant géographe se serait probablement borné à modifier la leçon *Agredicum* en *Agiedicum*. En 1844, j'ai attribué à Sens une monnaie gauloise, depuis longtemps connue, mais qui était restée sans explication (1), quoique la légende ΑΓΗΔ qu'elle porte soit parfaitement distincte et facile à compléter. Cette monnaie, frappée vraisemblablement vers la fin de l'autonomie gauloise, et par conséquent à une époque voisine de

(1) *Revue numismatique,* 1844, p. 165. — P. 73 du présent volume. L'attribution que j'ai proposée a été acceptée par M. Akerman dans son ouvrage intitulé : *Ancient coins of cities and princes geographically arranged.* London, 1846, in-8º, p. 156, et par M. Duchalais, *Description des médailles gauloises de la Bibliothèque royale,* 1846, in-8º, p. 150.

l'ère chrétienne, est un monument officiel émis par des magistrats, et la leçon qu'elle consacre doit être préférée à celle que fournissent les mss. de César, d'autant plus que l'orthographe de la monnaie se trouve corroborée par le texte de Ptolémée, d'Antonin et par la Table théodosienne. A trois cents ans de distance on retrouve sur notre plaque de bronze le mot AGIED, qui, là encore, est tracé avec réflexion, dans le pays même où ce nom était en usage et avec des conditions d'exactitude qui ne peuvent exister pour la transcription des manuscrits. Je serais donc disposé à croire que le véritable nom de Sens était Agedicum, et plus tard Agiedincum, et que l'*Agendicum* des manuscrits de César est le résultat d'une métathèse dont les copies du ix° siècle (1) présentent malheureusement un si grand nombre d'exemples. Quoi qu'il en soit, voici enfin le nom d'Agedicum reconnu sur un monument antique découvert à Sens; c'est le point essentiel sur lequel j'appelle l'attention des futurs commentateurs de César.

f. — On peut interpréter AEDIL. C. S. par *ædili curuli Senonum*, ou par *ædili civium Senonum;* l'indication de la cité par une seule lettre n'est pas sans exemples. Je citerai seulement l'inscription publiée par Orelli sous le n° 4982, dans laquelle on voit les lettres II. V. C. T. que le savant philologue considère comme signifiant *duumvir civium Taunensium*.

g. — TOVT. est pour TVT., suivant un mode gaulois dont j'ai déjà montré une application dans cette Revue (2), et que l'on observe encore sur les monnaies des chefs *Contoutus* et *Toutobocius*. Le titre de *tutor municipii* paraît dans une inscription publiée par Maffei, et reproduite par Orelli sous le n° 3771. Je ne connais près de Sens aucun pagus dont le nom commence par TVT., ce qui permettrait de rattacher ce mot à ce qui précède : *actori prædiorum pagi Tut*...

---

(1) Les manuscrits provenant de Colbert et de M. de Thou, ont été écrits à cette époque. Pour se faire une exacte idée des transformations que les noms géographiques de l'antiquité ont subies dans les manuscrits du moyen âge, il suffit de parcourir la série de fautes relevées par M. Letronne dans l'ouvrage de Dicuil.

(2) Voyez t. II, p. 194 et p. 166 du présent volume.

h. — La plaque de bronze est percée en cet endroit par l'oxydation, et le trou emporte la tête de la lettre qui suit ACT. aussi bien que toute la partie supérieure du Q. Cependant je crois distinguer les restes d'un P qu'il faut peut-être traduire par *peculii* ou *pecuniæ*, mots auxquels pourrait se rapporter le *quenquennalis* qui vient après, en supposant que la province de Sens eût certains revenus quinquennaux. On connaît un *curator peculi reipublicæ Glanicorum* dans une inscription recueillie par Caylus (1). Peut-on supposer que C. Amatius ait reçu le titre de *tutor actorum provinciæ?* C'est ce que je ne crois pas; quant à celui de *quenquennalis*, il est tellement commun dans les inscriptions que je suis dispensé d'en citer un seul exemple. L'incertitude qui plane sur la nature véritable de la lettre qui suit ACT, l'absence du point entre TOVT et ACT qui pourrait faire croire qu'il n'y a là qu'un seul mot *toutactor* pour *tutator*, épithète qui, soit dans les inscriptions, soit sur les monnaies, n'a été donnée qu'à Jupiter (2); tout cela contribue à rendre cette portion de texte fort obscure.

i. — IVEN pour *juveni* prouve encore une fois que l'on supprimait un V dans les mots où cette lettre est double. Je renvoie plus haut à la page 166 où cette remarque a déjà été présentée. La qualité de *juvenis* pourrait paraître incompatible avec le nombre de charges dont C. Amatius était revêtu, si plusieurs autres inscriptions ne présentaient la même particularité. C'est qu'au déclin de l'empire la jeunesse aristocratique était associée de bonne heure aux dignités paternelles; des empereurs, tels que Commode et Élagabale, avaient habitué le monde à voir des adolescents à la tête des affaires.

j. — La plaque de bronze est en cet endroit encore si fortement attaquée par la rouille, que l'on ne peut distinguer positivement le caractère tracé entre l'A et l'R; il semble que l'on

---

(1) *Recueil d'antiquités*, t. VII, p. 263.
(2) *Jovi tutatori* en tête d'une inscription publiée par De-Vita, *Antiq. Benev.*, cl. 1, n° 3. Sur une monnaie de Dioclétien, Eckhel, *Doct. num.*, t. VIII, p. 9. *Tutactor* aurait pu se former comme *Tutaculum* (pour Tutamentum), qui est d'une basse époque (Prudent. *Adv. Sym.* II, 387).

aperçoive une sigle composée d'un T et d'un E. S'il en était ainsi le mot serait *pater*.

k. — On trouve dans les inscriptions de la Gaule un certain nombre de noms romains dont une consonne intérieure est redoublée, comme *Tittius* pour *Titius*. Je pense qu'il en a été ainsi pour le nom de l'un des consécrateurs du monument que j'étudie, et que SILL est là pour *Silius*. Il serait par trop recherché d'y voir l'indication de la profession de sillographe, qui n'était probablement pas commune dans notre pays, et que sans doute Pollion ne se serait pas vanté d'avoir exercée.

l. — *Officialis* se trouve rarement mentionné dans les monuments épigraphiques. Voyez Orelli, n° 2952.

m. — Le deuxième consulat de Trajan Dèce avec Maximus Gratus est de l'an 250 de J.-C. (1003 de Rome, suivant le calcul de Varron, an 1002 des fastes capitolins). L'inscription a été consacrée aux calendes d'avril, et la date du monument ne laisse rien à désirer.

Telles sont les principales observations auxquelles donne lieu l'inscription de bronze découverte à Sens et recueillie par feu Alfred Lorne; il y aurait sans aucun doute encore bien des points à commenter, mais je n'ai cherché à discuter que ce qui était de première nécessité dans la circonstance actuelle. Je dois dire, pour encourager la critique, que je suis loin d'avoir répondu à mes propres doutes; je n'ai pas cru néanmoins devoir différer la publication d'un texte que je considère comme très intéressant, car les erreurs dans lesquelles je puis tomber n'auront pas une telle gravité qu'on ne puisse me les pardonner en faveur de mon désir d'être utile.

NOUVELLES OBSERVATIONS

SUR UN ORNEMENT

REPRÉSENTÉ

AU REVERS DE QUELQUES MONNAIES GAULOISES DE L'ARMORIQUE.

DISSERTATION SUR LES PHALÈRES

(Extrait du tome XIII de la *Revue numismatique*, 1848,
pp. 85-103.)

On remarque au revers de certaines pièces gauloises de grand module qui se rencontrent habituellement dans le nord-ouest de la France, un petit quadrilatère que porte à la main l'aurige, assez grossièrement imité du personnage qui, sur les statères de Philippe de Macédoine, conduit un char à deux chevaux.

M. Lelewel a le premier signalé cet objet; il le nomme *guidon carré* et paraît le croire destiné à diriger la course du cheval (1). M. Lambert, dans sa *Numismatique gauloise du nord-ouest de la France*, en fait un *peplum*, suivant lui, le voile sacré de la Minerve gauloise (2). M. Duchalais ne s'éloigne pas beaucoup de cette opinion, lorsqu'il propose de donner au type dont nous parlons le nom de *vitta*, qu'il explique par tapisserie sacrée conservée dans les sanctuaires gaulois (3).

Ces diverses interprétations soulevaient des difficultés de

---

(1) *Études numismatiques et archéologiques; Type gaulois.* 1841, p. 90, 93.
(2) *Essai sur la numismatique gauloise du nord-ouest de la France.* 1844, p. 76.
(3) *Description des médailles gauloises faisant partie des collections de la Bibliothèque royale.* 1846, p. 311, 423.
Vita est le nom de ces bandelettes dont les prêtres se ceignaient la tête, dont on décorait aussi les victimes ou même les colonnes et les stèles funéraires.

plus d'un genre, et nous devons dire que M. Duchalais, en particulier, n'avait présenté son opinion qu'avec la plus grande réserve.

Dans une dissertation toute récente (1) M. Deville a cherché à son tour à expliquer la présence sur les monnaies de l'Armorique de cet objet qui lui paraissait encore incompris et à en déterminer la nature et l'emploi.

Nous allons exposer, au moyen de quelques citations abrégées et d'ailleurs indispensables, les idées du savant conservateur du Musée de Rouen.

« La première remarque à faire, dit-il, c'est que sur les médailles où cet ornement est figuré, il semble l'accompagnement obligé d'un guerrier monté sur un char de guerre et victorieux; car presque constamment sous les pieds du cheval est un homme armé et renversé. Il semble dès lors difficile de ne pas rattacher à l'intention générale exprimée sur la médaille, à l'idée d'un fait militaire, d'une action d'éclat, d'une victoire, l'ornement qui se trouve placé dans la main du vainqueur. (V. p. 179, n° 1, 2, 3.)

« Partant de cette idée, soit que cet objet ait été décerné au guerrier en signe d'honneur, soit plutôt qu'après l'avoir enlevé à l'ennemi, il le porte en guise de trophée, il ne resterait plus qu'à chercher, dans cette hypothèse, d'après la figure et la forme de cet objet, et en se reportant à des monuments connus, quelle est la nature de cet ornement militaire.

« .... Des médailles romaines de la série consulaire vont nous permettre, si je ne m'abuse, de trancher la question ; ce sont celles qui portent le nom d'Arrius Secundus. Le savant Italien Gennaro Riccio, qui a publié la première de ces pièces (V. p. 179, n° 8), en décrit ainsi le revers : *Asta pura, fra una corona di lauro ed una falera, onorificenze e distintivi militari* (2).

---

(1) *Dissertation sur un ornement figuré sur les médailles gauloises de l'Armorique.* (Extrait des *Mémoires de la Société des Antiquaires de Normandie*, t. IV, 2ᵉ série. Caen, 1847.)

(2) *Le monete delle antiche famiglie di Roma.* Naples, 1843, p. 23. Ce n'est point, au reste, à M. Riccio qu'est due l'explication du type de la monnaie en

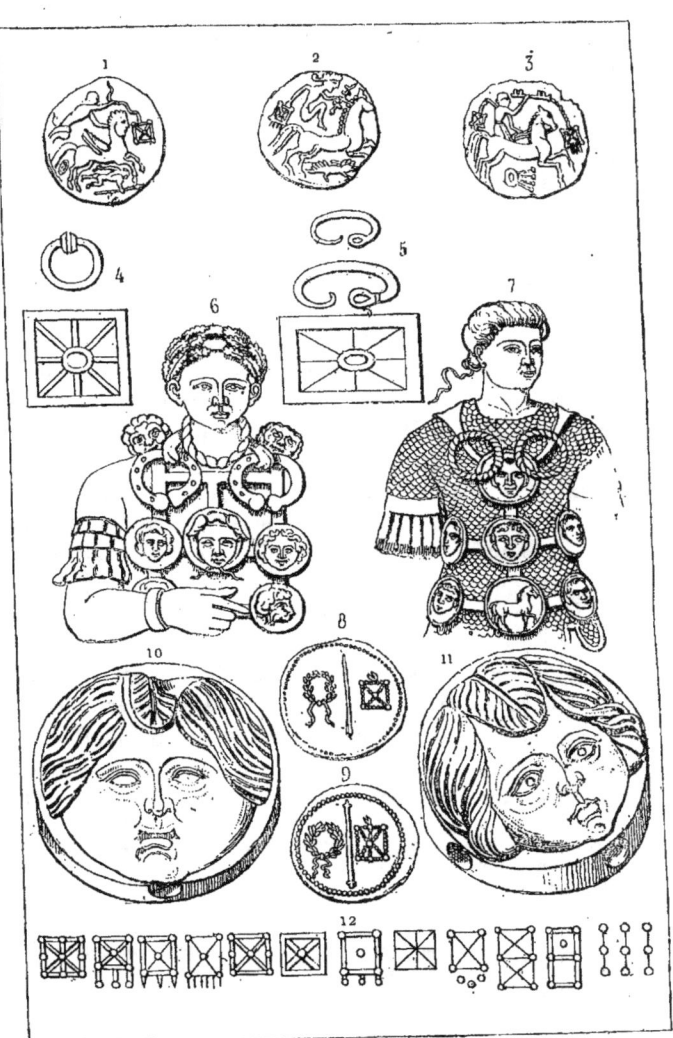

« Il est impossible de ne pas être frappé de la ressemblance qui existe entre cette figure de la phalère de la médaille romaine et la figure de l'ornement de la médaille armoricaine : forme quadrilatère, intersection d'angle en angle, points globuleux d'attache au centre et aux angles, naissance du cordon de suspension ; tout est identique.

« ... Pour toute personne tant soit peu initiée à l'étude des monuments de l'antiquité, il est évident, ainsi que ce dernier (M. Riccio) l'exprime, que les médailles au nom d'Arrius Secundus ont été frappées en l'honneur de ce personnage romain, pour rappeler ses actions d'éclat et les distinctions militaires qui en furent la récompense.

« On sait en effet que la haste, la couronne de laurier, la phalère, entraient dans la série des récompenses militaires chez les Romains. Pline nous apprend qu'un tribun du peuple, fameux par sa bravoure, Siccius Dentatus, qui vivait aux premiers temps de la république, avait obtenu jusqu'à dix-huit hastes pures, vingt-cinq phalères et vingt-six couronnes.

« ... Auguste, au dire de Suétone, donnait habituellement, en récompense militaire, des phalères et des torques : *dona militaria phaleras et torques dabat.*

« Le même Auguste, dans les guerres de Sicile et d'Espagne, Claude, lors de l'expédition de Bretagne, Vespasien, dans la guerre de Judée, Trajan, dans les guerres des Daces et des Parthes, accordaient à des légionnaires, qui s'y étaient distingués, des couronnes, des torques, des armilles, des *phalères;* les monuments en sont arrivés jusqu'à nous (1).

question ; cet antiquaire n'a pas manqué de rendre hommage à la sagacité de M. le comte Borghesi qui, le premier (dans sa XVII° décade), a reconnu les *phalères* dans cet objet que l'on avait pris pour un autel ou une porte de camp.

(1) M. Deville renvoie en cet endroit à cinq inscriptions rapportées par Gruter. — Nous croyons devoir placer ici des extraits de quinze inscriptions relatives aux phalères, qui donnent une idée de l'importance attachée à ces décorations. *M. Aurelius Celsus..... donis donatus ab Imp. Cœs. Aug., bello Actiaco., Sicil. et Hisp. torq., armill. et PHAL.* III. Grut., CCCLXXI, 4. — *C. Gavius. Silvanus..... donis donatus a divo Claudio, bello Britannico, torquibus, armillis, PHALERIS, corona aurea.* Grut., CCCCXVI, 1. — *L. Lepidius Proculus.... donis donatus ab Imp. Vespasiano Aug. bello Judaico, torquib., armillis, PHA-*

« La phalère figure sur le marbre tumulaire d'un vétéran d'une légion romaine, dont Gruter nous a conservé le dessin (V. p. 179, n° 5); on y voit aux deux côtés d'une enseigne militaires des armilles et la phalère.

« Un autre monument du même genre, que nous devons encore à Gruter, et presque identique, portant cette inscription : L · ANTONIVS · L · F · FAB · QVADRATVS · DONATVS · TORQVIBVS ET ARMILLIS AB · TIB · CAESARE BIS, qui ne peut, par conséquent, laisser aucun doute sur la nature et la destination de ces figures, nous donne le torque et la phalère (V. p. 179, n° 4). Le mot *Phalera*, il est vrai, n'est point exprimé dans l'inscription, on n'y parle que de torques et d'armilles; mais après avoir reconnu avec tout le monde, sur le monument, le torque dans les deux anneaux ouverts qui y sont figurés, qui oserait avancer que les deux figures quadrilatères qui sont au-dessous sont l'armille, que ce soit là des bracelets? Rien n'y ressemble moins à coup sûr; c'est évidemment un autre ornement militaire, *qui ne peut être que la*

LERIS, *corona vallari.* Grut., MCXVI, 4. — *M. Blossius Pudens...... donis militaribus donatus ab Imp. Vespasiano Aug. torquib., armillis,* PHALERIS, *corona aurea.* Murat., MCCXCIX, 6. — *M. Licinius Mucianus..... donis donatus ob virtutem et fortitudinem bello Dacico ab Imp. Trajano, corona victrici, pura hasta, torquibus, armillis,* PHALERIS. Grut., CCCCXXIX, 1. — *Ti. Claudius..... donis torquib. armill.* PHALER., *corona navali bello Dacico donatus.* Murat., DCCCV, 8. — *Ti. Claudius Vitalis...... donis donatus torquib.; armill.,* PHALER., *corona navali bello Dacico.* Grut., CCCXCI, 4. — *Cn. Marcius Celer..... donis donatus a divo Trajano in bello Parthico, corona murali, torquibus, armillis,* PHALERIS. Grut., MCXVI, 6. — *L. Sicinius Valens..... donatus ab Imp. Trajano torquibus III, armillis III,* PHALERIS *ob bellum Dacicum... donis donatus ab Imp. Hadriano torq. et armill., hasta pura, corona aurea.* Murat., MLXIV, 3. — *C. Nummius Constans..... donis donatus ab Imp. Trajano, torquibus, armillis,* PHALERIS *ob bellum Parthicum, ab Imp. Hadriano, corona aurea, torquibus, armillis,* PHALERIS, *ob bellum Judaicum.* Murat., DCCCXXXVIII, 3. — *Q. Albius Illex....., donis donatus ab divo Trajano Aug. torquibus, armillis,* PHALERIS *bello Parthico et ab Imp. Cæsare Trajano Hadriano Aug. hasta pura et corona aurea.* Grut., CCCI, 1. — *M. Vettius Valens..... donis donatus bello Britannico torquibus, armillis,* PHALERIS, *evoc. Aug. corona aurea donatus..... donis donatus ob res prosper. gest. contra Astures coron.,* PHALER., *arm.* Grut., MCII, 4. — *Sex. Vibius Gallus..... donis donatus ab imperatoribus honoris virtutisq. causa torquibus, armillis,* PHALERIS, *coronis muralibus III, vallaribus II, aurea I, hastis puris V, vexillis II.* Murat., DCCCLXIX, 4. — *Q. Canuleius..... donatus torq., armill.,* PHALER., *coron.* Murat., DCCCII, 8. — *T. Fl. Victorinus donatus hastis,* FAL., *cor. murali.* Murat., DCCCXLVII, 5.

phalère, qui est ici représenté. Aux yeux de l'artiste chargé de l'exécution du monument, l'un et l'autre ornement *avait la même signification*, la même valeur; il *n'aura pas hésité* à placer, à côté du torque, la phalère.

« Après avoir reconnu et établi la signification de la figure de la phalère et constaté par la comparaison avec les monuments romains, sa présence sur les médailles armoricaines, nous nous sommes demandé comment cet ornement militaire des Romains a pu être adopté par les Gaulois et passer sur leurs monnaies? car nous ne supposons pas que l'on veuille que les Romains l'aient emprunté à ceux-ci.

« ... Qu'y aurait-il d'étonnant à ce que les guerriers de la Gaule, pour se parer des dépouilles de leurs ennemis, eussent porté la phalère, l'eussent adoptée pour perpétuer le souvenir de quelques triomphes passagers, quand déjà les Germains, ainsi que les Romains, portaient le torque et l'armille?

« ... Il est si vrai que cet ornement exprime, sur les médailles gauloises, un signe de victoire, de trophée militaire, que, sur une de ces médailles que nous donnons d'après M. Édouard Lambert (V. p. 179, n° 2), le guerrier tient d'une main la phalère, de l'autre une palme ou plutôt peut-être une couronne, car il faut faire ici la part de l'inhabileté de l'artiste monétaire et de la grossièreté du travail... Citons encore une autre médaille en or du Musée de Rouen (V. p. 179, n° 3), où l'auriga, pour rappeler sans doute une double action d'éclat, deux ennemis vaincus et dépouillés, tient une phalère de chaque main.

« ... A en juger par les nombreux torques et armilles gaulois en or qu'on trouve journellement, et d'après ce qu'on sait de l'abondance de ce métal dans les Gaules, on ne peut douter que la phalère des Gaulois *ne fût d'or;* leurs torques et leurs armilles étaient de ce métal : *Armillas aureas ad collum et manus gestari a Gallis solitas*, rapporte Polybe, etc.

« ... Soit qu'on veuille que les Gaulois aient adopté, pour eux-mêmes, l'ornement de la phalère, soit qu'ils ne l'aient porté que comme trophée enlevé à l'ennemi, distinction bien difficile à établir, nous nous croyons suffisamment autorisé à regarder cet ornement d'honneur, chez les Armoricains, *comme étant d'or*.

« Nous pensons qu'il se composait de tringles, retenues entre elles par des boutons ornés de perles, *le tout de même métal;* soit que le champ de la phalère fût à jour, soit plutôt peut-être qu'il fût plein et garni d'une feuille, également en or, sur laquelle les tringles et le perlé se seraient détachés en relief, quelquefois des pendants ou crépines, ainsi qu'on le remarque sur bon nombre de médailles, complétaient l'ornementation. »

Nous nous sommes efforcé de conserver dans ces extraits tout ce que l'opinion de M. Deville a de caractéristique; en un mot, si nous y rapportons, avec le plus grand soin, ce qui nous a le plus vivement frappé par sa justesse, ce qui nous a déterminé à adopter complètement l'idée principale exposée par l'auteur, nous avons aussi reproduit certains passages sur lesquels nous allons revenir pour faire comprendre par quels détails notre avis diffère de celui dont on vient de lire la substance. Établissons dès à présent quelques divisions essentielles :

1° L'objet qui est porté par le guerrier gaulois et celui qui accoste la haste, sur les monnaies de la famille Arria, sont identiques;

2° Ce sont *des* phalères;

3° Le guerrier gaulois porte ces phalères en signe de triomphe pour exprimer qu'il en a dépouillé des Romains.

Tels sont les points sur lesquels nous sommes entièrement d'accord avec M. Deville, telles sont aussi les limites dans lesquelles nous applaudissons à son intéressante découverte.

Mais quant à l'emploi du mot phalère au singulier; quant à la description proposée de cet ornement, à ses dimensions, à la matière dont il se compose; quant à l'interprétation des figures empruntées à Gruter, nous nous séparons sans hésiter de M. Deville, et nous allons faire connaître les motifs qui nous y ont déterminé.

Aucun texte (1), aucune inscription, aucun lexique ne donne le mot *phalera;* on trouve toujours *phaleræ;* c'est un pluriel qui n'a pas de singulier. Il en est de même en grec : τὰ φάλαρα désignent des objets brillants que l'on donnait comme décorations honorifiques. Il est bien connu que *phaleræ* et φάλαρα viennent de φάλος, rac. φάω.

Dans l'origine les phalères, qui étaient aussi des ornements de cheval (2), avaient une destination analogue à celle des מצלות de la Bible. Ce qu'il y a de certain, c'est que, plus tard, elles devinrent chez les Romains un signe officiel honorifique, et que lorsqu'après un combat le général distribuait, sur le lieu même de l'action, les récompenses méritées par les soldats de son armée, c'était aux cavaliers qu'étaient réservées les phalères; Polybe le dit positivement ... ὁ στρατηγὸς... τῷ μὲν τρώσαντι πολέμιον, γαῖσον δωρεῖται · τῷ δὲ καταβαλόντι καὶ σκυλεύσαντι, τῷ μὲν πεζῷ, φιάλην, τῷ δ' ἱππεῖ, φάλαρα (3). Il semble que de bril-

(1) Pline, dans un seul passage (XXXIII, 6, 2), emploie le mot *phalera;* mais Forcellini a fait observer que c'était un pluriel neutre suivant le mode grec.

(2) Nous protestons ici contre le mot *caparaçon* que la plupart des traducteurs emploient lorsqu'ils ont à exprimer les *phalères* de chevaux. Ce mot est tout aussi impropre que celui d'*écharpe* pour rendre les *phalères* de guerriers. Les *m'siloth* de la Bible, d'après le sens même de leur nom, étaient destinées à produire du bruit; on peut donc les comparer aux *tintinnabula* qui se plaçaient à la bride et au poitrail des chevaux chez les Romains.

Énée, promettant des récompenses, parle ainsi :

Primus equum phaleris insignem victor habeto. (Æneid , V, 310.)

Tite-Live, racontant une victoire d'Annibal (an 536 de Rome), dit : *Præda ingens parta est : et præter equos virosque, et si quid argenti (quod plurium in phaleris equorum erat).* XXII, 52, 4. Hérodote, parlant des Massagètes (I, 215), dit qu'ils fabriquent leurs armes et leurs ustensiles de bronze et d'or; ainsi dans le harnais de leurs chevaux ils font τὰ δὲ περὶ τοὺς χαλινοὺς καὶ στόμια καὶ φάλαρα χρυσῷ. — Antiochus décerna des phalères d'argent à Patrocle, le plus hardi de ses éléphants : *Tum pronontiatum, ejus fore principatum qui transisset : ausumque Patroclum, ob id phaleris argenteis, quo maxime gaudent, et reliquo omni primatu donavit.* Plin., VIII, 5, 4. — Voy. les figures de chevaux ornés de phalères dans *l'Élite des monuments céramographiques*, par C. Lenormant et J. de Witte, t. II, pl. 109 b, 110, 113. Au mulet de Bacchus, pl. 49 a. — V. *Bulletino napoletano*, t. I, tav. 3; tom. IV, tav. 6. — Voyez des phalères de chevaux trouvées à Pompéi et publiées par M. B. Quaranta, *Museo Borbonico*, tom. VIII, tav. 32.

(3) *De militia Romana*, XXXIX, 3. — Outre les *phiales* ou *pateres*, on décernait encore aux soldats des chaînettes et des fibules; c'est ce que fit en Espagne le préteur Quintius (an de Rome 567). *Pro concione postero die lau-*

lants ornements aient été peu en harmonie avec les mœurs simples des premiers temps de la république ; aussi Polybe ajoute-t-il : ἐξ ἀρχῆς δὲ γαῖσον μόνον ; anciennement on ne donnait qu'une haste.

On doit observer, cependant, qu'au commencement du iv° siècle de Rome, T. Manlius se para du torques enlevé à un Gaulois qu'il avait vaincu ; mais c'était le premier exemple d'adoption de cette parure, et l'on en fit l'objet d'un surnom : *T. Manlius is est, qui ad Anienem galli, quem ab eo provocatus occiderat, torque detracto, Torquati cognomen invenit* (1). Ainsi, pour les Romains, le torques était une importation gauloise.

Quant aux phalères, elles avaient été adoptées bien plus tôt, puisque, au dire de Florus, Tarquin l'Ancien les avait introduites à la suite de ses victoires sur les Italiotes : *Tarquinus... duodecim Tusciæ populos frequentibus armis subegit. Inde fasces, trabeæ, curules, annuli, phaleræ, paludamenta, etc.* (2). Mais furent-elles abandonnées avec tout l'appareil du luxe royal, ou furent-elles conservées dès les premiers âges de la république ? c'est ce que nous ne saurions établir. L'exemple de Sicinius Dentatus, rapporté par Val. Maxime (3), prouve qu'en l'an 300 de Rome ces décorations étaient en usage.

Au temps de César, il est souvent question de phalères. Cicéron reproche à Verrès d'avoir agi comme aurait pu le faire un général sur le champ de bataille, en décernant des récompenses militaires à Q. Rubrius, à M. Cossutius, à M. Castritius : *Qu. Rubrium coronâ et phaleris et torque donasti, etc.* (4) ; puis il lui demande compte de ces admirables phalères, joyaux de la tyrannie sicilienne, que le proconsul s'était appropriés : *Phaleras pulcherrimas quæ regis Hieronis fuisse dicuntur, quarum tandem abstulisti, an emisti ?* Verrès qui avait le goût des

---

dati donatique à C. Calpurnio equites phaleris...... *Quintius alter prætor suos equites catellis ac fibulis donavit.* Tit. Liv. XXXIX, 31.
(1) Cicer., *De officiis*, III, 112.
(2) Lib. I, cap. v, 6.
(3) *Memor. exempl.*, lib. III, cap. II.
(4) *In Verr.*, act. II, lib. III.

collections, avait aussi enlevé les phalères de Philarque, riche citoyen de Centorbi; à Palerme, celles d'Ariste; à Tyndaris, celles de Cratippe (1).

Dès à présent, nous pouvons faire observer que si les phalères avaient été, ce que croit M. Deville, de petites tringles d'or assujéties aux intersections par des boutons de même métal, il est peu probable que Cicéron les eût comptées pour autre chose que leur valeur en lingots et en eût fait un sujet spécial d'accusation. Verrès recherchait, comme on sait, les objets d'art, les statues et les vases traditionnellement estimés; comment se serait-il préoccupé de simples décorations militaires? comment aussi l'illustre orateur aurait-il employé l'expression *pulcherrimas* pour des objets qui n'auraient point offert quelque mérite remarquable en dehors de la valeur intrinsèque?

La réponse à ces objections résultera des faits qui vont être exposés.

Si l'on jette les yeux sur les diverses figures rassemblées sur la page 179 (n°ˢ 1, 2, 3, 4, 5, 9), on remarquera que l'ornement reconnu pour *une phalère* par M. Deville est, sur les monnaies gauloises, aussi grand que sur la tête du cheval, sur les deniers consulaires, haut comme la moitié de la haste, et dans les dessins de Gruter, deux fois large comme les torques qui l'accompagnent. Cet accord entre des monuments d'origines différentes ne peut être l'effet du hasard; il indique évidemment les dimensions réelles de l'objet quadrilatère, et par cela même prouve qu'on ne peut y voir une décoration métallique. On concevrait bien difficilement l'usage d'*un* bijou composé de six ou huit tringles d'or et présentant environ 35 centimètres de côté; mais comment pourrait-on expliquer l'arrangement de *vingt-cinq* quadrilatères de cette espèce sur la poitrine de Sicinius Dentatus, par exemple?

Examinons maintenant le buste sculpté sur la pierre sépulcrate de M. Cælius, centurion de la XVIII° légion, tué pendant

---

(1) *In Verr.*, act. II, lib. IV.

l'expédition de Varus(1) (V. p. 179, fig. 6). Ce monument a été trouvé à Xanten, il y a deux siècles (2). Nous reconnaîtrons la figure d'un officier tenant en main le bâton de commandement (scipio), la tête chargée d'une couronne, le cou entouré d'un torques, les poignets ornés d'armilles; mais ce qui nous frappera surtout, c'est la présence de deux autres torques, de sept médaillons fixés sur des bandes, très probablement de cuir, disposées en quadrilatère, système de décoration qui couvre toute la poitrine. C'est là, à n'en pas douter, un légionnaire *torquibus, armillis, phaleris, corona victrici donatus*, suivant le style ordinaire des inscriptions (3). Le monument funéraire de Q. Sertorius Festus (4), centurion de la XIe légion, porte la figure en pied de ce guerrier revêtu de son armure; deux torques et sept médaillons suspendus à des bandes croisées ornent son torse (V. p. 179, n° 7).

L'inscription tracée au-dessous de la figure est:

Q. SERTORIVS
L. F. POB. FESTVS
CENTVR. LEG. XI
CLAVDIAE. PIAE
FIDELIS

La forme de la couronne, des torques et des armilles nous

---

(1) Après la défaite des Romains, Arminius fit immoler les Tribuns et les Centurions. Un jeune homme d'un nom illustre, Cælius Caldus, voyant quel sort lui était réservé, souleva sa chaîne et s'en donna un coup si violent sur la tête qu'il se brisa le crâne (Vell. Paterc., lib. II, cap. cxxi).

(2) Muratori (p. 2030, n° 1) en a donné un dessin fort incorrect. Cf. Teschenmacher, *Annales Cliviæ*, tab. ad p. 59. Brewer Herseler, *Inschrift*, p. 57. Simon, *Die ältesten Nachrichten*, tab. V. Dorow, *Denkmale aus. der altgerm.*, tab. XXI. — On en trouve une très bonne lithographie dans l'ouvrage de M. Lersch: *Centralmuseum Rheinlandischer Inschriften*. 1840, 2e partie, p. 1. — L'inscription est:

M. CAELIO·T·F·LEM BON
Ↄ·LEG·XIIX·AN·LIII·S·
···CIDIT·BELLO·VARIANO·OSSA
···NFERRE·LICEBIT·P·CAELIVS·T·F·
LEM·FRATER·FECIT·

(3) Voy. la note ci-dessus, pag. 180.
(4) Maffei, *Museum Veronense*, p. cxx, n° 180.

est familière ; quant aux médaillons qui sont fixés aux points de rencontre des bandes de cuir, ce sont des *phalères*, et ce sont ces phalères extrêmement réduites qui, sur les monnaies de l'Armorique et les deniers de la famille Arria, ont été prises pour des perles d'or.

Ce quadrilatère, formé d'une matière flexible, laissait, malgré ses grandes dimensions, à celui qui le portait, une certaine liberté de mouvements. Ces dimensions s'accordent, au reste, très bien avec les proportions qui résultent de l'examen des monnaies.

De cela, il résulte que si l'objet carré expliqué par M. Deville porte bien réellement des phalères, il ne saurait que par un abus inadmissible de métonymie être appelé lui-même une phalère. Cette espèce de bricole, qu'on nous pardonne la trivialité de l'expression, analogue à celle qui, de nos jours, sert à tirer de petites voitures à bras, passait sur les épaules, ce qui justifie les termes employés par Virgile :

> *Euryalus phaleras Rhamnetis et aurea bullis*
> *Cingula . . . .*
> *Hæc rapit, atque humeris nequicquam fortibus aptat* (1).

Dans le bas-relief du tombeau de M. Cælius, on voit, au-dessus des épaules, deux phalères en forme de têtes de lion, que le sculpteur a ainsi soulevées pour les rendre visibles, mais qui devaient pendre sur le dos, car il y en avait d'*antérieures* et de *postérieures*, προστερνίδια καὶ ἐπωμίδια, ainsi que le dit Appien dans l'énumération qu'il fait des dépouilles de Mithridate (2).

---

(1) *Æneid.*, IX, vers 359, 360, 364. — Cf. même livre, vers 458. — Servius, au vers 278 du liv. VII,

Aurea pectoribus demissa monilia pendent,

identifie les *phaleres* et les *monilia*. Il serait donc, au besoin, prouvé, par cette ancienne autorité, que les phalères ne sont ni des *caparaçons*, ni des écharpes. Cette acception exclut aussi l'idée d'un petit quadrilatère, car le *monile* est un collier flexible, composé de plusieurs pièces, différent en cela du *torques*, qui est rigide. Virgile a dit (lib. I, vers. 658) *monile baccatum*, qu'on ne peut traduire que par *fil de perles*. — En citant Virgile à propos des phalères, nous entendons seulement constater l'usage de ces décorations à l'époque à laquelle vivait ce poète ; son témoignage ne prouve rien pour le temps d'Énée.

(2) *De bello Mithridatico*, cxv. Appien, après avoir énuméré les vases, les

La bricole à suspendre les phalères se voit, à ce que nous pensons, près d'une figure de guerrier, dans le bas-relief funéraire d'un *miles* prétorien du temps de Constance nommé M. Percernius Axyus (1).

Cet appareil de courroies servait encore à supporter d'autres décorations honorifiques. Nous voyons, sur les bustes de M. Cælius et de Q. Sertorius, deux torques, non point placés au cou du guerrier, mais accrochés comme les phalères. Les pierres tumulaires de L. Gellius Varus et de L. Antonius Quadratus (V. p. 179, n⁰ˢ 4 et 5) nous montrent chacune une enseigne militaire aux côtés de laquelle sont disposés des torques, au-dessus de figures quadrilatères que M. Deville prend pour des phalères. Cet antiquaire a été frappé de l'absence des armilles, qui sont cependant mentionnées dans l'inscription, et il est réduit à croire que le sculpteur n'aura pas hésité à les remplacer par des phalères.

Le lithographe qui a exécuté la planche jointe au mémoire de M. Deville a singulièrement altéré ces figures quadrilatères; mais j'en donne de nouveau un calque pris sur les vignettes de Gruter (2), et l'on reconnaîtra tout d'abord que les armilles tant cherchées sont posées au centre des bricoles, et qu'il n'y a point du tout là de phalères, pas plus que dans l'inscription.

```
        LEG . XX
    L . ANTONIVS . L . F
        FAB . QVADRA
       TVS . DONATVS
       TORQVIBVS ET
       ARMILLIS . AB
      TI . CAESARE . BIS
```

Au-dessus des quadrilatères auxquels sont attachées les

---

trônes, les coupes, les freins, les phalères, ajoute : πάντα ὁμοίως διπλόα καὶ κατάχρυσα, d'où il résulte que ces objets étaient ornés de gemmes précieuses.

(1) Muratori, p. dcccxl, n° 7.

(2) Pag. mxxx, n° 9, et cccxlvIII, n° 2. — Cf. dans la note ci-dessus, pag. 180, l'inscription de L. Sicinius Valens; les armilles y sont mentionnées au nombre de trois, ce qui prouve que ces décorations n'étaient pas données par paires. L. Antonius Quadratus a donc pu recevoir ses deux armilles en deux fois.

armilles, on voit, sur le monument funéraire de L. Ant. Quadratus, de petits et de grands torques ; c'est que ce légionnaire, deux fois honoré de récompenses, avait reçu de Tibère des colliers dont l'importance variait comme, dans les temps modernes, les divers grades des ordres de chevalerie. On n'en peut douter lorsqu'on lit cette autre inscription de la même époque :

```
    C · IVLIVS · C · F · STR
         ATOR · AED
   DONATVS · AB · TI · CAES
  AVG · F · AVGVSTO · TORQVE
    MAIORE · BELLO · DELMA
         TICO etc. (1).
```

puisqu'il n'y a point *torque magno*, ni *torque maximo*, mais *torque majore*, ce qui implique une gradation, on en déduit nécessairement l'existence d'un *torques minor*.

Les phalères des chevaux et des éléphants paraissent avoir été d'or et d'argent, ou garnies d'or et d'argent ; car, ainsi qu'on va le voir, elles n'étaient point toutes faites de métal ; elles ne différaient en réalité des bossettes qu'en ce qu'elles étaient *pensiles*. Quant à celles que portaient les hommes, nous croyons que c'étaient des pierres gravées, quelquefois peut-être serties par un cercle d'or, mais, dans tous les cas, de manière à ce que ce métal se fît peu remarquer, puisque nous n'avons jamais rencontré l'épithète *aureæ* associée au nom des phalères honorifiques (2), et que certainement les écrivains de l'antiquité ou les rédacteurs d'inscriptions n'auraient pas négligé cette indication, lorsqu'ils ne manquaient pas de mentionner le métal d'autres ornements qui accompagnent les phalères (3).

(1) *Ibid.*, p. xl, n° 5.
(2) Voy. la note ci-dessus, p. 180.
(3) On peut croire que chez les Grecs, pour qui les phalères paraissent avoir été des ornements sans distinction spéciale, on a employé des phalères décorées d'or et d'argent. Dans la pompe d'Antiochus Épiphane à Daphné, en l'an 589 de Rome, on vit figurer des cavaliers χρυσοφάλαροι et ἀργυροφάλαροι

Nous avons déjà vu, par exemple, que dans l'épisode d'Euryale Virgile parle de phalères enlevées en même temps que des *bulles d'or*. Nous lisons dans Silius Italicus :

> *Tum merita æquantur donis, ac præmia virtus*
> *Sanguine parta capit :* phaleris *hic pectora fulget ;*
> *Hic* torque aurato *circumdat bellica colla; etc.* (1).

Tite-Live raconte qu'en l'an 449 de Rome, Cn. Flavius Annius, tribun d'extraction plébéienne, ayant été fait ædile curule, l'aristocratie s'en irrita vivement : tantumque Flavii comitia indignitatis habuerunt, ut plerique nobilium *annulos aureos* et phaleras deponerent (2).

Dans les inscriptions, la formule : **DONATVS..... TORQVIBVS, ARMILLIS, PHALERIS, CORONA AVREA** est fréquente (3) ; on trouve aussi : **TORQVIBVS ET ARMILLIS AVREIS** (4) ; mais nous n'avons jamais vu *phaleris aureis*.

Venons maintenant à prouver que les phalères étaient des colliers de gemmes, de camées. Ces vers galants d'un antique épithalame le disent clairement :

> *Denique miramur, quid colla monilia gestent ;*
> *Ex humeris frustra* phaleras *imponis eburnis,*
> *Nam tibi non gemmæ, sed tu das lumina gemmis* (5).

On employait aussi des camées en coquilles. Voici ce que dit Pline : *Gemmæ cochlides* nunc vulgatissimæ fiunt verius, quam nascuntur... In Arabia... quondamque tantæ magnitudinis fuere, ut equis regum in oriente frontalia, atque pro *phaleris* pensilia facerent (6).

(Polyb., *Hist.*, lib. XXX, iii, 6); mais il n'est pas bien certain que ces termes ne fassent point allusion à l'ornement des chevaux qu'ils montaient.

(1) *Punicor.*, lib. XV, vers. 254-8.
(2) IX, 46. — Pline, en rapportant ce fait, d'après Tite-Live (*Hist. nat.*, XXXIII, 6, 2), croit que les anneaux d'or indiquent le sénat, et les phalères l'ordre équestre.
(3) Voyez plus haut la note, pag. 180.
(4) *T. Camulus Lavertus..... donatus ab imperatore Antonino Augusto pio et ex voluntate imperatoris Hadriani Augusti torquibus et armillis aureis.* Murat., pag. DCCCII, n° 3.
(5) *Poet. lat. min.*, ed. Wernsdorf, t. IV, p. 491.
(6) *Hist. nat.*, XXXVII, 74, 1. Il est assez difficile de décider si les phalères de camées en coquilles étaient comme les *frontalia* destinées aux chevaux.

Un passage de Jornandes prouve qu'au milieu du v⁰ siècle, les guerriers romains se paraient de phalères formées de gemmes. Cet auteur, décrivant les funérailles d'Attila, dit que sur le triple cercueil du conquérant barbare, on jeta les dépouilles enlevées à ses ennemis... « Addunt arma hostium cædibus acquisita, *phaleras* vario *gemmarum* fulgore pretiosas, et diversi generis insignia, quibus colitur aulicum decus (1). »

Revenons encore une fois à la pierre sépulcrale de M. Cælius. Les médaillons qui sont fixés sur la poitrine de cet officier ne sont point munis de bélières ; deux bouts de cordon qui semblent sortir du plus grand de tous, de celui qui représente une tête de Méduse, prouvent que cet ornement était percé dans le sens de sa hauteur, et suspendu au moyen d'une attache qui le traversait verticalement et se terminait par un nœud. Or, il existe dans quelques collections archéologiques, et notamment au département des Antiques de la Bibliothèque nationale (n⁰ˢ 238, 43, 43 [1] à 43 [4]), des sardoines blanches et brunes qui représentent des têtes de face, et sont doublement forées par des trous qui les traversent verticalement et horizontalement (V. p. 179, n⁰ˢ 10 et 11). L'usage de ces camées était, si nous ne nous trompons, resté inconnu jusqu'à présent ; mais il nous semble que le rapprochement de ces monuments et des médaillons de M. Cælius doit persuader de leur identité complète. La présence des trous qui se croisent annonce très clairement des pierres qui doivent être fixées sur les courroies que nous avons déjà décrites (2).

Cela paraît cependant probable, et c'est ce qui nous a fait dire plus haut (voy. p. 190) qu'elles n'étaient point toutes faites de métal. Peut-être fabriquait-on des phalères avec de la nacre ; cela rendrait parfaitement compte de leur nom φάλαρα et expliquerait pourquoi sur les vases peints elles sont figurées comme des bandes chargées de petits disques blancs.

(1) *De rebus Get.*, cap. 49. — Ce passage n'a point été remarqué ; il a même été mal entendu ; ainsi M. de Châteaubriand, dans son brillant tableau des *mœurs des barbares*, a dit que sur le cercueil d'Attila on avait jeté des *carquois enrichis de pierreries*, erreur qui provient sans doute de la confusion de *phaleræ* avec *pharetræ*.

(2) Ces camées sont assez épais ; parmi les pierres conservées dans les collections, il en est beaucoup qui ont été sciées suivant leur épaisseur, et il est

L'aspect sévère des sardoines du Cabinet des Antiques convient singulièrement à des décorations militaires, et l'on n'aura pas manqué d'observer que des têtes de Méduse et de lions telles que celles dont les phalères de M. Cœlius sont ornées offrent des symboles très expressifs de l'effroi qu'un guerrier valeureux doit inspirer à l'ennemi ; c'est ainsi qu'au moyen âge on portait sur la poitrine l'image de saint Michel, de saint Georges ou de saint Christophe (1).

Si l'on admet avec nous que les phalères étaient des rangées de gemmes ou de médaillons circulaires, et non plus l'appareil de tringles quadrilatère proposé par M. Deville, on comprendra très facilement ce passage de l'*Iliade* dans lequel le casque d'Ajax, frappé par les Troyens, est dépeint comme orné de phalères :

... δεινὴν δὲ περὶ κροτάφοισι φαεινὴ
πήληξ βαλλομένη καναχὴν ἔχε· βάλλετο δ' αἰεὶ
καπφάλαρα εὐποίηθα. κ. τ. λ. (2).

Au résumé, nous espérons que le lecteur admettra désormais les propositions suivantes :

1º Les phalères étaient, chez les Grecs et les peuples barbares, des rangées de médaillons suspendus, *pensiles*, d'or, d'argent et de pierres précieuses dont se paraient les guerriers (3), et qui décoraient la bride ou le poitrail des chevaux et des éléphants ;

2º Chez les Romains elles avaient été portées d'abord comme ornement et avaient continué à l'être par les femmes (4).

très probable que l'on aura fait disparaître ainsi la trace des trous qui nous auraient indiqué positivement l'emploi comme phalères d'un grand nombre de pierres gravées.

(1) Les représentations des deux premiers saints étaient adoptées par la chevalerie ; le troisième avait mission de protéger les bourgeois. Voyez Chaucer, *Canterbury tales*, vers 115.

A Cristofre on his brest of silver schene.

(2) *Iliad.*, II, vers 105-7.

(3) A la page première de son mémoire, M. Deville a réuni douze variétés de l'ornement quadrilatère qu'il a expliqué. Ce sont des figures de phalères ornées de une, cinq, six, sept, huit et neuf pierres disposées de différentes façons ; V. p. 179, nº 12.

(4) *Élite des monum. céramog.*, t. II, pl. 87. — *Museo Borbonico*, t. VIII,

3° Les phalères de gemmes, devenues décorations militaires, étaient réservées aux cavaliers et considérées comme la marque distinctive de l'ordre équestre ;

4° Il est tout naturel qu'à l'époque de César comme du temps d'Attila, les ennemis des Romains se soient fait gloire d'enlever ces insignes du triomphe. Par conséquent l'explication que M. Deville a fournie pour le type incompris des monnaies de l'Armorique est pleinement satisfaisante (1);

5° L'appareil de courroies que nous avons nommé bricole faute d'autre terme, servait à suspendre, soit des phalères, soit d'autres distinctions militaires, et dans les dessins de Gruter cet appareil ne porte que des armilles ;

6° Les *gorgonium* de sardoine, percés en deux sens, dont l'usage était resté inconnu, acquièrent un haut degré d'intérêt, puisque ce sont là les *décorations militaires des Romains*.

Dût-on décider que nous n'avons pas dignement traité ces diverses questions, on ne pourra du moins se refuser à reconnaître que nous avons rassemblé une quantité de textes et de documents qui permettra de les résoudre.

pl. 58. — Phalères croisées sur la poitrine de Créon, *Arch. Zeitung*, 1847. Nouv. série, *taf.* 3. — Sur la poitrine de quatre amazones, *Bulletino Napoletano*, tom. II, tav. 8; *Arch. Zeit.*, taf. 15 ; *Annali dell' Instituto arch.*, 1830, pl. D.

(1) V. des phalères de femmes, *Élite des mon. céram.*, tom. I, pl. 29 *b*, 67; *Bullet. Napolet.*, tom. I, tav. 6 ; tom. II, tav. 3 ; *Arch. Zeit.* 1844, taf. 18, Phalères croisées sur la poitrine d'une femme, *Museo Borbonico*, tom. IV, tav. 20. ; *Annali dell' Instituto arch.*, 1832, pl. G; 1833, pl. F.

NOTE

SUR LA

MONNAIE ATTRIBUÉE AUX SOTIATES

(Extrait du tome IV de la *Revue archéologique*, 1847-48,
2º partie, pp. 774-775.)

Dans une lettre adressée à M. de la Saussaye, le 15 avril 1839, et qui fut insérée la même année dans la *Revue numismatique*, M. le baron de Crazannes avait déjà proposé, en passant, l'attribution aux Sotiates de la médaille qu'il vient de décrire avec plus de développements (1). Malgré le talent avec lequel cet antiquaire explique le type du revers, il subsiste encore des difficultés considérables pour l'admission de la légende SOT. Le T semble être seulement un double globule; la lettre S n'est pas moins douteuse. Si l'on compare cette pièce avec celles qui ont été à diverses reprises publiées dans la *Revue numismatique*, tant par M. de Crazannes lui-même que par M. de la Saussaye, on se convaincra du danger qu'il y aurait à expliquer comme des légendes les divers symboles qui ont été introduits sur ce genre de monnaies, à la place qu'occupent sur les monnaies de Rhoda, qui leur ont servi de modèle, les pétales d'une rose vue en dessous.

Quant à ce type de Rhoda, il a été complètement méconnu par Sestini, qui dans ses *Medaglie Ispane*, p. 180, a écrit : *Rota variæ formæ et* NON *flos expansus ut dictum ab aliis* (2). Ces *alii*

---

(1) Voyez l'art. précéd. dans la *Revue*, intitulé : *Lettre à M. de Longpérier*.
(2) Sestini ajoute ce qui suit :
« Il vedervisi espressa la rota insieme con gli strumenti fabrili dell' ascia, del

sont Eckhel à ce qu'il me paraît, car Pellerin n'avait vu qu'un *champ concave partagé en quatre parties par des espèces de branches cannelées qui se joignent au milieu en forme de croix.* (Explic. de la pl. II, n⁰ˢ 20 et 21.)

M. le marquis de Lagoy, en relatant la découverte de la médaille des *Cænicenses*, dit qu'elle était accompagnée de « plusieurs exemplaires de trois sortes de médailles gauloises sans légendes ; la première a pour revers *une espèce de roue avec différents symboles entre les rayons,* » etc.

Quelques années plus tard le même savant s'exprimait ainsi :

« Sestini donne aussi à *Rhodanusia* des médailles d'argent anépigraphes dont on voit la description dans le supplément de Mionnet, quatrième division des incertaines des Gaules. On trouve assez souvent ces pièces dans le midi de la France. Barthélemy assure qu'on les découvre en grand nombre à la vieille Toulouse. Il y en avait quinze ou vingt dans le dépôt de médailles de *Massilia*, dont faisait partie la médaille des *Cænicenses*, que j'ai déjà publiée. Il n'est pas douteux que ces monnaies appartenaient à quelque ville ancienne de nos contrées ; l'espèce de rapport que leur type présente avec le type des médailles de Rhoda d'Espagne sert à confirmer leur attribution à *Rhodanusia*, ces deux villes homonymes ayant aussi la même origine (1). »

On voit donc que d'une part Sestini et M. le marquis de Lagoy n'ont point admis que les monnaies attribuées aux Tectosages aient présenté le type de la rose altérée. Ils se sont bien gardés surtout de chercher cette fleur au revers des monnaies de Marseille, où il est positif qu'on ne saurait en trouver trace.

M. Cavedoni (*Spicilegio numismatico*, p. 9), avec cet esprit si juste qui le distingue, a consacré l'explication d'Eckhel, mais pour Rhoda seulement et sans s'occuper des imitations.

martello, della pialla, e loro ferro tagliente a parte, fa ragionevolmente supporre che questi popoli si distinguessero nell' arte del carpentiere. » Il voyait une roue et des outils de charpentier et non les débris altérés d'une fleur.

(1) *Notice sur l'attribution de quelques médailles des Gaules.* Aix, 1837, in-4⁰, p. 4.

En France beaucoup d'antiquaires attribuaient encore les copies gauloises de ces monnaies aux évêques de Maguelonne, pensant qu'elles étaient des imitations de la monnaie arabe qui furent condamnées par le pape. J'ai cru de mon côté et pendant que M. Cavedoni imprimait son livre, devoir réfuter et expliquer cette erreur et je me suis exprimé ainsi [*Revue numismatique*, 1838, p. 443 (1)] : « Saint-Vincens, et après lui Duby auront pris les pétales de la rose, vue de face, qui forme le type de cette monnaie, pour quatre croissants, » etc. En effet, très souvent encore les journaux du midi annoncent que l'on vient de découvrir des monnaies d'argent sur lesquelles on voit *unis les symboles du christianisme et de l'islamisme*, la croix et les croissants. Il suffit de jeter les yeux sur une série de monnaies de Rhoda et des Tectosages bien rangées par ordre de fabrique, c'est-à-dire suivant l'altération progressive des types, pour être convaincu que les pièces gauloises sont copiées des espagnoles, tant les nuances qui séparent chaque monnaie de celle qui la précède sont légères.

(1) V. p. 344 du tome I des *OEuvres de A. de Longpérier*.

DESCRIPTION
DE
QUELQUES POIDS ANTIQUES

[Extrait du tome XIX des *Annales de l'Institut archéologique*, 1847, pp. 333-347 (*Mon.*, t. IV, pl. XLV).] (1)

Divers travaux sur les poids des anciens ont été entrepris et publiés par les savants les plus éminents ; les recherches faites à ce sujet par MM. Letronne et Bœckh, tout en prouvant combien la matière est importante, nous ont montré de quelles difficultés les écrivains qui s'en occupent ont à triompher. Il s'agit en effet de rétablir, par des expériences et des calculs, des étalons conformes à tous les systèmes métriques du monde antique, et malheureusement les témoignages écrits, malgré la grande habileté des interprètes, n'offrent pas toute la précision, tout l'accord désirables. Quelques poids sont obtenus au moyen de l'eau mesurée en certaine quantité ; mais les mesures linéaires ou de capacité qui servent à déterminer cette quantité d'eau, sont elles-mêmes discutées. La pesée des monnaies est encore le moyen le plus sûr d'arriver à un résultat satisfaisant ; mais il est certaines contrées pour lesquelles la rareté des monuments numismatiques ne permet de raisonner qu'approximativement. On pouvait espérer que la découverte de poids de métal jetterait une vive lumière sur la question ; on va voir que les efforts tentés de ce côté ne procurent encore que des renseignements bien imparfaits.

Le nombre des poids que j'ai pu retrouver est si petit, et

(1) Le tirage à part porte la date de 1849.

l'état de conservation de la plupart de ces monuments laisse si fort à désirer, que je n'ai pu tirer de leur examen des données métrologiques très précises.

Toutefois, ainsi qu'on le verra tout à l'heure, il résulte de la pesée des poids de plomb et de bronze, rapportée aux dénominations qui sont inscrites sur ces poids, quelques notions dont l'étude doit être utile.

Il existe depuis longtemps au Cabinet des Médailles de la Bibliothèque nationale, une *double mine* de Chio, portant le type ordinaire des monnaies de cette ville, un sphinx et une

amphore, avec l'inscription ΔΥΟ ΜΝΑΑ [Ι] (1), et récemment M. Philippe Le Bas a rapporté de son voyage scientifique en Asie Mineure, un poids tout à fait semblable quant au type, au style et au métal, mais beaucoup moindre en épaisseur, ce qui s'explique suffisamment par l'inscription ΜΝΑ, indice

---

(1) Caylus, t. II, pl. XLIX. — Cf. Διμναῖος, dans Aristote, Œc. II (8).

200 DESCRIPTION

d'une simple mine (1). La pesée de ces deux monuments, qu

sont à coup sûr contemporains, si elle nous eût donné un rapport exact, aurait pu fixer l'opinion sur la mine ionienne. Malheureusement ces deux poids ont subi à divers degrés une double altération qu'il est difficile d'apprécier. Des coups et le frottement ont enlevé quelques parties du métal, tandis que l'oxydation et la combinaison du plomb avec divers sels empruntés à la terre, ont rendu ce métal plus lourd. La double mine pèse actuellement 1124,10 grammes, ce qui donnerait pour la mine 562,05 grammes, tandis que la mine découverte par M. Le Bas ne pèse que 547 grammes. Ce qui doit le plus étonner dans ce fait, c'est que la mine ne présente point dans ses contours d'accident assez considérable pour justifier cette différence de 15 grammes. Il faudrait donc admettre qu'au temps même où ce poids était en usage, un marchand de mau-

(1) M. Le Bas a fait présent au Musée du Louvre de ce poids, qu'il s'est procuré à Smyrne.

vaise foi en aurait diminué l'épaisseur en limant régulièrement le revers ; ce qui est d'autant plus facile, que cette face est complètement lisse : fraude qui se comprend aisément sans qu'il faille attribuer à son auteur l'intention d'embarrasser les archéologues du xix⁰ siècle. On remarquera que, soit que l'on adopte la valeur de l'un ou de l'autre de ces poids, il s'en déduit une drachme (de 5,62 grammes ou de 5,47 grammes), qui est bien supérieure à celle que les monnaies ont fait trouver (1). On remarque sur la double mine, devant le sphinx, quelques traces de caractères malheureusement fort indistinctes; il y avait peut-être là l'énoncé d'une fraction de mine.

M. Beugnot avait acquis, comme venant d'Ægine, un poids de plomb, qui est passé depuis à la Bibliothèque nationale ; ce poids a pour type une amphore accompagnée d'une inscription

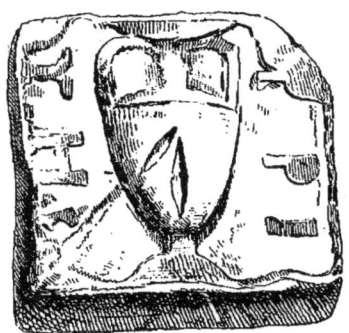

en deux lignes, que M. de Witte a lue ΤΡΙΤΗΣ (2). L'époque ancienne à laquelle appartient ce monument s'oppose à ce que l'on y cherche un sigma lunaire, et la dernière lettre de la seconde ligne, quoique défigurée par un coup, laisse apercevoir une portion de cercle. Je proposerais donc de diviser la légende en deux parties : les trois premières lettres, celles

---

(1) Voy. ce que dit de ce poids M. Bœckh, *Metrologische Untersuchungen über Gewichte, Münzfüsse*, etc., *des Alterthums*, Berlin, 1838, p. 81.
(2) *Catal. Beugnot*, n° 420.

qui sont à la droite du vase, indiquant la valeur du poids, Τρίτον, et les autres formant le nom de la ville où le poids aurait été fabriqué : Τέως. On sait que le vase à deux anses est un des types ordinaires de la monnaie de Téos. Ce tiers (de mine) pèse 284,20 grammes, ce qui ferait monter l'unité à 852,60 grammes.

La Bibliothèque nationale possède aussi un poids de plomb, sur lequel on voit une amphore coupée par la moitié, entourée de la légende rétrograde HMITPITON.

Le même type se reconnaît aussi sur un poids de plomb conservé au Musée du Louvre, et dont la légende très altérée

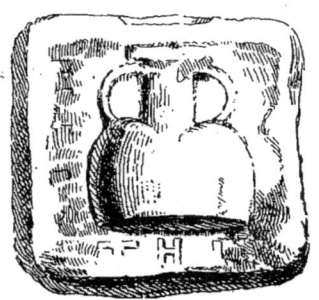

laisse deviner les lettres THI, qui seraient une nouvelle preuve en faveur de mon attribution de ces monuments à

Téos. M. de Luynes (1) a déjà signalé la division des types comme un indice des fractions monétaires. Il est très intéressant de retrouver ce procédé tout matériel appliqué aux poids. L'amphore étant la marque du *tiers de mine*, le même vase coupé par la moitié désignait parfaitement pour les gens illettrés le *demi-tiers* ou *sixième de mine*. Ici se présente une nouvelle difficulté : ces deux fractions pèsent, l'une 156,80 grammes, l'autre, 127,22 grammes seulement, ce qui se rapporterait à une *mine* de 940,80 grammes, ou de 763,32 grammes.

Un autre poids de plomb qui, par suite de la vente du cabinet d'antiquités de M. Beugnot, est également entré dans la collection de la Bibliothèque nationale, provient aussi d'Ægine ; son type, un *céras*, ne se rapporte point à cette île, et l'inscription qui l'entoure est très confuse (2). Je crois y distinguer ΕΤΟΥΣ, et les lettres MH deux fois répétées. On pourrait chercher dans ces caractères le nom de Mélos et l'indication de l'an 48, si l'existence d'une ère particulière dans une des Cyclades, à l'époque ancienne que fait supposer le style du monument, n'était pas un fait si contestable. Quoi qu'il en soit, ce poids pèse 59,70 grammes. Si c'est un décadrachme, il appartiendrait à une mine de 597 grammes. Cette valeur paraît indiquée par un poids de plomb très bien conservé qui

(1) *Revue numismatique*, 1840, p. 24.
(2) Voyez J. de Witte, *Cat. Beugnot*, n° 421.

existe au Musée du Louvre, et qui a pour type une figure sphérique présentant quelque analogie avec la pomme de Mélos, mais qui est dénaturée par une contremarque oblongue, contenant les lettres ΜΑΦ (1) ; il pèse exactement 292,30 grammes, et, dans l'hypothèse, serait une demi-mine, Ἡμίμναιον. C'est au même système que pourrait se rapporter un poids de bronze de Cyzique, marqué d'une pélamide entre les mots ΚΥΖΙ. ΔΙC (2), pesant 29,80 grammes, et pouvant, par conséquent, être le vingtième d'une mine de 596 grammes. Une division de celui-ci, appartenant à la même ville, ainsi que l'indiquent les caractères ΚΥΖΙ·Λ·ΤƆ, placés près d'une torche, symbole de Cérès *dadouque* (3), pèse 18,70 grammes, et n'était peut-être qu'un tridrachme. Quant au quadrilatère de plomb sans légende, sur lequel est figuré en relief un dauphin de très bon

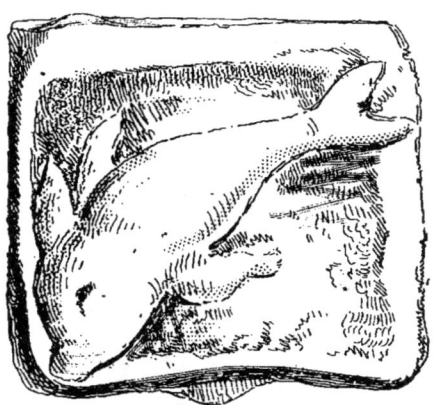

(1) Par une erreur du graveur, la légende se trouve figurée ΥΛΦ sur la gravure. Cette inscription ΜΑΦ accompagnant un thyrse, se voit sur une petite tessère de plomb de la collection Stackelberg, attribuée à Phanagoria par M. H. Hase, *Ann. de l'Inst. arch.* 1839, *tav. d'agg.* R, n° 9, et p. 278.

(2) Caylus, t. VI, pl. XXXIX. Ce poids existe à la Bibliothèque nationale. On sait que les statères d'or attribués à Cyzique portent le poisson pélamide accompagnant diverses figures.

(3) Eckhel, *Doctrin. num.*, t. II, p. 452. Sur quelques monnaies de Cyzique, on voit deux torches allumées autour desquelles sont enroulés des serpents ; sur d'autres, Cérès, à la recherche de sa fille, éclaire la marche de son char attelé de dragons.

style (1), il est légèrement usé, et les 469,70 grammes que produit sa pesée ne représentent sans doute pas tout à fait sa valeur primitive.

Trente monnaies d'argent frappées à Ægine, et d'une valeur égale, à en juger par le module (2), donnent, pesées ensemble, 357,728 grammes, ou, en moyenne, 11,924 grammes. Ces monnaies paraissent des didrachmes, ce qui fournirait une drachme de 5,962 grammes, et, par conséquent, une mine de 596,20 grammes. Cette coïncidence est remarquable, d'autant plus que j'ai basé mon calcul sur l'examen des trente pièces bien conservées, et différant très peu entre elles, que j'ai trouvées à la Bibliothèque nationale, et cela sans faire de choix.

Parmi les antiquités du Cabinet de M. Meynaerts, à Louvain, on remarque un poids antique ayant pour type la partie antérieure d'un cheval ailé, au-dessus duquel se voit la marque H, tandis qu'au-dessous on distingue le nom abrégé ΞENO.

(1) Conservé au Musée du Louvre. Le dauphin se trouve sur les monnaies de Ténos, de Delphes, d'Ægine.
(2) Mionnet, *Descript. des médailles antiques*, nos 7 à 34, et Suppl., nos 3 à 40, en laissant de côté les fractions.

M. Meynaerts attribue ce monument à la ville de Lampsaque, ce qui me semble indubitable ; mais je ne serai pas tout à fait d'accord avec ce numismatiste distingué sur la valeur de son poids (1), qu'il considère comme une mine du système rhodien ou égyptien, pesant les deux tiers de la mine attique.

En premier lieu, M. Meynaerts donne à la drachme attique le poids de 82 grains 1/7, c'est-à-dire 4,353 grammes, ce qui n'est ni la drachme attique de 4,362, trouvée par M. Letronne, ni celle de 4,187, obtenue par l'abbé Barthélemy, et qui résulte aussi pour moi de la pesée des monnaies.

En second lieu, le poids de Lampsaque pèse, à la vérité, 290,20 grammes, ou les deux tiers de la mine attique, telle que M. Meynaerts l'indique ; mais il faudrait tenir compte d'un fort anneau ou bélière qui a très vraisemblablement été ajouté à une époque où le poids n'était plus en usage. La marque H me paraît aussi être l'initiale d'Ἡράκλειον, et la section du cheval ailé vient à l'appui de cette supposition. Le poids de la bélière pouvant être approximativement estimé, d'après son volume, à 15 ou 20 grammes, on serait en droit de reconnaître ici la moitié de la mine asiatique ou égyptienne de 125 drachmes attiques, Ἡράκλειον de 272,5 grammes, au taux adopté par M. Letronne.

C'est à peine si j'ose noter ici en passant que l'on trouve sur une monnaie de Lampsaque le nom de magistrat ΞΕΝΟΦΑΝΟΥ (2), puisqu'il est impossible de déterminer si les poids et les monnaies étaient soumis à l'inspection des mêmes fonctionnaires, et que d'ailleurs les noms du genre de Xénocrate, Xénophon, Xénophane, ont été fort communs parmi les Grecs.

Toutefois, l'analogie du type des poids avec celui des mon-

---

(1) *Revue de la Numismatique belge*, t. 1er, pl. XIV, et p. 369. Ce poids de bronze, qui a été découvert à Lampsaque même, provient du cabinet de Allier de Hauteroche, qui le considérait comme une tessère et le cite dans son mémoire intitulé : *Essai sur l'explication d'une tessère antique*, etc. Paris, 1820, p. 6. Ce poids a aussi fait partie de la collection Révil avant d'entrer dans celle de M. Meynaerts.

(2) Mionnet, *Descript.*, t. II, p. 561, n° 303.

naies doit nous guider, le plus souvent du moins, dans la classification géographique de ceux d'entre les monuments stathmiques dont la patrie n'est pas déterminée par une légende explicite. On admettra peut-être, par suite de ce principe, l'attribution à Thyréa d'Argolide d'un poids de bronze appartenant à M. de Pourtalès (1), poids sur lequel on voit

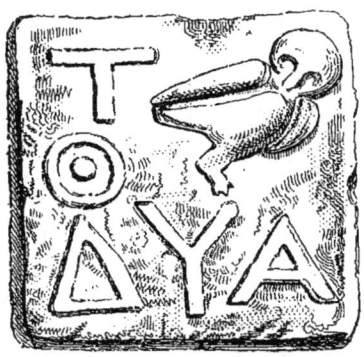

une chouette accompagnée des caractères T·Θ·ΔΥΑ, disposés en trois lignes. La chouette se trouve sur une monnaie de bronze de Thyréa, et sur une autre monnaie, le nom de cette ville est exprimé par un seul Θ. Les caractères que je viens de transcrire me paraissent donc signifier Θυριάτων τρίτα δύα, inscription dont la forme dorique convient parfaitement à un monument de l'Argolide. Le poids de ce bronze est de 155 gr., et si la manière dont j'interprète les caractères qui y sont tracés est juste, l'existence d'une mine argienne de 232,50 gr. serait un fait acquis à la science. Il faut observer cependant que ce poids porte à la face supérieure la trace de cette opération que les Italiens appellent *ritrovare*, c'est-à-dire que la chouette et les lettres ont été remises en relief au moyen d'un

---

(1) J.-J. Dubois, *Description des antiques faisant partie des collections de M. le comte de Pourtalès-Gorgier*, n° 759. Ce monument a été gravé comme cul-de-lampe à la page 254 du tome 1ᵉʳ des *Monum. Pelop.* de Paciaudi, qui n'en a pas donné l'explication.

burinage du fond, ce qui a nécessairement enlevé une certaine portion de métal qui n'excède pas 10 grammes.

M. Bœckh, dans ses *Recherches métrologiques*, cite un poids grec rapporté à Copenhague par Niebuhr, et qui porte pour légende : Τέταρτον Σελευκέων (1). Ce poids est de 109,392 gr., et, par conséquent, le quart d'une mine de 437,568 gr., ce qui n'excède que de 1,31 gr. la mine attique qui résulte des calculs de M. Letronne. Il eût été intéressant de connaître à quelle contrée appartient ce monument; mais en l'absence de tout renseignement sur le type qui y est très vraisemblablement imprimé, on ne peut prononcer entre une quinzaine de villes du même nom, dont environ la moitié appartient à l'Asie Mineure.

C'est à cette partie du monde ancien qu'il serait sans doute convenable d'attribuer un poids de bronze conservé à la Bibliothèque nationale, sur lequel on lit ANTIOXEION TETAPTON, inscription disposée en deux lignes, au-dessus et au-dessous

d'un bœuf bossu. Cet animal sert en effet de type à la monnaie d'Antioche de Carie (2), et le style des caractères s'accorde

---

(1) *Metrolog. Untersuch.*, p. 128.
(2) Mionnet, *Descript.*, t. III, p. 314, nos 59 et 60.

parfaitement avec ce premier indice pour justifier la rectification de classement que je propose. M. Bœckh, qui paraît n'avoir pas connu le type de ce monument, et l'attribuait assez naturellement à la Syrie, fait remarquer que son poids de 122 grammes, division d'une mine de 488 grammes, a quelque rapport avec le système attique de Solon. Toutefois, le Τέταρτον d'Antioche, très bien conservé, et dont le revers élégam-

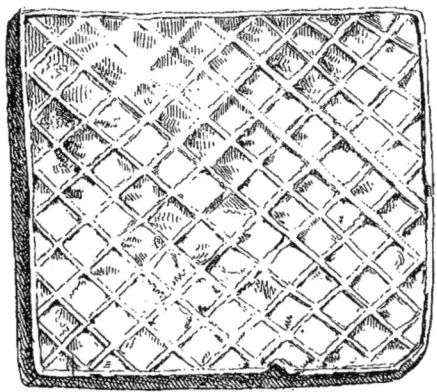

ment quadrillé n'a certainement pas subi les atteintes de la lime, dépassant le poids attique, et n'atteignant cependant pas l'étalon égyptien, vient ajouter une difficulté de plus à l'étude de la métrologie antique. Il est nécessaire d'observer que le poids de 488 grammes est, à bien peu de chose près, celui de la mine sur laquelle est représenté un dauphin, et qui a été mentionnée précédemment.

J'arrive maintenant à la description de deux monuments extrêmement remarquables sous tous les rapports; tous deux ont été découverts en Syrie par M. Éd. de Cadalvène, et ont appartenu successivement à MM. Révil et Prosper Dupré; ce dernier, qui les avait acquis à un prix fort élevé, vient d'en faire don au Cabinet des Antiques de la Bibliothèque nationale. Le savant M. Bœckh n'a pas ignoré l'existence de ces deux poids ; mais ils lui ont été signalés d'une manière si incomplète, que l'on ne trouvera pas superflu, je le pense, la nouvelle mention que j'en fais ici.

Les auteurs du *Corpus inscriptionum græcarum* donnent la figure que voici (1), dans laquelle on reconnaît immédiatement la copie très altérée du poids que j'ai fait graver ci-contre.

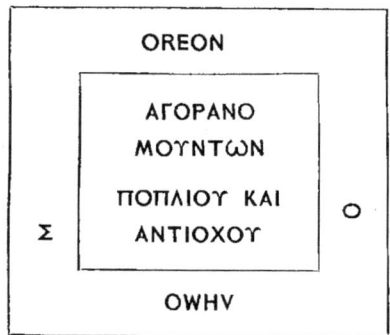

On conçoit aisément qu'à l'aide d'un pareil document, MM. Bœckh et Franz n'aient pu se faire qu'une idée très-incomplète du monument original. Trompés d'ailleurs par la présence au milieu des légendes d'un éléphant, qui forme en effet le type des monnaies d'Apamée de Syrie, ils ont attribué à cette ville le poids sur le cadre duquel ils croyaient pouvoir lire : ὁ δ]ῆμο[ς 'Απα]μ[έων ; *in quo ὁ δῆμος certum videtur*, ajou-

---

(1) *Corpus inscript. græc.*, n° 4476. La note qui accompagne l'inscription tirée de notre poids, est ainsi conçue : « In pondere ex ære ducto, utrimque iisdem litteris inscripto nisi quod in altero latere est ΠΟΠΛΙΟΥ ΚΑΙ ΑΝΤΙΟΧΟΥ, in altero ΑΝΤΙΟΧΟΥ ΚΑΙ ΠΟΠΛΙΟΥ. Descriptionem ponderis, quod in Syria esse traditur, misit Steinbüchel Vindobona. Ad *Apameam* rettuli ductus cum Strabonis loco (XVI, p. 752) qui Seleucum ibi quingentos elephantos aluisse refert, tum nummis Apameæ in quibus cernitur elephantis effigies. »
— Je cite ce passage en entier pour montrer que MM. Bœckh et Franz avaient été induits en erreur par une communication très imparfaite, mais que du moins ils s'étaient trompés logiquement, si l'on peut s'exprimer ainsi, puisqu'ils avaient eu recours à la comparaison des monuments.

tent-ils. Or, voici ce qui se lit indubitablement sur les deux faces de ce poids de plomb :

1ᵉʳ côté ; cadre : ΑΝΤΙΟΧΕΩΝ ΤΗΣ ΜΗΤ[ΡΟΠΟ]ΛΕΩΣ ΚΑΙ ΙΕΡΑΣ ΚΑΙ ΑΣΥΛΟΥ ΚΑΙ ΑΥΤΟΝΟΜΟΥ.

Au centre : ΑΓΟΡΑΝΟΜΟΥΝΤΩΝ ΑΝΤΙΟΧΟΥ ΚΑΙ ΠΟΠ-ΛΙΟΥ. Éléphant marchant vers la droite.

Revers ; cadre : ΕΤΟΥΣ ΕΒΔΟΜΟΥ˙ ΔΗΜΟΣΙΑ ΜΝΑ.

Au centre : **ΑΓΟΡΑΝΟΜΟΥΝΤѠΝ ΠΟΠΛΙΟΥ ΚΑΙ ΑΝΤΙΟ-ΧΟΥ**. Éléphant marchant vers la gauche. Poids : 1068,20 gr. Une petite portion du métal a été enlevée par une fracture.

On remarque d'abord la permutation des noms qui indique l'entière égalité de rang des deux agoranomes Antiochus et Publius, qui plaçaient leur nom sur les poids pour en garantir l'exactitude; de même qu'à Rome les triumvirs monétaires signaient le numéraire qu'ils mettaient en circulation, afin d'en constater la loyale fabrication. En Syrie, c'étaient donc les inspecteurs du marché qui contrôlaient les mesures (1).

Le second poids, qui est de bronze, porte les inscriptions et les figures suivantes :

1ᵉʳ côté; cadre : ΑΓΟΡΑΝΟΜΟΥΝΤⲰΝ ΝΙΚΑΝΟΡΟΣ ΤΟΥ ΑΡΤΕΜΙΔΟΡΟΥ.

2ᵉ côté; cadre : ΚΑΙ ΑΠΟΛΛⲰΝΙΔΟΥ ΤΟΥ ΑΜΦΑΙΝΕΤΟΥ.

Au centre du premier côté : figure de la Fortune, debout,

---

(1) J'ai eu déjà l'occasion de décrire deux anses de vases de terre, provenant d'étalons de mesures légales, qui ont été découvertes à Sinope. On voit, sur l'une une tête tournée à gauche avec l'inscription : ΑΣΤΙΝΟΜΟΥ· ΑΤΤΑΛΟΥ· ΦΙΛΟΚΡΑΤΟΥ; et sur l'autre, une corne d'abondance renversée, accompagnée de ces mots : ΑΣΤΙΝΟΜΟΥ· ΝΑΥΤΙⲰΝΟΣ · ΚΛΑΛΙΣΘΕΝΟΥ·

tournée à gauche, appuyée sur une ancre; les mots ΕΤΟΥΣ Β et les monogrammes d'Apollonide et de Nicanor (1), qui ont été placés dans un ordre inverse de celui donné aux noms écrits *in extenso* sur les cadres, toujours afin d'exprimer l'égalité des deux magistrats. Le poids est de 535,15 grammes, ce

ΚΛΕΛΙΝΕΤΟΣ, et j'ai supposé que Cléœnète était le fabricant; les vases, qui n'étaient pas grands, à en juger par la dimension des anses, pouvaient servir dans les magasins, dans les celliers des particuliers, tandis que les poids d'Antioche, destinés aux transactions du commerce, étaient soumis à l'inspection des agoranomes. Voy. *Rev. Archéologique*, 1845, p. 314.

(1) Ces monogrammes se trouvent sur des monnaies; ils ont été figurés dans le livre de Mionnet, sous les numéros 892 et 547. On remarquera qu'Antiochus et Nicanor sont des noms locaux, pour ainsi dire, et qu'Apollonide et Artémidore devaient être bien communs à Antioche, où le bois sacré de Daphné contenait, suivant l'expression de Strabon (lib. XVI, p. 750) : ἄσυλον τέμενος, καὶ νεὼς Ἀπόλλωνος καὶ Ἀρτέμιδος.

qui, doublé, donne 1070,30, valeur bien voisine des 1068,20 gr. de la mine signée par **Publius** et **Antiochus** (1).

Au centre du second côté, un bélier tourné à gauche au-dessous d'un astre et ces mots :

ΔΗΜΟΣΙΟΝ ΗΜΙΜΝΑΙΟΝ.

Il reste maintenant à rechercher ce que signifie l'expression δημοσία μνᾶ et à quelle ère se rapportent les dates ἔτους ἑβδόμου, ἔτους δευτέρου.

La présence des ω sur les deux poids, le nom romain Publius que porte un des agoranomes, le type du bélier astronomique qui figure, comme on sait, sur les monnaies de bronze d'Auguste et de ses successeurs frappées à Antioche, tout en un mot concourt à assigner aux deux poids une époque assez voisine de notre ère.

La mine paraît, à en juger par le style, plus ancienne que la demi-mine.

La qualité d'*Autonome*, qui s'y trouve et qui fut donnée aux villes de la Syrie par Pompée après la défaite de Tigranes (2) en l'an de Rome 690 (64 avant J.-C.), fait naturellement penser à ces monnaies d'Antioche sur lesquelles on voit une tête de Jupiter, et, au revers, le même dieu assis, avec la légende : ΑΝΤΙΟΧΕΩΝ ΤΗΣ ΜΗΤΡΟΠΟΛΕΩΣ ΤΗΣ ΙΕΡΑΣ ΚΑΙ ΑΣΥΛΟΥ ΚΑΙ ΑΥΤΟΝΟΜΟΥ, et une date qui varie de Γ à ΘΚ, de 3 à 29. Comme l'ère actiaque est postérieure de trente-trois ans à la victoire de Pompée, on peut supposer que c'est à partir de 690 que comptent les années inscrites, tant sur les monnaies autonomes que sur la mine, qui par conséquent aurait été fabriquée en l'an 697 de Rome (57 avant J.-C.).

Quant à la demi-mine, sur laquelle est représenté, non-seulement une Fortune tenant une ancre, type qui appartient à Antioche (3), mais encore le bélier astronomique, elle offre

---

(1) Ce poids n'est pas décrit dans le *Corpus inscript. græc.*; mais M. Bœckh l'a cité (*Metrolog. Untersuch.*, p. 73), comme pesant 521 grammes.

(2) Porphyr. collect. Scalig., p. 227, ὁ δὲ λαβὼν παρ' Ἀντιοχέων χρήματα..., αὐτονόμον τὴν πόλιν εἴασε.

(3) La Fortune, appuyée sur une ancre, se voit au revers d'une tête de Ju-

cette particularité, que, de même que des monnaies d'Auguste frappées incontestablement à Antioche, elle ne porte pas le nom de cette ville. Il semble que l'autonomie ait dû s'effacer devant la puissance du vainqueur d'Antoine, et c'est aussi à la seconde année après la bataille d'Actium que j'attribue la fabrication de cette demi-mine. On connaît des monnaies d'Antioche datées de l'ère actiaque et dont le style est tout à fait analogue à celui qui distingue ce poids.

Maintenant il est évident que les mots δημόσια μνᾶ et δημόσιον ἡμίμναιον, qui n'auraient pas été employés sans doute sous les Séleucides ou sous les empereurs, indiquent un poids national différent de la mine attique et de la livre romaine; et c'est là, en effet, l'idée que fait concevoir la pesée des deux monuments. Il a donc existé une mine syrienne, et par conséquent un *talent* syrien très différent du talent attique.

Il me reste à examiner un plomb qui a été considéré comme une tessère et publié avec de longs commentaires par Allier de Hauteroche, et dont le poids, 267,80 grammes, m'a paru s'appliquer très rigoureusement à un τέταρτον d'une mine syrienne de 1071,20 grammes (1).

Ce quadrilatère de plomb, conservé aujourd'hui au Cabinet des Antiques de la Bibliothèque nationale, a pour type un dau-

---

piter sur les monnaies de bronze d'Antioche, avec la date Γ. Eckhel, *Doct. num.*, tom. III, p. 271.

(1) Les auteurs du *Corpus inscript. græc.*, qui ont décrit ce monument sous

phin enlacé autour de la hampe d'un trident, et présente en outre l'inscription suivante :

LAΞPMZ
ΔΙΟΝΥΣΙΟΥ
ΑΓΟΡΑΝΟ

Trouvé en 1794, dans les ruines de Béryte par le voyageur Olivier (1), ce monument a été considéré avec beaucoup de raison par Allier de Hauteroche comme appartenant originairement à cette ville, dont les monnaies ont aussi pour type un dauphin et un trident (2). Mais c'est là à peu près tout ce que nous pouvons accepter de l'explication développée par le savant antiquaire.

Ainsi que nous l'avons dit, il fait une tessère d'un objet qui est certainement un poids, puis il voit dans la première ligne de l'inscription deux dates dont la première se rapporte à l'ère des Séleucides, et la seconde à une ère particulière de Béryte. Pour rétablir cette ère, il arrive, par le rapprochement des dates ΛΞΡ, 161, et ΜΖ, 47, à avancer d'une année l'ère des Séleucides qu'il faudrait reporter à l'an 443 de Rome ; enfin, suivant cet écrivain, « ce qu'il y a de plus vraisemblable, c'est que cette *tessère* était encastrée dans la partie extérieure de la porte de la maison de l'*Agoranome*, et qu'elle servait à indiquer la demeure de ce magistrat à ceux qui avaient besoin de son ministère (3). »

le n° 4531, ont, de leur côté, pensé que ce devait être, non une tessère, mais un poids. Toutefois ils adoptèrent l'idée de Allier de Hauteroche, relativement à la double date.

(1) *Voyage en Égypte, en Syrie et en Perse*, 1798, t. II, p. 219. — Allier de Hauteroche, *Essai sur l'explic. d'une tessère antique*. Paris, 1820.

(2) Allier de Hauteroche pense que ce type *convient à une ville bâtie sur le bord de la mer;* ce point ne fait pas de doute ; mais on pourrait particulariser davantage cette appréciation en rappelant le temple de Neptune qui existait dans cette ville. — Le *Baal-bérith*, cité dans la Bible (*Jud*. VIII, 33 ; IX, 4), avait reçu sous les Séleucides une transformation grecque.

(3) Nous ne parlons pas de l'explication de L par λυκάβας puisque c'est tout récemment que cette erreur a été détruite par M. Letronne, qui a démontré que cette sigle devait être lue ἔτος, puisqu'elle est du genre neutre. Voy. *Recueil des inscript. grec. et lat. de l'Égypte*, tom. II, p. 450. — M. J. Franz avait déjà remarqué que L n'est pas l'initiale de λυκάβας, mais doit être une sigle (*Elem. epigraph. græc.*, p. 375).

Cet usage se justifie difficilement, si l'on remarque que le monument auquel on l'attribue n'a pas tout à fait 6 centimètres de longueur, et qu'il serait imperceptible à quelque distance.

D'ailleurs, deux dates tracées sur le même monument, en sens inverse, l'une de droite à gauche, l'autre de gauche à droite, sans séparation et avec une seule sigle indicative de l'année, constitueraient une anomalie inadmissible.

L'indication du mois dans les inscriptions grecques de l'Orient et de l'Égypte, comme sur la monnaie des Parthes, est un fait bien connu (1). Il est tout naturel de lire l'inscription LAΞPMZ : ἔτους AΞP μηνὸς ἑβδόμου. Ce poids a donc été fabriqué dans le septième mois d'une année 161, qui peut se rapporter à l'ère des Séleucides, et par conséquent au double règne de Démétrius Ier et d'Alexandre Bala.

Cette restitution d'un texte si peu étendu détruit toutes les explications qu'il avait suggérées à Allier de Hauteroche, mais elle s'accorde si bien avec les usages de l'épigraphie antique, que je n'hésite pas à la proposer (2).

Après avoir, autant qu'il m'a été possible, établi la patrie ou l'âge des poids que j'ai eu la faculté d'examiner, je crois devoir donner la récapitulation suivante de leurs différentes valeurs :

1. Double mine de Chio	pèse	1124,10^{gr},	donne une mine de	562,05^{gr}
2. Mine de Chio	»	547,00	» »	547,00
3. Tiers de mine de Téos............	»	284,20	» »	852,60
4. Sixième de mine de Téos...........	»	156,80	» »	940,80
5. Autre (musée du Louvre)..........	»	127,22	....	....
6. Demi-mine ? à la contremarque MAΦ	»	292,30	» »	600,00
7. Demi-mine de Lampsaque..........	»	290,20	» »	580,40
8. Mine au Dauphin.................	»	469,70	» »	469,70
9. Quart de mine de Séleucie........	»	109,392	» »	437,568
10. Quart de mine d'Antioche.........	»	122,00	» »	488,00
11. Poids au Céras..................	»	59,70		
12. Poids de Cyzique,................	»	29,80	....	
13. *Id.* *id.*	»	18,70	....	
14. Mine d'Antioche.................	»	1068,20	» »	1068,20
15. Demi-mine d'Antioche............	»	535,15	» »	1070,30
16. Quart? de mine de Béryte........	»	267,80	» »	1071,20

(1) Bœckh, *Corpus*, n°s 4457, 4463, 4518, 4519, 4541, etc. — Letronne, *Recueil des inscript. de l'Égypte*, t. II, p. 224, 228, 242, 298, 308, 315, 523, etc.

(2) Au moment où mon travail est sous presse, j'ai connaissance des *Anno-*

On jugera facilement par ce tableau, tout à la fois de l'état de la question et du secours que peuvent nous fournir pour la résoudre les biens rares monuments qu'il m'a été permis de rencontrer. Je ne doute pas que si les archéologues et les voyageurs qui visitent l'Orient voulaient donner quelque attention à la recherche des poids antiques, on serait bientôt en possession d'éléments assez nombreux pour étayer un système d'appréciation bien régulier. Le but que je me propose ici est donc principalement de faire appel au zèle de ceux qui s'intéressent encore à l'antiquité classique. Grâce à ce motif, on excusera peut-être la monotone aridité du travail que je soumets avec timidité à la critique des érudits spéciaux (1).

tazioni au *Corpus inscr. græc.*, qui sont imprimées plus haut dans ce volume de nos *Annales* (voyez p. 167), et j'ai le bonheur de voir que le savant abbé Cavedoni a conçu, de son côté, la même opinion sur la manière de lire la date du poids de Béryte.

(1) Nous n'avons pu nous procurer la pesée d'un quadrilatère de plomb de la collection Stackelberg, où l'on distingue les lettres ΔΣ⋯Ο dans lesquelles M. H. Hase trouve Ῥοδίων σῆμα ou σημεῖον. On voit au centre une contremarque renfermant une chouette avec la légende ΑΘΕ qui fait voir que ce poids a eu cours à Athènes. M. H. Hase l'a pris pour une tessère. *Annal. de l'Inst. arch.*, 1839, *tav. d'agg.* R, nº 10 et p. 279. — M. J. de Witte nous a aussi communiqué une dissertation du P. Secchi sur un poids romain de plomb portant une inscription grecque ainsi conçue : ΕΤΟΥΣ Δ Ι ΥΠΑΤΕΥΟΝΤΟΣ Τ ΙΒ ΚΛΑΤΙΟΥ ΣΕΟΥΗΡΟΥ ΙΤΑΛΙΚΟΝ. — Au revers : ΑΓΟΡΑΝΟΜΟΥΝΤΟΣ ΜΕΝΕΣΘΕΩΣ ΧΡΗΣΤΥ ΔΙΛΕΙΤΡΟΝ. Ce poids, qui appartient au règne d'Alexandre Sévère, est carré, et offre beaucoup de ressemblance avec la mine et la demi-mine d'Antioche. Dans son Mémoire (p. 16), le P. Secchi cite un autre plomb conservé au Musée Kircher, sur lequel on lit : ΑΓΟΡΑΝΟΜΟΥΝΤΟΣ ΤΗΝ ΕΞΑΜΗΝΟΝ Τ ΑΙΛΙΟΥ ΔΟΜΙΤΙΑΝΟΥ ; voy. *Campione d'antica bilibra romana in piombo conservato nel museo Kircheriano con greca inscrizione inedita illustrata dal P. Giampietro Secchi.* Roma, 1835, in-4º, fig.

OBSERVATIONS
SUR DES
MÉDAILLES ET INSCRIPTIONS LATINES
QU'ON DIT AVOIR ÉTÉ TROUVÉES A ORLÉANSVILLE.

LETTRE A M. A. LELEUX,
Éditeur de la *Revue archéologique*.

(Extrait du tome V de la *Revue archéologique*, 1848-49,
2e partie, pp. 570-71.)

Cher Monsieur,

Une *Note sur les antiquités d'Orléansville* insérée dans le dernier numéro de la *Revue*, nous a fait connaître plusieurs médailles antiques dont la description me paraît fort extraordinaire. Je suis loin de suspecter la bonne foi de l'écrivain qui les publie, mais je pense qu'il fera bien désormais d'attendre pour faire usage des monuments numismatiques qu'il ait pu les examiner de ses propres yeux. Je reconnais bien, à la vérité, des types appartenant à la monnaie impériale romaine sur laquelle on a enté des légendes fantastiques, mais je ne sais pas si cela dépend de l'état de conservation des monuments ou de l'intention du faussaire. Ce qui est positif, *à priori*, c'est que les deniers envoyés d'Afrique sont inadmissibles. La première des médailles citées porte évidemment le type bien connu d'une *libéralité* : l'empereur, sur une estrade, et devant lui, une femme tenant une corne d'abondance et un *objet indistinct* qui est, à n'en pas douter, la *tessère* de distribution. A l'exergue CIPYARANIT. S ISG, c'est-à-dire LIBERALITAS AVG. Je ne perdrai pas plus de temps à rechercher avec quels types on a pu forger les deux autres pièces : qu'il me suffise de dire qu'au temps d'Hadrien, il y avait déjà près d'un siècle que l'on ne frappait plus en Afrique de monnaies coloniales. L'inscription qui vient ensuite est d'une latinité grotesque ; le *jus coloniæ* aurait besoin d'un bon commentaire. Il est assez probable que cette inscription, qui défie la sagacité d'un traducteur, a été arrangée à l'aide d'un texte où figuraient à la suite Valérien et Gallien ; de là ce pluriel IMPP dont l'inventeur n'avait pas compris le sens ; « un petit bout d'oreille échappé par malheur. »

Que le ciel préserve donc encore longtemps le Louvre de pareils monuments : assez de débris sans intérêt, de statues informes sont venus y grossir un musée algérien dans lequel, à part quelques inscriptions instructives, il ne se trouve que deux bustes, ceux des rois de Mauritanie Juba II et Ptolémée qui soient dignes de fixer l'attention.

Pourquoi dépouiller les villes d'Afrique de fragments qui n'ont pas de mérite intrinsèque, et qui du moins dans les lieux où ils ont été découverts servaient à constater une antique origine ?

N'est-ce point rendre un très mauvais service à la science géographique, par exemple, que d'arracher des bornes militaires pour les envoyer à Paris ? Je suis, comme vous le savez, monsieur, entièrement étranger à l'arrangement de la Galerie Algérienne du Louvre ; elle ne rentrait pas dans mes attributions. Mais ce que je puis dire, c'est qu'elle est parfaitement éclairée, et tout à fait en rapport avec la valeur des objets qu'elle renferme.

Toute l'armée d'Afrique connaît l'histoire de ce naturaliste crédule qui achetait aux compagnies de *zéphirs* des animaux inédits, les rats dans le nez desquels les malins troupiers avaient greffé la queue empruntée à d'autres individus de l'espèce *mus*. Cela se nommait des *rats à trompe*. Cette industrie a acquis trop de célébrité pour durer longtemps, et il est à craindre que les zéphirs se rejettent à présent sur la numismatique et l'épigraphie. Défions-nous donc des *rats à trompe* archéologiques !

Croyez-moi bien tout à vous,

20 nov. 1848.   Adrien de Longpérier.

JUNON ANTHÉA

LLUSTRATION D'UN PASSAGE DU V° LIVRE
DES *FASTES* D'OVIDE,

EXPLICATION DE DEUX VASES PEINTS

ET CONJECTURES SUR L'ORIGINE DES FLORALIA.

(Extrait du tome XX (1850) des *Mémoires de la Société
des Antiquaires de France*. pp. 165-187.)

Une étude attentive des compositions qui ornent les vases peints antiques, nous autorise à croire que les dimensions de ces monuments ont influé sur le choix des sujets que les artistes avaient à y retracer. Il nous paraît évident qu'ils n'aimaient point à peindre des figures de très petites proportions et que lorsque le vaisseau qu'ils devaient décorer n'offrait qu'une surface restreinte, ils s'en tenaient à une figure seule ou du moins à une scène peu compliquée. On doit encore remarquer que sur les très petits vases, les personnages, même lorsqu'ils ont un certain rang dans la mythologie, affectent quelquefois les formes enfantines et seraient par conséquent méconnaissables, n'étaient les attributs dont ils sont accompagnés (1), ou les noms qui sont inscrits auprès d'eux.

Il était indispensable de consigner ici ces observations avant de proposer l'explication que nous croyons pouvoir donner

---

(1) Voy. principalement le charmant vase publié par Stackelberg : *Die Græber der Hellenen*, pl. XVII. — Le vase représentant le retour d'Ulysse figuré par Raoul Rochette : *Odysséide*, pl. LXXVI, n° 7. Le dessinateur en déroulant cette peinture exécutée sur un vase cylindrique, a mal établi la division du sujet et l'oiseau palmipède devrait se trouver derrière la femme, car c'est un déterminatif de nom, le canard πηνέλοψ, accessoire qui confirme l'explication donnée par le savant antiquaire. Voy. encore Gerhard, *Auserl. Griechische Vasenbild.*, pl. XI, n° 3.

de deux vases qui font partie des collections du Louvre et de la Bibliothèque nationale, vases qui, selon nous, représentent deux phases du même mythe et qui, pour l'interprétation, se prêtent un mutuel secours.

Sur le premier vase, qui est un *aryballe* de 13 centimètres de hauteur, on voit une jeune femme, vêtue d'une tunique

talaire et d'un péplum, tendant les deux bras, avec l'expression de l'admiration et du désir, vers une plante à stipe tuberculeux qui se dresse devant elle, avec l'apparence d'un ithyphallisme très caractérisé.

Le second vase plus fin de travail est aussi en forme d'aryballe et haut de 15 centimètres. Il montre une jeune femme vêtue et coiffée comme la première, mais élevant les deux mains en signe d'effroi et semblant fuir la plante à fleur aiguë.

Nous reconnaissons dans ces deux scènes, qui, à notre avis, offrent une liaison intime, Junon séduite par la fleur que

Chloris lui fit connaître dans les champs Oléniens et qui la rendit mère de Mars (1).

On ne s'étonnera pas de voir la reine des dieux privée de tous les insignes de sa puissance, car à l'époque ancienne à laquelle ont été peints les vases qui nous occupent on n'était pas prodigue d'ornements; quant à l'extérieur très juvénile

attribué ici à Junon, il tient surtout à la nature des monuments sur lesquels nous la voyons représentée, ainsi que nous en avons fait plus haut la remarque.

(1) Dans une autre peinture de vase où MM. Lenormant et J. de Witte reconnaissent l'aventure de Junon avec Jupiter métamorphosé en coucou, la déesse est aussi dans l'attitude de la fuite, ce qui exprime la surprise, conséquence naturelle du prodige. *Élite des monum. céramogr.*, pl. XXIX A. — La légende du coucou excède la foi respectueuse que montre ordinairement Pausanias lorsqu'il s'agit des dieux ; il rapporte le fait, mais il ajoute : τοῦτον τὸν λόγον, καὶ ὅσα ἐοικότα εἴρηται περὶ θεῶν, οὐκ ἀποδεχόμενος, γράφω δὲ οὐδὲν ἧσσον. II, 17, 4. C'est peut-être par une raison analogue qu'il s'est abstenu de tout détail à l'égard de la fleur des champs Oléniens et de l'origine du surnom Ἄνθεια.

JUNON ANTHÉA.

Pausanias dit brièvement qu'à Argos on voyait, à la droite du temple de Latone, une chapelle dédiée à Junon Anthéa : Τῆς δὲ Ἥρας ὁ ναὸς τῆς Ἀνθείας ἐστὶ τοῦ ἱεροῦ τῆς Λητοῦς ἐν δεξιᾷ (1). Mais le discret voyageur n'indique pas d'où venait ce surnom, peut-être était-ce là un secret sur lequel un initié devait garder le silence ; c'est ainsi qu'en décrivant une figure de Junon qui tenait une grenade, le même auteur ajoute : Τὰ μὲν οὖν ἐς τὴν ῥοιάν, ἀπορρητότερος γάρ ἐστιν ὁ λόγος, ἀφείσθω μοι (2). Il faut se rappeler cependant que dans ce même temple de Latone existait une statue de Chloris : Τὴν δὲ εἰκόνα παρὰ τῇ θεῷ τῆς παρθένου Χλῶριν ὀνομάζουσι (3). Or, Flore, alors qu'Ovide l'interroge, répond au poëte en ces termes :

```
195   Chloris eram, quæ Flora vocor : corrupta latino
        Nominis est nostri litera Græca sono.
      Chloris eram, Nymphe campi felicis.....
```

La déesse cite la métamorphose de Narcisse et autres aventures dans lesquelles les fleurs jouent un rôle ; elle ajoute :

```
229   Mars quoque, si nescis, per nostras editus artes :
        Jupiter hoc ut adhuc nesciat, usque precor.
      Sancta Jovem Juno, nota sine matre Minerva
        Officio doluit non eguisse suo
      Ibat, ut Oceano quereretur facta mari ti ;
        Restitit ad nostras fessa labore fores.
235   Quam simul adspexi : Quid te, Saturnia, dixi,
        Adtulit ? exponit quem petat illa locum ;
      Addidit et causam ; verbis solabar amicis :
        Non, inquit, verbis cura levanda mea est :
      Si pater est factus neglecto conjugis usu
240     Jupiter et nomen solus utrumque tenet :
      Cur ego desperem fieri sine conjuge mater ;
        Et parere intacto, dummodo casta, viro ?
      Omnia tentabo latis medicamina terris ;
        Et freta, Tartareos excutiamque sinus.
245   Vox erat in cursu : vultum dubitantis habebam :
        Nescio quid, Nymphe, posse videris, ait.
      Ter volui promittere opem, ter lingua retenta est :
        Ira Jovis magni causa timoris erat,
```

(1) Lib. II, cap. xxii, 1,
(2) Lib. II, cap. xvii, 4.
(3) Lib. II, cap. xxi, 9.

JUNON ANTHÉA.

	Fer, precor, auxilium, dixit; *celabitur auctor* (1) :
250	Et Stygiæ numen testificatur aquæ.
	Quod petis, Oleniis, inquam, mihi missus ab arvis
	Flos dabit : et hortis unicus ille meis.
	Qui dabat, hoc, dixit, sterilem quoque tange juvencam,
	Mater erit : tetigi; nec mora, mater erat.
255	Protinus hærentem decerpsi pollice florem :
	Tangitur : et *tacto concipit illa sinu ;*
	Jamque gravis Thracen, et læva Propontidos intrat ;
	Fitque potens voti ; *Marsque creatus erat.*
	Qui memor accepti per me natalis : habeto
260	Tu quoque Romulea, dixit, in urbe locum.

Ovide, qui, suivant la manie poétique de son siècle, fait de l'allégorie littéraire en défigurant les mythes antiques de la Grèce, attribue à Flore une action personnelle et directe dans la maternité de Junon. On reconnaît cependant les traces de l'idée symbolique. Flore ou Chloris, expression des forces germinatrices de la nature, celle qui dit, en parlant d'elle-même :

> Nos quoque idem facimus tunc, quum juvenilibus annis
> Luxuriant animi, corporaque ipsa virent (2),

fournit une plante dont le suc rend la vigueur à l'organisme maternel.

Quoique Ovide soit le seul auteur qui raconte la naissance de Mars, il est évident que ce mythe est d'essence hellénique et nous n'hésiterions pas à croire que la Junon Anthéa d'Argos devait son surnom à la fleur étolienne quand même cette manière de voir n'aurait pas été adoptée par d'éminents érudits. MM. Ch. Lenormant et J. de Witte ont, en effet, émis les premiers cette opinion dans leur beau recueil intitulé : *Élite des monuments céramographiques* (3).

Visconti a fait remarquer qu'il existe des monnaies de grand bronze de Julie Mamée, mère d'Alexandre Sévère, au revers desquelles on voit Junon assise, tenant une fleur de la main droite et un enfant emmailloté sur le bras gauche : la légende est Juno Augusta et l'illustre antiquaire n'hésite pas à recon-

---

(1) On pourrait voir ici une allusion au silence gardé par les mythographes.
(2) Ovid., *Fast.*, lib. V, vers 273-4.
(3) Tom. 1, pag. 82.

naître Mars dans le petit enfant; la *fleur* que tient la déesse en est, suivant lui, *la preuve;* c'est donc là une *Juno Martialis*, et la fleur ou plante que tient à la main la déesse désignée par cette dernière épithète sur les médailles de Treb. Galle et de Volusien, fait encore allusion à la merveilleuse procréation du dieu de la guerre (1).

Eckhel, il est vrai, n'admet pas cette interprétation (2); il croit voir, après Tristan (3) et Winckelmann (4), une paire de ciseaux dans la main droite de la Junon *martiale* figurée sur les monnaies de Trébonien Galle et de son fils.

« Cur vero eadem hæc Juno dicta fuerit *martialis*, nondum satis comperire potui, » ajoute le numismatiste viennois.

Nous avons examiné avec le plus grand soin le médaillon, les grands bronzes de Trébonien Galle et les grands bronzes de Volusien portant la légende **IVNONI MARTIALI** que possède la Bibliothèque nationale, et nous avons reconnu que la déesse, assise de face, tient sur le bras gauche un enfant emmailloté. Cette circonstance qui n'a pas encore été constatée, lève tous les doutes que l'on pouvait entretenir sur l'objet placé dans la main droite; car l'identité de cette Junon martiale avec celle qui est gravée de profil, sur les grands bronzes de Lucille, de Julia Domna, de Mamée et sur les petits bronzes de Salonine, est évidente. Dès lors on ne peut plus se refuser à voir dans cet objet une plante, une fleur. Les pétales ou les feuilles sont quelquefois assez nombreuses, ce qui a fait dire au capitaine William Henry Smith, propriétaire d'une magnifique collection dont il a publié le catalogue : « On those medals which represent the deity in a temple, only one pair of scissars is observable; but this figure (Femme assise à gauche avec la légende *Iunoni martiali*) holds three, so that each of the Parcæ might have been accommodated » (5).

(1) *Museo Pio Clementino*, tom. I, pag. 5. — Cf. t. VI, pag. 86.
(2) *Doctrina numor.*, t. VII, pag. 358.
(3) *Commentaires historiques, contenant l'hist. gén. des empereurs*, II, p. 668.
(4) *Pierres gravées de Stosch*, Préface, page xiv. — *Monumenti inediti*, p. 14.
(5) *Descriptive catalogue of a cabinet of roman imperial large bras medals;* Bedford, 1834, in-4º, pag. 286, Treb. Gall. nº ccccLxxviii.

Cette réflexion de l'antiquaire anglais est assurément la meilleure critique que l'on puisse faire de l'opinion soutenue par Eckhel.

Nous devons encore faire observer que le dôme qui couvre le temple dans lequel est assise la *Juno Martialis* de Trébonien Galle, est surmonté d'une fleur tout à fait semblable à celle que tient à la main la *Juno Lucina* et la *Juno Augusta*, représentée sur les bronzes des impératrices Lucille, Domna, Mamée et Salonine.

Entre les colonnes du temple, aux côtés de la Junon Martiale, on voit deux animaux couchés, que le docte Eckhel considère comme des bœufs qui rappellent, selon lui, les bœufs blancs attelés au char de cette prêtresse de Junon Argienne, que la piété de ses fils Cléobis et Biton rendit célèbre.

Toutefois dans le récit d'Hérodote les bœufs ne sont mentionnés que pour leur *absence* : οἱ δέ σφι βόες ἐκ τοῦ ἀγροῦ οὐ παρεγίνοντο ἐν ὥρῃ (1); et il ne paraît pas que ce soit là un motif suffisant de les introduire dans le temple. Le médaillon de Trébonien Galle conservé à la Bibliothèque nationale, quoique bien frappé, ne laisse pas distinguer de quelle espèce sont les deux animaux en question, parce que leur relief a été un peu usé par le frottement. Dans la gravure publiée en 1694, par Vaillant, d'après le médaillon que possédait l'abbé F. de Camps (2), on reconnaîtrait plutôt deux béliers, et s'il en était ainsi on pourrait, en tenant compte de l'antique forme *ares* (pour *aries*), conservée par Varron (3), voir là une allusion au nom grec de *Mars* Ἄρης. Peut-être aussi le temple de

---

(1) Lib. I, cap. xxxi. Il faut dire cependant qu'au temps de Palæphate, on avait entendu que les bœufs dont cet écrivain va jusqu'à désigner la couleur, faisaient partie du cérémonial. Ἀργεῖοι πολιοῦχον αὐτοῖς τὴν Ἥραν ἡγοῦντο· καὶ διὰ τοῦτο καὶ πανήγυριν αὐτῇ τεταγμένην ἄγουσιν· ὁ δὲ τρόπος τῆς ἑορτῆς, ἅμαξα βοῶν τὸ χρῶμα λευκῶν. *De incredib.*, cap. li, 1.

On peut observer encore ici que, dans les divers récits d'un fait mythologique ou historique, les détails deviennent plus abondants et plus précis à mesure que l'on s'éloigne davantage de l'époque à laquelle le fait a été cité pour la première fois.

(2) *Selectiora numismata in ære maximi moduli*, in-4°, pag. 107, et pl. annexe.

(3) IV, *Ling. lat.*, 19.

Junon Anthéa était-il en rapport avec le mont Κραῖον, situé près d'Argos (1), et le bélier (κριός) n'était-il rapproché de l'image de la déesse qu'à titre de déterminatif parlant. Ces sortes de jeux d'esprit sont extrêmement fréquents dans la numismatique antique (2).

Au premier aperçu il semble que la plante, placée dans la main d'une déesse *Lucine*, ait dû être l'aristoloche, Ἀριστολόχεια, que Dioscoride croit douée des vertus que son nom indique (3). Cependant le feuillage et la fleur de l'aristoloche ont une forme bien connue qui ne convient pas à la figure retracée sur les médailles.

C'était une doctrine reçue dans l'antiquité et au moyen âge que lorsqu'une plante avait des rapports de forme, d'odeur ou de couleur avec un animal ou une partie d'animal, il en résultait des propriétés sympathiques. Nous avons déjà signalé la forme phallique de la plante peinte sur les deux vases, près de la Junon Anthéa (4). Or, il existe en Grèce, aussi bien que dans notre pays, une plante dont le nom antique a la plus

(1) Callimach., *Lavacr. pallad.*, 41.
(2) M. de Luynes, *Études numism. sur quelques types relatifs au culte d'Hécate*, pag. 22 et 25, considère avec toute raison comme une expression du nom Ἄνθεια la couronne ornée de *palmettes* qui ceint la tête de Junon argienne sur les monnaies de Crotone, de Pandosia, d'Élide, de Veseris, d'Hyrium, et principalement sur ces belles monnaies d'argent qui avaient été attribuées à la Crète et que M. de Cadalvène a restituées à Argos d'Argolide. *Recueil de médailles grecques inédites*, 1828, in-4°, p. 162, pl. III, nos 1, 2, 3. — C'est encore une Junon Anthéa que représente une rare monnaie de bronze frappée à Adramytium de Mysie; Sestini a cru à tort que la déesse tenait un pavot; ce serait tout au plus une grenade. *Descrizione del museo Chaudoir*, pag. 84, pl. V, n° 8. — Un précieux vase de la fabrique de Ruvo, conservé au Musée du Louvre, et qui provient de l'atelier de Gros, représente un *Jugement de Paris*, dans lequel Vénus et Minerve sont debout, tandis que Junon est assise sur une fleur; la déesse tient un sceptre terminé par une palmette, et porte une couronne décorée du même ornement; la peinture de ce vase a été figurée dans l'*Odysséide* de M. Raoul Rochette, pl. XLIX, n° 2, pag. 264.
(3) III, 4. — Cf. Cicero, *De div.*, I, 10. — Plin., XXV, 8, 54.
(4) Les anciens faisaient certainement une grande attention à certaines particularités qui distinguent les plantes. On sait par de nombreux témoignages qu'ils avaient remarqué sur les feuilles de l'Hyacinthe les caractères grecs αι et qu'ils y voyaient l'expression de la douleur d'Apollon inscrite sur le feuillage d'une fleur issue du sang de son ami. Ovid., *Metam.*, X, 215; XIII, 297 sq. — Plin., lib. XXI, c. 11. — Pausanias, I, 35, 4; II, 35, 5. — Serv., ad *Eclog.*, III, 106 sq. — Mosch. *Épitaphe de Bion*.

grande analogie avec le nom grec de Mars, et qui porte une fleur dont la tournure phallique et la haute température ont été expressivement caractérisées par un surnom populaire, bien connu des paysans français. Cette plante est l'*arum*, Ἄρον, que Pline mentionne (1), et qui est le type d'une famille considérable dans le règne végétal. Les aroïdées, qui se rencontrent ordinairement dans nos climats, sont le *calla arum* et l'*arum vulgare*, en français *jouet commun* ou *pied de veau*; nommé quelquefois *arum maculatum*, parce qu'à une certaine époque de l'année ses feuilles se marbrent de taches foncées.

L'*arum* est une plante monocotylédone faisant partie des hypogynes de la méthode naturelle de Jussieu; sa racine est tubéreuse; les espèces herbacées n'ont point de tige, les espèces ligneuses ont quelquefois un stipe, sorte de tronc cylindrique et d'autres fois une tige faible et grimpante.

La fleur est extrêmement remarquable; elle est agglomérée en *spadice* et enveloppée d'une membrane désignée par les botanistes sous le nom de *spathe*, et qui en forme d'oreille d'âne entoure le spadice. Avant que le spathe ne soit ouvert en cornet, lorsqu'il s'élève entre le groupe de trois feuilles que porte ordinairement le pied d'*arum*, il affecte, comme l'épi de maïs, une forme conique très aiguë. A l'époque de l'émission du pollen le spathe se colore en pourpre et dégage une quantité de chaleur appréciable à la main. Dans l'espèce *arum italicum* dont le surnom indique assez la patrie, et dans une autre espèce nommée *arum esculentum* qui croît en Syrie, en Portugal, dans les îles de l'Archipel et les Indes orientales, le plus souvent au milieu des montagnes fraîches et humides, cet accroissement de température excède de beaucoup la chaleur de l'atmosphère et s'élève parfois de 30 à 48 degrés Réaumur. Le tubercule de l'*arum esculentum* fournit une fécule dont la propriété est de guérir les affections où domine

---

(1) *Hist. nat.*, XIX, 5, 30; XXIV, 16, 91. — Cf. Suidas : Ἄρον, Ἄρης δέ. — Le nom de la plante vient sans doute de αἴρω, à cause de la façon particulière dont la fleur *se dresse*.

l'affaiblissement des fibres. Était-ce là le *medicamen* cherché par Junon (1)?

Nous avons dû exposer ici les principaux caractères qui distinguent les plantes aroïdées, afin de faire comprendre comment nous avons été conduit à reconnaître sur nos vases grecs un végétal appartenant à cette famille. Il faut, bien entendu, tenir compte de la manière très conventionnelle dont les artistes de l'antiquité représentaient les arbres et les végétaux. La vigne, le peuplier, le lierre, l'olivier dont les rameaux se retrouvent souvent dans les compositions céramographiques, ne se distinguent que par les fruits ou la tournure générale des tiges. Mais le feuillage est exécuté dans ces proportions bizarres, dans ce style indigent dont quelques rares peintres qui cultivent de nos jours le *paysage historique* ont seuls conservé la tradition. Il est à remarquer qu'une peinture d'Herculanum (2) représente un hermaphrodite tenant à la main une feuille d'*arum* et placé sous un portique dont la frise est ornée d'une rangée de fleurons tout semblables à celui que tient la Junon des médailles frappées pour les impératrices que nous avons mentionnées précédemment. La fleur d'*arum* serait-elle devenue un symbole d'autoconception?

On pourrait rejeter notre explication et voir, dans la jeune femme qui se baisse vers une plante, Proserpine cueillant des fleurs dans les plaines d'Enna, alors que Pluton va la surprendre pour la conduire dans le monde inférieur. La présence d'un tel sujet n'aurait rien que de très naturel sur un vase peint, car on peut considérer comme établi, que la destination presque toujours funéraire des vases qui nous sont parvenus (ce sont la plupart du temps les tombeaux qui ont conservé ceux que possèdent nos musées), a dicté l'idée générale dont le peintre s'inspirait et qu'il cherchait à exprimer de toutes façons, s'ingéniant à découvrir dans les récits mythologiques les combinaisons propres à exprimer la même pensée d'une manière sensible. Nous ne parlons pas seulement des sujets

---

(1) Voy. plus haut, le vers 243 du Ve livre des *Fastes*.
(2) *Le pitture antiche d'Ercol.*, tom. II, pl. XXXIV.

directement funéraires, tels que ces tombes marquées par des stèles, des édicules, des *hiérons* ou autels consacrés, près desquels une ou plusieurs figures font diverses offrandes ou accomplissent certains rites pieux en déposant des bandelettes, des phalères, des couronnes; encore pour atténuer l'idée lugubre que peuvent faire naître de pareilles scènes, la stèle est quelquefois héroïsée au moyen d'une inscription qui montre le nom d'un personnage homérique, comme Troïlus (1), Phœnix (2), Agamemnon (3), Pyrrhus (4), en sorte que le vase ne s'applique plus que d'une manière détournée, symbolique, à la cérémonie pour laquelle il a été employé. Mais nous entendons classer parmi les sujets funéraires des peintures dont la fréquente répétition indique le sens figuré. Ainsi, suivant l'âge ou le sexe du mort, suivant le genre d'accident qui l'avait enlevé à sa famille, on a dû choisir, pour les placer dans son tombeau, des vases représentant des sujets parmi lesquels les scènes d'enlèvement ou de départ occupent une large place. Par exemple, le départ d'Hector prenant congé d'Andromaque et d'Astyanax ou bien de Priam et d'Hécube (5), celui de Castor, de Jason, de Bellérophon, d'Amphyaraüs; l'enlèvement d'Hylas (6), celui de Céphale, de Thiton, de Clitus par l'Aurore; celui d'Europe, de Thalie (7), d'Égine, de Ganymède par Jupiter, celui d'Amimone par Neptune, de Déjanire par Hercule, d'Hélène par Alexandre, par Thésée (8), de Proserpine par Pluton, d'Orythie par

---

(1) Vase du musée du Louvre.
(2) Vase du musée du Louvre.
(3) Gargiulo, *Raccolta de monumenti piu interessanti del R. museo Borbonico*, 1825; pl. 106.
(4) J. de Witte, *Description de la collect. d'antiq. de M. le comte Beugnot*, 1840, pag. 59, n° 58.
(5) Ed. Gerhard, *Auserlesene Griechische Vasenbilder*, pl. CLXXXIX. Dans cette précieuse peinture, qui orne un vase du Musée grégorien, Hector, tout armé, tient une phiale et Hécube une œnochoé. Ce sujet est extrêmement important, parce qu'il permet de considérer comme des *scènes de congé* ou *d'adieux* certaines compositions où l'on voit un héros, un dieu, auquel on verse à boire.
(6) Fossati, *Bullet. dell' Instit. di corresp. arch.*, 1831, p. 5.
(7) Voy. Th. Panofka, *Zeus und Ægina*, 1836, in-4°, pl. II, n° 6.
(8) H. D. de Luynes, *Description de quelques vases peints étrusques, grecs*, etc., pl. IX-XI. — J. de Witte, *Cat. Durand*, n° 383.

Borée, etc., expriment la mort prématurée, imprévue ou violente. Nous pensons même qu'en peignant Polyphème et Anacréon, sur certains vases, on a fait allusion au genre de mort de ces personnages qui ont dû à l'ivresse de n'avoir point eu la conscience de leur fin, sort évidemment considéré comme agréable par les Grecs.

Mais après avoir fait une part considérable aux représentations funéraires, nous devons reconnaître qu'il existe une quantité notable de vases peints qui nous montrent des scènes d'union, de naissance, de génération. Il faut dire cependant que les sujets nuptiaux se rapportent sans doute au mariage mystique de l'homme après sa mort et que les sujets de naissances peuvent indiquer la nouvelle vie des mortels qui sont passés dans un autre monde. Si un artiste avait voulu représenter Proserpine, il n'eût pas choisi pour le faire un vase dont l'exiguïté eût été un obstacle à l'accomplissement de sa tâche et il eût réservé ce sujet pour un de ces monuments qui offrent assez de surface pour que l'on y puisse dessiner et la corbeille renversée et le personnage de Pluton.

C'est précisément parce que l'aventure de Junon est éminemment monoprosopique, qu'elle était convenable pour la décoration d'un petit aryballe dont une anse occupe en partie la superficie.

La naissance de Minerve a été si fréquemment retracée sur des monuments céramographiques (1) que l'on ne pourra trouver extraordinaire qu'un peintre ait songé à la naissance de Mars dont les anciens, suivant la tradition qu'Ovide nous a conservée, faisaient un mythe correspondant, une sorte de compensation exégétique.

Les textes grecs, ainsi que nous l'avons déjà fait remarquer, ne fournissent aucun détail sur cette naissance (2); tandis que

(1) Voy. les nombreux vases représentant ce sujet rassemblés par MM. Lenormant et J. de Witte, *Élite des monuments céramogr.*, t. I, pag. 181 sq., et pl. LV à LXV A.

(2) Pausanias se contente de dire : « Le poëte Olen, dans une hymne à Junon élevée par les Heures, a écrit qu'elle avait eu pour enfants Mars et Hébé; Ὠλῆνι δὲ ἐν Ἥρας ἐστὶν ὕμνῳ πεποιημένα τραφῆναι τὴν Ἥραν ὑπὸ Ὡρῶν, εἶναι δέ

le poète latin la raconte avec complaisance. C'est que Mars, l'époux de Rhea Sylvia, avait bien plus d'importance à Rome que dans l'Orient hellénique.

Faisons en passant observer que c'est bien probablement à l'entremise génératrice de Flore dans la naissance du père de Romulus qu'est due l'institution de ces *Floralia* dont l'auteur des *Fastes* n'a osé expliquer les rites qu'en leur donnant le caractère d'une exubérante expansion de la jeunesse (1). Et cependant il nous fournit la clef du mystère dans ces mots :

> ... Marsque creatus erat,
> Qui memor accepti per me natalis : habeto
> Tu quoque Romulea, dixit, in urbe locum.

Il est probable que l'on possède une représentation des *Floralia* dans certaines peintures découvertes à Herculanum et qui n'ont point été expliquées d'une manière qui satisfît ceux mêmes qui les ont publiées. Les planches XX et XXVI du second volume des *Pitture antiche d'Ercolano* nous montrent une femme assise tenant à la main une feuille allongée, jaune et rougeâtre, en un mot tout à fait semblable à celles de l'*arum*; devant cette personne, des hommes et des femmes dansent en s'accompagnant avec la lyre, le tympanum, les crotales et la double flûte. Les académiciens *Ercolanesi* se sont demandé s'il fallait voir là une scène des fêtes de Bacchus ou des rites accomplis en l'honneur de la grande Mère ; mais ils ont soulevé des objections considérables contre ces interprétations.

La planche XXVII (tome III) du même recueil représente une jeune nymphe couchée tenant une feuille d'*arum*, ce serait dans notre système la Flore, *nymphe campi felicis* (2).

οἱ παῖδας Ἄρην τε καὶ Ἥβην. Les Phliasiens rendent de grands honneurs à cette dernière... Chaque année ils célèbrent des fêtes qu'ils nomment κισσοτομοί. La statue de la déesse n'est jamais visible et ils en donnent une raison de religion : ἱερός ἐστιν αὐτοῖς λόγος. » Lib. II, cap. xiii, 3, 4. Lorsqu'on pense à la signification du verbe κισσάω, on pourrait supposer que dans leurs mystères, les Phliasiens coupaient du lierre, κισσός, comme symbole de la maternité de Junon. Le mot κισσώδης, qui se forme également de κισσός et de κίσσα, montre combien l'allusion était facile à établir.

(1) *Fast.*, lib. V, vers 331 sq.
(2) Un monument découvert à Rome (Grut., *Inscr.*, LXXXI, 11), porte une

Nous croyons avoir trouvé un autre exemple de la fleur *martiale*. On connaît assez ces deniers frappés par un triumvir de la famille Marcia au revers desquels on voit, sur les arches d'un aqueduc, une figure équestre. Sous le cheval est placé un rameau incliné qui semble sortir d'entre les pierres de l'aqueduc ; ceci a été, selon nous, très imparfaitement compris.

Havercamp, dit Eckhel (1), pour qui souvent les plus légers détails semblent des indices de très grandes choses, voyant sur ces deniers un *arbrisseau sauvage* s'élevant sous le cheval, pense qu'il fait allusion à l'audacieuse expédition de Quintus Marcius Philippus lorsqu'il pénétra en Macédoine par des défilés et des routes impratiquées, pour faire la guerre au roi Persée. Mais cet arbrisseau, ou quoi que ce soit qui se voit sous le cheval, prouve que l'on avait élevé une statue équestre à quelque membre de la famille Marcia, et que c'était un support sur lequel un intelligent artiste avait fait reposer la pesante masse d'un cheval de marbre, de même que nous voyons très souvent les figures les plus lourdes être ainsi soutenues. J'en ai pour exemple deux statues équestres du Musée d'Herculanum. Les supports de cette espèce se nomment *adminiculum* (étai) ou même *veru* (broche) : c'est ainsi que Prudence décrivant les statues des Dioscures dit : *Gemini quoque fratres... impendent retinente veru* (2), c'est-à-dire que suspendues en l'air, elles semblent prêtes à tomber si elles n'étaient retenues par le support ou broche. Il est probable que le monétaire a emprunté à la statue le type en question.

M. Riccio, dans son récent ouvrage sur les *monnaies des familles romaines*, voit sous la figure équestre un *ramo secco od altro che sia*, ce qui allie l'opinion d'Eckhel à celle d'Havercamp. Il pense toutefois que le triumvir monétaire a rap-

double inscription en l'honneur de la bonne Déesse, **BONAI-DEAI**, consacrée par l'ordre d'une affranchie nommée *Annia Flora*, et accompagnée, sur chaque face, d'une *fleur*. Peut-être la piété de cette *Flora* pour la bonne Déesse tenait-elle à un rapport de nom, et les deux fleurs, placées au centre des inscriptions, feraient-elles allusion à la divinité patronne aussi bien qu'à la personne qui lui avait fait élever une stèle votive?

(1) *Doctr. numor. vet.*, t. V, p. 249.
(2) Prudent, *Contra Symmach.*

pelé les souvenirs glorieux de sa famille : c'est à ce titre qu'il a fait graver sur les deniers de la République la tête d'Ancus Marcius, de qui descendaient les *Marcii ;* les arches célèbres de l'aqueduc Marcien, les statues érigées en l'honneur de Quintus Marcius Tremulus qui défit les Herniques et de Quintus Marcius Philippus qui s'empara de Persée, roi de Macédoine. Le *lituus* fait allusion aux sacerdoces et aux cérémonies institués par les premiers rois de Rome. Le coq qui se voit sur la monnaie de bronze de la même famille pourrait se rapporter au surnom de *Marcius* ou *Martius*, puisque le coq est l'oiseau de Mars (1).

Il nous semble que le docte Eckhel en s'appropriant une idée, émise dès 1771 par les académiciens *Ercolanesi* (2), n'a pas assez examiné les deniers de la famille *Marcia*. Il eût vu, comme nous, que le sommet de la plante ne touche pas au ventre du cheval. D'ailleurs, ce n'est pas une tige aussi frêle dont les sculpteurs font usage comme étai, mais d'un tronc d'arbre solide ; quant aux figures de bronze qui sont citées plus haut, elles sont de très petite dimension (3). La plante que nous voyons sur le denier, arcboutée sous un lourd cheval qui galope, se ploierait si elle était en métal, et serait inexécutable en marbre. D'autres monnaies consulaires, celles des familles *Æmilia, Cornelia, Crepusia, Julia, Manlia, Quinctia*, représentent des statues équestres, et cependant les chevaux ne sont pas, sur ces deniers, soutenus par des broches.

Nous croyons donc que la plante figurée sur les monnaies de la famille *Marcia* est encore une allusion phonétique, et que c'est la fleur *Martialis*, l' ῎Αρον de la Junon Anthéa.

(1) *Le monete delle antiche famiglie di Roma*, Naples, 1843, p. 139.
(2) *Bronzi antichi d'Ercolano*, t. III, p. 245, note 11.
(3) *Ibid.*, t. III, pl. LXI, LXIII. — Voy. *Real Museo Borbonico*, t. III, pl. XLIII : *Due piccole statue equestri*. L'une d'elles est soutenue par un *hermès ;* l'autre par un *gouvernail*. Ce sont des tiges droites et proportionnées à la grandeur des figures. Quant à une plante ou un rameau courbé, on conçoit que l'on n'en trouve jamais employés comme supports.

INSCRIPTIONS GRECQUES

DE MAYORQUE.

(Extrait du tome VI de la *Revue archéologique*, 1849-50,
1re partie, pp. 38-41.)

La collection d'antiquités du cardinal Despuig contient un petit nombre d'inscriptions grecques qui n'offrent pas, à la vérité, un très grand mérite intrinsèque, mais qu'il est cependant bon de connaître, puisque, si elles ont été, comme on l'assure, découvertes dans l'île de Mayorque, elles donnent une idée du style épigraphique semi-grec, semi-romain usité dans les Baléares.

M. Tastu, consul de France, ayant eu l'obligeance de me rapporter d'excellentes empreintes de ces inscriptions, prises sur les originaux à l'aide de papier mouillé, j'en puis fournir une transcription fidèle qu'utiliseront sans doute les auteurs de travaux spéciaux. On est encouragé à recueillir les moindres textes lorsqu'on songe au parti que, dans ces derniers temps, M. Letronne et M. Philippe Le Bas ont tiré, pour l'histoire, de fragments insignifiants en apparence. Je place ces inscriptions dans l'ordre qui leur a été donné dans la collection de Mayorque.

J'ai eu récemment connaissance d'une notice descriptive de la galerie Despuig, publiée à Palma, en 1845, par don Joaquin Maria Bover (1), et dans laquelle se trouvent commentées les

(1) *Noticia histórico-artística de los museos del eminentissimo señor cardenal Despuig existentes en Mallorca.* Palma, 1845, in-8°.

inscriptions que je vais transcrire. La manière dont elles sont lues par l'écrivain espagnol ne rend pas complètement inutile, ainsi qu'on va le voir, la transcription que de mon côté j'en avais faite.

Nº 22 de la collection.

ΕΛΠΙΣ
ΜΑΙΚΗΝΙΑΝΗ

Ἐλπὶς Μαικηνιάνῃ. Je pense du moins que le deuxième nom est au datif : Ἐλπὶς était probablement une affranchie, car à l'époque de la civilisation romaine qu'indique le nom Mæceniana, un nom sans prénom et sans patronymique ne pouvait guère être attribué à une femme de condition supérieure. Deux affranchies de Livie portaient ce nom qui en général appartient à des personnes d'état servile. On a de rares exemples de ce nom au masculin; dans ce cas on doit l'écrire Ἔλπις.

M. Bover s'exprime ainsi : « Está con caractéres griegos que dicen : *El pio Maikeniano I*. Nasa podemos añadir para ilustrar estos nombres desconocidos. »

Nº 27.

ΡΟΥΦΕΙΝΑΙ
ΧΑΙΡΕ

Cette inscription de basse époque, dans laquelle le nom Rufina a été transcrit avec sa terminaison latine, n'offre aucune difficulté ; don Joaquin l'a traduite à l'aide de Gusseme.

Nº 29.

ΑΝΝΙΟΣ ΣΤΑ
ΤΩΡΙΑΝΟΣ
ΕΤΩΝ ΛΖ
ΚΑΤΕΤΕΘΗ ΠΡΙΑ
ΚΑΛΜΑΙΩΝ

Ἄννιος Στατωριανὸς ἐτῶν ΛΖ κατετέθη πρὸ ἕνδεκα καλανδῶν Μαίων.

Cette épitaphe du jeune Annus Statorianus, mort le 21 avril, à l'âge de vingt-huit ans, présente un surnom dérivé de celui d'un père ou d'un aïeul. Statorianus, que je ne me rappelle pas avoir encore rencontré, est un diminutif de Stator, comme Censorianus de Censor, Majorianus de Major, Victorianus de Victor; en sorte qu'un *cognomen* significatif se trouvait à une génération suivante, rappelé par un surnom du second degré qui n'exprimait plus qu'un souvenir affectueux.

Don Joaquin Bover déclare ne pouvoir déchiffrer que ces mots : *Annio, Stator, Janos, Etouaz, Catepce, Epria, Kalmaion*. *Annio*, dit-il, peut être un nom de famille romaine plébéienne, revêtue d'emplois civils et militaires..... ou celui d'une ville grecque... *Stator* est un des surnoms de Jupiter... *Jano* fut un des grands dieux des Romains... Nous ne trouvons pas le sens d'*Etouaz*, et nous ne traduirons pas *Catepce; Epria* est une famille romaine, et nous ignorons la signification de *Kalmaion* (1). Ce commentaire que j'abrège infiniment occupe trois pages de la *Noticia historico-artistica*.

N° 34.

```
        Θ  ỹ  Κ
   Λ · ΝΙΝΝΙΟΣ
     ΑΓΡΙΠΠΑΣ
  ΜΑΡΚΙΑΙ · ΤΗ · ΕΥ
   ΣΕΒΕΣΤΑΤΗ · ΕΞ
   ΙΔΙΩΝ · ΔΑΠΑΝΩΝ
     ΕΠΟΙΗ · · · · Ι
```

Θεοῖς καταχθονίοις· Λούκιος Νίννιος Ἀγρίππας Μαρκίᾳ τῇ εὐσεβεστάτῃ ἐξ ἰδίων δαπανῶν ἐποίησεν.

Cette inscription en beaux caractères du 1ᵉʳ siècle avec *apices* et qui est gravée sur une stèle à fronton triangulaire ornée d'une couronne, est de style romain d'un bout à l'autre ;

---

(1) *Noticia*, etc., p. 36 et suiv. « *Annio* puede ser nombre de una familia romana del orden plebeyo, pero autorizada con empleos civiles y militares; y puede ser lo tambien de una ciudad de la antigua Grecia, cuya memoria se conserva en una medalla que trae Gusseme.

« *Stator* es uno de los cognombras de Júpiter, que tuvo principio en tiempo de Rómulo, cuando los Sabinos irritados con el robo de sus mugeres, acometiaron con tal furor á los Romanos en el monte Terpeyo, que, etc...

« *Jano* fué uno de los dioses selectos de los Romanos, á quien la fábula hace hijo del cielo y de Hécate, etc... A la palabra *Etouaz* no la encontramos significado. Tampoco darémos solucion á *Catepce*. Epria es familia romana, plebeya, cosi desconocida en los fastos. Ignoramus el sentido de *Kalmaion*. »

depuis la formule *Dis Manibus* jusqu'à *de sua pecunia fecit*. La famille *Ninnia* n'est pas classique. On connaît cependant une inscription trouvée près Huy dans laquelle figure un Ninnius, fils de Drauson.

Les deux premières lettres T et K, dit M. Bover, veulent dire *Theois Koimomenois*, « A los dioses durmientes. » N° 35.

Θ   Κ
ΜΗΤΗΡΜΟΙϹΕΜΝΗ
ΔΙΔΥΜΑΠΑΡΑΚΟΙΜΗΘΕΙϹΑ
ΕΠΤΑΔΕΔΙϹΜΕΤΕѠΝ
ΔΗΜΗΤΡΙΟΝΑΙΑΚΕ
ΚΕΥΘΕΝ

Θεοῖς καταχθονίοις.
Μήτηρ μοὶ σεμνὴ Διδύμα παρακοιμηθεῖσα
Ἑπτὰ δὲ δὶς μ.' ἐτέων Δημήτριον αἶα κέκευθεν.

Dans cette épitaphe métrique où le poète dissimule avec tant d'art l'horrible image de la mort sous des expressions euphoniques, don Joaquin Bover n'a pu interpréter, suivant sa déclaration, que les lettres T et K qui signifient : *A los dioses durmientes*, la première ligne qu'il traduit par : *Madre para mí muy venerable*, et enfin le mot *Demetrio* qui peut être aussi bien un nom propre qu'un nom relatif aux jeux et combats publics (1) que l'on célébrait en l'honneur de Cérès.

Je ne suivrai pas davantage don Joaquin dans ses commentaires, mais j'ai reproduit en note des extraits de son

(1) *Noticia*, etc., p. 46. « De esta inscripcion griega no podemos interpretar mas que las letras T y K, que significan : A los dioses durmientes; al principio de ella : madre para mi muy venerable, y á lo ultimo la palabra Demetrio. Esta, tanto puede ser nombre proprio, como significativo de los juegos y certámenes públicos que se celebraban en honor de Céres, y los competidores disputaban sobre descubrimientos útiles á la agricultura; porque estos juegos y certámenes se llamaban *Demetrios*. Pero nuestros lectores creerán tal vez que en un monumento mortuorio no pega bien el hablar de aquellos objetos : nosotros creeziamos lo mismo si no hubiésemos visto en las inscripciones de Finestres y Lumiares algunas que tratan de los triumfos y distinciones ganadas en lisas y en espectáculos por los epitafiados, haciendose mencion de ello para hacer mas honorifica la del defunto. Como en este epitafio es *un hijo que dedica el sepulcro á su madre, seria este ó su padre el qua ganaria el lauro en .o demetrios.* »

incroyable texte pour montrer jusqu'à quel point dix années de guerres civiles peuvent faire descendre le niveau de la science : pour faire voir aussi par le dernier exemple, que pourront apprécier ceux qui savent quelques mots de grec, combien sont illogiques ces systèmes de lecture qui proscrivent les noms propres dans le déchiffrement des inscriptions cunéiformes, phéniciennes ou hiéroglyphiques.

STÈLE

PORTANT UNE INSCRIPTION MÉTRIQUE

EN L'HONNEUR

D'UN *MIRMILLO DIMACHÆRUS.*

(Extrait du tome VI de la *Revue archéologique*, 1849-50,
Ire partie, pp. 198-201.)

On se rappelle qu'à diverses reprises M. Letronne a donné de précieux éclaircissements sur différentes classes de gladiateurs (1). Le dernier travail qu'il ait publié est une dissertation sur une figurine de bronze représentant un *dimachærus*, c'est-à-dire un de ces combattants de profession qui maniaient deux armes à la fois. L'illustre savant a fait ressortir l'extrême rareté de cette représentation, et c'est ce qui nous engage à publier la description d'un monument découvert par M. Vattier de Bourville dans une sorte de grotte située près de Salonique.

Ce monument, qui a été apporté à Paris et acquis par la Bibliothèque nationale, est une stèle de marbre blanc, de petite dimension, sur laquelle est sculptée la figure d'un gladiateur, posé de face, la tête nue, n'ayant d'autre vêtement que le *subligaculum*. La main droite, un peu étendue, est armée d'un poignard, la gauche retient à la fois la hampe d'un trident (*fuscina*) et un second poignard. De chaque côté de la tête on voit trois couronnes posées au-dessus les unes des autres, en

---

(1) *Rev. arch.*, 1846, p. 4; 1848, p. 561.

ligne verticale. Enfin au-dessous de la figure on lit, sur une plinthe, l'inscription suivante :

ΕΥΦΡΑΤΗΣΠΑΙΣΗΛΘΟΝ
ΑΙΘΕΠΛΟΚΑΜΕΙΔΕΣΕ
ΠΗΣΑΝ. ΕΞΑΚΙΝΙΚΗΣΑΣ
ΠΑΤΡΙΔΕΠΗΑΚΛΕΙΣΑ

dans laquelle on reconnaît, au premier coup d'œil, et malgré quelques singularités d'orthographe sur lesquelles nous allons revenir, les deux vers :

Εὐφράτης πάϊς ἦλθον, αἱ δὲ πλοκαμίδες ἔπεισαν·
Ἑξάκι νικήσας πατρίδ᾽ ἐπικλέϊσα.

L'élégance du langage, l'excellente tournure des vers contrastent singulièrement avec les fautes d'orthographe que l'on y observe et qui ne consistent point seulement en échanges produits par l'*iotacisme*. On remarque en effet ΘΕ pour ΔΕ qui s'explique par la prononciation légèrement aspirée du Δ; à la dernière ligne ΕΠΗΑΚΛΕΙΣΑ ne peut absolument être trancrit que ἐπικλέϊσα, malgré la présence d'un Λ avant le Κ. Il serait difficile d'admettre que le lapicide eût commis ces erreurs s'il avait eu sous les yeux un modèle bien régulièrement écrit. Ne pourrait-on pas croire que ces vers composés à une bonne époque, ont été appliqués beaucoup plus tard au gladiateur Euphratès et tracés *de mémoire* par quelque artiste qui avait plus de bonne volonté que de grammaire?

Le nom primitif aura fait place à celui d'Euphratès, qui, sous le ciseau d'un poète plus habile, eût pris sans doute la forme Εὐφρήτης. La forme rhomboïde des Θ et Ο se rapporte au III° siècle (1), et les Macédoniens de ce temps devaient, à ce qu'il semble, être d'assez médiocres littérateurs.

Euphratès, outre les deux poignards dont il est armé, tient, nous l'avons dit, une *fuscina*, à l'aide de laquelle les *mirmil-*

---

(1) Voy. Inscript. de l'an XIV d'Alexandre Sévère, Vidua, tab. XVII. — Autre du même règne, Bœckh, *Corpus*, n° 4127. — Autre ; époque de Philippe ou de Maximin, Bœckh, 227 *b*. — Voy. encore Bœckh, *Corpus*, n° 3866 et Vidua, tab. XLVI.

lones ou *secutores* s'efforçaient de déchirer le filet dont s'enveloppaient les *retiarii*. Ceux-ci étaient revêtus d'une épaisse armure de bronze et d'un bouclier, tandis que le *mirmillo*, la tête et le corps nus, protégé quelquefois par une toute petite targe quadrilatère fixée sur l'épaule gauche, devait maintenir son antagoniste à distance à l'aide de la longue haste de sa *fuscina*. Venait-elle à lui échapper, il avait alors à soutenir un combat corps à corps dont son poignard pouvait à peine conjurer les chances inégales.

Nous avons malheureusement peu de renseignements précis sur les règles qui présidaient aux luttes des gladiateurs, et c'est aux monuments figurés que nous devons emprunter les détails les plus exacts sur ce sujet curieux. La mosaïque de la collection Albani, publiée par Winckelmann, nous montre le *mirmillo* Kalendion, qui, blessé mortellement et tombé dans une mare de sang, après avoir perdu sa *fuscina*, essaye encore de se défendre avec son arme de réserve (1).

M. Letronne, en publiant la stèle appartenant à M. Laurin, s'exprime ainsi :

« J'ai traduit ἐννεάκις πυκτεύσας par ayant remporté *neuf fois la victoire*, au lieu de *ayant combattu neuf fois*, ce qui serait plus littéral et pourtant moins fidèle, car il n'est guère probable qu'un *pugile* de profession n'eût combattu que *neuf fois* dans sa vie. J'ai donc cru que ce participe revient à l'expression TULIT. VICTORIAS (avec le nombre des victoires) qui se trouve sur les bas-reliefs du tombeau de Scaurus.

« Mais indépendamment de ce que cette explication a de probable en elle-même, elle peut seule rendre compte d'une dernière circonstance qui n'est point à négliger ; ce sont les *neuf couronnes* placées sous le bas-relief, quatre de chaque côté et une au milieu ; elles expriment certainement les *neuf victoires* remportées par Danaüs dans le cours de sa carrière de *pugile*, ce qui fixe le sens de l'expression. L'auteur a préféré πυκτεύσας à πὺξ νικήσας qui n'entrait pas dans son vers (2). »

(1) *Monum. ined*, n° 197.
(2) *Rev. arch.*, 1846, p. 8.

Comme on le voit, le monument d'Euphratès confirme entièrement la conjecture d'ailleurs si rationnelle de l'illustre philologue ; les *six* couronnes qui sont sculptées près de la tête du gladiateur correspondent avec l'expression Ἑξάκι νικήσας et nous permettent d'affirmer que les couronnes qui accompagnent les représentations de gladiateurs ou de conducteurs de chars indiquent un nombre précis de succès.

On se rappelle encore, sans doute, que M. Philippe Le Bas a reconnu (1) dans les deux dernières lignes de l'inscription qui se lit sur le bas-relief de Danaüs, le pentamètre suivant :

Ἐννάκι πυκτεύσας ᾤχετο εἰς Ἀίδην,

admettant que le *graveur de lettres* avait substitué à la forme poétique ἐννάκι, dont les exemples sont assez rares, le mot ἐννεάκις qui se trouve en réalité dans cette inscription, et qui était d'un usage beaucoup plus familier.

Le second vers de l'épigramme que nous publions aujourd'hui, et que M. Le Bas n'a pas connue, apporte une preuve irréfragable à l'appui de la restitution proposée par le savant helléniste.

Nous avons dernièrement fait connaître l'épitaphe métrique de Démétrius et de Didyma (2), c'est une assez faible glanure pour l'*Anthologie* ; mais, à nos yeux, l'épigramme d'Euphratès a plus de valeur et n'est pas indigne de l'attention des appréciateurs de la poésie antique (3).

(1) *Rev. arch.*, 1846, p. 85.
(2) *Id.*, t. VI, 1ʳᵉ partie, p. 40. — P. 240 du présent volume.
(3) Une circonstance qu'il est bon de noter en passant, c'est la présence, dans la troisième ligne, d'un point, après ἔπεισαν, servant à marquer la fin du vers au milieu d'un texte continu.

NOTE

SUR LES PHALÈRES

ET LES ENSEIGNES MILITAIRES DES ROMAINS.

(Extrait du tome VI de la *Revue archéologique*, 1849-50,
1re partie, pp. 321-329.)

Parmi les questions qui vont être soumises à l'examen du congrès scientifique qui s'ouvrira à Rennes, le 1er septembre prochain, on remarque la suivante :

« Le symbole carré des monnaies armoricaines représente-t-il un tableau ou un drapeau, ou bien doit-on y voir, comme on l'a pensé dans ces derniers temps, l'appareil militaire garni de phalères ? »

Cette question, dont l'énoncé a dû paraître bien obscur à ceux qui ne sont pas spécialement initiés aux discussions numismatiques, a trait aux différentes doctrines exposées dans les écrits dont nous transcrivons ici le titre.

I. *Dissertation sur un ornement figuré sur les médailles gauloises de l'Armorique*, par A. Deville, in-4°, 1847 (1). — II. *Nouvelles observations sur un ornement représenté au revers de quelques monnaies gauloises de l'Armorique. Dissertation sur les phalères*, par A. de Longpérier, in-8°, 1848 (2). — III. *Réponse à la dissertation de M. Deville sur un symbole gaulois figuré sur les médailles de l'Armorique, désigné sous le nom de peplum*, par M. Ed. Lambert, in-4°, 1848 (3). — IV. On

---

(1) *Mém. de la Société des Antiq. de Normandie*, 1847. Extrait.
(2) *Revue numismatique*, 1848, p. 85 et pl. VI. — P. 177 du présent volume.
(3) *Mém. de la Soc. des Antiq. de Normandie*, 1848. Extrait.

certain gaulish coins with the type of the charioteer, par J. Y. Akerman, in-8°, 1849 (1). — V. *Catalogue raisonné des monnaies romaines trouvées dans le jardin du collège du Mans*, par M. E. Hucher, in-8°, 1849.

M. Deville avait pensé que le personnage qui, sur certaines monnaies d'or gauloises, tient à la main une sorte de quadrilatère traversé par des bandes qui se croisent et sont ornées de points ronds aux intersections pouvait être considéré comme montrant, en guise de trophée, *la phalère* dont les Romains décoraient les vainqueurs après une bataille. Il croyait du reste que *la phalère* était composée de tringles d'or. Nous avons repris cette question, et tout en partageant l'avis du savant bibliothécaire de Rouen, nous avons fait voir que *les phalères* (mot qui ne s'emploie pas au singulier), étaient un composé de bandes flexibles et de pierres gravées ou médaillons et nous avons réuni divers monuments qui le prouvent. M. Lambert, cependant, répondait de son côté à M. Deville, et, sans avoir à la vérité connu les diverses démonstrations apportées à l'appui de notre opinion, il chercha à établir que le quadrilatère en litige est une enseigne militaire ou plutôt un *peplum sacré*. M. Akerman avait trois écrits à examiner et, après avoir pris connaissance de celui de M. Lambert, il en repousse les conclusions et adopte complètement la manière de voir exposée par nous ; il la corrobore même par d'intéressants détails. Quant à M. Hucher, il prend occasion d'une très importante découverte de monnaies consulaires, faite au Mans, pour revenir sur la question des phalères. Mais il ne paraît pas avoir connu complètement la dissertation que nous avons consacrée à cet objet. C'est ainsi qu'il continue à employer le mot *phalère* au singulier, qu'il croit que *la phalère* est une pierre gravée, tandis que nous avons expliqué assez longuement la nature complexe de cette décoration militaire. Enfin, cet auteur fait usage de l'expression *vitta des Gaulois*, selon lui une sorte de *vexillum*, et

---

(1) *Numismatic chronicle*, 1849. Extrait.

cependant nous avions fait observer que *vitta* est le nom de ces bandelettes dont les prêtres se ceignaient la tête et dont on décorait les victimes et les colonnes ou stèles funéraires; ce qui n'a aucun rapport avec un voile ou un *vexillum*. *Vitta* est du nombre de ces mots dont le sens est depuis longtemps parfaitement fixé par les antiquaires et les lexicographes.

Quoi qu'il en soit, M. Hucher croit avoir trouvé dans le type de certaines monnaies de triumvirs romains l'explication de ce quadrilatère figuré sur les statères gaulois. On connaît les deniers des familles *Aquilia*, *Durmia*, *Caninia* et *Petronia*, frappés sous Auguste, en l'an 735 de Rome, et au revers desquels on voit un Parthe agenouillé, tenant une enseigne militaire et accompagné des mots *signis receptis*. Cela fait allusion à la restitution des enseignes enlevées, par les Perses, à l'armée de Crassus. Plutarque rapporte qu'un Petronius avait péri dans le combat, et l'on comprend avec quelle pieuse satisfaction un membre de sa famille a dû constater cette réparation faite à l'honneur romain. Les quatre deniers que nous citons ne rappellent qu'un seul et même fait; c'est toujours le même Parthe que l'on y a retracé; par conséquent l'enseigne qu'il porte à la main ne représente pas une espèce générique, mais bien particulièrement une des enseignes qui furent rapportées à Rome. Nous tenons à ce que cette donnée soit bien comprise. Ensuite M. Hucher croit distinguer sur cette enseigne deux bandes transversales qui se croisent, et c'est là une erreur évidente. L'enseigne porte le chiffre X très nettement exprimé. Ce détail s'accorde parfaitement avec le passage de Végèce ainsi conçu :

« Antiqui quia sciebant in acie commisso bello celeriter ordines, aciesque turbari, atque confundi : ne hoc posset accidere, cohortes in centurias diviserunt, et singulis centuriis singula *vexilla* constituerunt, ita ut ex qua cohorte, vel *quota* esset centuria in *illo vexillo litteris esset adscriptum :* quod intuentes vel *legentes* milites, in quovis tumultu a contubernalibus suis aberrare non possunt. » (*De re milit.*, lib. II, cap. XIII.)

Effectivement, on voit sur des monnaies des familles romaines *Cornelia*, *Neria* et *Valeria* des enseignes qui portent, au lieu d'un X, les lettres H et P désignant les *Hastati* et les *Principes* ou les *Præcursores*. Ces lettres P et H ne peuvent aucunement se confondre avec les bandes croisées du quadrilatère gaulois : l'X, pour un œil exercé, est tout aussi différent. On n'essayera pas, je pense, de prouver que l'objet carré figuré sur les statères porte le chiffre X appartenant à une légion ou à une centurie fixée en Bretagne; on observera aussi que cet objet n'est jamais attaché à une hampe, ainsi que le sont toutes les bannières. Il faut donc renoncer à établir un rapprochement impossible, car on s'exposerait au danger que n'a pas su éviter M. Lambert en citant, pour expliquer le type des statères gaulois probablement antérieurs à l'ère chrétienne, un *labarum* avec le monogramme du Christ, emprunté aux monnaies des fils de Constantin.

En archéologie, le premier pas consiste à faire des comparaisons, des rapprochements; mais on ne peut attendre de réels progrès que lorsqu'on est parvenu à établir des distinctions, ce qui est incomparablement plus difficile. Il est donc indispensable de soumettre les idées que fait naître la ressemblance de certains objets, de certains types, à un sévère examen, et de ne pas se laisser prendre aux apparences.

Ainsi on a expliqué de plusieurs manières très diverses la figure quadrilatère qui se voit au revers des monnaies de la famille *Arria*, figure que M. Deville compare avec beaucoup de raison à l'objet que porte à la main le conducteur de chars des statères d'or gaulois. On y a vu un *autel*, puis la partie supérieure d'une *porte de camp*, puis des *phalères*, puis un *peplum*, puis enfin un *vexillum*. On comprend immédiatement que le conducteur d'un char ne peut tenir à la main un *autel* ou une *porte de camp*. Le *vexillum* sans hampe et composé de bandes croisées ne donnant nullement l'idée d'une étoffe, constitue encore une singularité qui excite la défiance : sur les monnaies consulaires et impériales on voit diverses enseignes; elles sont très bien représentées. Comment supposer que sur des deniers aussi habilement gravés que ceux de la famille Arria, on aurait pu exécuter, dans d'assez grandes dimensions, l'étoffe d'un *vexillum* d'une façon assez insolite, assez maladroite pour qu'on ne puisse le reconnaître que par une lointaine analogie?

S'il suffisait de trouver un objet carré traversé par des bandes qui se croisent pour donner une explication au type de la famille *Arria*, nous proposerions (sans compter l'ornement de la *porte de camp*, ou même la barrière qui, sur les monnaies de grand bronze, entoure la colonne Antonine), la figure ci-contre empruntée à la colonne Trajane.

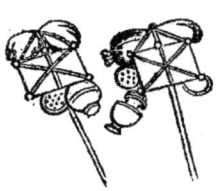

Des soldats sont en marche, et portent sur l'épaule une haste, à l'extrémité de laquelle se voit, au milieu de divers objets, un quadrilatère exactement semblable à celui des statères gaulois. On pourrait s'empresser d'affirmer l'identité des figures et leur communauté d'usage. On aurait tort cependant : Guillaume du Choul commentant le bas-relief s'exprime ainsi :

« Milites, his expeditionibus difficilibus ac incertis, portabant victum suum, panem, farinam, vas, ollam, et cochlearium in extremitatibus hastarum (1). »

Alphonse Ciaccone, décrivant le même monument, dit aussi : « Singuli autem milites dum progrediuntur... vallum seu hastas ferentes, in quarum summitate sacculus alligatus, pane refertus bis cocto ; pera ubi caseus et salita caro, vas aquæ vel vino continendo, sartago continendo cibo, et demum tyrocnestis comminuendo (2). »

C'est Marius qui avait introduit la coutume de charger ainsi les fantassins auxquels, en conséquence, on donna le surnom de *muli Mariani*. Admettra-t-on maintenant que le monétaire Arrius ait placé un *sac à fromage* parmi les récompenses d'honneur, à côté de la couronne et de la haste pure? Assurément non. Mais si l'on parcourt la série des inscriptions

(1) *Castrametatio veterum Romanorum*, p. 34.
(2) *Belli utriusque Dacici ex Trajani columna explicatio*, p. 3, n° 43.

antiques que nous avons rassemblées dans notre dissertation spéciale (1), on y rencontrera si souvent la *couronne*, la *haste* et les *phalères*, qu'on trouvera très naturel de voir ces ornements honorifiques réunis sur une monnaie romaine. Au reste, c'est une opinion que MM. Borghesi, Riccio et Deville ont émise et étayée par des arguments péremptoires.

Si l'on s'étonnait de voir des *phalères* portées à la main par les conducteurs du char gravé sur les statères gaulois, nous répondrions que c'est à titre de trophées et non d'ornement personnel; c'est ainsi que l'on voit sur une monnaie d'argent pannonienne ou germanique un personnage qui tient un *torques* à la main.

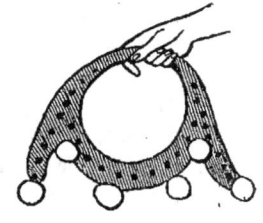

D'ailleurs les vases grecs peints nous montrent, dans certaines scènes funéraires, des éphèbes déposant sur une tombe les phalères qu'ils tiennent de la même manière. Cet usage des Grecs rappelle le cérémonial observé, suivant Jornandès, lors des funérailles d'Attila. Sur le triple cercueil du barbare on jeta les dépouilles enlevées à ses ennemis, des armes, des phalères brillantes ornées de diverses pierres précieuses. Nous ne reprendrons pas inutilement ici la série de faits qui a déjà été présentée dans les différents écrits cités au commencement de cette note et auxquels nous renvoyons ceux que la question peut intéresser.

Il nous a suffi d'écarter l'argument nouveau sur lequel s'appuie M. Hucher, en signalant la nature véritable du signe dont cet antiquaire n'avait pas reconnu la présence sur le *vexillum* restitué à l'empereur romain par le roi des Parthes.

(1) *Rev. numism*, 1848, p. 88. — P. 180 du présent volume.

FIGURINE ANTIQUE DE BRONZE

REPRÉSENTANT HERCULE OGMIUS.

(Extrait du tome VI de la *Revue archéologique*, 1849-50,
1re partie, pp. 383-388.)

Il y a quatre années, vivement pressé par plusieurs antiquaires de la Belgique (1) de discuter la signification de certaines figurines velues que quelques-uns d'entre eux croyaient représenter l'Hercule-Ogmius, j'ai traité la question avec développement, et je crois être arrivé à démontrer d'une manière irréfragable que ces figurines appartiennent au moyen âge et ne reproduisent nullement les traits du dieu gaulois (2).

MM. Pagart et de Ram avaient été principalement induits en erreur par une traduction inexacte du texte de Lucien relatif à Ogmius. J'ai dû en faire tout d'abord l'observation ; or, ce texte nous montre ce dieu comme un vieillard très cassé par les ans, tandis que les statuettes dont nous discutions la nature expriment toutes la force virile la plus énergique. Lucien dit qu'Ogmius porte une peau de lion et un carquois, et tient un arc à la main ; aucune des figurines velues jusqu'à présent observées ne présente ces attributs. Enfin, un grand nombre d'entre elles est de fer, et les Gaulois n'ont, pas plus que les autres peuples de l'antiquité, fait avec ce métal les

(1) *Bulletin de l'Académie royale de Bruxelles*, t. XI, p. 38. — *Ibid.*, p. 214. T. XII, p. 338. — *Ibid.*, p. 544. — T. XII, 2e partie, p. 84 et 94. — *Bullet. et Annal. de l'Acad. d'archéol. d'Anvers*, t. II, p. 169 sq. — Cf. Roulez, *Jahrbücher des Vereins von Alterthumsfreunde im Rheinlande*, V und VI, p. 226 sq.

(2) *Revue archéologique*, t. II, p. 500. — Voyez le t. IV des Œuvres de A. de Longpérier.

images de leurs divinités. Il est parfaitement prouvé désormais que s'il existe des figurines velues de fer, c'est qu'elles ont appartenu à des ustensiles qui en étaient formés eux-mêmes, tels que des chenets, des serrures, des heurtoirs de portes, des flambeaux; le tout datant du moyen âge.

Si donc j'ai combattu l'attribution de ces figurines à Ogmius, ce n'est pas par l'effet d'un système exclusif, mais par suite d'un examen scrupuleux du sujet. Sans partager le sentiment en quelque sorte passionné qui guidait certains antiquaires du commencement de ce siècle dans la recherche des monuments celtiques, j'attache une véritable importance à la connaissance des origines de notre nation, et je ne doute pas qu'avec quelques soins on ne parvienne à éclaircir bien des points obscurs de notre archéologie primitive.

Ainsi, M. de la Saussaye a retrouvé d'une manière évidente la représentation d'Abaris qui traverse l'espace sur une flèche, dans le type d'une monnaie d'or gallo-germanique restée pendant si longtemps sans explication (1); M. Anatole Barthélemy a reconnu au revers d'une autre monnaie de la même classe cette épée sacrée que les peuples scythiques adoraient comme le dieu de la guerre (2). Moi-même j'ai proposé le nom d'Abellio, dieu si fréquemment invoqué dans les inscriptions du midi de la Gaule, pour la figure qui se voit sur les monnaies de Cabellio, ville de la Narbonnaise (3).

On peut encore se permettre bon nombre d'attributions de ce genre; surtout si l'on ne s'attaque pas aux époques trop anciennes, à ces temps où les Gaulois n'avaient point d'arts.

César n'avait pas trouvé parmi les dieux des Celtes une individualité qu'il pût assimiler à Hercule comme il assimilait d'autres caractères à Mercure, à Apollon, à Mars, à Jupiter, à Minerve (4). Environ deux cents ans plus tard, cependant, Lucien découvre dans la Gaule la représentation d'un dieu par-

---

(1) *Revue numismatique*, 1843, p. 166.
(2) *Études sur la numismatique celtique*, n° 3.
(3) *Notice des monnaies françaises de la collect. de M. Rousseau*, p. 4, n° 9.
(4) *De bell. Gallic.*, VI, 17.

ticulier qu'il prend pour le fils d'Alcmène et qui est pour lui un sujet d'étonnement et de curiosité. Voici ce que dit l'écrivain de Samosate, dans le seul passage qui nous ait conservé le souvenir d'une divinité topique dont le culte ne dépassait pas probablement un cercle peu étendu :

« Les Celtes, dans leur langue, nomment Hercule *Ogmius*, mais ils figurent ce dieu d'une façon tout à fait étrange. C'est, suivant eux, un vieillard parvenu au dernier degré de l'âge, au front chauve, ayant complètement blancs les cheveux qui lui restent, ridé et hâlé jusqu'au noir comme sont les vieux marins. On supposerait que c'est Charon ou Japet sortant des profondeurs du Tartare, ou toute autre chose plutôt qu'Hercule. Cependant, bien que fait de la sorte, il n'en a pas moins reçu l'attirail d'Hercule. En effet il est revêtu de la peau du lion et tient de la main droite une massue ; il porte un carquois suspendu et de la main gauche il présente un arc tendu ; en cela c'est véritablement un Hercule (1). »

Après avoir lu ces mots, que l'on veuille bien jeter les yeux sur la figure que nous plaçons ici et qui est la copie exacte et de grandeur naturelle d'une statuette de bronze conservée au musée du Louvre : on ne pourra qu'être frappé de la complète similitude de tous les détails. Dans le bronze, comme dans le texte de Lucien, on reconnaît l'aspect caduc du vieillard brisé par les années, la dépouille du lion, le carquois, la massue dans la main droite, l'arc dans la gauche.

La figure de bronze est incontestablement antique ; elle est recouverte d'une patine rugueuse qui forme une croûte épaisse en divers endroits. On ignore sa provenance, mais la couleur de l'oxydation donne tout lieu de croire qu'elle a été découverte dans la partie septentrionale de notre pays. D'ailleurs rien dans son style ne permet de lui attribuer une origine grecque ou romaine. En conséquence, jusqu'à preuve du contraire, je considère cette statuette comme l'œuvre d'un artiste gaulois du IIIe ou du IVe siècle.

(1) Lucien, LV, 1.

Quant à présent donc, tout s'accorde pour autoriser l'attribution de cette figurine à Ogmius ; mais Lucien ajoute au premier paragraphe de sa description certaines particularités qu'il ne faut point passer sous silence.

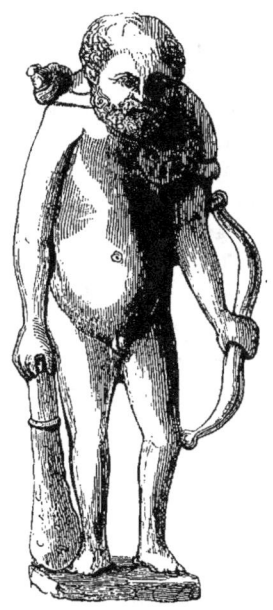

« J'étais porté à croire, dit-il, que les Gaulois, voulant avilir les dieux des Grecs, avaient ainsi retracé Hercule afin de se venger par ce tableau de celui qui avait autrefois envahi et dépouillé leur patrie lorsque, cherchant les troupeaux de Géryon, il avait parcouru diverses contrées de l'Occident.

« Cependant je n'ai pas encore dit ce qu'il y a de plus étonnant dans cette peinture ; car cet Hercule-vieillard traîne une multitude d'hommes attachés par les oreilles. Les liens sont de légères chaînes d'or et d'électrum, semblables à d'élégants colliers et quoique retenus par d'aussi faibles chaînes, ces hommes ne cherchent point à fuir, ce qui leur serait facile, et ils ne s'aident point de leurs pieds comme d'un point d'appui pour se renverser du côté opposé à celui vers lequel on les conduit ; mais ils suivent, gais et joyeux, tous louant et pressant leur conducteur, et, comme ils s'étudient à marcher en avant, ils portent leur chaîne lâche comme s'ils devaient redouter de la voir se briser. Je me hâte de dire ce qui m'a semblé le plus prodigieux. Attendu que le peintre ne savait à quoi suspendre le bout des chaînes, parce que la main droite porte déjà la massue, tandis que la gauche tient l'arc, il a percé l'extrémité de la langue du dieu et les y a attachées ; le dieu sourit à ceux qu'il conduit. »

Le rhéteur s'arrête longtemps devant ce tableau, incertain entre l'admiration ou la colère. Mais un Gaulois, témoin de son étonnement et qui, parlant correctement le grec, se donnait comme instruit des idées helléniques, une sorte de philosophe de province, φιλόσοφος, οἶμαι, τὰ ἐπιχώρια, vient à son secours. « Pour nous autres Celtes, lui dit-il, ce n'est point, comme chez les Grecs, Mercure qui personnifie l'éloquence, mais Hercule, qui est bien plus puissant que Mercure, ὅτι παρὰ πολὺ τοῦ Ἑρμοῦ ἰσχυρότερος οὗτος (1). Si nous le représentons comme un vieillard, c'est que dans la vieillesse seulement l'éloquence parvient à son entière maturité.

« Tu ne seras pas étonné non plus de voir ce vieil Hercule, dieu de l'éloquence, traîner ces hommes attachés par les oreilles, si tu songes aux rapports qui existent entre les oreilles et la langue (2). »

Je supprime les citations poétiques, les jeux d'esprit que Lucien prête aux Gaulois ou plutôt qu'il transcrit de souvenir, car cette partie du discours décèle un étranger faisant parade de la connaissance qu'il possède de la langue grecque et rappelle la littérature des *cicerone* de profession.

Mais je me hâte de faire remarquer que l'absence des fidèles

---

(1) Il est curieux de rapprocher de ce passage ce que César dit des Gaulois : « Deum maxime Mercurium colunt ; hujus sunt plurima simulacra : hunc omnium inventorem artium ferunt. » *De bell. Gall.*, VI, 17.

(2) Lucien, LV, 4, 5.

auditeurs enchaînés par les oreilles, n'est pas un obstacle à l'attribution que je propose, de la figure du Louvre, à Ogmius. En effet Lucien parle d'un tableau, γραφή, exécuté par un peintre, ζωγράφος, et l'on sait quelle différence il existe, en tout pays, entre les représentations que le pinceau ou le burin tracent sur une surface et les images de ronde bosse que le sculpteur modèle, taille dans le marbre ou fond en bronze. La statuaire abrège ou supprime autant que possible certains détails compliqués et ténus que la peinture et la gravure expriment sans aucune difficulté.

Pour ce qui est de l'art grec, il suffit de comparer les dieux représentés sur les vases peints avec les statues des mêmes personnages. On ne connaît pas de statues représentant la *Naissance de Minerve* ou *Mercure psychostatique*, sujets que nous montrent des vases et des miroirs, et cependant le nombre des figures en marbre et en bronze de Jupiter et de Mercure est immense.

Les panthéons égyptien et indien fournissent de bien plus nombreux exemples à l'appui de cette observation. Dans les statuettes appartenant à ces catégories on ne retrouve ni le mouvement, ni la plupart des symboles qui caractérisent les divinités retracées par la peinture dans les mêmes contrées.

La description donnée par Lucien n'a, du reste, rien d'invraisemblable, elle fait penser à ces grands et beaux statères d'or gaulois sur lesquels le buste d'un dieu est entouré de chaînettes à l'extrémité desquelles se voient de petites têtes humaines (1). Seulement le buste des statères offre un profil jeune et régulièrement beau qui convient mieux à Apollon qu'à Ogmius.

Le nom de ce dernier est très certainement celtique ; il ressemble considérablement, dans la transcription grecque, au nom irlandais du mois de juin : Ogmhios, *Ogmhios*. Mais cette ressemblance est, je crois, plus apparente que réelle. Car og, *og*, sans aspiration, signifiant *jeune* et mios, *mios*, mois, il

(1) Mionnet, *Description des médailles antiques*, t. I, suppl., p. 164, nos 111, 112, 113.

se pourrait que les Irlandais qui ont traduit ou *imité* du latin les termes de leur calendrier, aient vu dans Oᵹmhios, un équivalent de *mensis Junius*, ignorant l'origine historique de cette dénomination, et prenant *junius* pour le positif de *junior*.

D'un autre côté oᵹh, *ogh*, avec aspiration, signifie *pur, sincère, sacré, saint*, et ꟿi, *mi : bouche, lèvre*. Le composé Oᵹhmi, *Oghmi*, exprimerait assez bien la qualité caractéristique du Dieu ; *la parole sacrée*. C'est ainsi que les Irlandais ont leurs Oᵹham, *ogham*, ou écriture *hiératique*, dans le sens grammatical de ce mot. Malheureusement on en est réduit à cet égard à des conjectures et la matière étymologique est tellement délicate, que ce n'est qu'avec la plus extrême réserve que nous devons la mettre en œuvre. Néanmoins c'est sur le sens et non pas sur la patrie du nom d'Ogmius que la discussion peut s'établir.

INSCRIPTION GALLO-LATINE

TRACÉE A LA POINTE SUR UN VASE DE TERRE.

(Extrait du tome VI de la *Revue archéologique*, 1849-50,
2º partie, pp. 554-556.)

On connaît depuis longtemps des vases sur lesquels se trouvent des inscriptions familières. Les mots **SITIO, BIBE** peints séparément sur des coupes (1) constituent une sorte de dialogue de table. Sur les vases grecs, on lit parfois **ΧΑΙΡΕ ΚΑΙ ΠΙΕΙ ΕΥ** (2), *salut et bois bien;* **ΧΑΙΡΕ ΚΑΙ ΠΙΟΜΕ** (3), *salut et bois-moi;* **ΠΡΟΠΙΝΕ ΜΗ ΚΑΤΘΗΙΣ** (4), *bois et ne dépose pas* [*la coupe*]. Un vase de la collection Durand présentait deux phrases qui se répondent : **ΧΑΙΡΕ ΜΕΝ** et **ΧΑΙΡΕ ΚΑΙ ΠΙΕΙ ΝΑΙΧΙ** (5), *salut, et bois, par les dieux!* Un autre vase décrit par M. Ed. Gerhard dans son *Rapporto intorno i vasi volcenti* (p. 80), et commenté depuis par M. Welcker (6) porte une longue inscription qui donne : Καλὸς Νικόλα[ς], Δωρόθεος καλός, κἀμοὶ δοκεῖ, ναί, et la réponse : χἄτερος, παῖς καλός, Μέμνων, κἀμοὶ καλὸς φίλος. Tout récemment encore M. Théodore Panofka a publié une amphore sur laquelle il a découvert, à demi effacé, l'adage **ΟΥ ΠΑΝΤΟΣ ΕΣΤΙ ΚΟΡΙΝΘΟΣ** (7). Ce savant archéologue avait déjà interprété de la manière la plus ingénieuse le dialogue

---

(1) Montfaucon, *Antiquités*, t. III, pl. LXXXI.
(2) J. de Witte, *Catalogue de la collection Beugnot*, 181, nº 21.
(3) *Id.*, *Catalogue de la collection Durand*, 1836, nº 1003.
(4) *Ibid.*, nº 1006.
(5) *Ibid.*, nº 21.
(6) *Annal. dell. Inst. arch.*, 1833, p. 225. Cf. le travail de M. Lepsius à propos du même monument, p. 357.
(7) *Ann. dell. Inst. arch.*, 1847, p. 233.

qui s'engage à l'occasion du retour de l'hirondelle entre trois personnages figurés sur un vase : Ἰδοὺ χελιδών — Νὴ τὸν Ἡράκλεα — Αὐτηί — Ἔαρ ἤδη (1). *Voyez cette hirondelle. — En effet, par Hercule! — La voici. — Voilà déjà le printemps.*

M. Ritschel a aussi reconnu sur une amphore où se voit la récolte des olives, les phrases que voici : ὦ Ζεῦ πάτερ, αἴθε πλούσιος γενοίμαν et ἤδη μὰν, ἤδη πλέον παραβεβάκεν (2). Cette littérature céramographique est jusqu'à présent très restreinte.

Nous croyons pouvoir rattacher à cette catégorie d'inscriptions la série de caractères latins que nous avons relevée sur le col d'un vase de terre noire à large ouverture que son style paraît faire remonter au IVe siècle de notre ère.

Ce monument a été découvert auprès de Bourges et appartient à M. Girardot, secrétaire général de la préfecture du Cher.

La légende est tracée à la pointe dans la couverture noire; on distingue facilement :

BUSCILLASOSIOLEGASITINALIXIEMAGALV.

On a cherché des noms propres dans ce texte rustique qui semble fort bizarre au premier coup d'œil. Nous n'y voyons qu'un propos de table :

BUCCELLA[M] SOCIO LEGAS VT INALESCAM MEGALV.

Le premier mot **BVSCILLA** indique l'adoucissement du double *c* qui devait conduire à la prononciation moderne *bouchée*.

On pourrait chercher dans *buscilla* un diminutif de *butta* ou *buttis*, analogue à *buticella* : ce serait alors le contenant et non pas une portion du contenu que le convive voudrait obtenir de son ami.

---

(1) *Ann. dell. Inst. arch.*, 1835, p. 240, pl. XXIV.
(2) *Id.*, 1837, p. 186 et 188, pl. XLIV *b*. Voyez encore d'autres vases à inscriptions. *Museo Borbonico*, vol. III, et vol. IX, pl. XXVIII.

D'un autre côté, *buscia* qui paraîtrait le thème naturel de *buscilla*, est le nom d'un sorte de navire et ne paraît pas avoir une origine bien ancienne.

Quoi qu'il en soit, on voit que le nominatif s'immobilisait déjà, suivant la propension qui a déterminé la formation des langues néo-latines.

SOSIO par un S prouve que, dans la Gaule, au moins, le C n'avait pas le son chuintant que les Italiens lui attribuent.

LEGAS doit être pris pour DA, à ce que nous croyons. Les langues en se corrompant tendent à restreindre la portée des mots. C'est ainsi qu'en grec moderne βάλλω s'emploie pour donner.

IT nous paraît représenter VT plutôt que ET. Le son aigu de la lettre u a dû commencer de bonne heure en Gaule et dans la Germanie.

La traduction d'INALIXIEM par INALESCAM sera peut-être considérée comme une hardiesse bien grande. Si l'on suppose que le verbe *inalesco* était devenu *inalescio* dans les bas temps, on pourrait lire *et inalesciam*. L'X peut avoir eu dans la formation de la langue française la valeur d'un S fort. Au moyen âge, ce caractère est employé avec cette intensité dans Xaintes, Xaintrailles, Xivray, Auxonne, Auxerre, etc.

Quant au dernier mot, nous avons pensé que pour le comprendre, il faut le compléter d'abord en y rattachant l'M qui termine le mot précédent. Nous obtiendrons ainsi MAGALV que nous oserons présenter comme un adverbe emprunté au grec, et tiré, soit de μεγάλα, soit de μεγάλως, et analogue à *valde*. L'existence du mot gallo-grec *magalu* ou *megala*, est, sans doute, bien inconnue, et ce serait un exemple extrêmement curieux de l'influence que la langue hellénique a pu avoir sur la nôtre. Si on le regardait comme un mot gaulois-celtique, il faudrait remarquer que l'emploi de deux A dans ce mot le rapprocherait davantage du sanscrit. Mais lorsqu'il s'agit d'un monument de si basse époque on ne peut hasarder de pareilles conjectures sans témérité. Bornons-nous à souhaiter que les philologues veuillent bien accepter cet adverbe.

ENSEIGNES MILITAIRES

DES ROMAINS.

(Extrait du tome XV de la *Revue numismatique*, 1850, pp. 235-238.)

M. Anatole de Barthélemy, rendant compte du *Catalogue raisonné des monnaies romaines trouvées dans le jardin du collège du Mans* (1), a été amené à parler d'un passage de ce livre dans lequel l'auteur, M. Eugène Hucher, avait examiné ce que j'ai dit dans cette *Revue* (2) au sujet du type d'une monnaie gauloise qui me paraît fort ingénieusement expliqué par M. Deville. Assurément M. de Barthélemy a eu l'intention d'être très impartial ; mais peut-être a-t-il trop redouté que la vieille amitié qui nous lie rendît suspecte de complaisance une analyse étendue des diverses preuves que j'ai apportées à l'appui de mon opinion. Ainsi, par exemple, il aurait été, ce me semble, utile à la vérité (qu'il faut toujours « préférer à Socrate et à Platon »), de citer le texte même de Végèce relatif aux *enseignes* militaires, ou, du moins, de faire savoir au lecteur que c'est dans la *Revue archéologique* (3) qu'il pourra le trouver avec la note où j'en ai fait usage. Mais je ne m'arrête pas à ce détail. Je veux tout de suite examiner un argument qui me paraît d'une extrême faiblesse. On dit : « L'enseigne des deniers des familles *Neria*, *Valeria*, etc., n'est pas romaine

---

(1) *Revue numism.*, t. XV, 1850, p. 68 et suiv.
(2) 1848, p. 85 et pl. VI. — P. 177 du présent volume.
(3) 1849, p. 324 et suiv. — P. 246 du présent volume.

puisqu'on ne la trouve pas sur les deniers légendaires de M. Antoine, mais bien l'enseigne du peuple vaincu, propre à caractériser ce peuple lui-même : ce *vexillum, étranger aux Romains*, mais *particulier aux Parthes*, aux Espagnols (fam. *Cælia*), aurait été importé sur la monnaie gauloise, à la suite de nombreuses expéditions faites par nos ancêtres chez les nations limitrophes. »

Que ce vexillum soit particulier aux Parthes, c'est ce que j'ignore entièrement, quoique j'aie eu occasion d'étudier un nombre raisonnable de monuments figurés relatifs à l'antiquité perse ; mais qu'il soit étranger aux Romains, c'est ce qui me paraît au moins à démontrer. Il me semble cependant l'avoir vu figurer assez souvent sur des monuments numismatiques où l'armée romaine est représentée en abrégé, comme ceux par exemple dont la légende est *Adlocutio* ou *Fides exercitus*. On m'accordera bien ensuite qu'en bon latin *signis receptis* veut dire *enseignes recouvrées* ; c'est du moins l'avis de Germanicus qui se contente de cette brève indication, pour célébrer, à l'aide des monnaies romaines, la restitution qu'il fit à sa patrie des aigles prises par Hermann à Quinctilius Varus. Mais admettons que Germanicus fût un humaniste douteux ; que peut-on opposer au témoignage de ce denier d'Auguste sur lequel on lit : CIVIB*us* ET SIGN*is* MILIT*aribus* A PARTH*is* RECVP*eratis* ? Les Romains ne pouvaient pas *recouvrer* ce qui ne leur avait pas appartenu antérieurement : donc, il ne faut pas chercher sur les monnaies des familles *Aquilia*, *Durmia*, *Caninia*, *Petronia* autre chose qu'une enseigne romaine. Quant aux lettres H. P. des enseignes figurées sur les deniers des familles *Cornelia*, *Neria*, *Valeria*, elles paraissent désigner les *hastati* et les *principes* ou les *præcursores* ; mais en supposant même que ces caractères se rapportent à une légion *Parthica*, comme la Ire, la IIe et la IIIe, et à une légion *Hispaniensis*, comme la VIIe et la VIIIe, on ne parviendra jamais à établir que le caractère P soit parthe, et ce qui nous donne tout lieu de croire que la lettre H ne fait pas allusion à l'Espagne, c'est que, lorsque le monétaire de la famille *Cælia* a voulu indiquer cette contrée, il a dû, afin qu'il n'y eût pas confusion, employer les trois lettres IIIS, malgré la très petite dimension du vexillum représenté sur le denier de Caldus.

Lorsque sur une médaille ou un bas-relief, quelques soldats figurent l'armée romaine, on conçoit facilement que les *vexilla* qu'ils portent ne doivent pas recevoir le chiffre d'une légion; mais lorsqu'il faut, au contraire, déterminer la présence, dans un lieu donné, de quelque corps militaire, les enseignes sont là pour nous instruire. Je n'en veux pour preuve que les monnaies de bronze frappées dans la Dacie : PROVINCIA DACIA, sur lesquelles on voit une femme tenant de chaque main un vexillum marqué au chiffre des cinquième et treizième légions, ou du titre de l'une d'elles, *Dacica Felix*,

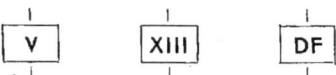

et celles de la colonia de Viminacium où les quatrième et septième légions se trouvent ainsi rappelées :

Tout cela ne ressemble guère à la figure quadrilatère des monnaies gauloises, dont nous voici bien loin; mais le vexillum avec le chiffre X, que le Parthe vaincu restitue à Auguste, n'a pas non plus la moindre analogie avec ce type.

On vient de voir des chiffres inscrits sur des enseignes, en voici le commentaire :

« Antiqui quia sciebant in acie commisso bello celeriter ordines, aciesque turbari, atque confundi : ne hoc posset accidere, cohortes in centurias diviserunt, et singulis centuriis singula *vexilla* constituerunt, ita ut ex *qua cohorte*, vel *quota* esset centuria in *illo vexillo litteris esset adscriptum :* quod intuentes vel *legentes* milites, in quovis tumultu a contubernalibus suis aberrare non possunt. » (Veget., *De re milit.*, lib. II, cap. xiii.)

Disons-le aussi en passant : il n'est pas du tout prouvé que le sanglier qui se voit sur les deniers de Caldus fasse allusion à une victoire remportée sur les Gaulois. Suivant l'expression même d'un très savant antiquaire, M. de Lagoy, « l'histoire a oublié de faire mention des glorieux faits d'armes de ce général. » On sait d'ailleurs que la Ire légion *italica*, et la XXe *victrix* avaient un sanglier pour symbole, de même que la IVe et la XIIIe avaient le lion, la Ve l'aigle, la VIIe le taureau, la XXe le capricorne, etc.

En toutes choses il faut faire des distinctions, considérer les origines, ne point comparer ce qui n'a pas de communauté. Que dirait-on d'un philologue qui verrait un même radical dans *épigramme*, dans *épinards* et dans *épiler*, faute de savoir que le premier de ces mots contient la préposition grecque ἐπί, que le second vient de *spinacia* par suite de ce changement du *sp* latin en *esp* si fréquent dans la langue française et qui ne constitue qu'une prise de son ; tandis que le troisième mot est formé de *pilus* précédé d'un *e* privatif ? Cet exemple si choquant au premier énoncé, n'est pas plus extraordinaire qu'un très grand nombre de rapprochements étymologiques proposés sérieusement par des écrivains qui n'ont pas suffisamment étudié les langues auxquelles ils s'attaquent. Ce que je viens de dire relativement à la linguistique, peut s'appliquer également à l'archéologie ; mais nous supplions le lecteur de ne voir là qu'un de ces avertissements généraux qui ne doivent choquer personne. L'étude de l'antiquité n'est pas seulement un passe-temps pour moi ; c'est une profession, et l'on ne saurait être étonné de m'entendre en rappeler les principes, de même que l'on ne voudrait pas reprocher à un médecin d'éclairer les anatomistes amateurs qui chercheraient le cœur à droite, le texte de Molière en main.

ANNOTATIONS, *par M. de Longpérier, à la lettre vingt-huitième du Baron Marchant concernant des médailles latines de bronze de Vabalathe, etc.*

(Extrait de la Nouvelle Édition des
Lettres du Baron Marchant sur la numismatique et l'histoire, annotées par divers savants. Paris, Leleux, 1851, pp. 434-437.)

Malgré les efforts de M. Marchant, l'interprétation des lettres vcrimdr qui se lisent sur celles des monnaies de Vabalathe, où l'on ne trouve pas le titre *imperator*, ne paraît pas plus avancée qu'au temps d'Eckhel. C'est probablement parce que l'auteur avait reconnu l'insuffisance de son explication qu'il avait jugé convenable d'en différer la publication. La découverte d'un texte épigraphique viendra quelque jour résoudre cette difficulté.

Sir Gardner Wilkinson, le savant explorateur de l'Égypte, recueillit il y a quelques années, à *Nahr-el-Fidar*, près de Byblos, une inscription relative à Vabalathe, inscription qui lui paraissait démontrer que ce prince palmyrénien n'était pas fils d'Odenath, mais bien d'un premier mari de Zénobie nommé Athénodore. Voici ce texte, auquel nous ajouterons une transcription :

```
. . . . ωΠ . . . . . . . .
ΑΝΘΥΠΑΤ . . . . ΙΛ
ΑΝΕΙΚΗΤѠCΕΒΑCΤѠ
ΚΑΙCΕΠΤΙ : : : ΑΖΗΝΟΒΙΑ
CΕΒΑCΤΗΜΗΤΡΙΤΟΥ
ΤΟΥΑΗΤΤΗΤΟΥΙ...
ΚΡΑΤΟΡΟCΟΥΑΒΑΛΛΑ...
ΑΘΗΝΟΔѠΡΟΥ...
```

. . . .
ἀνθύπατ[ος, Αὐρηλ]κα[νῳ]
ἀνικήτῳ σεβαστῷ
καὶ Σεπτι[μί]ᾳ Ζηνοβίᾳ
σεβαστῇ μητρὶ τοῦ [ἀνική]
-του ἀηττήτου [καὶ αὐτο-
-κράτορος Οὐαβαλλα[θου]
Ἀθηνοδώρου.

Jusqu'à présent on avait admis tantôt qu'Athénodore était un surnom de Vabalathe, tantôt que c'était le nom d'un mari de Zénobie. L'inscription de *Nahr-el-Fidar* n'avance pas beaucoup la question, puisque les deux noms y paraissent au cas oblique. Sur les monnaies alexandrines de Vabalathe, on trouve le nom de ce prince au nominatif, suivi du mot ΑΘΗΝΟΥ ou quelquefois ΑΘΗΝΥ. Eckhel se refuse à voir, avec Frœlich, le nom d'*Athénas* sur ces pièces, par la raison que ce nom ne serait pas grec; mais Letronne, dans son excellent mémoire sur les noms grecs, nous a donné la théorie de cette forme contracte. Ainsi on a Διονυσᾶς formé de Διονυσόδωρος,, Ζηνᾶς de Ζηνόδωρος, Ἀρτεμᾶς d'Ἀρτεμίδωρος, Ἐπαφρᾶς pour Ἐπαφρόδιτος, Ἀσκληπᾶς pour Ἀσκληπιόδωρος, etc., et enfin Ἀθηνᾶς et même Ἀθᾶς pour Ἀθηνόδωρος (voy. *Ann. de l'Inst. arch.*, 1845, p. 325, 326, 343; *Inscr. de l'Égypt.*, t. II, p. 54, 56, 124, 162, 302, 325, 326, 445). Mais voici la difficulté : les noms en ᾶς ont leur génitif en ᾶ, ou en ᾶτος suivant le dialecte d'Alexandrie. Comment des pièces frappées dans cette dernière ville porteraient-elles un nom de cette classe avec un génitif en ου?

Nous sommes étonné toutefois que l'on n'ait pas encore remarqué combien ce nom Ἀθηνᾶς, Ἀθηνᾶτος a de rapports avec Odenath, soit pour le son, soit pour le sens.

Si, en effet, on examine comparativement *Vabalath* et *Odenath*, ou plutôt *Odanath*, suivant l'orthographe de Zosime, on reconnaîtra un mode de formation analogue : *Ou-baalat*, *Ou-tanat*. Le féminin de *Baal* ou *Bal* et de *Tan*, *Dan* ou *Zan*, précédé d'une même syllabe.

Le féminin *Baalat* est biblique (Jos. xix, 44. — I Rois, ix, 18. — II Paral., viii, 6). M. de Saulcy a trouvé dans une inscription phénicienne (*Revue archéol.*, 3ᵉ année, p. 633) le nom de la déesse *Tanat* (*manifestation de Baal*), et M. Lenormant (*Galerie myth.*, p. 33, not. 12) a très justement remarqué que cette forme féminine de *Zan* ou Jupiter convenait parfaitement à Athéné. Ainsi, selon nous, *Ou-tanat* serait l'équivalent d'*Athénas*, et d'Athénodore par conséquent. Nous sommes forcé de supprimer ici une foule de détails qui feraient mieux saisir notre idée ; mais nous supposons que le lecteur n'est pas étranger au mécanisme des langues sémitiques.

Sur les monnaies grecques du fils de Zénobie on trouve encore un nom que Banduri et Corsini ont lu, ЄPMIAC, Ἑρμίας ; tandis que Pellerin et le docte Eckhel préfèrent y voir CPⲰIAC, *Sroias*, qui reste sans explication.

Nous oserons proposer de lire ici ЄPⲰTAC, Ἐρωτᾶς, nom parfaitement bon au point de vue alexandrin. Ce nom, une fois admis, expliquerait peut-être pourquoi Trébellius Pollio n'a pas parlé de Vabalathe. Il est possible que l'historien ait désigné ce prince par le nom d'Hérode, qu'il place au quinzième rang parmi les *trente tyrans* et immédiatement après Odenath qu'il lui donne pour père. Au reste, le nom de Vorodes était très commun à Palmyre (Bœckh, *Corpus inscr.*, nos 4495 et suiv.).

Nous ferons une dernière remarque au sujet des monnaies de Palmyre, c'est qu'on ne paraît pas avoir observé jusqu'à présent que deux pièces, l'une de Zénobie, l'autre de Vabalathe, toutes deux portant l'indice de l'an V, L. Є, montrent au revers des bustes, l'un placé dans un grand croissant lunaire, l'autre radié, et que ces bustes sont bien probablement ceux des divinités nationales, *Aglibolos* et *Malachbelos*, que l'on connaît représentées en pied dans un bas-relief palmyrénien conservé au Vatican (Montfaucon, *Ant.*, t. II, pl. CLXXIX), et qui se retrouvent en buste dans le plafond d'un édifice de Palmyre dessiné par Robert Wood (tab. XIX, A).

NOTE

sur

LES ARMES DES GLADIATEURS

(Extrait du tome VIII de la *Revue archéologique*, 1851-52,
1re partie, pp. 323-327.)

(PL. IV.)

Ainsi que nous l'avons déjà fait observer dans ce recueil, on a malheureusement peu de renseignements précis sur les règles qui présidaient aux luttes des gladiateurs (1); nous pourrions ajouter qu'on est encore peu avancé sur la question des armes, de l'ajustement de chaque variété de combattants. M. Magnin, dans son savant ouvrage sur les *Origines du théâtre* (2), en réunissant toutes les notions que les textes peuvent fournir, nous montre combien il est difficile de faire l'application de ces textes à un nombre quelque peu important de représentations figurées. Cependant Letronne, avec son immense sagacité, a déjà éclairci le chapitre relatif au *thrace*, au *pugile*, au *dimachærus*, à l'aide de divers monuments antiques.

Juste Lipse a prétendu que le *rétiaire* n'était armé ni de bouclier ni de casque (3); c'était un commentaire un peu forcé de cette phrase de Suétone : Retiarii tunicati *quinque numero gregatim dimicantes, sine certamine ullo totidem secutoribus succubuerant : quum occidi juberentur, unus, resumpta fuscina, omnes victores interemit* (4). De ce que les rétiaires étaient

(1) *Revue Archéol.*, t. VI, 1re partie, p. 198. — P. 242 du présent volume.
(2) *Les Origines du théâtre moderne*, t. I, p. 423 et sqq.
(3) *Saturnal.*, l. II, c. viii, p. 78.
(4) *Caligula*, 30.

vêtus de tuniques, il ne s'ensuit pas qu'ils ne fussent point armés de casques et de boucliers. « Ce sont, dit Winckelmann, les images mêmes qui doivent décider du sens des passages des livres des anciens qui, exposant des choses qui étoient connues dans ces temps-là, ne sont jamais aussi clairs qu'il le faudroit pour les bien entendre dans des siècles où les usages et les mœurs ont totalement changé (1). » Or précisément nous trouvons dans la mosaïque du cardinal Albani, des *retiarii* vêtus d'une tunique, coiffés d'un casque à visière et armés d'un bouclier quadrilatère, ce qui ne les empêche pas d'être enveloppés dans un grand filet (2), que Tertullien nomme *spongia*. Saint Isidore prétend que dans le combat du rétiaire et du *mirmillo*, le premier jouait le rôle de Neptune, et le second celui de Vulcain (3). Cependant le guerrier armé, recouvert d'un filet, rappelle bien plutôt l'aventure de Mars, que les monuments représentent précisément dans cette situation. Il serait très possible que les Romains eussent voulu faire allusion à un trait mythique relatif au dieu qui était le père de leur fondateur. On a vu tout à l'heure par le passage de Suétone que le *rétiaire*, ramassant une *fuscina*, s'en était servi pour se débarrasser des *secutores*. On pourrait croire que c'était un de ces derniers qui avait laissé tomber son arme pour se servir peut-être de son poignard ou *machæra* qu'il portait en outre, ainsi que le prouve la stèle d'Euphratès que nous avons publiée (4). Cependant il ne faut pas oublier que la pierre tumulaire du *rétiaire* alexandrin Générosus, qui avait triomphé dans vingt-sept combats, porte la figure d'une *fuscina* et d'une *machæra* (5). C'est précisément la même combinaison qui se retrouve sur une petite targe votive découverte à Pompéi, je crois, et conservée au Musée royal de Naples (voy. pl. IV, n° 4).

---

(1) *Description des pierres gravées de Stosch*, p. 473.
(2) Winckelmann, *Monumenti inediti*, n° 197.
(3) *Origin.*, lib. XVIII, cap. LIV, LVI.
(4) *Revue Archéol.*, t. VI, 1re partie, p. 198. — P. 242 du présent volume.
(5) Maffei, *Museum veron.*, p. CXXV, n° 4.

Ce curieux petit monument, suspendu à une chaîne, est en outre décoré d'une palme et d'une couronne, indice de la victoire remportée par le *rétiaire*; c'est ce que prouve indubitablement le cartel à queues d'aronde qui surmonte la targe, sur lequel on lit : RETI. SECVNDI (*Retiarii secundi*). M. Bernard Quaranta, qui a publié ce monument dans la description du *Museo Borbonico* (1), a cru y trouver un *ex-voto* à Neptune, illustrant ce passage d'Horace :

> ... *Me tabula sacer*
> *Votiva paries indicat uvida*
> *Suspendisse potenti*
> *Vestimenta maris deo.*

L'inscription paraît au savant napolitain pouvoir se lire : [*votum*] RETI SECVNDI, ou RETICII SECVNDI, et il propose en outre les variantes : RETII, RETINACII, SECVNDIANI, SECVNDINIANI, SECVNDINI, SECVNDINII, SECVNDIENI, etc.

Ce que nous avons dit jusqu'ici, les monuments que nous avons rappelés, principalement les stèles de Générosus et d'Euphratès, font voir sans peine comment nous sommes forcé de différer complètement d'opinion avec le savant académicien de Naples, en cette occasion, bien entendu; car nous sommes heureux de nous trouver souvent en communauté d'avis avec cet érudit si recommandable. Nous l'avons d'ailleurs déjà dit : la question du costume des gladiateurs est restée jusqu'ici très peu connue. La preuve en est que les belles et pesantes armures trouvées à Pompéi, qui appartiennent bien certainement à des gladiateurs, ont été décrites dans le *Museo Borbonico* comme provenant de guerriers ordinaires. M. de Pourtalès possède une armure de ce genre, qui avait été envoyée au Musée de la Malmaison par le roi de Naples, et le rédacteur du catalogue, destiné à guider les visiteurs dans les riches galeries de M. de Pourtalès (2), ne paraît pas avoir

---

(1) Vol. IX, tav. XXIX, n° 3.
(2) J.-J. Dubois, *Description des Antiques du cabinet de M. le comte de Pourtalès Gorgier*, p. 109 et 110.

soupçonné que cette armure était incontestablement celle d'un combattant de l'arène.

Quant à l'inscription RETI. SECVNDI, ou elle exprime le nom du rétiaire Secundus, ou, bien plutôt, elle désigne un *retiarius secundus palus* (1), titre qui se retrouve dans la stèle de Mélanippe qualifié de Ῥητιάρις δεύτερος πάλος (2). Nous ne discuterons pas ici le sens de cette expression; ce travail critique a été fait par Letronne (3) et ne laisse rien à désirer.

La palme et la couronne qui accompagnent cette inscription indiquent la victoire du rétiaire; c'est ainsi que les couronnes sculptées sur les stèles des gladiateurs *Danaüs* et *Euphratès* correspondent au nombre de leurs triomphes. La palme se voit dans la main droite du gladiateur *Strobilus*, dont la stèle funéraire, dédiée par sa femme Bassa, a été récemment rapportée de Grèce, et donnée au Louvre par le vice-amiral Massieu de Clerval.

Après nous être occupé du rétiaire, passons à son antagoniste le *mirmillo*. Cette variété de gladiateurs était armée quelquefois d'une épée en forme de *falx* (4). On aurait tort de croire, comme paraissent l'avoir fait divers écrivains modernes, que le *mirmillo* fût armé d'une faux, l'*ensis falcatus* n'était pas plus longue que la *falx* que l'on voit dans les mains de Saturne (5). Nous donnons ici la figure d'une statuette d'ivoire conservée au Louvre (voy. pl. IV, n° 1); elle représente le gladiateur *Fundilanus* (le bouclier porte ΦΟΥΝΔΙΛΑΝΟΥ) vêtu du *subligaculum*, et tenant dans la main droite une petite épée recourbée. Le Musée possède une arme de bronze qui a cette forme.

Fundilanus a les jambes couvertes de cnémides; la tête chargée d'un pesant heaume à visière grillée; son bouclier est quadrilatère. C'est encore là l'ajustement du gladiateur Bato auquel Caracalla fit faire des funérailles, et dont le tombeau a

(1) Cf. le *Primus palus secutorum* de Lampride, Commod., c. xv.
(2) Au musée du Louvre; Clarac, *Musée de sculpt.*, inscr., pl. XXXI, n° 578.
(3) *Revue archéol.*, 1846, p. 4.
(4) Juvénal, *Sat.* VIII, v. 201.
(5) Peinture de Pompéi, *Museo Borbonico*, t. IX, tav. 26.

été retrouvé (1). On sait que les armures de *tournois* dont on faisait usage pendant le moyen âge sont beaucoup plus lourdes et plus massives que celles que l'on portait à la guerre. On comprend que, moins la cause du combat est sérieuse, plus les champions cherchent à protéger leur corps. Nous nous refusons complètement à voir des armures de guerre dans les panoplies trouvées à Pompéi. Les masques de théâtre qui décorent plusieurs de leurs pièces suffiraient à étayer notre opinion; mais nous pouvons ajouter qu'aucun monument antique ne représente des guerriers revêtus de semblables armures, tandis que nous les voyons employées par des gladiateurs. La targe ornée d'un dauphin (voy. pl. IV, n° 3) que nous donnons ici, porte les symboles de Neptune, comme une autre porte des figures relatives à Hercule ; c'est une targe semblable qui couvre l'épaule d'un *mirmillo* représenté dans une mosaïque trouvée en Angleterre (2), figure que Letronne a parfaitement expliquée. Que ce soit au culte de Neptune ou à toute autre cause qu'il faille attribuer la présence du dauphin sur les armes des gladiateurs, toujours est-il que nous trouvons sur le beau casque de Pompéi que nous reproduisons ici (voy. pl. IV, n° 2), ce *poisson* qui donnait lieu au *rétiaire* de chanter en poursuivant le mirmillo : *Non te peto, piscem peto; quid me fugis Galle* (3)? Le cimier du casque est terminé par une tête de griffon avec des caroncules sous le cou, tête qui ressemble tellement à celle d'un coq, qu'elle devait naturellement fournir un excellent prétexte au jeu de mots qui avait, en réalité, pour but d'injurier la nation gauloise. Nous nous étonnons que ces détails n'aient pas éveillé l'attention des savants napolitains qui ont publié pour la première fois ces magnifiques armes. Ni M. Luigi Caterino, qui a décrit avec le plus grand soin le beau casque gravé dans le troisième volume du *Museo Borbonico* (4), ni M. Bernard Quaranta, qui

---

(1) Xiphil, *Vit. Caracall.* — Cf. Winckelmann, *Monum. inéd.*, n° 199.
(2) *Revue archéol.*, 1848, p. 563.
(3) *Festus*, voc. *retiario*.
(4) 1827, t. III, pl. 60.

examine dans le même recueil deux targes d'épaule (1), un casque et une paire de cnémides (2), ne paraissent avoir pensé au rapprochement décisif que nous proposons à l'attention des archéologues.

(1) *Museo Borbonico*, 1828, t. IV, pl. 29.
(2) *Ibid.*, 1831, t. VII. pl. 14.

LETTRE A M. CHARLES LENORMANT

SUR

DEUX VASES PEINTS ANTIQUES

DU MUSÉE DU LOUVRE.

LE RHÉTEUR TISIAS. — POLYCRATE, ROI DE SAMOS.

(Extrait du tome VIII de la *Revue archéologique*, 1851-52, 2º partie, pp. 621-630.)

(PL. V ET VI.)

Monsieur,

Lorsque notre ami J. de Witte rédigeait le premier catalogue des vases peints mis en vente à Paris par le prince de Canino (1), vous eûtes l'obligeance de lui fournir, sous forme de notes, de précieuses indications, des explications savantes, qui ajoutent encore à l'intérêt d'un travail exécuté avec tant de soin. Une de ces notes relative à une *amphore panathénaïque* fabriquée à Vulci, vase qui est passé successivement dans les collections de M. de Magnoncour et de M. Hope, a été plusieurs fois critiquée, et cependant M. de Witte a réimprimé (2) sans hésitation la description que vous lui aviez donnée, en motivant sa persistance par quelques réflexions que je vous demanderai la permission de reproduire plus loin.

« Ce vase, disiez-vous, représente le rhéteur *Gorgias* arrivant à Athènes. Le vieillard à cheveux blancs est enveloppé

---

(1) *Description d'une collection de vases peints, etc., provenant des fouilles de l'Étrurie.* Paris, 1837.
(2) *Description des vases peints et des bronzes antiques qui composent la collection de M. de M*[agnoncour]. Paris, mars 1839, p. 55, nº 65.

dans un ample tribon qui recouvre une tunique talaire; il s'appuie sur un bâton en forme de béquille. A sa suite marche un petit esclave punique : il est nu ; sur son épaule gauche est une chlamyde et un paquet. Au revers, un jeune Athénien, peut-être *Critias,* vêtu du tribon, tient une bourse pour payer les leçons du rhéteur, et s'appuie sur un bâton en forme de béquille. Il regarde une amphore panathénaïque placée à terre. Ce vase désigne la localité. »

Qu'avait donc cette description qui fût fait pour étonner les archéologues? C'est qu'elle attribue un nom de personnage *historique,* réel, à une figure céramographique, tandis qu'il demeurait en quelque sorte convenu que l'on ne devait chercher sur les vases que des compositions religieuses ou des scènes de palæstre.

Si je ne me trompe, c'est bien là tout ce que l'on pouvait avoir à vous reprocher, puisque la valeur historique une fois autorisée, on ne pourrait contester sur la méthode qui présiderait à l'attribution des *noms,* qu'autant que cette méthode s'éloignerait de celle dont on fait communément usage pour appliquer à telle ou telle figure une dénomination mythologique. Or, il n'est pas besoin de rappeler ici combien de fois d'excellentes attributions de noms divins ont été faites, malgré l'absence, je ne dirai pas seulement d'*inscriptions*, mais encore d'attributs, de symboles. En pareil cas, une attitude consacrée, la concurrence de personnages et leurs rapports d'âge ou de nombre, forment des indices très efficaces pour celui qui a le sentiment de l'antiquité.

Si *Gorgias* était un personnage fabuleux, l'explication que vous avez donnée de l'amphore panathénaïque du prince de Canino n'eût bien probablement pas été attaquée. Cependant, depuis 1837, la science n'est pas restée stationnaire, et on aurait mauvaise grâce à ne pas reconnaître qu'il faut accorder place aux sujets historiques dans l'étude des vases peints, non pas sans doute une place bien large, mais à peu près équivalente à celle qu'occupent les sujets de théâtre, autre dérogation au principe mythologique pur.

Les scènes de théâtre anciennement connues, telles que Jupiter chez Alcmène (1), l'arrivée d'Apollon à Delphes (2), le lit de Procuste (3) pouvaient être, à la vérité, considérées comme des parodies religieuses; mais les récentes publications de notre savant ami Th. Panofka (4) ne permettent plus de douter des emprunts que les peintres de vases faisaient aux comédies civiles.

Ainsi que vous l'avez écrit, monsieur, « en matière d'antiquités, on n'a, pour ainsi dire, jamais le droit de se prononcer d'une manière absolue. »

Il y a peu d'années encore, on aurait pu affirmer que le culte de Saturne et de Cybèle n'avait pas laissé de trace dans la céramographie; et cependant M. de Pourtalès a enrichi son cabinet il y a quelque temps, d'un vase à figures rouges, représentant *Rhéa*, qui remet à Saturne la pierre emmaillotée (5), tandis que M. Raoul Rochette a décrit, dans le *Journal des Savants*, un rhyton sur lequel est figurée Cybèle portée par un lion (6).

Vous-même, monsieur, dans un article spécial sur les *vases historiques*, inséré dans les *Annales de l'Institut archéologique*, vous avez présenté le relevé des divers sujets appartenant aux temps humains de l'histoire ancienne.

C'est *Alcée* et *Sappho*, accompagnés de leurs noms ΑΛ-ΚΑΙΟΣ, ΣΑΦΩ (7);

Crésus sur son bûcher funéraire, personnage également indiqué par son nom ΚΡΟΕΣΟΣ (8);

---

(1) Winckelmann, *Monum. inéd.*, p° cxc. Panofka, *Cabinet Pourtalès*, pl. X.
(2) J. de Witte, *Cat. Durand*, n° 669. — Ch. Lenormant, *Cur Plato Aristoph. in Conviv. indux.* 1838, pl.
(3) Millingen, *Vases peints*, pl. XLVI.
(4) *Denkmæler, etc. als Fortsetzung d. archæol. Zeitung.* 1849, n° 3, p. 17 et suiv.; n°s 4 et 5, p. 33 et suiv. — *Annales de l'Inst. arch.*, 1847, t. XIX, p. 216, pl. K.
(5) *Élite des monuments céramographiques*, t. Ier, additions, p. 315.
(6) 1841, p. 647. La Cybèle décrite par M. Minervini, *Bullet. arch. Napolet.*, 1846, t. IV, p. 56, est douteuse.
(7) Steinbüchel. — Millingen, *Ancient unedited monum.*, 1822, pl. XXXIII.
(8) J. de Witte, *Catal. Durand*, n° 421. — Duc de Luynes, *Annales de l'Inst. arch.*, t. V, p. 237 et suiv.

Arcésilas, ΑΡΚΕΣΙΛΑΣ, roi de Cyrène, faisant peser le silphium (1);

Le roi des Perses, désigné par son titre ΒΑΣΙΛΕΥΣ (2);

Codrus, ΚΟΔΡΟΣ, prêt à se dévouer (3);

Le poète *Musée*, avec son nom : ΜΟΣΛΟΣ (4);

Sappho, la lyre à la main, adressant des vers à Phaon (5);

Sappho assise, tenant un rouleau; près d'elle un génie ailé (6);

Anacréon, indiqué par son nom : ΑΝΑΚΡΕΟΝ (7);

Anacréon chantant en s'accompagnant sur sa lyre, et suivi de son chien (8);

Le poète *Cydias* tenant une cithare, avec l'inscription ΧΑΙΡΕ ΚΥΔΙΑΣ (9).

Enfin, dans le travail que je rappelle, vous avez enrichi la science de deux nouveaux sujets historiques : *la Défaite du roi des Perses*, et le philosophe *Aristippe entre la Volupté et la Vertu* (10). Dans le *Catalogue of the Greek and Etruscan vases in the British Museum*, que viennent de rédiger MM. Samuel Birch et Charles Newton, je trouve à la suite de la description d'une amphore de très ancienne fabrique représentant des lutteurs dont l'un est nommé ΗΙΠΟΣΤΕΝΕΣ, cette note : « Probably the Spartan Hipposthenês who was the first victor in the Olympic wrestling match for youths, Ol. 37 (11). » Ceci prou-

---

(1) *Ann. de l'Inst. arch.*, 1833, t. V, p. 56; *Mon.*, t. Ier, pl. XLVII. — J. de Witte, *Catal. Durand.* 1836, n° 422.

(2) *Mus. Etrusc. Gregorianum*, p. II, tab. IV, 2. — *Mon. de l'Inst. arch.*, 1847, pl. V, n° 2.

(3) E. Braun, *Die Schaale des Kodros.* Gotha, 1843, in-fol., pl.

(4) *Bullet. dell' Inst. arch.* 1845, p. 219.

(5) *Ann. de l'Inst. arch.*, 1850, t. XIX, p. 352. — Voy. *Cat. Durand*, n°s 423, 424, 425, 426.

(6) Ce sujet accompagné du nom de Σάπφω est indiqué comme se trouvant sur un vase de la collection de M. Middleton; J. de Witte, *Catal. Durand*, p. 160, n° 423, note.

(7) J. de Witte, *Catal. Durand*, 1838, n° 428. — *Catal. of the Greek vases of the Brit. Museum*, 1851, n° 821.

(8) S. Birch, *Observations on the figures of Anacreon and his dog;* Archeologia, vol. XXXI, p. 257, 1845.

(9) K. Ott. Müller. *Gœtt. gel. Anz.* 1840, n° 60, p. 597 et suiv. Voyez la description de ce vase dans J. de Witte, *Catal. Magnoncour.* 1839, n° 84.

(10) *Annales de l'Inst. arch.* 1850, t. XIX, p. 348.

(11) Page 38, n° 429. — Les auteurs renvoient à Pausanias, V, 8, 3.

verait, si nous pouvions en douter un instant après l'explication des quatre vases d'*Anacréon* donnée par M. Birch, que les plus habiles archéologues de l'Angleterre ne font aucune difficulté d'admettre l'élément historique dans les études céramographiques.

Je reviens au *Gorgias ;* M. de Witte, dans son catalogue de la collection Magnoncour, mentionne l'opposition que M. Edouard Gerhard a faite à votre interprétation dans la *Literatur Zeitung* de Halle. L'opinion du savant antiquaire de Berlin est toujours à mes yeux d'un grand poids, et j'hésiterais beaucoup à me mettre en désaccord avec sa longue expérience ; aussi ai-je tenu à lire son texte même. Or voici ce que j'ai trouvé :

« La physionomie africaine d'un jeune homme au nez camus, paraissant un esclave portant le bagage de son maître, a fourni à M. Lenormant l'ingénieuse conjecture de reconnaître dans le maître, représenté en même temps que cet esclave sur une amphore à figures rouges, le rhéteur sicilien Gorgias. Un jeune homme appuyé sur son bâton, au revers (du vase), est, suivant la même hypothèse, un élève du rhéteur, peut-être Critias : la bourse qu'il tient à la main contiendrait le salaire des leçons ; et l'amphore de forme panathénaïque, posée à terre devant lui, serait une indication du sol attique. Quoique les sujets historiques paraissent si rarement sur les vases peints, nous ne nous permettrons pas cependant de repousser positivement les deux exemples de cette nature si ingénieusement présentés, sujets qu'il serait difficile d'expliquer d'une autre manière (1). »

Vous en conviendrez, monsieur, il est impossible de voir dans ces paroles une condamnation bien positive, et, pour ma part, je l'avoue, je ne puis y reconnaître autre chose que l'expression d'un doute bienveillant assez naturel encore en 1838,

(1) *Intelligenzblatt der allgemeinen Literatur-Zeitung*, januar 1838, p. 36. « So œusserst selten auch historische Gegenstænde auf Vasenbildern erscheinen, so erlauben wir uns doch nicht eins und das andre Beispiel solcher Art, auf so sinnreiche Weise für Gegenstænde einer sonst schwierigen Erklærung angewandt, geradehin abzuweisen. »

tant on était habitué à cette idée que les sujets historiques ne pouvaient point se rencontrer sur les vases. C'est ainsi, et vous l'avez remarqué, que K. Ottfried Müller est mort sans avoir fait disparaître de son livre (1) les doutes qu'il avait émis sur la lecture des noms d'*Alcée* et de *Sappho* que le beau vase de Vienne montre si clairement.

M. Raoul Rochette a vu dans votre opinion sur la figure de Gorgias, une « illusion d'antiquaire (2), » c'est-à-dire, bien certainement, une interprétation que (tout en ne l'admettant pas), ce savant distingue de ces erreurs vulgaires, comme en peuvent commettre les écrivains étrangers à l'étude de l'archéologie. En effet, M. Raoul Rochette, qui a consacré plusieurs chapitres importants de son ouvrage intitulé *Peintures antiques inédites*, aux « *peintures historiques* qui faisaient partie adhérente de la décoration des temples, » aux « portraits ou images des *personnages historiques* de la Grèce consacrés dans les temples (3), » n'éprouve certainement pas de répugnance à reconnaître des sujets historiques sur des vases qui ont dû avoir une destination sacrée, funéraire. Le savant antiquaire n'a donc été en désaccord avec vous, monsieur, que sur l'application à un cas particulier d'un principe qu'il est fort éloigné de repousser. Aussi M. de Witte répondait-il dans sa *Description des vases de Magnoncour* : « Pourquoi le rhéteur *Gorgias* ne pourrait-il paraître sur un vase, aussi bien que les poètes *Anacréon, Alcée, Sappho*, ou les rois *Crésus* et *Arcésilas* ? Certes si des inscriptions n'accompagnaient pas ces figures, on n'aurait jamais osé leur donner les noms qu'on est bien obligé d'admettre d'après les inscriptions antiques. Qui sait si un jour on ne trouvera pas un vase avec le nom de *Gorgias*? Jusque-là l'explication proposée par M. Lenormant restera dans le domaine des conjectures, comme il en est du reste

---

(1) *Archæologie der Kunst* (1re édit.), p. 586 ; 2e édit. (1835) ; 3e édit. (1848).
(2) *Journal des Savants*, septembre 1837, p. 524, note 3.
(3) *Peintures antiques inédites, précédées de recherches sur l'emploi de la peinture dans la décoration des édifices sacrés et publics, chez les Grecs et chez les Romains,* 1836, voy. p. 115 et suiv. et 208 et suiv., et la mention de quatre vases à sujets historiques, p. 441 et 442.

d'une foule de sujets mythologiques, sur la signification desquels les interprètes n'ont pu s'accorder encore. Au reste, les peintures qui décorent cette amphore ne sont pas une de ces compositions banales, comme ou en trouve un si grand nombre sur les vases ; il est évident que l'artiste a voulu exprimer dans la tête du vieillard un type individuel. »

Jusqu'à présent le nom de Gorgias n'a pas encore été retrouvé sur les vases ; mais, en préparant le catalogue de la collection céramographique du Louvre, mon attention a été vivement attirée par un autre nom inscrit sur une charmante amphore de Nola, qui de la collection Bartholdy a passé par celle de Durand, pour entrer enfin dans notre Musée.

Millingen a connu ce vase et a publié (1) la peinture de l'une de ses faces, celle qui représente un génie ailé, tenant deux coupes, volant près d'un autel, et accompagné de l'inscription ΧΑΡΜΙΔΕΣ ΚΑΛΟΣ qui se trouve sur d'autres amphores de Nola conservées dans les collections de M. le duc de Luynes (2), de M. le duc de Blacas (3), du Musée de Berlin (4), etc.

Le second côté de cette amphore représente un homme barbu, tourné à droite, la tête ceinte d'une bandelette d'un rouge foncé ; ce personnage, enveloppé dans un large tribon, repose sa main droite sur un bâton noueux ; dans le champ, on lit devant la figure ΤΕΙΣΙΑΣ, et derrière ΚΑΛΟΣ (voy. pl. V).

Cette figure peut être rangée dans la classe des pædotribes vulgaires et l'on pourra soutenir que l'inscription, loin de s'y rapporter, ne rappelle que le nom de celui auquel le vase a été donné en présent. Cependant il est permis d'être d'une opinion différente à cet égard, et pourquoi ne chercherait-on pas ici un souvenir de Tisias, cet orateur si éloquent qui, suivant le témoignage de Pausanias (5), vint à Athènes en même

---

(1) *Ancient unedited monuments*, pl. XXXI.
(2) H. duc de Luynes, *Descriptions de quelques vases peints*. 1840, in-fol., p. 22, pl. XXXIX.
(3) Panofka, *Die griechischen Eigennamen mit* Καλός. 1850, p. 35 et 88, pl. III, n° 2. Voy. les remarques de M. Panofka sur les rapports du nom Χαρμίδες avec χάρμα considéré comme attribut d'Éros.
(4) Gerhard, *Berlin antike Bildwerke*, vase 847.
(5) *Élide*, II, 17, 8.

temps que Gorgias? Le bâton noueux convient au voyageur. Notre personnage n'a pas les cheveux blancs comme celui que vous avez nommé Gorgias ; mais la longévité de ce dernier, qui, dit encore Pausanias, atteignit cent cinq ans, avait dû frapper l'esprit des anciens et l'artiste chargé de le représenter se sera attaché à exprimer ce grand âge. Il est évident qu'un personnage siculo-athénien, comme Tisias, peut se rencontrer sur un vase de Nola, selon la remarque faite par M. le duc de Luynes sur la convenance de sujets attiques dans une ville fondée par des Athéniens (1).

On peut tirer une objection contre l'attribution que je propose de la présence du mot ΚΛΛΟΣ, en ce sens, qu'exprimant une exclamation, il ne peut s'appliquer à la figure peinte sur le vase. Je ferai observer que sur la coupe du Musée Britannique, dont il a plusieurs fois déjà été question, on lit ΑΝΑΚΡΕΟΝ ΚΑΛΟΣ près de la figure d'Anacréon, tandis qu'à l'intérieur de cette même coupe on trouve ΜΕΜΝΟΝ ΚΑΛΟΣ, inscription qui ne peut se rapporter à la figure féminine qu'elle accompagne. C'est là encore une preuve de plus des nuances qu'il faut admettre dans l'explication des monuments.

J'ajoute que la liste des noms de dieux ou de personnages mythologiques accompagnés de l'épithète ΚΑΛΟΣ, est considérable. M. Panofka, dans son mémoire spécial sur l'emploi de ce mot dans les peintures des vases, en donne une série presque complète (2) :

ΗΕΡΜΕΣ ΚΛΛΟΣ (J. de Witte, *Catal. Canino*, p. 53, n° 98. — Autre sur un vase du Louvre. (Voy. J. de Witte, *Catal. Canino*, n° 71.)

ΗΕΦΛΙΣΤΟΣ ΚΑΛΟΣ (Gerhard, *Auserl.*, I, p. 187).

ΕΡΟΣ ΚΑΛΟΣ (Gerhard, *Ant. Bildwerke*, pl. LVII).

ΘΕΤΙΣ ΚΑΛΕ (J. de Witte, *Catal. Canino*, p. 81, n° 133).

ΠΕΡΣΕΣ ΚΑΛΟΣ (Panofka, *Musée Blacas*).

---

(1) *Description de quelques vases peints.* 1840, p. 22.

(2) La plus grande partie de ces noms mythologiques accompagnés du mot καλός, avait été recueillie par M. Otto Jahn ; *Archæologische Aufzætze*, 1845, p. 80 et 81.

ΚΕΦΑΛΟΣ ΚΑΛΟΣ (Panofka, *Musée Blacas*, I, p. 36).
ΟΙΝΑΝΘΕ ΚΑΛΕ (J. de Witte, *Catal. Canino*, p. 63, n° 109).
ΠΟΘΟΣ ΚΑΛΟΣ (Tischbein, II, pl. XLIV).
ΙΟΛΕΟΣ ΚΑΛΟΣ (*Mus. étr. du prince de Canino*, n° 1003 *bis*).
ΚΑΛΟΣ ΕΚΤΩΡ (Gerhard, *Auserl.*, pl. CLXXXIX).
ΔΙΟΝΥΣΟΣ ΚΑΛΟΣ (J. de Witte, *Catal. Canino*, n° 71).
ΓΛΑΥΚΟΣ ΚΑΛΟΣ (Dubois, *Catal. Canino*, p. 55, n° 201).
ΑΡΓΟΣ ΚΑΛΟΣ (Gargiulo, *Raccolta*, vol. II, pl. XL).
ΜΕΜΝΟΝ ΚΑΛΟΣ (*Mus. étr. du prince de Canino*, p. 148, n° 1617).
ΚΑΛΟΣ ΙΜΕΡΟΣ (*Annal. Inst. arch.*, t. I, p. 288; *Monum.*, t. I, pl. VIII).
ΑΝΔΡΟΜΑΧΕ ΚΑΛΕ (Mus. Borb., Panofka, *Neap. ant. Bildwerk*, p. 350).
ΚΑΛΕ ΙΠΠΟΛΥΤΕ (*Ibid.*).
Série à laquelle on pourrait ajouter toutefois :
ΓΕΛΟΣ ΚΑΛΟΣ (J. de Witte, *Catal. Durand*, n° 85).
ΑΟΣ ΚΑΛΕ (Millingen, *Unedited Monum.*, I, pl. VI).
ΚΑΛΟΣ ΘΕΣΕΥΣ (Gerhard, *Auserl.*, III, p. 48).
ΝΕΣΤΩΡ ΚΑΛΟΣ (Vinet, *Revue archéolog.*, t. II, p. 557. — Cf. *Bull. arch. Napol.*, t. IV, p. 64).
ΕΦΙΛΑΤΕΣ ΚΑΛΟΣ (Millingen, *Unedit. Monum.*, t. I, pl. VII).

La présence du mot ΚΑΛΟΣ n'est donc point un obstacle à l'attribution que je propose (1) ; ce mot, ainsi que l'a démontré M. Panofka, a plusieurs acceptions : MM. Birch et Newton le

---

(1) Une amphore de Nola, de la collection Durand (J. de Witte, n° 47), représente Éros volant, avec l'inscription ΔΙΟΚΛΕΕΣ ΚΑΛΟΣ, et au revers, un éphèbe debout, enveloppé d'une large draperie, avec le mot ΚΑΛΟΣ dans le champ. M. Raoul Rochette qui a publié cette belle peinture dans les *Monuments inédits* (*Orestéide*, pl. XLIV, 1, p. 233), voit dans la seconde figure, non pas seulement une de ces représentations banales comme les artistes en ont placé souvent au revers des vases, mais un *éphèbe idéal* faisant allusion au jeune Dioclès dont le nom est inscrit près de la figure d'Éros. M. Panofka fait de ce personnage un Ganimède et le considère comme une allusion au *nom* de Dioclès ; mais je dois dire que l'ajustement donné par le peintre à l'éphèbe rend cette explication difficile à admettre, et il me semble que l'allusion doit être restreinte à la figure d'Éros portant une colombe. Dans tous les cas, j'ai dû citer l'opinion de M. Raoul Rochette comme un exemple qui concourt à autoriser en principe l'attribution que j'ai proposée.

traduisent par : *is noble;* sur les monnaies bilingues des premiers musulmans, le mot ΚΑΛΟΝ est traduit par *thaieb,* bon.

L'existence de l'inscription : ΧΑΡΜΙΔΕΣ ΚΑΛΟΣ, sur un nombre assez considérable d'amphores de Nola du plus beau style, serait assez difficile à expliquer, si l'on voulait y voir seulement une dédicace à celui qui devait recevoir le vase, ainsi que le pensait Millingen. Comment comprendrait-on cette collection de vaisseaux de la même forme et de la même dimension, offerte à un seul individu? D'un autre côté, si les mots ΧΑΡΜΙΔΕΣ ΚΑΛΟΣ étaient l'expression de l'affection du potier pour un personnage vulgaire et obscur, comment le public acheteur se serait-il accommodé de cette déclaration de sentiments qui ne pouvait l'intéresser? On ne pourrait accepter cette inscription, tant de fois répétée, que venant d'un grand artiste, dont elle aurait en quelque sorte représenté la signature. Si maintenant on se rappelle que Phidias avait inscrit sur un doigt du Jupiter Olympien : ΠΑΝΤΑΡΚΗΣ ΚΑΛΟΣ, et qu'il était fils de Charmidès, on pourra admettre que les amphores de Nola dont il est ici question, reproduisent, avec des croquis du plus grand artiste de l'antiquité, une exclamation en l'honneur de son père (1), que lui-même avait tracée sur ses dessins originaux. Cette conjecture paraîtra peut-être sans fondement à beaucoup de nos lecteurs. J'avoue au moins qu'elle ne peut s'appuyer sur des preuves décisives; j'ai cru cependant devoir vous la soumettre, monsieur, en pensant à ces paroles, que Letronne adressait aux amis de l'antiquité : « Je les invite à ne pas craindre, plus que je ne l'ai fait, de s'écarter de l'opinion commune, et de proposer les conjectures qui leur sembleraient probables, dussent-elles ne pas se vérifier plus tard (2). »

Aussi, pendant qu'à mes risques et périls, j'ai entrepris de vous exposer mes hypothèses céramographiques, je me per-

---

(1) Le nom du père de Phidias se lisait sur la base du Jupiter Olympien, dans ce vers que rapporte Pausanias, *Élide,* I, 10, 2 :

Φειδίας Χαρμίδου υἱὸς Ἀθηναῖός μ' ἐποίησε.

(2) *Ann. de l'Inst. arch.,* 1845, t. XVII, p. 346.

mettrai de vous parler encore, monsieur, d'une coupe provenant des fouilles de Canino, et que j'ai pu placer récemment dans notre collection du Louvre, non loin de l'admirable vase de Crésus.

L'extérieur de cette coupe a beaucoup souffert; on y voit cependant un jeune garçon debout, entièrement nu, posé de face et détournant à droite sa tête qu'entoure un bandeau de couleur rouge foncé; près de lui est un autel décoré de volutes. Deux victoires ailées, volant, vêtues de tuniques finement plissées et de péplus, portent de longues bandelettes dont elles s'apprêtent à ceindre les bras de l'adolescent. De chaque côté de ce groupe se tient un personnage debout; l'un a disparu presque complètement avec un éclat de la coupe; l'autre est un vieillard chauve et rasé, enveloppé dans un tribon et appuyé sur un bâton; ce sujet se répète sur l'autre segment du vase plus maltraité par le temps que le premier. On y distingue, en plus, la base d'une *meta* ou d'une stèle; en outre, l'autel, au lieu d'être sculpté, est formé par une grosse pierre à l'état naturel. Ces génies ailés qui viennent parer le jeune garçon comme une victime prête à figurer dans un sacrifice, cet autel qui fournit dans le même sens un nouveau point de comparaison, cette *meta* terminale, tout ici paraît caractériser une scène funèbre euphémiquement exprimée. M. le duc de Luynes a expliqué de la même manière des représentations analogues (1).

L'intérieur de la coupe, qui n'a subi aucune altération, montre un personnage barbu et diadémé, vêtu d'une tunique talaire que recouvre un large manteau, s'appuyant sur un bâton et serrant de la main droite la tête du jeune homme debout devant lui (voy. pl. VI). Vous me dispenserez, monsieur, de décrire plus minutieusement cette composition; j'ajouterai cependant que la colonne dorique placée derrière le personnage barbu indique, ainsi que le siège qui se voit plus loin, que la scène se passe dans l'intérieur d'un édifice. Si

---

(1) *Description de quelques vases peints.* 1840, in-fol., p. 20 et 21.

je compare le personnage principal de ce groupe à la figure du Crésus peint sur la grande amphore du Louvre, je trouve une si complète analogie d'ajustement, que je puis me croire pleinement en droit de regarder le premier de ces personnages comme un roi contemporain du second. Je lui donnerai le nom de Polycrate et dans ce cas le jeune homme serait Bathylle si souvent chanté par Anacréon (1).

L'influence de ce poète sur les artistes me paraît avoir été considérable ; la forme de ses œuvres, qui se retiennent si facilement dans la mémoire, a dû les vulgariser extrêmement. Le peintre et le sculpteur chantaient de l'Anacréon tout en travaillant, et se trouvaient tout naturellement amenés à reproduire avec le pinceau ou le ciseau certaines images extrêmement pittoresques. Quelques chansons d'Anacréon telles, par exemple, que celles dans lesquelles il indique les sujets qui doivent orner des coupes, ou celle encore dans laquelle il décrit un disque d'argent représentant Vénus, ont été certainement pour l'antiquité ce qu'étaient pour le moyen âge les prescriptions du moine Théophile adressées aux orfèvres et aux peintres verriers. Du moins, nous retrouvons dans les monuments antiques, postérieurs au poète de Téos, tous les traits, tous les détails imaginés par celui-ci. C'est aussi en chantant le morceau qui commence par ce vers :

Γράφε μοι Βάτυλλον οὕτω,

que l'auteur de la coupe que je viens de décrire a dû concevoir la scène qu'il y a représentée ; c'est ce dont on peut se convaincre en lisant ce texte, avec notre dessin près de soi. L'influence d'Homère, d'Aristophane, d'Épicharme sur les peintres de vases, est actuellement bien reconnue ; je pense qu'il faut ajouter Anacréon à cette liste et je serais heureux, monsieur, que cette idée pût obtenir votre assentiment.

(1) Si l'on admet l'interprétation que je donne ici aux scènes représentées sur les deux faces de la coupe, on devra facilement comprendre la relation qui existe entre ces sujets. On pourrait en effet supposer que la vie de l'adolescent, enlacé par les Victoires funèbres, avait offert quelques rapports avec celle du page de Polycrate.

INTERPRÉTATION

DU TYPE FIGURÉ SUR LES DENIERS

DE LA FAMILLE HOSIDIA

ET REMARQUES

SUR L'ORTHOGRAPHE ET LA PRONONCIATION DU GREC EN ITALIE.

(Extrait du tome XXI (1852) des *Mémoires de la Société nationale des Antiquaires de France*, pp. 354-375.)

Les deux variétés, depuis bien longtemps connues, du denier de la famille romaine Hosidia, présentent un unique revers : un sanglier blessé d'un trait et attaqué par un chien, type dont l'explication ne me paraît pas avoir été trouvée jusqu'à présent par les auteurs qui ont eu lieu de s'en occuper.

Les deniers de la famille Hosidia se sont rencontrés dans les dépôts de pièces consulaires découverts à San Cesario et à Collecchio, trésors dont l'examen a fourni au savant abbé Cavedoni l'occasion d'enrichir la numismatique de tant de notions chronologiques importantes, de tant d'aperçus ingénieux sur le sens des types (1). Cependant les mémoires qui nous font connaître ces découvertes ne contiennent pas d'observations spéciales sur le type de la famille Hosidia, et nous ne savons pas si leur auteur s'est occupé ailleurs de cette interprétation. M. Celestino Cavedoni laisse rarement, en effet, quelque chose à ajouter à ses savants commentaires numismatiques, et la multiplicité de ses écrits est telle que celui qui publie des remarques archéologiques peut toujours être

---

(1) *Saggio di osservazioni sulle medaglie di famiglie romane*, Modena, 1829, in-8º; et *Appendice al Saggio di osserv.*, etc., Modena, 1831, in-8º. Les découvertes mentionnées dans cet *Appendice* furent faites à S. Anna et à S. Bartolomeo-in-sasso-forte.

partagé entre la crainte d'avoir été devancé par l'éminent antiquaire de Modène, et le plaisir de se trouver en communauté d'opinion avec lui.

Havercamp prétend que les deniers de la famille Hosidia ont dû être frappés en l'an 734 de Rome, à l'époque de grandes chasses destinées à célébrer l'anniversaire de la naissance d'Auguste; le sanglier blessé, attaqué par un chien, serait une image abrégée de ces solennités (1).

Eckhel refuse son approbation à cette interprétation qui, en effet, n'est pas conforme aux usages antiques, car elle se rattache au système qui consiste à chercher sur les monuments de la Grèce autonome et de la république romaine la trace d'idées qui appartiennent au déclin de l'époque impériale. L'auteur du *Doctrina numorum* se borne à dire : « Non modo cognomen GETA in alteram numi partem trajectum, sed etiam quod serrati sunt, eos FACILE Augustea ætate multo antiquiores constituit, aper vero necessario venationes non arguit, cum suapte componatur cum Diana venatrice, quam Hosidius ex quacumque causa parti adversæ insculpsit (2). » Eckhel avait parfaitement raison quant à l'âge de ces monnaies, puisqu'il résulte des découvertes faites à San Cesario et à Collecchio qu'elles sont antérieures à l'an 705.

M. Gennajo Riccio, dans son traité sur les *Monnaies des antiques familles de Rome*, après avoir analysé l'opinion d'Havercamp qu'il ne partage point tout à fait, ajoute : « Creder puossi piottosto Osidio Capuano, ed allusivi quei tipi alla sua padria, cioe al celebre tempio di Diana Tifatina e alle cacce di cignali, che *dovevansi* eseguire in quegli estesi boschi (3). » Ainsi M. Riccio, sans s'expliquer, comme Eckhel, sur l'âge des monnaies, attribue le type du sanglier au souvenir des chasses qui, suivant l'expression même employée par l'auteur, *devaient* avoir eu lieu dans les bois de Capoue. Il n'y a donc encore là qu'une supposition qui, pour être inspirée par un

(1) *Thesaurus Morellianus, sive familiarum Roman. numismat.*, t. I, p. 198.
(2) *Doct. num. vet.*, t. V, p. 225.
(3) *Monete delle ant. famigl. di Roma*, Naples, 1843, p. 101.

sentiment plus vrai de l'antiquité, n'en a pas moins, comme l'explication d'Havercamp, l'inconvénient de l'arbitraire.

D'un autre côté, plus on étudie les monnaies antiques, et en particulier celles qui ont été frappées par des monétaires romains, plus on reconnaît la fréquence des types qui font allusion au nom des villes ou des familles, ou même au surnom d'un de leurs membres. Dans ces allusions l'allitération n'est pas toujours complète ni exacte. A côté d'exemples dans lesquels le rapprochement de sons est parfait, tels que la *fleur* sur les deniers d'Aquillius *Florus;* le veau sur ceux de Voconius *Vitulus;* les étoiles *triones* sur ceux de Lucrétius *Trio;* Diane traînée par deux *axis* (1) sur la monnaie de la famille *Axia* (2), on trouve des types qui ne représentent qu'approximativement le nom de celui qui les a adoptés. Ainsi, une palissade, *vallum,* sur les monnaies de Numonius *Vahala,* une hachette, *asciculus,* sur celle de Valérius *Acisculus,* un *taureau* sur les deniers de Lucius *Thorius;* le dieu *Titinus* sur ceux de Quintus *Titius;* le géant *Valens* sur ceux de la famille *Valeria* (3), une main, *balio,* sur une pièce de bronze de C. Allius *Bala.* Quelquefois le type n'a trait qu'à une partie du nom d'homme; ainsi l'on trouve la tête de *Pan* sur les deniers de Caïus Vibius *Pansa.* Les cornes de Jupiter Ammon et de Junon Sispita coiffée de la dépouille d'une chèvre, sont des emblèmes parlants pour Quintus *Cornuficius.* Un type, tout en faisant allusion au nom du magistrat qui a fait frapper la monnaie, peut donner en même temps la clef étymologique de ce nom; tel est le buste d'*Acca Larentia* sur un denier d'*Accoleius Lariscolus;* tel est encore le type d'une pièce de plomb de la famille *Oppia,* dans lequel Sestini a vu une tête de Vénus coiffée d'un modius; nous proposerons de donner à cette figure, dont le caractère est tout particulier, le nom d'*Ops,* déesse chthonienne à laquelle le modius convient parfaite-

(1) Pline, *Hist. nat.*, VIII, 31.
(2) Voy. encore le *maillet* sur les deniers de *Mallcolus;* la tête de *Silène* sur ceux de *Silanus,* un *geai* sur les monnaies de L. Antistius *Gragulus,* les *Muses* sur celles de Pomponius *Musa.*
(3) Rev. numism., 1849, t. XIV, p. 325, mémoire de M. J. de Witte.

ment (1). Parfois l'allusion est empruntée à des mots étrangers à la langue latine. Ainsi M. Ch. Lenormant a démontré de la manière la plus ingénieuse que le bouc figurait sur la monnaie de Cornélius *Cethegus*, à cause du nom phrygien *Ethegos*, de cet animal (2). On remarquera que l'allitération est observée à une gutturale initiale près ; c'est une raison pour considérer le cheval de charge, *caballus*, que porte la monnaie d'*Aballo* comme un type parlant ; nous avons aussi proposé ailleurs de donner le nom d'*Abellio* au dieu figuré sur les monnaies de *Cabellio* (3). Il est admis sans contestation que le monétaire *Scarpus* a choisi une main pour type des deniers de la famille Pinaria en raison du nom de la main en grec, χάρπος.

Le type de la famille Hosidia me paraît devoir être ajouté à la liste de ceux qui font allusion au nom du monétaire. Ce sanglier percé d'un trait, attaqué par un chien, qui se trouve figuré au revers d'un buste de Diane, c'est, à mon sens, le *sanglier de Calydon*, envoyé à l'Étolie par la déesse irritée contre le roi Œnéus qui, offrant des hécatombes à tous les dieux, avait oublié la redoutable sœur d'Apollon. Quelque peu développé que soit le type de la famille Hosidia, il est

(1) Sestini, *Descr. della serie consolare del museo Fontana*, pl. II, n° 12. Le nom *Oppius* me paraît dérivé d'*Ops*, comme *Salvius* de *Salus*, comme *Pacuius* de *Pacs*, comme *Fourius* de *Fors*, comme *Esuvius* d'*Esus*.
M. Riccio considère le coq qui se voit sur un bronze de la famille *Marcia* comme un symbole, l'oiseau *Martialis*, faisant allusion au nom de la famille. Nous avons proposé une explication analogue pour la plante figurée sur les deniers de la même famille ; la tige d'*Arum*, plante *Martialis*, nous a paru se rapporter au nom de la famille qui se glorifiait de descendre d'Ancus Martius. Voy. *Mém. de la Soc. des Antiq. de France*, t. XX, p. 186.

(2) *Revue numism.*, 1842, t. VII, p. 245.

(3) *Notice des monnaies françaises de la collect. de M. J. Rousseau*, 1848, p. 4. Je maintiens cette opinion malgré la critique dont elle a été l'objet (*Rev. num.*, 1850, p. 369). Les arguments que m'oppose M. Chaudruc de Crazannes me paraissent, il faut le dire, dénués de solidité ; l'assimilation que cet écrivain cherche à établir entre *Abellio* ou *Apollo* et le nom de *Baal* est inacceptable. Il faudrait d'abord prouver qu'Apollon est un dieu d'origine sémitique, ce qui est loin d'être supposable ; ensuite il faudrait démontrer comment le radical *Baal* a pu devenir *Abellio* ou *Apollo*, et la grammaire s'y refuse. Quant à nous, nous ne faisons pas intervenir l'étymologie dans cette affaire ; il nous suffit qu'*Abellio* soit le nom d'un dieu gaulois pour penser que les habitants de Cabellio ont pu le faire graver sur leurs monnaies à titre d'armes parlantes.

cependant bien plus intelligible au premier coup d'œil que celui de certaines monnaies de l'Étolie qui montrent l'os maxillaire du sanglier (1), accompagné d'un fer de javelot. Et cependant, si l'on y réfléchit, on reconnaîtra que la présence de ce *trait* ou de ce *fer de javelot* est très caractéristique ; il est étonnant même que l'on n'ait pas encore fait remarquer l'importance et la signification de ce symbole patronymique ; on lit en effet dans Pline qu'Ætolus, fils de Mars, était l'inventeur d'un javelot à courroie : *Jaculum cum amento Ætolum Martis filium [invenisse dicunt]* (2). La chasse de Calydon figurée sur un assez grand nombre de monuments se voit, entre autres exemples, sur une précieuse coupe peinte trouvée en Italie et signée des artistes Archiclès et Glaucyte, monument actuellement conservé au musée de Munich (3). Dans la composition qui décore ce beau vase, le sanglier est accompagné de son nom ΗVS. Or, cette ancienne orthographe du mot ὕς, le même que le latin *sus*, suffit pour autoriser le rapprochement que les Romains de la république, toujours amateurs d'archaïsmes, ont établi entre l'image d'un sanglier et le nom de C. Hosidius. Chez les Latins la prononciation des lettres V et O était tellement analogue qu'on les voit fréquemment permuter. On connaît des exemples de ces échanges dans les textes, dans les inscriptions, dans les légendes monétaires. Si *Apollo* s'écrit *Aplun* et *Apulu*, *Vulcanus* se rencontre sous la forme *Volkanos* ; et cela se trouve, non seulement dans toute l'Italie, mais encore dans la Gaule, où il est presque impossible de savoir si l'on a fait une différence entre ces deux lettres.

Ainsi donc le sanglier HVS ferait allusion au nom de *C. Hosidius*, comme la corne d'Ammon, *cornu*, au nom de *Cornuficius*, comme la tête de *Pan* au nom de *Pansa*, comme l'enfant, παῖς, au nom de *Pedanius*, comme le cheval au galop, κάλπη, au nom de *Calpurnius*, comme la main, κάρπος, au nom de *Scarpus*.

---

(1) Cette mâchoire est bien caractérisée par une défense.
(2) *Hist. nat.*, lib. VII, 56, 9.
(3) Ed. Gerhard, *Auserlesene d. v. bild*, t. III, pl. CCXXXV et CCXXXVI. — *Annal. dell' inst. arch.*, 1848, *mon.*, t. IV. tav. LIX.

On peut observer qu'ὑσία signifiant *expiation*, le diminutif ou forme euphémique ὑσίδιον pourrait faire une allusion plus complète au nom du monétaire Hosidius, tandis que le mythe de Calydon peut très bien être considéré comme une expiation. Les intéressantes recherches de M. J. de Witte sur le rôle du cochon dans l'expiation ont suffisamment éclairci cette partie de la religion des Grecs (1), et je ne m'étendrai pas davantage sur cette particularité, car le rapport du mot HVS avec le nom d'Hosidius a été bien suffisant pour déterminer l'adoption du sanglier calydonien comme type des deniers de la famille Hosidia. Le meurtre du sanglier a pu être exprimé par le mot *Hucidium*.

J'ai parlé de la prononciation de HVS ou ὑς comme s'il se fût agi d'un mot latin; et cette question mérite d'être traitée avec quelques développements; car je suis arrivé, par l'examen des monuments antiques, à croire que le son de l'*ypsilon*, au lieu d'être aigu comme chez les Grecs, était, en Italie et dans la Gaule, confondu avec celui de l'V ou de l'O, caractères qui ne sont eux-mêmes que deux expressions du W (ouaou) italiote.

Voyons, par exemple, les monnaies à légendes grecques frappées à *Ruvo* et à *Canosa;* les noms latins *Canusium*, *Rubastini* sont transcrits ΚΑΝΥΣΙΝΩΝ, ΡΥΒΑΣΤΕΙΝΩΝ; les monnaies de *Sturnium* portent ΣΤΥ; celles de *Butuntum* ΒΥΤΟΝΤΙΝΩΝ. Les monnaies à légende grecque de la Lucanie donnent ΛΥΚΙΑΝΩΝ, tandis que des pièces contemporaines montrent la forme italiote ΛΟΥΚΑΝΟΜ. Ce n'est pas tout; les didrachmes de Vélie, de Lucanie ont pour légende ΥΕΛΗΤΩΝ, ce qui est conforme à l'orthographe d'Hérodote; mais les Italiotes ne prononçaient pas l'*ypsilon* comme les

---

(1) *Annal. dell' inst. arch.*, 1850, p. 413, *mon.*, t. IV, *tav.* XLVIII et *tav. d'agg.* X, 1847. — Il nous sera permis de faire observer au sujet de l'emploi du cochon dans les expiations ou conjurations qu'un passage de l'Évangile de saint Matthieu (VIII, 28 sqq.) qui a maintes fois été tourné en ridicule par des écrivains du dernier siècle, rapporte cependant un fait conforme aux idées reçues dans le monde hellénique. La délivrance des possédés Géraséniens est un trait des mœurs antiques qui n'a rien de plus choquant que la guérison d'Oreste.

habitants de la Grèce, aussi firent-ils d'Hyelée *Velia*. Cicéron, Virgile, Velléius, Pline, Pomponius Mela ont employé cette dernière forme, qui est encore attestée et contrôlée par Ptolémée, qui écrit Οὐέλιαι.

La monnaie de Vérétum porte l'ethnique ΥΡJΑΤΙΝΩΝ, forme évidemment plus ancienne et d'ailleurs adoptée par des Italiotes ; mais la prononciation agissant suivant le mode que je viens d'indiquer, des écrivains grecs plus récents que ces monnaies ont été amenés à exprimer le son latin de l'V ; Strabon et Ptolémée écrivent Οὐέρητον.

Les belles monnaies grecques d'Avignon portent l'inscription ΑΟΥΕ et ΑΥΕ. Les pièces qui présentent ces variétés (1) sont de style semblable et paraissent avoir été frappées à peu près dans le même temps. Cette double orthographe a naturellement paru anormale ; mais la voici maintenant rattachée à une série de faits congénères qu'elle concourt puissamment à éclairer.

Après ce que je viens d'exposer, on ne s'étonnera pas de l'assimilation que j'établis entre le mot ΗΥΣ ou ὖς et la première syllabe du nom d'Hosidius. C'est probablement à la prononciation italiote qu'il faut attribuer le fait que Plutarque signale ainsi : καὶ γὰρ ἣν νῦν Μουρκίαν Ἀφροδίτην καλοῦσι, Μυρτίαν τοπαλαιὸν, ὡς ἔοικεν, ὠνόμαζον (2).

Dans un mémoire intitulé *Éclaircissements tirés des langues sémitiques sur quelques points de la prononciation grecque*, M. Ernest Renan a montré que plusieurs peuples orientaux transcrivaient l'υ grec au moyen de signes qui ont le son d'*OU* ou d'*O*. Il est vrai que la prononciation des voyelles dans la bouche des Sémites est tellement vague et indéterminée qu'il est assez difficile de s'en rapporter à leur mode de transcription de mots étrangers pour apprécier les sons que ces mots contenaient réellement. Les réflexions de notre confrère sur la prononciation des Éoliens, des Lacédémoniens, des Béo-

---

(1) Voy. la fig. de ces monnaies : La Saussaye, *Numism. de la Gaule narbonnaise*, pl. XVI, *Avenio*, n°s 1 et 2.
(2) *Quæstion. Roman.*, n° XX.

tiens, et sur la double orthographe de certains mots latins, tels que *lacruma = lacryma, cupressus = cypressus, Sulla = Sylla, Burrhus = Pyrrhus,* sont excellentes. Néanmoins les exemples tirés de monuments antiques me paraissent très importants dans une semblable étude.

Il est un nom de ville que je n'ai pas cité parmi ceux dans lesquels l'*Ypsilon* remplace l'V latin ; je veux parler de cette localité, longtemps indéterminée, dont les monnaies offrent les légendes ΥΡΙΝΑ, ΥΡΙΑΝΟΣ et ΥΡΙΕΤΕΣ, et que je crois frappées à Surrentum, aujourd'hui *Sorrente*.

Millingen, en 1812, disait de ces monnaies : « Comme elles se trouvent toujours dans les environs de ces deux villes (*Nola* et *Naples*), il n'y a pas de doute, malgré le silence des géographes anciens, qu'il n'y ait eu dans cette partie de la Campanie une ville appelée *Hyria*, et ce nom indique qu'elle a été fondée par une colonie grecque (1). » En 1831, le même auteur s'exprimait ainsi : « The coins of Hyria, a town in Campania, perhaps the same as Surrentum (2). » C'est que dans l'intervalle qui sépare la publication des deux ouvrages du savant numismatiste anglais, un antiquaire napolitain, F. Avellino, avait eu l'excellente idée d'attribuer à Sorrente les monnaies en question. Cet écrivain s'est, à plusieurs reprises, occupé de cette attribution, et le mémoire qu'il lui a consacré pose très bien le problème (3). M. Avellino, ayant remarqué la ressemblance de certains mots grecs avec des mots latins qui ont la même signification et qui n'en diffèrent que par l'addition d'une S initiale : ὑπό et *sub*, ἑπτά et *septem* ; ἕξ et *sex*, ἡμεῖς et *semis*, ἅλς et *sal* ; rappelant en outre les doubles formes de quelques noms géographiques : *Egesta* et *Segesta* ; Ἔλπια et Σαλάπια ; les Ἑλλοί d'Homère, nommés Σελλοί par Pindare (4), en conclut fort judicieusement que ΥΡΙΝΑ et ΥΡΙΕΤΕΣ sont les légendes monétaires du peuple de Surrentum.

(1) *Recueil de médailles grecques inédites*, Rome, 1812, p. 14.
(2) *Ancient coins of greek cities and kings*, London (Paris, Firmin Didot), 1831, p. 27.
(3) Avellino, *Opuscoli diversi*, 1836, t. III, p. 99.
(4) *Fragm.* 31, Strab. VII, 328.

Malheureusement Avellino, trompé par cette parole de Servius : *amabant majores ubi aspiratio erat, S ponere* (1), a cru que les divers mots qui viennent d'être cités avaient pris un S en passant du grec au latin (2), en sorte que l'addition de cette lettre ne serait plus qu'une sorte d'accident plus ou moins fréquent, mais sans nécessité absolue. La valeur de l'*ypsilon* initial n'étant d'ailleurs pas reconnue, la liaison des légendes ΥΡΙΝΑ, ΥΡΙΑΝΟΣ et ΥΡΙΕΤΕΣ avec *Surrentum* et *Sorrente* devait paraître toujours assez vague. Aussi l'opinion d'Avellino fut-elle rejetée par plusieurs numismatistes, et leur autorité influa-t-elle sur l'esprit du savant Napolitain au point de lui faire, peu de temps avant sa mort, abandonner son excellente attribution pour revenir à la *ville incertaine*.

Je ne sais si Avellino a connu l'approbation que M. Lenormant a donnée à sa première opinion. Notre savant confrère la confirme en effet par des considérations nouvelles : « Qu'on prenne, dit-il, une monnaie de Naples, d'ancien style, représentant d'un côté la tête de Minerve casquée, et de l'autre le taureau à face humaine, et qu'on place auprès de cette médaille des pièces de *Capoue* avec la légende ΚΑΠΠΑΝΟΝ et ΚΑΜΠΑΝΟΝ, de *Nola* et d'*Hyrina*, on s'apercevra sans peine que les monnaies de ces trois villes sont des copies exactes de celles de Naples, non seulement pour le sujet, mais pour le style. Capoue était située au nord de Naples, Nola vers le sud-est, l'analogie nous conduit à chercher également Hyrina dans le voisinage de Naples et probablement dans une autre direction que celle de Capoue et de Nola : trouvant ainsi Surrentum au sud de Naples et de l'autre côté du cratère, je me sens entraîné à adopter la conjecture de M. Avellino, lequel considère Hyrina comme la transcription grecque du nom de la ville que les Romains ont appelée *Surrentum* (3). »

Maintenant si, au lieu de quelques points de comparaison

---

(1) *Ad Æneid.*, lib. VIII, v. 330.
(2) « Or chi vi è mai che ignori che il primo prese spessissimo il luogo della seconda, in quelle voci precisemente che dal greco linguaggio passarono nel latino ? » *Opusc. div.*, t. III, p. 106.
(3) *Revue numismatique*, 1844, p. 247.

comme ceux qu'Avellino avait pu observer, on fait intervenir une loi organique régissant plusieurs langues congénères, on arrivera à changer en probabilités très fondées les premières suppositions.

Il n'est pas nécessaire, sans doute, d'exposer ici le tableau de l'unité grammaticale des langues sanscrite, latine, zende et grecque. Mais il est essentiel de se rappeler que, à plusieurs égards, on peut faire deux classes dialectiques assez tranchées, l'une comprenant le sanscrit et le latin, l'autre le zend et le grec (1). Dans le cas particulier que j'examine, c'est-à-dire le passage d'une sifflante forte à une aspiration ou sifflante faible, car il est certain que les mots, dans leurs modifications, procèdent du fort au faible comme du compliqué au simple, on peut facilement vérifier que les mots latins commençant par un S correspondent à des mots sanscrits pourvus d'une sifflante, tandis que le zend, le grec et aussi le celtique préfèrent l'aspiration.

EXEMPLE.

Sanscrit.	Latin.	Zend.	Grec.	Breton.
Saptan;	Septem;	Hapta;	Ἑπτά;	
S'us'ka;	Siccus;	Huska;	Ἰσχάς, ἰσχνός;	Hesk.
Suapnas;	Somnus;	Huafna;	Ὕπνος;	Hun.
Sarpa;	Serpens;		Ἕρπετος;	Aerouant.
Samiyas;	Similis;	Hama;	Ὅμοιος;	Hevel, hañoual.
Suryas;	Sol;	Huare;	Ἥλιος;	Heol.
Sukara;	Sus;	Huka;	Ὕς;	Houc'h.

Ainsi, lorsque le système grec prédominait quelque part, on doit s'attendre à trouver l'aspiration au lieu d'une sifflante au commencement des noms. Par contre, la réaction sanscrite

(1) Dès 1829, M. Eugène Burnouf s'exprimait ainsi : « On sait, en effet, qu'un grand nombre de mots grecs qui commencent par l'esprit rude ont en sanscrit un S initial. C'est pour le dire en passant un caractère qui distingue la forme hellénique de ces mots de leur forme latine, laquelle est le plus souvent identique au sanscrit, tandis que, pour trouver l'origine de l'esprit rude, c'est-à-dire de l'aspiration, il faut se reporter à la langue zende, avec laquelle le grec a, en beaucoup de points, plus d'analogie qu'avec le sanscrit même. » *Nouveau Journal asiatique*, t. III, p. 299. Depuis cette époque l'éminent orientaliste a poursuivi l'étude de cette question. Voy. son *Commentaire sur le Yaçna* et les *Études sur la langue et sur les textes zends*, Journal asiatique, 1844, p. 467 et sq.; 1845, p. 278; 1846, p. 10.

agissant puissamment à l'époque où la langue latine remplaçait la celtique, on vit des S s'attacher à des noms de lieux gaulois. *Edena* de Pline devint *Sedena* (1), et Tzetzès était obligé de protester contre l'altération introduite dans le nom des Alpes : Ἄλπια οὐ Σάλπια, dit-il, ἔρη Εὐρωπαία τῆς Ἰταλίας μεγάλα (2).

Cependant l'absence d'S au commencement du mot ΥΡΙΕΤΕΣ n'est pas la seule différence qui sépare ce nom de la forme latine *Surrentum*. On peut remarquer qu'il y manque aussi un N intercalaire. Ceci se rattache à un fait qui n'a pas été encore étudié et qui mérite pourtant de l'être avec plus d'autorité que je ne peux en apporter dans un semblable examen. Je veux parler de l'usage de l'*anousvara* ou du *son postérieur* dans les écritures grecque et latine. Ce son, marqué en sanscrit par un point et en latin (pendant le moyen âge) au moyen d'une barre placée au-dessus des caractères, ne paraît pas avoir été indiqué dans les écritures indienne, grecque et latine de l'antiquité (3). Ainsi, dans l'inscription funéraire de Lucius Scipio Barbatus, on trouve **TAVRASIA . CISAVNA . SAMNIO . CEPIT . SVBIGIT . OMNE . LOVCANA** (4) ; dans celle de son fils L. Corn. Scipio, on lit **COSOL** et **CESOR** pour *consul* et *censor ;* sur un précieux vase gaulois du Louvre, j'ai trouvé l'inscription **GENIO TVRNACESIV** (*Turnacensium*) ; ainsi, sur les monnaies de Capoue, on lit ΚΑΠΠΑΝΟΜ et ΚΑΜΠΑΝΟΜ ; sur celles de Compulteria, *Kupelternum ;* dans des inscriptions de Blaundus, on trouve ΒΛΑΥΔΟΣ, tandis que les monnaies fournissent ΒΛΑΥΝΔΕΩΝ. Les monnaies des Frentani nous montrent Ƨ**DETEDNVM** (*Freternum*), Ƨ**DENTDEI** et Ƨ**ENSEPNV** (*Frenterei* et *Fensernu*). Une ville crétoise est nommée ΛΑΠΠΑ et ΛΑΜΠΑ, ce qui fait qu'Eckhel admet deux lieux différents portant ces noms dans la même île.

---

(1) Voy. *Mém. de la Soc. des Antiquaires de France*, t. XX, 1850, p. 38.
(2) *In Lycophr.*, V, 1361.
(3) Dans l'ancien perse ou zend des inscriptions cunéiformes achéménides, l'*anousvara* n'est indiqué par aucun signe graphique, et cependant son existence ne peut être révoquée en doute ; voy. J. Oppert, *Revue archéol.*, 1848, t. V, p. 69.
(4) Visconti, *Monum. degli Scip.*, 1780, p. 16.

On rencontre aussi dans les inscriptions **INFAS** pour *infans* (1); on doit voir, dans les légendes **ROMA RENASCES** et **ROMA RESURGES**, que nous montrent les monnaies de Galba et de Vespasien, les participes présents *renascens* et *resurgens*, ainsi que l'a judicieusement reconnu Eckhel (2), malgré le sentiment d'Havercamp, qui y trouvait la seconde personne du futur (3). Seulement le célèbre numismatiste viennois n'a pas su à quelle origine grammaticale se rattache l'omission de la lettre **N** dans ces deux mots. L'abréviation **COS** du mot *consul*, qui a été conservée par archaïsme, provient du temps où l'on écrivait *cosol*; c'est encore un effet de l'*anousvara*, et nous n'hésitons pas à croire qu'il faut prononcer **CONS**. Si nous consultons les vases peints, nous trouverons ΤΥΤΑΡΕΟΣ pour Τυνδάρεος; ΤΙΜΑΔΡΑ pour Τίμανδρα (4); ΑΤΑΛΑΤΕ pour Ἀταλάντη (5); ΕΚΕΛΑΔΟΣ pour Ἐνκέλαδος (6); ΝΙΦΑΙ pour νίμφαι (7); ΣΦΙΧΣ pour Σφίγξ (8). Sur un vase de travail étrusque, on voit ΧΑΡΥ pour Χάρων (9).

Le nom ΛΑΠΟΝ qui accompagne un des chevaux de l'Aurore sur un vase de Vulci (10) est évidemment celui que cite Homère :

Λάμπον καὶ Φαέθονθ', οἵτ' Ἠῶ πῶλοι ἄγουσιν (11).

Sur un vase du Musée Britannique on lit ΝΥΦΕΣ ΚΑΛΟΣ, inscription que les auteurs du catalogue transcrivent *Nyphês is noble* (12). Je crois qu'il faut encore admettre ici un *anous-*

(1) Marini, *Iscriz. alban.*, p. 148.
(2) *Doctr. numorum*, t. VI, p. 297.
(3) *Ad* Morelli *Impp.*, t. II, p. 161.
(4) J. de Witte, *Description des vases de Canino*, 1837, p. 77.
(5) *Bull. dell. inst. arch.* 1845, p. 113 et suiv. ; *Monum.*, vol. IV, tav. LIV-LVIII. — Gerhard, *Archæol. Zeitung*, 1846, p. 319 et sqq.
(6) J. de Witte, *Revue de philologie*, 1847, t. II, p. 395.
(7) *Annali dell' inst. arch.*, 1845; *Monum.*, vol. IV, tav. LIV, LVII.
(8) Gerhard, *Auserl.*, t. III, pl. 235 et 236 et *Annali dell. inst. arch.*, 1848; *Monum.*, tav. LIX.
(9) *Annali dell. inst. arch.* ; *Monum.*, t. II, tav. IX.
(10) J. de Witte, *Cabinet Durand*, p. 71, n° 231 et fig. dans Gerhard, *Auserl. d. v. bild*, t. II, pl. LXXX.
(11) *Odyss.*, XXIII, v. 246.
(12) Birch et Newton, *A catal. of the gr. and etrusc. vases in the Brit. Mus.*, 1851, t. I, p. 268.

vara et prononcer *Nymphès*. Nyphès répugne à la langue grecque, tandis que Νύμφις et Νυμφαῖος sont très connus.

Letronne a pensé « que le nom impossible ΠΑΜΑΦΙΟΣ se ramène par la simple transposition de l'A au nom connu ΠΑΜΦΑΙΟΣ (1). » Mais si l'on considère que ce nom se trouve écrit sur différents vases, on admettra difficilement qu'il y ait métathèse par suite d'une erreur. J'aimerais mieux croire que ΠΑΜΑΦΙΟΣ, en raison de l'*anousvara*, doit être prononcé ΠΑΜΑΜΦΙΟΣ ; le premier M attiré comme le second par l'aspiration contenue dans le Φ. Le nom Ἄμφιος existe aussi bien que Ἄμφις et Ἀμφίων (2).

Le mot ΥΡΙΕΤΕΣ peut donc représenter ΣΥΡΙΕΝΤΕΣ et se rapprocherait singulièrement du Συρέντιον d'Étienne de Byzance.

Les détails dans lesquels je viens d'entrer pourront sembler bien longs et bien minutieux ; mais en y réfléchissant, on comprendra qu'ils ne sont pas dénués d'utilité, puisqu'ils ont du moins pour effet de montrer combien les antiquités de l'Italie sont encore peu profondément étudiées. Les noms propres doivent être examinés avec le plus grand soin, avec toute la critique que peut donner la connaissance grammaticale des langues. Pendant longtemps l'étymologie a été une source d'erreurs presque continuelles, parce qu'on ne considérait que la forme extérieure des mots, sans s'occuper de savoir comment elle était produite (3). Les progrès de la philologie comparée, les grands travaux de M. E. Burnouf sur le

(1) *Revue archéologique*, t. V, p. 126.
(2) Nous n'avons ici à nous occuper que de la suppression de l'M et de l'N. Il faut remarquer cependant que le Σ supprimé à l'intérieur des mots, est un trait qui s'observe sur plusieurs vases antiques. C'est là encore un usage qui rappelle la tendance du zend à remplacer les sifflantes par l'aspiration. Pour traiter à fond la question de l'orthographe des anciens Grecs, il faudrait aussi ne point oublier qu'ils ont fréquemment représenté par un seul caractère le son d'une lettre qu'ils prononçaient double ; j'ai recueilli un grand nombre d'exemples de cet usage. Les Arabes ne représentent aussi que par un seul corps de lettre les sons doubles ; les modernes indiquent cette double valeur par un signe superposé qu'ils nomment *teschdid* analogue au *sicilicus* des Latins.
(3) Voy. l'avertissement que nous avons donné à ce sujet aux archéologues. *Revue numism.*, 1850, t. XV, p. 238. — P. 265 du présent volume.

zend, qui nous permettent de comprendre enfin les transformations successives des langues parlées dans l'antique Occident, fournissent actuellement le moyen d'étudier nos antiquités nationales avec une force qui manquait entièrement à nos devanciers. C'est de l'emploi combiné de la philologie et de l'archéologie que peuvent naître les saines notions historiques. J'ai proposé ici plusieurs explications qui devront être reprises et appuyées par la production d'un plus grand nombre de preuves et d'exemples ; j'ajouterai donc avec Appien parlant des antiquités de l'Ibérie : ταῦτα μὲν δὴ τοῖς παλαιολογοῦσι μεθείσθω.

Note additionnelle. — Dans la séance du 29 déc. 1852 de la *Société nationale des Antiquaires de France* (V. l'*Annuaire* de la Société pour l'année 1853, p. 159), M. de Longpérier a ajouté quelques observations à celles qui sont consignées dans le présent travail. Il s'agit de l'usage de l'*anousvara* ou prononciation des lettres N et M omises dans l'écriture. En vertu de cette loi orthographique, M. de Longpérier explique la légende d'une monnaie de Phocas, jusqu'ici inintelligible, D. N. FOCA NEPE AVG, par *Dominus noster Focas nempe Augustus*. Par la même raison, il corrobore l'opinion de Pellerin qui attribuait aux Aspendiens les belles pièces d'argent représentant des lutteurs avec la légende ΕΣΤFEDIIYΣ. En admettant l'*anousvara*, on pourra lire *Estfendiius*, qui est la forme pamphylienne du nom d'Aspendus.

NOTICE
SUR UN VASE GAULOIS
DE LA COLLECTION DU LOUVRE.

(Extrait du tome XIX du *Bulletin de l'Académie royale des sciences, des lettres et des beaux-arts de Belgique*, Bruxelles, 1852, p. 395-401.)

Le monument céramique dont j'ai l'honneur d'adresser à l'Académie un dessin réduit à la moitié de la grandeur natu-

relle, provient de cette immense collection d'objets d'art que le roi Charles X avait acquise de feu M. Durand. C'est un vase de terre très fine, revêtu d'une belle couverture rouge, et décoré d'une guirlande de lierre qui se détache en relief sur la panse. Le col porte une inscription circulaire, tracée à la pointe, qui n'avait point été mentionnée dans le catalogue manuscrit rédigé par M. Durand, non plus que dans l'inventaire du

Musée. Je serais porté à penser que cette inscription n'avait pas été étudiée, qu'on l'avait considérée comme déparant le vase, et que c'est par cette raison que le monument avait été relégué au fond d'une armoire où je l'ai trouvé, en faisant un rangement nouveau et complet de tous les vases que possède notre Musée. Quoi qu'il en soit, cette inscription est indubitablement antique. Je ne demanderai pas à l'Académie de s'en rapporter, à cet égard, à mon témoignage; je puis invoquer, en faveur de l'authenticité de ce texte épigraphique, l'opinion de M. de Witte, de M. Lenormant, de M. le duc de Luynes; car ces savants antiquaires ont vu le monument et n'élèvent aucun doute sur l'antiquité de l'inscription, qui est ainsi conçue :

GENIO TVRNACESIV.

Le vase a donc été dédié au *Génie des Tournaisiens*, et cette circonstance me paraît d'autant plus intéressante que le style du vase, très pur, très élégant, permet d'en faire remonter l'origine tout au commencement du 1er siècle de l'ère chrétienne. On peut prendre pour point de comparaison une inscription tracée à la pointe à Pompéi, et qui, contenant les

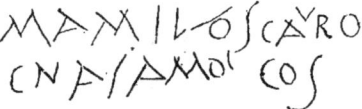

noms de M. Æmilius Scaurus et de Cneus Firmus, consuls en 766 de Rome (13 de J.-C.), donne une date parfaitement positive. (*Bulletino napoletano*, t. IV, pl. IV, n° 5.) Très certainement le nom du génie des Tournaisiens est écrit avec autant de fermeté que celui des deux consuls. Les vases rouges fins, comme celui-ci, ne se rencontrent dans les fouilles qu'avec des monnaies gauloises ou des premiers empereurs. J'insiste longuement sur l'âge de ce vase, parce que, si mon opinion à ce sujet est admise, ce serait, je crois, le plus ancien document relatif à Tournay que l'on ait encore retrouvé. Éloigné comme je le suis de la Belgique, n'ayant pas à ma disposition l'ouvrage d'Andreas Catullus sur Tournay, ni les brochures de Lambiez, je ne puis savoir précisément si l'on a quelque monument antique des Tournaisiens ; cependant je pense que, jusqu'à présent, les mentions de l'itinéraire d'Æthicus, la table Théodosienne et les tiers de sol mérovingiens étaient les seules preuves incontestées de l'existence antique de Tournay.

L'orthographe de cette inscription est encore un gage d'antiquité reculée. Dans GENIO TVRNACESIV, il manque un N et un M pour lire *Turnacensium*.

Dans les inscriptions funéraires des Scipions, à Rome, on remarque exactement la même particularité; dans celle de L. Scipio Barbatus, on trouve : TAVRASIA· CISAVNA· SAMNIO · CEPIT · SVBIGIT · OMNE · LOVCANA · La lettre M manque à tous ces accusatifs. Dans l'épitaphe de Lucius Cornelius Scipio, on voit COSOL et CESOR pour *consul* et *censor*. Cet usage d'omettre les M et les N dans l'écriture, quoiqu'on les prononçât à la lecture, est commun au sanscrit dès son origine, au zend dans les inscriptions cunéiformes de la Perse, au grec et au latin. Ce son, qui ne s'écrit pas et qui néanmoins se prononce, se nomme en sanscrit *anousvara*. Dans un travail qui vient de paraître (1), j'ai exposé ces faits avec plus de développements. Je dirai seulement ici que lorsqu'on trouve sur des vases peints : ΤΙΜΑΔΡΑ pour Τίμανδρα; ΑΤΑΛΑΤΕ pour Ἀταλάντη; ΝΙΦΑΙ pour νύμφαι, il ne faut pas croire à une erreur de la part de l'artiste; ce n'est là que la conséquence de l'*anousvara* commun à toutes les langues d'origine indienne.

J'ai parlé plus haut des preuves incontestées de l'existence antique de Tournay ; j'aborde maintenant l'examen des monuments numismatiques sur l'attribution desquels on a beaucoup

---

(1) *Mém. de la Soc. nat. des Antiq. de France*, t. XXI, 1852, p. 354. — P. 287 du présent volume.

trop hésité, attribution que la découverte de notre vase gaulois me paraîtrait mettre hors de doute.

Eckhel, qui n'avait pas une grande sympathie pour les médailles gauloises, avait l'esprit tout rempli de doutes lorsqu'il s'agissait de leur donner une patrie déterminée. Il n'était pas bien certain que le nom antique du Tournay moderne ait été Tornacum : *Verum non satis constat, fuerit ne Tornacum vetus nomen hodierni Tournay*. Il ne pouvait pas distinguer avec plus de sécurité si *Durnacus* est un nom de chef ou un nom de ville : *Quare certi nondum sumus, sit ne Durnacos nomen oppidi, an reguli*. Nous n'éprouvons pas autant de scrupules que le célèbre antiquaire viennois, et nous dirons même qu'en admettant que *Durnacus* ne soit pas le nom de la ville, l'attribution n'en serait pas moins bonne, puisque ce nom pourrait être celui du peuple ou du génie local, du *genius Turnacensium* auquel est consacré le vase du Louvre. On connaît assez les monnaies gauloises sur lesquelles on lit : TVRONVS, SANTONVS, REMVS, SEGVSIAVVS, AVLIR-CVS, et qu'on ne fait point difficulté d'attribuer à Tours, à Saintes, à Reims, à Feurs et à Évreux, quoiqu'elles ne donnent pas les noms de *Cæsarodurum*, de *Mediolanum*, de *Durocortorum*, de *Forum* et de *Mediolanum* que ces villes portaient. Comme tous ces noms et d'autres qu'il serait trop long de rapporter accompagnent, aussi bien que DVRNACVS, une tête d'homme nue ou casquée, il serait très possible qu'ils désignassent les génies éponymes. M. le professeur Serrure, en maintenant à Tournay le denier à la légende *Durnacus*, dans son excellente *Notice sur le cabinet monétaire de S. A. le prince de Ligne*, a donc agi très sagement, et nous sommes heureux de fournir un argument de plus à l'appui de son opinion, en présentant à l'Académie un vase, à nos yeux contemporain de cette monnaie, et qui offre le nom antique des Tournaisiens.

Supplément à la note précédente. — M. de Witte m'ayant appris que des doutes s'étaient élevés dans l'esprit d'un très savant antiquaire sur l'authenticité de l'inscription GENIO TVRNACESIV, j'ai pensé que l'Académie voudrait bien me permettre de lui adresser quelques renseignements supplémentaires, qui auront pour effet de rendre plus digne d'elle la communication que j'ai eu l'honneur de lui faire.

Ces doutes se fondent, si je ne me trompe, sur le peu de probabilité qu'il y a que l'on ait consacré à un dieu un vase si peu important par ses dimensions et par sa matière ; secondement, sur l'absence jusqu'à présent totale d'inscriptions tracées à la pointe sur des vases rouges.

J'ai déjà eu l'honneur de dire que le vase gaulois du Louvre avait été examiné par les plus habiles connaisseurs, par des antiquaires dont les noms sont la meilleure de toutes les garanties. En supposant donc qu'il n'eût pas d'analogue, je me croirais autorisé à l'accepter comme une exception incontestable.

Oserai-je ajouter qu'après avoir étudié les monuments épigraphiques de toutes natures que renferment nos musées et un grand nombre de collections particulières, j'ai pu moi-même me former une idée assez exacte des caractères qui distinguent les inscriptions tracées soit sur métal, soit sur le marbre et la pierre, soit enfin sur l'argile des vases?

Il est fort difficile d'établir les limites où doit s'arrêter le choix des objets destinés à être consacrés aux dieux. Nous trouvons des inscriptions votives non seulement sur des vases de métal précieux, comme ceux qui ont été découverts à Berthonville, à Auxerre, à Notre-Dame de Brissac près d'Alençon, mais encore sur de très petites plaques de métal, de terre vernissée, sur des lampes sans aucune valeur. Je connais un poids portant l'inscription DEAE SEGETIAE.

Pour ce qui est des vases, et des vases de terre à reliefs enduits d'une couverte rouge, je puis citer ceux qui ont été trouvés à Rheinzabern et sur lesquels on lit : DEO CESONIO EX VOTO POSVT (sic) PATERNVS O ; — MERCVRIO TOOR-ENCETANO ; — SILVANO TETEO SERVS FITACIT EX VOTOR. Ces légendes sont, à la vérité, tracées dans les moules et non pas écrites à la pointe; mais le fait important de la dédicace d'un vase d'argile à une divinité n'en est pas moins, par là, établi d'une façon irrécusable.

Il est arrivé quelquefois, même chez les Grecs, d'ajouter après coup sur les vases des inscriptions gravées à la pointe sèche, afin de les adapter à un emploi particulier.

J'ai vu au musée de Naples une belle hydrie cannelée sur la panse de laquelle on a gravé :

ΧΑΡΜΙΝΟΣ ΘΕΟΦΑΜΙΔΑ
ΚΩΙΟΣ

Charminus, fils de Théophamidas, natif de Cos. On assure que ce vase provient de Carthage. Son style pourrait donner lieu de croire qu'il a été trouvé dans la Cyrénaïque. Un autre vase cannelé, très certainement découvert dans cette dernière contrée, a été cédé récemment au Musée du Louvre par M. de Bourville. Ce beau monument céramique porte, à la naissance

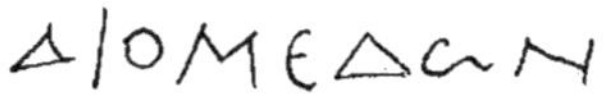

ΔΙΟΜΕΔΩΝ

du col, le nom ΔΙΟΜΕΔΩΝ écrit à la pointe, nom que j'ai eu le plaisir de découvrir en lavant le vase, encore tout couvert de terre lorsqu'il fut apporté à Paris.

Les vases gaulois portant des inscriptions tracées après la cuisson, sans être précisément communs, ne sont pas cependant bien difficiles à rencontrer. Sans avoir fait de recherches particulières à ce sujet, je puis en indiquer deux à Bourges,

CATVGANIS

deux au musée de Nantes, deux à Blois, un à Meaux (1). L'un

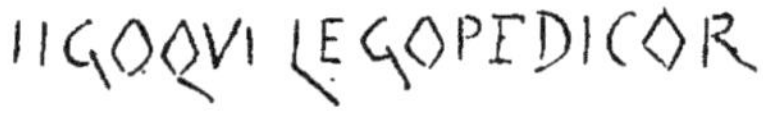

IIGOQVI LEGOPEDICOR

---

(1) Voyez ci-dessous. L'inscription *Catuganis* est tracée sur un vase trouvé à Gièvres.

des vases de Nantes est une coupe vernissée en rouge; on y lit le nom **PATERNVS** écrit en caractères gaulois. M. de la

Saussaye, dans les fouilles qu'il a faites à Soings, près de Blois, a recueilli un beau fragment de *coupe rouge* ornée de *feuilles de lierre en relief*, sur lequel on lit la fin d'un nom ....TTVSCO, qui lui a paru être celui d'une divinité locale à laquelle le vase aurait été consacré. J'ai déjà expliqué, dans la *Revue archéologique*, l'inscription d'un des vases de Bourges, et j'ajoute qu'elle offre, comme le mot **TVRNACESIV**, deux exemples d'*anousvara*, c'est-à-dire qu'il y manque deux M. Il est à présumer qu'en consultant les antiquaires qui possèdent des collections de vases gaulois, on se procurerait un certain nombre de monuments analogues à ceux que je viens de citer.

Note sur une figurine de bronze représentant un sphinx ailé et barbu. — L'Æon de la ville d'Hadrumète.

(Extrait de l'*Annuaire de la Société des Antiquaires de France* pour 1854, p. 106 ; séance du 23 février 1853 (1).)

M. de Longpérier communique une figurine de bronze représentant un sphinx ailé et barbu, qui a été acheté au Caire par M. Le Moyne, ancien consul général à Alexandrie et maintenant ministre de France dans la Plata. Cette figure, dit M. de Longpérier, bien que rapportée d'Égypte, n'est certainement pas de travail égyptien. Le style en est assyrien ou phénicien. La poitrine couverte d'une bande velue, comme celle des taureaux de Khorsabad, la tiare cylindrique qui surmonte la tête, la barbe conique, les ailes, tous ces détails sont étrangers aux sphinx égyptiens. Cependant cette figurine peut représenter le portrait d'un roi, comme les sphinx d'Égypte. M. de Longpérier pense que cet animal symbolique offre beaucoup de ressemblance avec ceux qui, sur les monnaies de l'empereur Albin, accompagnent une figure barbue et assise, dans laquelle M. Lenormant a reconnu un dieu asiatique adoré à Hadrumète, patrie d'Albin. Des monnaies frappées à Hadrumète représentent en effet le buste d'un personnage coiffé d'une tiare ornée de plumes comme celle des taureaux de Khorsabad, et identique au dieu figuré sur les monnaies d'Albin.

(1) Voyez aussi *Athenæum français*, 2ᵉ année, 1853, p. 223 ; *Revue archéologique*, n. s., 5ᵉ année, 1864, 2ᵉ semestre, p. 333, et surtout *Revue numismatique*, 1865, p. 213.

TOMBEAUX DE CUMES

(Extrait de l'*Athenæum français*, 2ᵉ année, 1853, p. 325, nº du 2 avril.)

Le numéro de janvier 1853 du *Bulletino archeologico Napoletano* contient un article de M. Minervini, dans lequel ce savant antiquaire rend compte des fouilles exécutées à Cumes, fouilles qui ont amené la découverte, non loin des ruines connues sous le nom de *Temple des Géants*, d'un certain nombre de *tombes romaines* dans l'une desquelles se sont rencontrés des objets tout à fait singuliers. La chambre sépulcrale se termine en voûte et le long des parois règne une large banquette construite en maçonnerie sur laquelle étaient placés quatre squelettes privés de crâne. Les deux squelettes placés au côté gauche de la tombe avaient reçu pour tenir lieu de la tête réelle qui leur manquait, des têtes de cire avec des yeux de verre. Les antiquaires les plus habiles de Naples, MM. Quaranta, Minervini, Fiorelli garantissent l'exactitude de ces détails. Parmi les objets recueillis dans la tombe on a trouvé une monnaie de Dioclétien, ce qui assignerait au monument une époque peu reculée. M. Raoul-Rochette a signalé ces faits, tant dans une séance de l'Académie des inscriptions et belles-lettres que dans son cours d'archéologie, recommandant à l'attention des antiquaires la question que soulève la découverte de Cumes.

Il nous semble que ces squelettes privés de têtes peuvent

avoir appartenu à des païens et que l'état dans lequel on les a trouvés s'explique par un passage de Varron, que voici :

Et quod terra sit humus, ideo inhumatus mortuus, qui terra sit obrutus. Ab eo, quum Romanus combustus est, si in sepulchrum ejus abjecta gleba non est, aut si os exceptum est mortui ad familiam purgandam, *donec in purgando humo est opertus (ut pontifices dicunt, quoad inhumatus sit), familia funesta manet.* (De ling. lat., V, 21.)

Ainsi, il est constant que chez les Romains on détachait quelquefois la tête des cadavres pour accomplir des rites de purification, usage qui a pu survivre à la crémation. Ces têtes étaient-elles réunies ensuite au corps, ou remplacées pour la cérémonie des funérailles par des têtes de cire? c'est ce que nous ne saurions décider; mais ici encore nous croyons utile de consigner un fait demeuré jusqu'à présent inédit. En 1833, en faisant des fouilles dans une pièce de terre située dans la commune de Lagny-le-Sec (Oise), nous avons trouvé parmi vingt tombeaux antiques dont quelques-uns renfermaient des squelettes sans tête, un petit tombeau de moins d'un mètre de longueur, dans lequel était déposé un crâne d'homme adulte soigneusement entouré d'un cercle de plâtre et qui avait été bien évidemment placé là sans aucun autre ossement. Était-ce une tête d'abord détachée du cadavre, par la famille du mort, puis enterrée à part? Sans doute on ne saurait l'affirmer. Nous signalons toutefois cette circonstance, comme le passage de Varron, aux archéologues dont la découverte faite à Cumes a excité la surprise et la curiosité.

Note sur les têtes de cire placées dans les sépultures antiques en place des crânes.

(Extrait de l'*Annuaire de la Société des Antiquaires de France* pour 1854, pp. 161-164, séance du 19 oct. 1853.)

Dans une des dernières séances, un membre de la Société a lu une note relative à la découverte de tombeaux antiques faite à Cumes, au mois de décembre 1852. Cette note, dans laquelle sont passés en revue tous les travaux auxquels la découverte de Cumes a donné lieu, ne contient aucune indication d'un court article inséré par moi dans l'*Athenæum français* (1), article qui renferme un document susceptible d'amener à l'explication d'un fait singulier qui a fort préoccupé les antiquaires de l'Italie et de l'Allemagne. Je veux parler de la présence, dans un des tombeaux, de têtes de cire remplaçant les crânes qui manquaient à deux squelettes. Je ne reviendrai pas sur les détails relatifs à la découverte; les tombeaux de Cumes sont maintenant suffisamment connus de tous les archéologues; mais je crois pouvoir demander une place dans nos procès-verbaux pour le document que j'ai mis en lumière, et auquel je rattacherai un texte historique négligé dans la discussion.

On a pensé que les corps privés de têtes pouvaient être ceux de suppliciés ou de martyrs chrétiens. Cela peut être; mais l'état dans lequel ont été trouvés les deux squelettes peut s'ex-

(1) V. l'article précédent.

pliquer encore en admettant qu'ils ont appartenu à des païens qui n'auraient pas subi la peine capitale. Varron dit en effet : *Et quod terra sit humus, ideo is inhumatus mortuus, qui terra sit obrutus. Ab eo, quum Romanus combustus est, si in sepulchrum ejus objecta gleba non est*, aut si os exceptum est mortui ad familiam purgandam, *donec in purgando humo est opertus* (ut pontifices dicunt, quoad inhumatus sit), *familia funesta manet* (De ling. lat., V, 21). » Ainsi il est constant que chez les Romains on détachait quelquefois la tête des cadavres pour accomplir des rites de purification. D'après ce qu'on vient de voir, il est certain que les familles du mort mutilé dans un but superstitieux devaient être pressées de célébrer les funérailles, afin de cesser d'être impures, et comme les corps étaient portés à découvert, il pouvait être nécessaire de remplacer par des têtes de cire celles qu'on avait enlevées en secret ; car cet acte nous semble tomber sous le coup de la loi des XII Tables qui, au titre vi, porte : *Homini mortuo ne ossa legito, quo post funus fiat : extra quam si militia aut peregre mortuus est. Legere* a ici le sens de *adimere*, ainsi qu'il résulte clairement d'un passage de Sénèque (*De ira*, lib. II). Ainsi il était défendu de soustraire des ossements, des portions d'un mort.

L'amputation de la tête des cadavres devait être faite avec un certain mystère, et l'on avait recours à la cire pour cacher le délit, par une fraude analogue à celle dont usa Néron, lors des funérailles de Britannicus. Le cadavre du jeune prince était devenu tout noir ou tout livide par suite de la violence du poison. Néron le fit enduire de plâtre. Mais tandis qu'on portait le corps par la ville, une pluie violente enleva la couche de blanc qui n'était pas encore sèche, en sorte que le crime devint sensible à tous les yeux (Dio Cass., lib. LXI, 61 ; *Nero*, VI, 7).

Jusqu'à présent, je crois, les érudits qui se sont occupés des tombeaux de Cumes n'ont pu retrouver aucun texte constatant que les anciens eussent été dans l'usage de faire modeler les cadavres en cire. Cependant Dion Cassius nous fournit un exemple très remarquable de cette pratique. Septime Sévère, dit-il, fit faire de magnifiques funérailles à Pertinax. Sur une estrade construite dans le Forum romain, s'élevait un édifice soutenu de trois côtés par des colonnes, et décoré d'ivoire et d'or. On y avait placé un lit de même travail orné de courtines tissues d'or et de pourpre, et entouré de têtes d'animaux terrestres et marins. Sur ce lit était déposée *l'image de Pertinax faite de cire* : καὶ ἐς αὐτὴν εἴδωλον τι τοῦ Περτίνακος κήρινον, revêtue des ornements du triomphe, et près de laquelle un bel enfant se tenait chassant les mouches avec des plumes de paon, comme si Pertinax eût été endormi (lib. LXXIV, *Sev.*, xxi, 5).

Note sur l'origine orientale de vases recueillis en Grèce et dans l'Archipel.

(Extrait de l'*Annuaire de la Société des Antiquaires de France* pour 1854, p. 171, séance du 9 nov. 1853.)

M. Adrien de Longpérier met sous les yeux de la Société les dessins de rosaces qui décorent la panse de petits vases presque sphériques que l'on trouve dans la Grèce, dans les îles de la Méditerranée et en Étrurie. Ces petits vases sont de terre blanchâtre et d'un style extrêmement ancien; la rosace peinte en rouge, en noir et en violet, dont ils sont ornés, n'a rien de grec dans sa forme. M. de Longpérier en a retrouvé le prototype dans les rosaces composées de quatre fleurs et de quatre boutons de lotus qui sont tracées sur des dalles de pavages découvertes par M. Layard parmi les ruines de Koyoundjek, dans l'enceinte même de Ninive. De plus, M. Victor Place, consul de France à Mossoul, vient d'envoyer au musée du Louvre un petit vase de verre trouvé par lui dans le palais de Khorsabad, monument dont la forme et les dimensions sont tout à fait celles des vases de terre blanchâtre cités précédemment. M. Place a encore découvert et adressé au Musée un autre vase de terre décoré de lignes et de compartiments symétriques de couleur brune sur un fond pâle, objet extrêmement curieux pour l'histoire de la céramique, parce qu'il démontre l'origine orientale de beaucoup de vases recueillis dans les îles de Milo et de Santorin.

MONUMENT PHÉNICIEN

AU MUSÉE DU LOUVRE (1).

(Extrait de l'*Athenæum français*, 3º année, 1854, pp. 226-227, n° du 11 mars.)

Le musée du Louvre vient de recevoir un monument dont tous ceux qui s'occupent de l'histoire de l'art peuvent dès à présent reconnaître la grande importance, car il a été immédiatement exposé au centre de l'une des salles de la sculpture assyrienne. C'est un sarcophage de marbre blanc, découvert près de Beirouth par M. Péretié, monument dont le style très caractérisé est tellement ancien qu'on peut, sans hésitation, en faire remonter l'exécution au temps de l'autonomie phénicienne. Ce tombeau, taillé en gaîne comme les sarcophages égyptiens de l'époque saïtique, se compose de deux pièces ; la moitié inférieure, qui forme le cercueil, a été creusée avec un grand soin pour recevoir le corps, et autour de la partie évidée règne une moulure sur laquelle s'ajuste avec une grande précision un couvercle bombé qui se relève un peu vers les pieds, et dont la partie la plus large présente un masque de femme sculpté en haut relief. C'est, comme on voit, une disposition tout à fait analogue à celle qu'ont adoptée les Égyptiens sous la xxvi° dynastie, c'est-à-dire pendant les vii° et vi° siècles avant notre ère.

Mais là s'arrête la ressemblance ; la tête sculptée sur le

(1) Cet article aurait dû figurer dans le tome 1er des *Antiquités orientales*. (G. S.)

tombeau phénicien n'a pas le caractère des œuvres de l'art égyptien; c'est quelque chose de tout à fait distinct. Un visage allongé, couronné d'un triple rang de boucles de cheveux, et accompagné de quatre longues mèches ondulées qui descendent au-dessous des épaules, rappelle les plus antiques sculptures grecques, et particulièrement certaines figures de terre cuite représentant Géa, que l'on trouve dans les tombeaux helléniques.

Les Phéniciens, comme les Juifs, ont eu dès la plus haute antiquité des relations fréquentes avec l'Égypte; et ces relations ont laissé des traces positives dans les œuvres d'art des peuples qui habitaient la côte de l'Asie occidentale. Ainsi M. le duc de Luynes estime que la pierre gravée du musée de Florence, qui représente un roi en costume égyptien, accompagné du nom Abibaal écrit en lettres phéniciennes, est le sceau du roi de Tyr, père d'Hiram et contemporain de David, (*Numismat. des Satrapies*, page 70). Effectivement le style de cette remarquable pierre correspond parfaitement à celui qui règne dans les ouvrages des artistes égyptiens du xe siècle avant notre ère.

Outre les rapports qui devaient exister entre des peuples voisins, on conçoit que la prise de Jérusalem par Schéschonk, la guerre de Tharaka contre Sennachérib, la fuite des Juifs en Égypte sous Ouaphrès, le séjour de Néchao en Judée durent contribuer à répandre dans les contrées sémitiques des types originaires de la terre des Pharaons.

Ainsi, M. Layard a retrouvé sur les bords du Tigre, dans le palais de Némrôd, un monument en forme d'obélisque, des ivoires sculptés, des sceaux, des coupes où l'on reconnaît l'influence égyptienne.

Ainsi, M. Victor Place a recueilli tout récemment sous la base d'un des plus grands taureaux du palais de Khorsabad un cachet d'agate translucide, dont il m'a adressé une empreinte sur laquelle je trouve entre un disque ailé un épervier et deux *ureus*, une ligne de très beaux caractères phéniciens formant le nom Abdbaal. Ce cachet qui, à en juger par la place où il était enfoui, est du vii° ou du viii° siècle avant notre ère, tout en représentant des sujets égyptiens, est de travail évidemment asiatique ; d'ailleurs on y observe encore un petit globe placé dans un croissant, symbole dont j'ai pu constater la présence sur beaucoup de monuments phéniciens, à commencer par le sceau d'Abibaal, roi de Tyr.

Les artistes phéniciens, comme les assyriens, ont emprunté à l'Égypte des formes, des détails d'ornementation ; mais leur école, leur style conservent une entière indépendance. Leur main-d'œuvre a ses caractères propres, à tel point qu'on en peut reconnaître l'empreinte aussi facilement qu'on distingue des véritables sculptures égyptiennes les maladroites imitations faites à Rome sous l'empereur Adrien.

De même que l'obélisque de Némrôd, malgré sa forme d'origine égyptienne, n'en est pas moins une œuvre d'art purement assyrien, le sarcophage de Beirouth, avec ses contours saïtiques, est un excellent échantillon de la sculpture de la Phénicie, qui se rapproche considérablement de celle des Assyriens. Si l'on compare le masque du cercueil avec celui des figures colossales qui décoraient les portails de Khorsabad, on admettra sans peine cette liaison, qui s'explique si naturellement par la situation géographique des peuples.

J'ai fait remarquer plus haut la ressemblance frappante qui existe entre la tête sculptée sur le monument de Beirouth et celle des plus anciennes figures grecques, ressemblance que l'on pourra encore suivre jusque dans le visage de la célèbre Pallas de Velletri, cette statue admirable qui unit à la perfection des meilleurs temps de l'école grecque le charme mystérieux inhérent aux productions des époques primitives.

Ceci se comprend aisément. Les relations des Égyptiens avec les Sémites n'ont pas eu d'influence sur le style de ces derniers, parce que ceux-ci avaient une école à eux et un style qui leur était propre. Mais lorsque les Grecs entrèrent en rapports avec les Assyriens et les Phéniciens, leurs voisins dans l'Asie Mineure et dans les îles de la Méditerranée, les Pélasges, les Hellènes avaient tout à apprendre en fait de beaux-arts, et il était tout naturel qu'ils se laissassent pénétrer par les principes de gens habiles et expérimentés.

Homère nous fait bien voir en quelle estime les héros de l'âge épique tenaient la cælature des Phéniciens (1). Le sarcophage de Beirouth, exécuté au viie ou au vi[e] avant J.-C., est un témoignage non moins irrécusable des origines de l'art grec.

J'ai oublié de dire que les cheveux qui couronnent la tête sculptée sur ce monument conservent des traces bien sensibles de peinture d'un bleu foncé. C'est là une circonstance intéressante. Malheureusement le reste du cercueil, qui paraît avoir été lavé, ne peut nous fournir d'autre indication sur le système adopté pour l'ornementation qui en complétait l'aspect.

Le trou auriculaire du côté gauche est percé dans toute l'épaisseur du couvercle. Peut-être les parents du mort lui adressaient-ils des prières ou des paroles consacrées par un rituel, dans les visites qu'ils faisaient sans doute au tombeau à des époques marquées par la religion, ainsi que cela se pratiquait chez les Égyptiens. Enfin, dans le fond du cercueil on remarque un assez grand nombre de lignes en relief qui s'entrecroisent. M. Pérétié, lorsqu'il découvrit le monument, avait cru voir là des caractères phéniciens; mais un examen attentif me permet de donner une autre explication de ces lignes. Le cadavre a été certainement embaumé et entouré de bandelettes et d'un suaire retenu autour du corps par des cordes qui s'entrecroisaient et faisaient deux tours à la hauteur de la ceinture. Les substances employées pour l'embaumement et le corps, en se décomposant, ont rongé le marbre, excepté là où il se trouvait protégé par les cordes que la pesanteur du cadavre y avait fait adhérer assez fortement. Toutes les lignes en relief que l'on observe aujourd'hui dans le sarcophage sont les empreintes de ces cordes dont on distingue clairement la torsade.

(1) Voy. l'Athenæum français (1853, p. 444).

CORRECTIONS d'erreurs commises par M. V. Langlois dans le 1er cahier de la REVUE NUMISMATIQUE de 1854, pp. 5 à 24. — Numismatique cilicienne.

(Extrait du tome XIX de la Revue numismatique, 1854, pp. 136-142.)

L'auteur de l'article inséré, sous le titre de *Numismatique cilicienne*, dans le dernier cahier de la *Revue numismatique*, en rapportant du voyage qu'il a fait récemment en Asie-Mineure des monnaies et des objets antiques, dont il a soigneusement noté les provenances, a rendu à la science un service fait pour nous inspirer de la reconnaissance. Pour ma part, j'ai examiné avec beaucoup d'intérêt les monnaies qu'il publie, et si je relève aujourd'hui certaines négligences que j'ai remarquées dans la description de ces monuments, c'est que je suis persuadé que les débris de l'antiquité ne sauraient jamais être discutés avec trop de soin.

M. Victor Langlois ne nous a pas donné un catalogue complet de la numismatique cilicienne; telle n'est point sa prétention, je me hâte de le dire. Les monnaies qu'il décrit et qu'il a fait figurer ne constituent pas non plus un choix de pièces inédites; un tiers environ des monuments qui entrent dans son mémoire pourrait avoir droit à cette qualification. Après tout, la numismatique de bronze de l'Asie n'est pas à beaucoup près aussi connue en France qu'elle mérite de l'être, et la *Revue numismatique* n'a pas seulement pour but de satisfaire la curiosité un peu blasée des vétérans du métier; elle doit aussi venir au secours de ceux-là qui commencent à étudier, et leur rappeler des types qui ne sont pas précisément nouveaux.

Pour atteindre ce but, il est important de ne donner que des descriptions très exactes, ou de contrôler celles qui sont insuffisantes. Nous espérons donc que le lecteur voudra bien accueillir les observations qui vont suivre.

Pl. i, n° 1. — *Ægea.* Voy. Eckhel, *Doct. num. vet.*, t. III, p. 36. Taylor Combe, *Veter. pop. et reg. numi*, pl. x, n° 12. — Cf. Cavedoni, *Spicilegio numismatico*, p. 204.

N° 3. — *Anazarbe.* Adrien. La monnaie de bronze décrite sous ce numéro représente un empereur tout à fait imberbe ; il est donc déjà bien difficile d'y reconnaître l'effigie d'Adrien. Cette difficulté se transforme en impossibilité si l'on considère la date inscrite au revers : ЄTOYC BP (an 102). L'ère d'Anazarbe ayant pour point de départ l'an 735 de Rome, ainsi que cela résulte de l'examen d'un assez grand nombre de monuments, l'an 102 correspond à l'an 837 de Rome ou 84 de J.-C. Domitien était alors dans la quatrième année de son règne et venait de prendre le titre de *germanique*, indiqué par les caractères ΓЄP qui terminent la légende du petit bronze. Après les titres AYT . KAI viennent les caractères CЄ . YI qui signifient CЄBACTOY YIOC. L'inscription entière donne donc une exacte traduction de la légende IMP · CAES AVG · F · DOMITIANVS · AVG · GERM ·.

Au revers, au lieu de la ville debout, la tête tourelée et soutenant sa robe, type qu'indique M. V. Langlois, je ne puis voir que la *Venus-Spes*, telle qu'elle se trouve sur des bronzes latins de Domitien.

N° 4. — *Antonin.* La légende donnée dans le texte est ....AYPH· ANTΩNINOC CЄB YΠP. Elle suffirait, quand même nous n'aurions pas la gravure sous les yeux, pour nous faire voir que la monnaie a été frappée pour Marc-Aurèle. L'auteur a oublié les titres AYT . KAI, qui paraissent très lisibles. Au lieu de YΠP, il doit y avoir YΠ Γ, traduction de COS III, qui se voit sur tant de monnaies de cet empereur. Cette monnaie porte au revers la date ΘOP, 179 de l'ère d'Anazarbe. La même date se lit sur un moyen bronze d'Antonin, publié par l'abbé Belley (1). C'est que l'an 179 d'Anazarbe correspond à l'année 161 de J.-C. Antonin mourut le 7 mars de cette année-là. La pièce portant le nom de M. Aurèle a donc été frappée entre le 7 mars 179 et le commencement de l'an 180 qui tombe sept ou huit mois plus tard.

N° 5. — *Alexandre Sévère*. Au revers ЄT . ΘMP (an 149).

On vient de voir la description d'une monnaie de Marc-Aurèle, frappée à Anazarbe en l'an 179. Comment le moyen bronze attribué à Alexandre Sévère pourrait-il être de trente années plus ancien?

L'auteur s'est trompé d'un siècle; la monnaie porte en réalité ΘMC (249), ce qui correspond à l'an de Rome 984, ou 231 de J.-C.; Alexandre Sévère était alors dans la dixième année de son règne.

N° 6. — *Maximin*. Si la date BOC (272) est correctement lue, la monnaie a été frappée sous Valérien en l'an 254 de J.-C. Si, au contraire, le portrait et le nom de Maximin ont été exactement identifiés, il faut probablement lire la date BNC (252). Cette année ne finit qu'à l'automne de l'an 988 de Rome. Si la date 252 existe bien réellement sur la monnaie de Maximin, elle a une certaine importance parce qu'elle peut concourir à fixer l'époque de la mort de Sévère Alexandre et de Mammée, événement qui n'est pas bien déterminé.

N° 7. *Adana*. — ΑΝΤΙΟΧΕΩΝ ΠΡΟC ΤΟΙ CΑΡΟΙ. Cette médaille est indiquée par erreur comme étant gravée. Suivant toute apparence, elle porte ΑΝΤΙΟΧΕΩΝ ΤΩΝ ΠΡΟΣ ΤΩΙ ΣΑΡΩΙ. Elle se trouve ainsi dans Pellerin : *Peuples et Villes*, t. II, pl. LXXII, n° 7.

N° 10. — *Trajan Dèce*. ΑΥΤ ΚΑΙ ΚΥ ΓΥΔΕΚΙΟΝ ΤΡΑΙΑΝΟΝ CΕΒ. Il est plus que probable que ce moyen bronze porte ΑΥΤ . ΚΑΙ . Γ . Μ . ΚΥ . , etc., car les noms de Trajan Dèce sont Caïus Messius Quintus.

N° 11. — *Valérien*. ΑΥ ΚΑΙ ΠΟΥΛΙ ΚΟΥΑΛΕΡΙΑΝΟC CΕΒ.

(1) *Mémoires de l'Acad. des inscript. et belles-lettres*, t. XXXII, p. 707.

Il est bien entendu qu'il faut lire ΠΟΥ . ΛΙΚ., etc., c'est-à-dire Publius Licinius Valerianus.

Toutes les monnaies d'Adana, publiées ici, sont connues depuis longtemps. L'inscription n° 2, recueillie à Mallus, est transcrite avec quelques fautes d'impression.

N° 12. — *Augusta.* Cette monnaie a été publiée par Pellerin, *Peuples et Villes*, t. II, pl. LXXII, n° 8 ; puis décrite par Eckhel, etc. L'abbé Cavedoni cite, à propos de l'astre qui se voit au revers avec le capricorne, un passage de Lydus fort justement appliqué. *Spicilegio numismatico*, p. 205.

N° 13. — Les monnaies de Corycus, représentant une tête de ville, et au revers un Mercure debout, ont été plusieurs fois gravées. On les trouve notamment dans Pellerin, *Peuples et Villes*, tom. II, pl. LXXIII, n°s 16, 17 et 18.

Diocésarée. A la page 15, la transcription hébraïque du nom phénicien de Baal, le dieu de Tarse בעל תרז, n'est pas exacte.

N° 15. — ΔΙΟΚΕϹΑΡΕ. La figure gravée sous le n° 10 corrige cette lecture ; la monnaie porte en réalité ΔΙΟΚΑΙϹΑΡΕ, ce qui est la bonne leçon.

N° 17. — *Caracalla.* Ce grand bronze, indiqué comme *inédit*, se trouve décrit et gravé avec les mêmes contremarques dans les *Nouvelles annales de l'Institut archéologique*, tom. II, 1839, pag. 355, pl. E, n° 5. La légende du revers commence par le titre ΑΔΡ. Pallas est représentée, non pas combattant les géants (ceci est une interprétation, non une description), mais traînée dans un quadrige.

N° 20. — *Mopsus.* Mulet marchant à gauche, portant une couronne, un carquois et une palme. L'indication de la palme est à supprimer ; cette curieuse monnaie nous montre un mulet portant un arc, un carquois et une couronne de lierre à feuilles aiguës, telles qu'on en voit sur les cistophores. On sait que cette classe de monuments représente aussi les mêmes symboles de l'arc et de la couronne de lierre. Ici nous les voyons portés par le mulet dionysiaque, et cet indice de locomotion est extrêmement intéressant. La nature de l'association en vertu de laquelle les cistophores ont été fabriquées n'est pas encore bien déterminée. On peut croire que ces monnaies doivent leur origine à des compagnies ambulantes, qui célébraient dans les villes d'Asie des fêtes de Bacchus; dans tous les cas, le nouveau type de Mopsueste mérite un sérieux commentaire.

N° 21. — *Valérien*. Au revers, ΑΔΡΕΚΑΝѠΝ ΜΟΨΗѠΝ. La gravure nous aide à retrouver le sens de cette légende, qui est, ΑΔΡ. ΔΕΚΙΑΝѠΝ ΜΟΨΕΑ[ΤѠΝ]. Les habitants de Mopsueste se sont fait un titre du nom de Dèce comme de celui d'Adrien. C'est ainsi qu'en l'honneur de Maximin et de son fils Maxime les gens d'Adana se sont intitulés *Maximiniens* et *Maximiens*, après avoir été consacrés à Adrien. La ville d'Ægée en Cilicie, paraît avoir dépassé toutes les autres en fait de servilité; elle prit successivement les noms d'Adrien, de Commode, de Sévère, de Caracalla, de Macrin, d'Alexandre Sévère.

N° 24. — *Olba*. Au revers, siège sacré; d'un côté la triquetra lycienne, semblable au sigle a..... et de l'autre un second caractère ayant à peu près la forme d'un Υ. Cette pièce a été gravée dans Pellerin, *Rois*, pl. xx; dans Visconti, *Iconographie grecque*, pl. xlviii, n° 2; dans Lenormant, *Trésor de Numism.; Iconogr. des rois grecs*, pl. xxxi, n° 9, et dans d'autres ouvrages (V. Belley, Liebe, Green, etc.). Dans toutes ces figures, aussi bien que sur la pièce originale, et même dans le dessin que donne actuellement la *Revue numismatique*, on n'aperçoit aucune trace du symbole en forme d'Υ. C'est cependant sur ce signe, joint à la triskèle, observé sur un rocher, que M. Langlois se fonde pour fixer le site d'Olba. J'avoue que je désirerais à l'appui de cette idée, qui peut être juste, quelques preuves plus développées que celles qui nous sont offertes.

N° 25. — *Ajax, toparque d'Olba*. Inédite. La triquetra et l'Υ. Le texte et la gravure n'étant pas d'accord, il est impossible de juger de ce que l'auteur entend par le symbole Υ. La pièce figurée n'est pas inédite; on la trouve dans Pellerin, *Rois*, pl. xx; dans Visconti, *Iconographie grecque*, pl. xlviii, n° 3; dans Lenormant, *Trés. de Num., Iconographie des rois grecs*, pl. xxxi, n° 10, et ailleurs encore.

N° 27. — *Séleucie du Calycadnus.* L'auteur décrit quatre monnaies de Séleucie du Calycadnus et deux de Séleucie du Pyrame et il donne constamment les légendes ΣΕΛΕΥΚΕѠΝΤѠ et ΣΕΛΕΥΚΕΩΝΤΩΝ, comme si c'était là la forme du génitif pluriel. Je n'ai pas besoin d'ajouter qu'il faut lire ΣΕΛΕΥΚΕΩΝ ΤΩΝ ΠΡΟΣ, etc.

Pour ce qui est du bronze de Gordien, décrit sous le n° 27, il n'est pas fort rare ni inédit. On le trouve notamment dans Eckhel, *Numi veteres anecdoti*, pl. xiii, n° 15 ; Guigniaut, *Nouv. Galerie mythol.*, pl. xciii, n° 338 *a*. (Voir, sur ce type, les observations de Cavedoni, *Spicilegio numismatico*, p. 209.)

N°ˢ 31 et 32. — En examinant les figures gravées sous les n°ˢ 24 et 25 de la planche iv, il semble que la légende des deux monnaies soit ΣΕΛΕΥΚΕΩΝ ΤΩΝ ΠΡΟΣ ΤΟΝ ΠΥΡΑΜΟΝ. Mais il n'est pas probable qu'on ait employé l'article avec le nom du fleuve à l'accusatif; il faut reconnaître que le texte de l'auteur n'a pas suffisamment tenu compte du nombre de traits que la gravure nous fait apercevoir. Je crois que l'on doit admettre deux *iota* adscrits, et qu'il faut lire : ΤΩΝ ΠΡΟΣ ΤΩΙ ΠΥΡΑΜΩΙ.

Quant à la tête de Séleucus Nicator, que M. V. Langlois croit reconnaître sur le petit bronze n° 31, c'est là une attribution qu'on acceptera difficilement. Les portraits de Séleucus, que nous connaissons, ne sont pas barbus. Si cette tête était *diadèmée* au lieu d'être laurée, on pourrait y chercher Antiochus IX, mais ce rapprochement même ne serait pas exact. Il vaudrait mieux faire observer que les deux types de la face et du revers du petit bronze de Séleucie se retrouvent complètement sur des monnaies de Mopsueste, publiées par Pellerin : *Villes et Rois*, pl. lxxiii, n°ˢ 22 et 23.

Or le type de Mopsueste, l'autel allumé qui, ainsi que Pellerin l'avait déjà reconnu, est relatif au nom de cette ville, dont la signification (feu de Mopsus) est expliquée par Strabon (1), n'a pas été placé par hasard sur la monnaie de Sé-

---

(1) Lib. xiv, p. 676.

leucie. Ou cette dernière ville était fort voisine de Mopsueste et en subissait l'influence d'une manière toute particulière, ou c'était Mopsueste même prenant un nom royal, comme Adana, qui s'est appelée Antioche, ainsi que l'a montré Belley (*Mém. de l'Acad. des Inscript.*, t. XXXV, pag. 618); cela vaut la peine d'être examiné d'une manière plus approfondie.

N° 34. — *Soli*. Tête ailée, vue de face. ℞. Personnage à gauche, terrassant un bœuf.

Cette belle monnaie se voit parfaitement gravée dans l'ouvrage de Taylor Combe, *Veter. pop. et reg. numi*, pl. x, n° 17.

Au droit, elle représente l'ægide ornée du gorgonium, type qui remplace la tête de Pallas, que nous montrent beaucoup d'autres monnaies de la même ville.

Au revers, on voit Europe enlevée par Jupiter sous la forme d'un taureau, accompagné de son aigle qui ne laisse pas de doute sur le sens de la composition.

Tarse. Les monnaies de Tarse, gravées dans la pl. IV sous les n°s 28, 29 et 30 n'étant pas encore décrites, j'aurai peu de chose à en dire, si ce n'est qu'elles ne sont pas nouvelles. Le n° 28 présente dans la gravure **KOINOC KIΛICIAC**; c'est une erreur de copie; il faudrait **KOINON**.

Je m'arrête aux points principaux, et je termine en priant le lecteur de ne pas conclure de mes observations que les monnaies décrites par M. V. Langlois me paraissent sans valeur. C'est l'intérêt que j'y trouve qui m'a engagé à entreprendre cette récension.

INSCRIPTION D'AURELIA THEODOSIA

A AMIENS.

(Extrait de l'*Athenæum français*, 3ᵉ année, 1854, pp. 395-396.)

Le marbre sur lequel est gravée l'épitaphe d'Aurelia Theodosia a déjà beaucoup occupé la critique. Les circonstances dans lesquelles ce monument s'est rencontré, la solennité qui a entouré son arrivée en France, étaient bien faites pour exciter un profond intérêt, pour fixer l'attention du public.

En 1842, on découvrit à Rome, dans les catacombes de Saint-Hermès, les restes d'une femme, accompagnés de certains accessoires qui sont en général considérés comme les indices du martyre, et recouverts d'une plaque de marbre sur laquelle on lit le texte suivant :

   AVRELIAE THEVDOSIAE
    BENIGNISSIMAE . ET
   INCOMPARABILI FEMINAE
    AVRELIVS . OPTATVS
   CONIVGI INNOCENTISSIMAE
    DEPOS. PR. KAL. DEC.
     NAT. AMBIANA
      B. M. F.

C'est-à-dire *Aureliæ Theudosiæ benignissimæ et incomparabili feminæ, Aurelius Optatus conjugi innocentissimæ, depositæ pridie kalendas Decembris, natione Ambiana, bene merenti fecit.*

Disons tout de suite que des épithètes telles que *benignissima* et *innocentissima* ne fournissent aucun moyen de reconnaître si Théodosia a été chrétienne. Ce sont des formules banales, tout aussi bien que *sanctissima* que l'on trouve sur des tombeaux de femmes païennes.

Des indications d'une autre nature ont paru suffisantes pour établir que Theodosia avait souffert le martyre, et c'est un fait qui n'a d'ailleurs rien d'extraordinaire. Aussi n'est-ce point ce côté de la question que nous voulons examiner.

Les mots NAT. AMBIANA, *natione ambiana*, ont vivement attiré l'attention d'un de nos compatriotes, M. le comte de l'Escalopier, et de quelques membres du clergé français qui ont pensé que la sainte était originaire de la Gaule; M. l'évêque d'Amiens a obtenu les reliques et l'inscription qu'il a rapportées dans sa ville épiscopale au mois d'octobre 1853.

Cette translation donna lieu à M. l'évêque d'Amiens d'adresser au clergé de son diocèse une lettre circulaire dans laquelle l'inscription se trouve commentée. M. l'abbé Gerbet composa plus tard une savante dissertation sur le même sujet; ces écrits et d'autres encore ont été réunis par des éditeurs en un volume qui a pour titre: *Le livre de sainte Theudosie, recueil complet des documents publiés sur cette sainte*. Enfin M. François Lenormant vient de faire paraître un mémoire où les opinions émises jusqu'ici au sujet de l'épitaphe d'Aurelia Theodosia sont discutées avec beaucoup de critique.

Les remarques de M. F. Lenormant peuvent être résumées ainsi:

1° Les noms d'Aurelia Theodosia et d'Aurelius Optatus indiquent tous les deux le III° siècle et la qualité d'affranchis ou de descendants d'affranchis impériaux. On ne peut pas admettre que les nombreux personnages du nom d'Aurelius que mentionnent les inscriptions ou les auteurs de l'antiquité, fussent, ainsi qu'on l'a avancé à propos de Theodosia, tous parents et de la même famille que les empereurs qui portaient ce nom;

2° La forme *Theudosia* n'indique pas l'origine germanique de la sainte amiénoise : M. F. Lenormant cite à ce propos une foule d'exemples desquels il résulte que chez les Grecs la syllabe ΘΕΥ est l'équivalent de ΘΕΟ ;

3° Le fait d'un nom grec porté par une Gauloise ne doit pas étonner, puisque les inscriptions nous montrent qu'un très grand nombre d'habitants de la Gaule portaient des noms empruntés à la langue hellénique ;

4° De ce qu'Aurelia a été *natione ambiana*, il n'en résulte pas, pour cela, comme on semble l'avoir cru généralement, qu'elle fût née dans les murs mêmes de *Samarobriva*, capitale des *Ambiani;* il suffit qu'elle ait appartenu par sa naissance à quelque partie du territoire qui constitue aujourd'hui le diocèse d'Amiens.

Ces différentes propositions seront pleinement acceptées par tous ceux qui connaissent l'antiquité.

J'ai déjà eu occasion de remarquer que les noms des empereurs avaient une influence considérable sur le choix que faisaient les habitants des provinces de noms qu'ils adoptaient pour eux-mêmes. Non seulement les noms de familles se transmettaient aux affranchis et aux affranchis des affranchis, ce qui en activait la diffusion dans une proportion immense ; mais dans les bas temps, je suis porté à croire que l'on donnait aux enfants, en guise de prénoms, le nom de famille de l'empereur régnant. Au III° siècle, le nom d'Aurelius se présente continuellement dans l'histoire romaine. On en jugera par la liste suivante :

	Années.		Années.
M. Aurelius Caracalla	198-217	M. Aurelius Probus	276
M. Aurelius Elagabalus	218	M. Aurelius Carus	282
M. Aurelius Severus Alexander	222	M. Aurelius Numerianus	283
L. Jul. Aurelius Sulp. Uranius Antoninus	»	M. Aurelius Carinus	284
		M. Aurelius Julianus	»
L. Aurelius Victorinus	268	M. Aurelius Val. Diocletianus	»
Aurelia Victorina	»	M. Aurelius Maximianus	286
M. Aurelius Marius	»	M. Aurelius Maxentius	306
M. Aurelius Claudius Gothicus	»	M. Aurelius Romulus	309
M. Aurelius Quintillus	270	Aurelius Val. Valens	»
L. Domit. Aurelianus	»		

Les listes des consuls, les inscriptions des fonctionnaires permettraient d'accroître cette série d'Aurelius ; mais cela n'est pas nécessaire.

Quant à l'échange des caractères V et O dans le grec et dans le latin, ou plutôt quant à la conformité du son de ces deux lettres dans l'Italie et dans la Gaule, c'est un sujet que j'avais indiqué aux philologues il y a quelques années (voyez *Mém. de la Soc. des Antiquaires de France*, t. XXI, p. 361 et suiv.). On a écrit *Theudosia* pour *Theodosia* de même qu'on écrivait *consul* et *consol*, *Vulkanus* et *Volkanos*.

Si M. l'abbé Gerbet, et après lui M. Bonnetty se sont efforcés de chercher dans la syllabe *Theu* ou *Theud* la preuve d'une origine germanique, c'est sans doute qu'ils étaient préoccupés par le besoin de rattacher à la Gaule la sainte dont quelques personnes contestaient la nationalité.

Comme il a existé en Afrique, dans la Mauritanie, une ville d'Ambia qui a été épiscopale, on pourrait supposer qu'elle fut la patrie d'Aurelia Theodosia. On a été, je crois, jusqu'à prétendre qu'*Ambianus* n'était pas un ethnique ancien. L'inscription suivante, trouvée à Saint-Pierre-Mont-Jou, et si souvent reproduite, est pourtant bien connue.

NVMINIBVS . AVGG.
IOVI . POENINO
SABINEIVS CENSOR
AMBIANVS
V. S. L. M.

L'ethnique *Ambianus* se trouve dans César, dans Strabon, dans Pline, dans Ptolémée, et la forme secondaire *Ambianensis* n'apparaît qu'à une époque très basse (*Notitia provinc. Galliæ*).

On a trouvé les noms d'un grand nombre de Gaulois dans les inscriptions de l'Italie, et Gruter a depuis longtemps publié l'épitaphe d'une femme incontestablement amiénoise, texte qui se voyait sur le marbre des jardins Médicis, et qui est ainsi conçu :

```
           DIS. MAN.
       CLAVDIAE LEPIDILLAE
           EX PROVINCIA
        BELGICA AMBIANAE
         FECERVNT LIBERI
          EIVS LEPIDVS ET
         TREBELLIVS MATRI
             OPTIMAE
        HIC MATRIS CINERES
       SOLA SACRAVIMVS ARA
      QVAE GENVIT TELLVS OSSA
          TEGET TVMVLO.
```

Cette Lepidilla paraît, au reste, beaucoup plus ancienne qu'Aurelia Theodosia, et la ville d'Amiens, qui prépare une somptueuse installation pour son musée, devrait bien faire venir de Rome un moulage de l'inscription consacrée par Lepidus et Trebellius à leur mère, moulage qui figurerait si convenablement dans la collection archéologique auprès de *fac-simile* des monuments de Sabincius et de Theodosia.

NOTE

SUR UN

BAS-RELIEF GREC DU LOUVRE

(Extrait du *Bulletin archéologique* de l'ATHENÆUM FRANÇAIS,
1re année, no 1, janvier 1855, pp. 6-7.)

Parmi les marbres rapportés d'Athènes et donnés au Musée par M. le vice-amiral Massieu de Clerval, on remarque un fragment de bas-relief, de bon style, soigneusement préservé de toute restauration, et qui sollicite l'attention par la singularité du sujet qu'il représente.

On y voit un cavalier enveloppé dans une chlamyde et portant une *causia* sur l'épaule; il est suivi par un personnage imberbe coiffé d'un casque ou d'un πῖλος, vêtu d'une courte tunique, et à demi entouré par les plis d'une chlamyde dont les extrémités volent en arrière. Ce dernier, dans sa course rapide, suit le cheval dont il a saisi la queue de la main droite, tandis que de la gauche, tendue en avant, il semble se retenir à quelque objet que le corps de l'animal cache complètement.

La tête du cavalier et toute la partie antérieure du cheval manquent entièrement ainsi que la partie droite du bas-relief, dont cependant on devine assez exactement les dimensions primitives, en tenant compte des proportions relatives de hauteur et de largeur qui distinguent les bas-reliefs qui sont, comme celui-ci, encadrés par deux pilastres d'ordre dorique soutenant une architrave.

Cette composition rappelle à l'esprit ce passage d'Appien qui, curieux en lui-même, acquiert un nouvel intérêt par suite de la découverte de notre bas-relief.

« On dit que Lysimaque, alors qu'il était un des gardes d'Alexandre, *suivant à la course le roi* [qui était à cheval], étant très fatigué, *se saisit de la queue du cheval* que le roi montait et continuait de courir : Λυσίμαχον δὲ πυνθάνομαι, τῶν

ὑπασπισθῶν ὄντα τῶν Ἀλεξάνδρου, παρατροχάσαι ποτὲ ἐπιπλεῖστον αὐτῷ, καὶ καμόντα, τῆς οὐρᾶς τοῦ βασιλέως ἵππου λαβόμενον, ἔτι συντρέχειν. L'extrémité de la lance du roi, ajoute Appien, frappa une veine du front de Lysimaque et le sang s'échappa de la blessure avec force. Alexandre alors, n'ayant pas d'autre appareil (lien) banda la blessure avec son diadème royal, qui fut ensanglanté. Aristandros, devin d'Alexandre, lorsqu'on emportait Lysimaque blessé, prédit qu'il règnerait, mais laborieusement : Βασιλεύσει μὲν οὗτος ὁ ἀνήρ, βασιλεύσει δ' ἐπιπόνως (1). »

(1) *De rebus Syriac.*, LXIV.

Tous les doutes qu'aura pu faire naître ce récit d'Appien touchant la manière bizarre dont Lysimaque fatigué s'aidait dans sa course, doivent s'évanouir devant notre bas-relief; non pas que le bas-relief représente cet événement historique; mais, au contraire, parce qu'il lui est bien probablement complètement étranger, et qu'il nous montre, non pas qu'un artiste a reproduit en marbre une légende plus ou moins authentique relative à deux rois célèbres, mais que l'usage de courir près d'un cavalier en tenant la queue de son cheval existait dans toute la Grèce, aussi bien dans l'Attique qu'en Macédoine.

Il y a un siècle, il est certain que l'interprétation historique de notre marbre eût prévalu, et aujourd'hui encore elle pourrait séduire après un examen trop léger de la question; mais il faut être bien imbu de cette idée que chez les anciens toute œuvre d'art avait un but d'utilité; il faut encore rechercher si le monument qui nous occupe n'a pas d'analogue plus complet.

Or il existe dans la collection des comtes Giusti, à Vérone, un bas-relief grec, publié par M. Orti de Manara (1), et représentant un cavalier barbu que suit en courant et en se tenant à la queue du cheval un jeune homme, tête nue, portant sur son épaule gauche un bâton auquel pendent deux lièvres. Un très grand serpent et deux chiens de chasse accompagnent le cheval, devant lequel se tient debout un personnage barbu, enveloppé dans un manteau, tourné vers le cavalier, et faisant de la main droite le geste de l'invocation.

Le style du dessin, l'attitude des personnages, les dimensions du marbre (2), l'encadrement architectural offrent tant d'analogie dans les deux monuments, qu'on est autorisé à croire qu'ils ont été exécutés par le même artiste et avec la même intention. On doit donc penser que lorsque le bas-relief

---

(1) *Gli antichi monumenti greci e romani che si conservano nel giardino de' conti Giusti in Verona.* Verona, 1835, in-4, p. 26 et pl. VI.

(2) Le bas-relief de Vérone a de hauteur 0^m,37 et de longueur 0^m,55. Celui de Paris, un peu plus grand, mesure en hauteur 0^m,45; la longueur du fragment, à sa partie inférieure, est de 0^m,50. En ajoutant le quart qui manque on obtient 0^m,62.

du Louvre était complet, on y voyait aussi figurer un personnage dans l'attitude de l'invocation.

M. Orti de Manara considère le bas-relief Giusti comme *la tombe d'un chasseur*, et le serpent a pour lui un sens funéraire. Les morts passés dans le séjour divin recevaient, sans doute, les prières de leurs parents survivants; chez les Égyptiens c'était une coutume générale, et quelques monuments nous prouvent que les Grecs n'y sont pas restés étrangers. Toutefois, l'invocation fait supposer une certaine importance à celui qui en est l'objet; d'ailleurs le serpent est l'emblème des héros, au dire de Plutarque (1). C'est probablement quelque représentation du genre de celle que nous montre le bas-relief de Vérone, qui avait donné lieu de croire, du temps de Philostrate, qu'Ajax de Locres possédait un serpent privé, long de cinq coudées, qui le suivait comme un chien ou marchait devant lui sur les routes : Εἶναι δ' αὐτῷ καὶ χειροήθη δράκοντα πεντάμηχυν τὸ μέγεθος, ὃν ξυμπίνειν τε καὶ ξυνεῖναι τῷ Αἴαντι καὶ ὁδῶν ἡγεῖσθαι καὶ ξυνομαρτεῖν οἷον κύνα (2). On voit aussi sur une médaille de Trapezus de Pont un long serpent qui paraît accompagner un dieu à cheval (3). Il faut encore remarquer que la forme du marbre, oblongue et plus large que haute, indique en général un ἀνάθημα plutôt qu'une stèle de tombe. Malheureusement, dans les anciennes collections, on a bien souvent scié les marbres antiques, de façon à ce qu'on ne puisse plus maintenant deviner que bien difficilement leur usage primitif. On conçoit que dans l'état de mutilation où se trouve le bas-relief du Louvre, nous évitions de présenter des conjectures sur le personnage principal qui y était représenté. Du moins il nous a semblé intéressant de rapprocher de cette composition, qui appartient à la belle époque de l'art, le passage d'Appien rapporté plus haut, et qui paraît avoir échappé à l'attention de M. Orti de Manara.

(1) *Cleomen.*, c. 39.
(2) Philost., *Heroic.*, IX, 1.
(3) Streber, *Numism. nonnulla græca*, tab. II, n° 10.

CARTEL DE BRONZE *portant une dédicace aux* MÈRES.

(Extrait du *Bulletin archéologique de* l'ATHENÆUM FRANÇAIS,
1re année, no 2, février 1855, p. 16.)

Feu M. Hope possédait une statue de bronze d'Apollon, haute d'environ un mètre, et tout à fait analogue à celle qui se voit au musée de Naples (*Mus. Borbonico*, vol. II, tav. 23). Cette statue était accompagnée d'un cartel de bronze taillé en queue d'aronde à ses deux extrémités, et portant l'inscription que voici :

```
         MATRIS
    C DVNATIVS GRATVS
   PRAEFECTVS PAGI IVNI
           D S D
```

Les témoignages relatifs à la provenance de ce monument ne sont pas concordants, et nous ne savons s'il a été découvert en France, comme on l'a dit, ou en Italie. Si l'inscription a été autrefois fixée sur la base de la figure, ainsi que l'aspect du bronze le fait croire, elle est doublement intéressante, puisqu'elle contient une mention géographique, et qu'elle offrirait un nouvel exemple de la dédicace de la statue d'un dieu à d'autres divinités.

REMARQUES
SUR UNE STÈLE GRECQUE
DU MUSÉE DE LEYDE.

(Extrait du *Bulletin archéologique de l'*Athenæum français,
1re année, n° 4, avril 1855, pp. 33-34.)

La stèle funéraire, dont nous reproduisons ici le dessin, n'offre au premier coup d'œil rien de remarquable que son extrême simplicité. M. Janssen, conservateur du musée royal des antiques de Leyde, qui a publié ce monument, nous apprend qu'il est de marbre pentélique, qu'il a appartenu au bourgmestre d'Amsterdam, N. Witsen, avant de passer dans la collection de Papenbroek (1). Le bas-relief représente une femme voilée assise, devant laquelle se tiennent debout une jeune fille et un jeune garçon, auxquels s'adressent les adieux funèbres inscrits sur le marbre : Κάρτα Βακχίου χαῖρε, Διογένη Βακχίου χαῖρε. Il paraît probable, sans toutefois qu'on puisse l'affirmer, que la femme assise est l'épouse de Bacchius, la mère de Quarta et de Diogène (2). L'absence d'une indication plus précise tient sans doute à ce que l'auteur du monument

---

(1) *Grieksche en romeinsche Grafreliëfs uit het Museum van Oudheden te Leyden*, 1851, f°, p. 10, n° 9. — La stèle avait été figurée assez inexactement dans l'ouvrage d'Oudendorp : *Legati Papenbroekiani brevis descriptio*, p. 7, n° 4; tab. 1, n° 2, et c'est sur la foi de Dorville que les auteurs du *Corpus inscript. græc.* (n° 3342) ont pensé que le monument provenait de Smyrne. M. Janssen ne parle pas de cette origine : « Deze grafsteen, dit-il seulement, is zeer waarschijnlijk uit Griekenland afkomstig. »

(2) M. Janssen dit à ce sujet : « Meer onzeker is het, of de zittende vrouw hunne moeder moet verbeelden ; beide opschriften zouden intusschen in den mond eener moeder zer gepas zijn. »

ne s'est préoccupé que des deux noms chers à une mère accablée par la douleur et s'oubliant elle-même.

Le nom de Quarta, transcrit Κοάρτα (de même que nous trouvons ΚΟΙΝΤΟΣ pour Quintus dans quelques inscriptions), montre, aussi bien que le costume des trois personnages, que la stèle a été sculptée à l'époque de la domination romaine, vraisemblablement au siècle des Antonins.

Jusqu'ici on n'a fait aucune observation au sujet de la forme insolite des deux X du nom de Βακχίος. Le trait vertical qui traverse ce caractère en fait un monogramme; et, autorisé du reste par l'aspect général du monument, nous considérons ce monogramme comme un signe de christianisme. Les lettres I, X sont les initiales de Ἰησοῦς Χριστός (1); et il n'y a rien d'extraordinaire à ce que des chrétiens, à une époque où ils étaient obligés à garder une grande réserve, aient adopté une combinaison de lettres qui leur permettait de faire une profession de foi sans exposer à la destruction la stèle d'un tombeau. C'est ainsi que les premiers chrétiens de la haute Égypte se sont servis de la croix ansée en lui donnant une valeur détournée, puisqu'ils l'assimilaient au monogramme du Sauveur. Une inscription chrétienne du cimetière de Pretextatus, à Rome, est ainsi conçue : ΕΥΨΥΧΙ ϹΕΚΟΥΝΔΑ ΟΥΔΕΙϹ ΑΘΑΝΑΤΟϹ ΡΗΓΙΤΑΝΑ (2); là c'est le Ψ qui a servi à former le monogramme. Nous rappellerons encore la monnaie si connue de Mæonia de Lydie, frappée sous Trajan Dèce, au revers de laquelle le titre de l'archonte Apphianus a été gravé de façon à former un monogramme chrétien (3). Un

---

(1) V. Letronne, dans les *Mém. de l'Acad. des inscr.*, t. XVI, p. 249. On trouve des monogrammes de cette forme simple dans Gruter, MLX, 4; dans Ciampini, *Vet. monim.*, tab. LXVI, 1, et LXVII, 1, t. II, pl. XIX. — Arringhi, *Rom. subt.* Paris, 1656, p. 306, 334. — Monnaies d'or d'Anthémius et d'Anastase.

(2) Buonarruoti, *Vasi ant. di vetro*, p. 168.

(3) V. Joh. Tristan, *Comm. hist.*, t. II, p. 595. — Le *Catal. des méd. de M. d'Ennery*, 1788, p. 433, n° 2430, contient cette note : « Le monogramme du Christ, dont la place a été ménagée dans le milieu précis de la partie supérieure de ce médaillon... mérite considération. » Eckhel, publiant six ans plus tard la description des monnaies de la Lydie, se tait sur ce sujet. — Jacques Basnage (1706) s'était fait un argument de cette monnaie de Dèce contre la signification chrétienne du monogramme XP, et Domin. Giorgi, en lui répondant (*De monogr. Christi*

onicolo, donné par M. de l'Escalopier au musée du Vatican, présente le mot I✶ΘΥC, et nous connaissons d'autres exemples du monogramme introduit au milieu d'un mot : IVS✶TVS

ASELLVS IN PACE (1), ou encore : **DEFVNCT✶VS** (2), et dans une inscription d'Égypte : **ΚΑΘΟ✝ΛΙΚΗ ✚ ΕΚΚΛΗ✝CΙΑ** (3).

Domini, 1738, p. 43), prouve bien, par la manière dont il lit la légende, qu'il n'avait jamais vu la monnaie. Le monogramme est connu sur des monuments du temps d'Adrien, d'Antonin et de Dioclétien. V. Bosio, Arringhi, Buonarruoti.

(1) Muratori, *Nov. thes. inscr.*, 1832, 4.
(2) Fabretti, *Inscript.*, p. 563, n° 102. Voy. des exemples du monogr. placé au courant des inscriptions : Murat., 1873, 5. — 1895, 4. — 1908, 2. — 1912, 10. — Buonarruoti, *Vetr. ant.*, p. xiii.
(3) Letronne, *Mém. de l'Acad. des inscr.*, t. XVI, p. 256.

On n'objectera pas contre l'origine chrétienne que nous assignons à la stèle de Leyde la présence du mot **XAIPE**, puisque cette formule se lit sur d'autres monuments chrétiens (1), ni le sens païen du nom de Diogène, car les anciens ne répudiaient pas leur nom lorsqu'ils se convertissaient; ou, lorsqu'ils étaient chrétiens eux-mêmes, ne craignaient pas de donner à leurs enfants des noms rappelant les divinités du polythéisme. Sans parler de saint Apollon, de saint Mercure, de saint Hermès, de sainte Lucine, de saint Télesphore, on connaît par les inscriptions un nombre considérable de chrétiens nommés Jovius, Dionysius, Posidonius, Afrodisius, Apollonius, Ammonius, Nemesis, Demetria, Athenodorus, Herculius, Veneria, Artemidorus, Bacchilus, etc. Diogene et Diogenia se trouvent aussi plus d'une fois.

L'absence de tout symbole, de fleurs, de couronne sur le tympan de la stèle s'accorde bien avec ce que Tertullien rapporte des chrétiens qui refusaient de décorer de branches de laurier la porte de leur maison (2); et il n'est pas jusqu'à l'attitude grave et chaste des deux enfants de Bacchius qui ne rappelle les personnages figurés sur les verres dorés des catacombes romaines.

En somme, la stèle de Leyde nous paraît être un monument *discret* du christianisme, exécuté à une époque où il pouvait être dangereux de se montrer plus explicite; et c'est ici le lieu, en mentionnant le titre du *Mémoire sur l'impératice Salonine*, dans lequel M. J. de Witte a fait voir le sens chrétien de la formule **IN PACE**, qui se lit sur les deniers de l'épouse de Gallien, de dire combien nous attachons d'importance à cette opinion du savant antiquaire.

(1) Muratori, 1883, 2. — 1885, 4.
(2) *Apologetic.*, cap. 35.

Marbres de Cyzique *donnés au Louvre*
par M. Waddington.

(Extrait du *Bulletin archéologique de l'*Athenæum français,
1ʳᵉ année, n° 6, juin 1855, p. 60.)

———

Les environs de la ville de Cyzique, où Peyssonnel avait en 1749 découvert de précieux marbres, décrits par Caylus avec les explications de l'abbé Belley (*Rec. d'ant.*, t. II, p. 169 et suiv.), offrent encore aux recherches des antiquaires d'intéressants monuments, et M. W. H. Waddington en a rapporté plusieurs stèles qui sont venues enrichir la collection du Louvre.

Les marbres donnés au Musée par M. Waddington appartiennent à cette école grecque de l'Asie Mineure dont les œuvres rivalisent avec celles de l'Attique; malheureusement, ils ont été fort mutilés par le temps et les hommes; mais ils présentent des détails très utiles à étudier. Nous en donnerons ici une description sommaire.

1° Grande stèle, 1ᵐ,25 de longueur sur 1ᵐ,04 de hauteur.

Homme vêtu d'un manteau qui laisse la poitrine et le bras droit à découvert, couché sur un lit, le coude gauche appuyé sur deux coussins. De la main droite il tient une patère dans laquelle vient boire un serpent qui s'enroule autour de l'un des pieds d'une table chargée de mets, placée devant le lit. Au pied du lit, est assise une femme vêtue d'une tunique talaire, tenant de la main gauche un flabellum en forme de feuille de lotus. Derrière elle, une jeune fille qui porte une grande ciste en forme de temple circulaire ; au chevet, un jeune enfant puisant dans un grand cratère, et tenant de la main gauche un gâteau ; près de lui s'avance un cheval dont on ne voit que la partie antérieure. Cette composition est encadrée par deux pilastres doriques soutenant une architrave : sur la plinthe on lit :

ΑΤΤΑΛΕ
ΑΣΚΛΗΠΙΟΔΩΡΟΥ
ΧΑΙΡΕ

Dans la partie supérieure du fond, on remarque dix petits trous carrés avec scellement de plomb qui donnent lieu de penser qu'on avait attaché là des ornements. Les têtes des deux personnages principaux ont été enlevées à l'outil, probablement pour être remplacées par de nouveaux portraits.

2° Stèle : longueur 0^m,88, hauteur 0^m,52.

Deux hommes couchés sur un lit ; devant eux, une table longue, chargée de mets ; au pied du lit, une femme assise, vêtue d'une tunique talaire et d'un péplus (les têtes de ces trois personnages sont brisées). Derrière le chevet du lit, un arbre autour duquel s'enroule un grand serpent ; devant, une table qui supporte divers vases, entre autres un grand cratère sur lequel est posé un rhyton ; près de cette table, un enfant appuyé sur une amphore, et plus loin, un jeune homme, tourné vers un cheval dont on ne voit que la partie antérieure. La scène est encadrée par deux pilastres soutenant une architrave.

3° Fragment de stèle : longueur 0^m,42, hauteur 0^m,59.

Homme assis sur un lit, le coude gauche reposant sur un coussin, devant lui, une table chargée de mets ; près du chevet, un petit trépied supportant un vase, et à terre, un calathus. Sur la plinthe on lit :

ΔΗΜΗΤΡΙΟΥ ΤΟΥ
ΜΗΝΟΦΑΝΟΥ

4° Fragment de stèle : largeur 0^m,20, hauteur 0^m,40.

Femme debout, de face, voilée par un pan de son péplus, vêtue d'une tunique talaire ; près d'elle un jeune homme marchant (la tête est brisée), devant lequel passe la jambe d'un cheval au galop (le reste brisé). Sur la plinthe

...... ϹΟΣ ΗΡΩΣ

5° Fragment de stèle : largeur 0ᵐ,45, hauteur 0ᵐ,47.

Homme debout, vêtu d'une longue tunique et d'un tribon (toute la partie supérieure manque), sacrifiant sur un autel carré devant lequel est un bélier ; près de l'autel, deux très jeunes filles se tiennent debout. Sur la plinthe

ΑΠΟΛΛΩΝΙΟΣΔΕΙΑΠΤΙΑΝΟΣ
ΚΑΤΑΕΠΙΤΑΓΗ (sic).

6° Fragment, sculpté en relief très bas : hauteur 0ᵐ,46, largeur 0ᵐ,44. Jeune homme, vêtu d'une courte tunique, retenant par la laisse un grand chien qui court devant lui ; au-dessus, en grands caractères,

ΔΩΣΟΥΣΙΙ ....

TRANSCRIPTION D'UN PAPYRUS

CONTENANT

DES FRAGMENTS DU XVIIIe CHANT DE L'ILIADE.

(Extrait du *Bulletin archéologique de l'*ATHENÆUM FRANÇAIS, 1re année, n° 7, juillet 1855, pp. 61-63.)

M. Louis Batissier, vice-consul de France à Suez, qui depuis qu'il réside en Égypte, enrichit, chaque année, le Musée du Louvre de quelques curieux monuments recueillis par lui, vient de m'apporter encore, entre autres choses intéressantes, des fragments d'un papyrus grec acheté à un des Arabes qui fouillent la vallée des tombeaux à Thèbes. Ces fragments, fort irrégulièrement déchirés par les bords, étaient en outre tout repliés, et percés en divers endroits. Après les avoir étendus pour les examiner, je fus agréablement surpris en reconnaissant tout d'abord plusieurs phrases qui se rapportaient bien évidemment à la description du bouclier d'Achille, un des passages de l'*Iliade* les plus familiers aux antiquaires. Le premier grand fragment contient en effet les derniers mots de vingt-cinq vers (475 à 499) du XVIIIe chant, et à côté, dans une seconde colonne, le commencement de dix-huit autres vers (518 à 535); cette dernière partie du texte s'est accrue d'un petit fragment que j'ai replacé à l'angle droit supérieur du papyrus. Le troisième fragment, un peu moins haut que le premier, ne comprend qu'une seule colonne, de laquelle il subsiste dix-huit vers (544 à 561) tous mutilés au commencement, et quelques-uns ayant perdu un certain nombre de lettres du dernier mot. Malgré cet état de dégradation, je me suis empressé de transcrire ce texte, et de le livrer à l'examen des philologues qui en tireront certainement parti. Le Louvre possédait déjà quelques petits fragments du XIII° chant de l'*Iliade* écrits sur papyrus. Ces fragments, trouvés dans l'île d'Éléphantine et rapportés par Drovetti, avaient paru à Letronne « fort curieux sous les rapports prosodique et paléographique » (1), et les nôtres dont l'écriture semble un peu plus ancienne, offrent près de soixante accents et signes de ponctuation. Je reproduis ici le papyrus donné au Louvre par M. Batissier, non pas précisément en *fac-simile*, mais d'une manière très approchée et autant que le permet la régularité de la typographie.

PREMIER FRAGMENT.

```
475            ЄΙΤΑ
               ΤΟΔΕΧΕΙΡΙ
               ΙΟΠΥΡΑΓΡΗΝ
               ΒΑΡΟΝΤΕ
               ΑΛΛΕΦΑΕΙΝΗΝ
480            ΤΕΛΑΜωΝΑ
               ΥΤΑΡΕΝΑΥΤωΙ
               ˍCCIN
               ΔΕΘΑΛΑCCΑΝ
               \ΗΘΟΥCAN
485            CΤΕΦΑΝωΤΑΙ
               ΟCωΡΙωΝΟC
               CΙΝΚΑΛΕΟΥCΙΝ
               ΔΟΚΕΥΕΙ
               ΝΟΙΟ
490            \ΝΘΡωΠωΝ
               \ΠΙΝΑΙΤΕ
               \ΑΜΠΟΜΕΝΑωΙ
```

(1) *Fragments inédits d'anciens poètes grecs*, etc., 1838, in-8° publ. à la suite de l'Aristophane de la collect. Didot, p. 9. Les numéros de ces vers, que Letronne se proposait de publier, ne sont pas exactement indiqués. Les fragments conservés au Louvre se rapportent aux vers 6 à 14, 26 à 47, 143 à 174. Ces vers sont très mutilés.

CONTENANT DES FRAGMENTS DE L'ILIADE.

```
              COPωPEI
              ϽICIN
495           NAIKEC
              ꟼEKACTH
              NIKOC
              HC
499           OϽ
```

DEUXIÈME FRAGMENT.

```
518   ΚΑΛῶΚ   IM
      ΑΜΦΙϹΑΡΙΖΗΛѠ      ΟΙΔΥΙΙϹ
520   ΟΙΔΟΤΕΔΗΡΙΚΑΙ     ΝΟΘΙϹΦ
      ΕΝΠΟΤΑΜѠΙΟΘΙ      ΔΜΟϹΕΗ
      ΕΝΘΑΡΑΤΟΙΓΙΖΟΝ    ΙΛΥΜΕΙ
      ΤΟΙϹΙΔΕΠΕΙΘ'ΑΠΑ   ΥΘΕΔΥϹ
      ΔΕΓΜΕΝΟΙΟΠΠΟ      ꟼΗΛΑΪΔ
525   ΟΙΔΕΤΑΧΑΠΡΟΓΕΝϹ   ΝΤΑΔΥϹ
      ΤΕΡΠΟΜΕΝΟΙϹΥΡΙΓΞΙ·ΔΟΛΟΝ
      ΟΙΜΕΝΤΑΠΡΟΙΔΟΝΤΕϹΕΠΕΔΡ
      ΤΑΜΝΟΝΤΑΜΦΙΒΟѠꟼΑΓΕΛꟼ
      ΑΡΓΕΝΝѠΝΟΙѠΝΚΤΕΙΝΟΝ
530   ΟΙΔѠϹΟΥΝΕΠΥΘΟΝΤΟΙ ΟΛ
      ΙΡΑѠΝΠΡΟΠΑΡΟΙΘΕΚΑΘH
      ΒΑΝΤΕϹΑΕΡϹΙΠΟΔѠΝΜΕΤΕ
      ϹΤΗ ΑΜΕΝΟΙΔΕΜΑΧΟΝΤΟ
      ΒΑΛ       ΛΛΗΛΟΥϹΧΑΛΚ
535              ΔΟΙΜ
```

TROISIÈME FRAGMENT.

```
544   ΕϹ⁻       Ε ΙΚΟΙΑΤΟΤΕΛϹΟΝΑΡΟΥΡΗϹ
      Ε ΕΙ⁻ Ν    ΠΑϹΜΕΛΙΗΔΕΟϹΟΙΝ Υ
      ΙΑΝΗΡ     ϹΤΡΕΨΑϹΚΟΝΑΝΟΓΜΟΥϹ
      ΟΙΝ       ΗϹΤΕΛϹΟΝΙΚΕϹΘΑΙ
                ΘΕΝΑΡΗΡΟΜΕΝΗΔΕΕѠ
      ΕΡ ϽΥϹΑΤΟΔΗΠΕΡΙΘΑΥΜΕΤΕΤΥΚΤΟ
550   Ι ΕΜΕΝΟϹΒΑϹΙΛΗΪΟΝ·ΕΝΘΑΔΕΡΙΘΟ
      ΑϹΔΡΕΠΑΝΑϹΕΝΧΕΡϹΙΝΕΧΟΝΤΕϹ
      ΑΛΛΑΜΕΤΟΓΜΟΝΕΠΗΤΡΙΜΑΠΙΠΤΟΝ
      ΛΟΔΕΤΗΡΕϹΕΝΕΛΛΕΔΑΝΟΙϹΙΔΕΟΝΤΟ
```

346 TRANSCRIPTION D'UN PAPYRUS

555 ΜΑΛΛΟΔΕΤΗΡΕϹΕΦΕϹΤΑϹΑΝΑΥΤΑΡΟΠΙϹ
ΙΓΜΕΥΟΝΤΕϹΕΝΑΓΚΑΛΙΔΕϹϹΙΦΕΡΟΝΤΕ
ΑΡΕΧΟΝ·ΒΑϹΙΛΕΥϹΔΕΝΤΟΙϹΙϹΙΩΠΗ
ΕΧΩΝΕΙϹΤΗΚΕΙΕΠΟΓΜΟΥΓΗΘΟϹΥΝΟϹΚ
ΑΠΑΝΕΥΘΕΝΥΠΟΔΡΥΪΔΑΙΤΑΠΕΝΟΝΤΟ
ΗϹΜΕΓΑΝΑΜΦΕΠΟΝ·ΑΙΔΕΓΥΝΑ
560 ΥΚ·ΑΛΦΙΤΑΠΟΛΛ'ΕΠΑΛΥΝ
ΕΓ   ΘΟΥϹΑΝΑΛΩΗ

475 [καὶ χρυσὸν τιμῆντα καὶ ἄργυρον · αὐτὰρ ἔπ]ειτα
[θῆχεν ἐν ἀκμοθέτῳ μέγαν ἄκμονα · γέν]το δὲ χειρὶ
[ῥαιστῆρα κρατερήν, ἑτέρηφι δὲ γέν]το πυράγρην.
[Ποίει δὲ πρώτιστα σάκος μέγα τε στι]βαρόν τε,
[πάντοσε δαιδάλλων, περὶ δ' ἄντυγα β]άλλε φαεινήν,
480 [τρίπλακα, μαρμαρέην, ἐκ δ' ἀργύρεον] τελαμῶνα.
[Πέντε δ' ἄρ' αὐτοῦ ἔσαν σάκεος πτύχες · α]ὐτὰρ ἐν αὐτῷ
[ποίει δαίδαλα πολλὰ ἰδυίῃσι πραπίδ]εσσιν.
['Εν μὲν γαῖαν ἔτευξ', ἐν δ' οὐρανὸν, ἐν] δὲ θάλασσαν,
['Ηλιόν τ' ἀκάμαντα, Σελήνην τε π]λήθουσαν,
485 [ἐν δὲ τὰ τείρεα πάντα, τάτ' οὐρανὸς ἐ]στεφάνωται,
[Πληϊάδας θ', Ὑάδας τε, τό τε σθέν]ος Ὠρίωνος,
["Αρκτον θ', ἣν καὶ ἄμαξαν ἐπίκλη]σιν καλέουσιν,
[ἥτ' αὐτοῦ στρέφεται, καί τ' Ὠρίωνα] δοκεύει,
[οἴη δ' ἄμμορός ἐστι λοετρῶν Ὠκεα]νοῖο.
490 ['Εν δὲ δύω ποίησε πόλεις μερόπων] ἀνθρώπων
[καλάς · ἐν τῇ μέν ῥα γάμοι τ' ἔσαν εἰλ]απίναι τε ·
[νύμφας δ' ἐκ θαλάμων, δαΐδων ὑπο] λαμπομενάων,
[ἠγίνεον ἀνὰ ἄστυ · πολὺς δ' ὑμέναιο]ς ὀρώρει ·
[κοῦροι δ' ὀρχηστῆρες ἐδίνεον, ἐν δ' ἄρα τ]οῖσιν
495 [αὐλοὶ φόρμιγγές τε βοὴν ἔχον · αἱ δὲ γυ]ναῖκες
[ἱστάμεναι θαύμαζον ἐπὶ προθύροισι]ν ἑκάστη.
[Λαοὶ δ' εἰν ἀγορῇ ἔσαν ἀθρόοι · ἔνθα δὲ] νῖκος
[ὠρώρει · δύο δ' ἄνδρες ἐνείκεον εἵνεκα ποιν]ῆς
499 [ἀνδρὸς ἀποφθιμένου · ὁ μὲν εὔχετο πάντ' ἀποδ]οῦ[ναι,]
. . . .
518 καλὼ κ[α]ὶ μ[εγάλω σὺν τεύχεσιν, ὥστε θεώ περ,]
ἀμφὶς ἀριζήλω · [λα]οὶ δ' ὑπο[λίζονες ἦσαν.]

520 Οἱ δ' ὅτε δή ῥ' ἵκα[νο]ν, ὅθι σφ[ίσιν εἶκε λοχῆσαι,]
ἐν ποταμῷ, ὅθι·[τ' ἀρ]δμὸς ἔη[ν πάντεσσι βοτοῖσιν,]
ἔνθ' ἄρα τοίγ' ἵζον[τ', ε]ἰλυμέν[οι αἴθοπι χαλκῷ.]
Τοῖσι δ' ἔπειθ' ἀπά[νε]υθε δύω[σκοποὶ εἵατο λαῶν,]
δέγμενοι ὁππό[τε] μῆλα ἰδ[οίατο καὶ ἕλικας βοῦς.]
525 Οἱ δὲ τάχα προγένοντο, δύω [δ' ἅμ'] ἕποντο νομῆες,
τερπόμενοι σύριγξι · δόλον [δ'] οὔτι προνόησαν.]
Οἱ μὲν τὰ προϊδόντες ἐπέδρ[αμον, ὦκα δ' ἔπειτα]
τάμνοντ' ἀμφὶ βοῶν ἀγέλ[ας καὶ πώεα καλὰ]
ἀργεννῶν ὀΐων · κτεῖνον [δ' ἐπὶ μηλοβοτῆρας.]
530 Οἱ δ' ὡς οὖν ἐπύθοντο πολ[ὺν κέλαδον παρὰ βουσὶν,]
ἰράων προπάροιθε παθή[μενοι, αὐτικ' ἐφ' ἵππων]
[βάντες ἀερσιπόδων μετε[κίαθον, αἶψα δ' ἵκοντο.]
Στη[σ]άμενοι δ' ἐμάχοντο [μάχην ποταμοῖο παρ' ὄχθας,]
βάλ[λον δ' ἀ[λλήλους χαλκ.[ήρεσιν ἐγχείῃσιν.]
535 ['Εν δ' Ἔρις, ἐν δὲ Κ]υδοιμ.[ὸς ὁμίλεον, ἐν δ' ὀλοὴ Κήρ,]
. . . .
544 [Οἱ δ' ὁπότ]ε στ[ρέψαντ]ε[ς] ἱκοίατο τέλσον ἀρούρης,
[τοῖσι δ'] ἔ[π]ειτ' [ἐ]ν [χερσὶ δέ]πας μελιηδέος οἴ[ν]ου
[δόσκε]ν ἀνὴρ [ἐπίων · τοὶ δὲ] στρέψασκον ἀν' ὄγμους,
[ἱέμεν]οι ν[ειοῖο βαθείης τέλσον ἱκέσθαι.
['Η δὲ μελαίνετ' ὄπισ]θεν, ἀρηρομένῃ δὲ ἐῴ[κει,]
[χρυσείη π]ερ [ἐ]οῦσα· τὸ δὴ περὶ θαῦμ.' ἐτέτυκτο.
550 Ἐν δ' ἐτίθε]ι [τ]έμενος βασιλήϊον · ἔνθα δ' ἔριθο[ι]
ἤμων, ὀξεί]ας δρεπάνας ἐν χερσὶν ἔχοντες.
[Δράγματα δ'] ἄλλα μετ' ὄγμον ἐπήτριμα πῖπτον [ἔραζε,]
[ἄλλα δ' ἀμαλ]λοδετῆρες ἐν ἐλλεδανοῖσι δέοντο.
[Τρεῖς δ' ἄρ' ἀ]μαλλοδετῆρες ἐφέστασαν · αὐτὰρ ὄπισ[θεν]
555 [παῖδες δρ]αγμεύοντες, ἐν ἀγκαλίδεσσι φέροντε[ς,]
[ἀσπεχὲς π]άρεχον · βασιλεὺς δ' ἐν τοῖσι σιωπῇ
[σκῆπτρον] ἔχων εἱστήκει ἐπ' ὄγμου γηθόσυνος κ[ῆρ].
[Κήρυκες δ'] ἀπάνευθεν ὑπὸ δρυΐ δαῖτα πένοντο,
[βοῦν δ' ἱερεύσαντ]ες μέγαν ἀμφεπον · αἱ δὲ γυνα[ῖκες,]
560 [δεῖπνον ἀρίθοισιν, λε]ύκ.' ἄλφιτα πολλ' ἐπάλυν[ον.]
['Εν δ'] ἐτίθει σταφυλῇσι μ.]έγ[α βρ[ίθουσαν ἀλωή[ν,]

Dans ce texte, on relèvera les mots suivants :

Vers 497. Νῖκος pour νεῖκος par iotacisme.

Le papyrus de Drovetti nous montre au vers 34 (xiii° livre) Ποσειδάων, et au vers 43 dans la même colonne, Ποσιδάων.

523. Ἔπειθ'.

531. Ἰράων, au lieu de εἰράων; ionisme.

549. Θαῦμ' ἐτέτυκτο.

550. Τέμενος βασιλήϊον, au lieu de τέμενος βαθυλήϊον qui se trouve dans la plupart des éditions. Le manuscrit de Saint-Marc de Venise, publié par Villoison, est en ce point d'accord avec notre papyrus.

556. Σιωπῇ sans iota adscrit. M. Churchill Babington a remarqué de fréquents exemples de la même particularité dans le papyrus contenant les discours d'Hypéride, qu'il a publié.

557. Εἱστήκει, variante indiquée dans le scholiaste de Villoison.

560. Πολλ' ἐπάλυνον et non πολλὰ πάλυνον; cette variante est aussi indiquée dans les scholies du manuscrit de Saint-Marc.

Il est important de remarquer que cette rédaction n'est ni celle de Zénodote, ni celle d'Aristarque. On en jugera en rapprochant du texte du papyrus les scholies suivantes recueillies par Villoison dans le manuscrit de Saint-Marc de Venise.

Vers 483. Ἐν μὲν γαῖαν ἔτευξ') ὅτι Ζηνόδοτος ἠθέτηκεν ἀπὸ τουτου του στιχου τα λοιπα, ἀρκεσθεὶς τῇ κεφαλαιώδει προεκθέσει.

485. Ἐστεφάνωται) Ζηνόδοτος, οὐρανον ἐστηρικται· Ἀρισταρχος, οὐρανον ἐστεφανωκε.

549. Θαυμα τετυκτο) οὕτως Ἀρίσταρχος, τετυκτο, Ἰακως.

557. Ἑστηκει) ἐξω του ι, ἑστηκει, αἱ Ἀρισταρχου· ἀλλοι, εἱστηκει.

L'écriture du papyrus que je décris est exactement la même que celle des manuscrits d'Hypéride achetés en Égypte par MM. Harris et Arden (1). La ressemblance est si complète que

(1) *Fragments of an oration against Demosthenes respecting the money of Harpalus*, published by A. C. Harris, of Alexandria. London, 1848, in-4. — The

l'on est autorisé à croire que ces ouvrages sont de la même main. Or, le savant M. Babington s'exprime ainsi en parlant du papyrus d'Hypéride : « M. Sharpe et M. Sauppe étaient disposés à le rapporter à l'époque des Ptolémées, et depuis rien n'est venu à ma connaissance qui tende à affaiblir cette opinion; il est au moins certain que c'est un des plus anciens spécimens (one of the very earliest specimens) de la paléographie grecque que le papyrus ait transmis au temps modernes (1). » J'ajoute que malgré une certaine régularité que l'on doit trouver dans les livres, et qui ne saurait exister dans les lettres ou les requêtes, on observe encore beaucoup de rapports entre l'écriture de notre papyrus homérique et celle du papyrus contenant une *Récompense promise à qui découvrira deux esclaves fugitifs*, pièce à laquelle Letronne donne pour date l'an 145 avant l'ère chrétienne. Comme, d'un autre côté, notre papyrus offre des accents, on peut croire qu'il nous a conservé la rédaction d'Aristophane de Byzance, moins hardi dans sa révision que Zénodote, ainsi que l'a remarqué Villoison, qui avait rencontré plusieurs fois dans les scholies du manuscrit de Saint-Marc cette indication : Ἀριστοφάνης ἠθέτει · Ζηνόδοτος δὲ οὐδὲ ἔγραψεν.

Les fragments donnés au Louvre par M. Batissier appartenaient, sans aucun doute, à un *volumen* contenant le XVIIIe chant tout entier. Si l'on veut se faire une idée des dimensions primitives du manuscrit, voici comment on devra procéder. Dans le premier grand fragment, le vers 475 de la première colonne se trouve sur la même ligne que le vers 518 de la deuxième colonne, et le vers 493 sur la ligne du vers 535. Mais la longueur inférieure de cette seconde colonne, qui s'arrête maintenant au vers 535, est déterminée par le fait que le vers 544, par lequel commence le troisième fragment, est un haut de page avec sa marge. La seconde colonne devait

---

Orations of Hyperides for Lycophron and for Euxenippus now first printed in fac simile with a short account of the discovery of the original manuscript at western Thebes in upper Egypt in 1847 by Joseph Arden; the text edited with notes and illustrations by the Rev. Churchill Babington. Cambridge, 1853, in-4.

(1) *Op. suprà laud.*, p. xi-xii.

donc se terminer par le vers 543, c'est-à-dire compter huit lignes de plus qu'elle n'en présente aujourd'hui. La première colonne, qui dans l'état actuel a six lignes de plus que la seconde, ne peut être augmentée que de deux lignes, et finissait par le vers 501. C'est, par conséquent, à la partie supérieure de la seconde colonne qu'étaient certainement tracés les 16 vers qui nous manquent pour lier les deux passages. Cette seconde colonne comprenait donc en tout : 16 + 18 + 8 vers, c'est-à-dire 42 vers. Le manuscrit était, on le voit, à peu près réglé en hauteur comme le papyrus d'Herculanum contenant le traité de Philodème sur la musique (1), ouvrage écrit en colonnes de 42 à 46 lignes.

Le XVIII⁰ chant de l'*Iliade*, se composant de 617 vers, devait former dix-sept colonnes, en comptant les titres ; et comme chaque colonne avec sa marge donne une largeur de 13 à 14 centimètres, on voit que le rouleau de papyrus avait une longueur totale de $2^m,20$ à $2^m,40$.

Quoique peu considérables, nos fragments de l'*Iliade* sont précieux à plus d'un titre, précieux surtout quand on considère quelle grande conformité il existe entre le manuscrit de Saint-Marc de Venise, écrit au x⁰ siècle de notre ère, et le papyrus égyptien qui est de mille ans plus ancien.

(1) *Herculanensium voluminum quæ supersunt*, t. I, Naples, 1793.

Inscription chrétienne de Sfax.

(Extrait du *Bulletin archéologique* de l'Athenæum français, 1re année, n° 7, juillet 1855, p. 68.)

M. A. Espina, agent consulaire de France à Sfax (régence de Tunis), a trouvé à El-Djem, l'antique Thysdrus, une inscription chrétienne ainsi conçue :

✚

A ω
ROGATVS
FIDELISBI
XIT IN PA
CE ANNOS
IIII M̄N̄SII
D̄P̄S̄T̄S̄ PRI
DIE KALEN
DAS APRIL
IN D̄V̄ĪĪ

Les caractères de cette inscription indiquent le vie siècle ; les S ont à peu près la forme de l'X. On remarque le mot *depositus* écrit sans voyelles.

Bronzes antiques acquis par le Louvre; *Vénus;
Omphale; Guerrier nu, casqué.*

(Extrait du *Bulletin archéologique* de l'ATHENÆUM FRANÇAIS, 1re année,
n° 7, juillet 1855, p. 68.)

La collection des bronzes antiques du Louvre, qui s'est considérablement accrue depuis quelques années, vient de recevoir plusieurs figures remarquables. L'une, une Vénus de 17 centimètres de hauteur, d'un travail extrèmement fin, est recouverte de la plus belle patine. La déesse, entièrement nue, touche de la main droite sa chevelure et tourne ses regards vers sa main gauche, qui est élevée en avant. Malheureusement on ignore la provenance de cette précieuse statuette.

Une autre figure de 13 centimètres de hauteur, fixée sur sa base antique de forme circulaire, représente Omphale. La reine de Lydie, debout, vêtue d'une tunique talaire que recouvre un péplus, a le front orné d'une stéphané. La dépouille du lion posée sur sa tête, se noue sur la poitrine et couvre le dos, tandis que l'une de ses extrémités est rejetée sur le bras gauche. Ce petit monument a été trouvé en France, à Pierre (département de Saône-et-Loire). On sait à quel point sont rares les figures d'Omphale; le musée du Louvre possédait déjà un buste de marbre de cette épouse d'Hercule; mais la figurine de bronze représente Omphale en pied et n'a pas, comme le marbre, subi les atteintes des restaurateurs; elle est d'un bon travail, dans un excellent état de conservation, et son style se rapporte à l'époque des premiers Antonins.

La troisième figurine, qui a 23 centimètres de hauteur, se recommande à la fois par son aspect très antique, par sa belle patine et par sa provenance peu commune; car elle a été trouvée en Espagne, par des ouvriers qui travaillaient aux fortifications de la *Puerta de la Tierra*, à Cadix. Elle représente un guerrier nu, la tête couverte d'un casque ovoïde, les pieds chaussés de bottines; le bras droit est levé à la hauteur de la tête ; le gauche est ramené vers la poitrine ; les armes manquent. On a jusqu'à présent trouvé peu de bronzes en Espagne; cependant il existait, il y a quelques années, dans les collections de Grenade, plusieurs figurines trouvées dans le pays, faites de ce métal rouge qui a servi à frapper tant de monnaies celtibériennes, et représentant une divinité féminine, très analogue à l'Astarté, ou Vénus Uranie des Étrusques.

Marbre en forme de clipeus *dédié aux dieux par un stratège des Camiriens.*

(Extrait du *Bulletin archéologique de l'*Athenæum français, 1ʳᵉ année, n° 8, août 1855, p. 76.)

La collection des antiquités grecques de l'Asie Mineure, nouvellement formée au Louvre, s'est augmentée d'un monument fort intéressant. M. le vicomte Hippolyte de Janzé a donné au musée un disque de marbre blanc, en forme de petit bouclier, très convexe, sur lequel on lit :

ΑΛΕΞΙΜΑΧΟΣ
ΑΡΙΣΤΑΙΝΕΤΟΥ
ΣΤΡΑΤΑΓΗΣΑΣ
ΕΚΠΑΝΤΩΝ
ΚΑΙΤΙΜΑΘΕΙΣ
ΥΠΟΚΑΜΙΡΕΩΝ
ΘΕΟΙΣ

Ἀλεξίμαχος Ἀρισταινέτου, στραταγήσας ἐκ πάντων, καὶ τιμαθεὶς ὑπὸ Καμιρέων, θεοῖς. Nous avons donc là un bouclier votif consacré aux dieux par Aleximaque, fils d'Aristænète.

On conserve dans la bibliothèque publique de Cambridge un bouclier du même genre, que M. Bœckh croit avoir été trouvé à Cnide, en Carie (*Corp. inscript. græc.*, n° 2654), et qui est aussi consacré aux dieux, θεοῖς, par un magistrat qui avait à se glorifier d'avoir reçu cinq couronnes d'or. Un autre bouclier de marbre bien connu des antiquaires, est celui qui se voit au Musée Britannique et qui porte les noms des éphèbes

CLIPEVS DE MARBRE DÉDIÉ AUX DIEUX.   355

d'Athènes placés sous le commandement du *cosmetes* Alcamène (*Anc. marbles in the brit. Mus.*, 1815, in-4°, 2° part., pl. XXXVI).

Un Rhodien, dont le comte de Vidua a retrouvé le monument, aussi dédié aux dieux, θεοῖς, s'intitule στραταγήσας καὶ τριηραρχήσας ἀφράκτου, καὶ ἁγησάμενος ἐπὶ τὰς χώρας κατὰ πόλεμον, καὶ ἀστυνομήσας (Vidua, *Inscript. ant.*, tab. XXXVII, n° 3. Bœckh, *Corp. inscr.*, 2524); un Cypriote est à la fois στρατηγὸς καὶ ναύαρχος καὶ ἀρχιερεὺς κατὰ τὴν νῆσον (Vidua, *Inscr. ant.*, tab. XXXII, 2; Bœckh, *Corp. inscr.*, 2622). Nous ne savons si Aleximaque avait des charges militaires, religieuses ou civiles; sa formule rappelle celle des Romains : *Omnibus honoribus apud suos functus*, et celles des Gymnases : παῖδας ἐκ πάντων στάδιον, παῖδας ἐκ πάντων δίαυλον, que M. Bœckh assimile à ὁ κατὰ πάντων ou διὰ πάντων (*Corp. inscr.*, n°⁵ 232, 425) *qui adversus omnes cum successu decertavit*.

Ce qui rend surtout cette inscription précieuse, et ce qui fait que je l'ai placée parmi les monuments de l'Asie Mineure, quoiqu'on ignorât son origine, c'est qu'on y trouve le nom des habitants de Camirus, une des plus célèbres villes de Rhodes, déjà mentionnée dans l'*Iliade* (II, 656) :

Οἳ Ῥόδον ἀμφενέμοντο διὰ τρίχα κοσμηθέντες,
Λίνδον, Ἰηλυσόν τε καὶ ἀργινόεντα Κάμειρον.

La monnaie de Camirus, dont le type est une feuille de figuier (Καμειραία ἰσχάς; *Babrius*), est ordinairement sans légende. Cependant Sestini a publié une belle pièce d'argent de travail antique, au revers de laquelle on lit ΚΑΜΙΡΕΩΝ (*Lett. num. cont.*, t. VII, pl. II, n° 26). Dans l'inscription comme sur la monnaie, l'orthographe est la même, tandis que dans Homère (*Iliad.*, II, 656), Hérodote (I, 144), Thucydide (VIII, 45), Strabon (XIV, p. 653) on trouve Κάμειρος et Καμειρεύς avec la diphthongue. La rare monnaie d'argent décrite par Sestini et l'inscription du Louvre sont, je le pense, les seuls monuments antiques conservant le nom de Camirus. On sait que M. le duc de Luynes a retrouvé deux monnaies d'argent de Lindus et d'Ialysus (*Ann. dell' Inst. arch.*, 1841, p. 145-148).

POIDS FABRIQUÉ SOUS JUSTINIEN Ier

(Extrait du *Bulletin archéologique de l'ATHENÆUM FRANÇAIS*,
1re année, n° 9, septembre 1855, p. 84.)

Parmi les poids de bronze qui existent dans la collection des antiques du Louvre, il en est un qui se recommande à la fois par sa belle conservation et par les inscriptions incrustées en argent qui le décorent. La figure que nous donnons

ici fournira une exacte idée de la forme de ce poids, de ses dimensions et de la nature des caractères qui s'y lisent. A la partie supérieure on voit, incrusté en argent, le monogramme de Justinien : ΙΟΥϹΤΙΝΙΑΝΟΥ, et au-dessous, Λ.Α : indice d'une λίτρα ou *livre*. Sur la zone sphérique est figurée une croix longue qui marque le commencement de l'inscription :

Domino nostro Iustiniano perpetuo Augusto, exagium factum sub viro illustri Phoca, præfecto prætorio, exconsule ac patricio, senatore.

Cet *exagium*, pesé avec le plus grand soin par M. Saigey, l'auteur bien connu du *Traité de Métrologie*, a donné 323gr,51. On peut admettre facilement que par suite du frottement à la partie inférieure, et de la chute de quelques parcelles d'argent dans les incrustations, il a perdu 0gr,49. Nous aurions donc là une livre de 324 grammes. C'est au règne de Justinien Ier et non à celui de Justinien II *rhinotmète* (685-695) qu'il faut classer cette *livre*, et il est possible même de préciser davantage et de déterminer à quelle période du long règne de Justinien Ier elle appartient. Cela résulte de la présence du nom de Phocas avec la qualité de préfet du prétoire. Ce personnage paraît être le même qui était patrice sous Justin Ier, et qui, en 526, fut chargé d'une mission à Antioche par cet empereur : συναπέστειλε ['Ιουστῖνος] δὲ καὶ Φωκᾶν τὸν πατρίκιον καὶ Ἀστέριον ἄνδρας σοφούς (Joh. Malala, *Chronogr.*, lib. XVII, ed. Bonn., p. 422). Lors de la sédition qui eut lieu à Constantinople en 532, pendant laquelle Hypatius fut proclamé empereur, Jean le Cappadocien était préfet du prétoire d'Orient (une des quatre divisions établies par Constantin); Justinien le remplaça par le *patrice Phocas* dont Procope parle en termes qui conviennent bien au sage fonctionnaire cité par Malala : καὶ Φωκᾶν μὲν, ἄνδρα πατρίκιον, ἔπαρχον τῆς αὐλῆς (præfectum prætorio) κατεστήσατο, ξυνετώτατον τε καὶ τοῦ δικαίου ἐπιμελεῖσθαι ἱκανῶς πεφυκότα (*De bell. Pers.*, lib. I, cap. XXIV). Le P. Banduri pense que sous le troisième ou le quatrième consulat de Justinien, c'est-à-dire en 533 ou 534, Bassus avait succédé à Phocas (*Imp. orient.*, t. II, p. 637), s'appuyant sur le passage de Procope : Φωκᾶ τε, … ἅτε τοῦ δικαίου ἐς τὸ ἀκρότατον ἐπιμελητοῦ γεγονότος, … καὶ Βάσσου, ὃς δὴ ἐν χρόνῳ τῷ ὑστέρῳ τὴν ἀρχὴν ἔλαβεν (*Hist. arcan.*, cap. XXI); mais, ajoute Procope, Phocas et Bassus ne conservèrent leur dignité que pendant un petit nombre de mois. Il faut remarquer que Jean le Cappadocien, consul en 538, était encore jusqu'au mois d'août préfet du prétoire, pour la seconde fois pendant la troisième indiction, c'est-à-dire en l'an 540, ainsi que cela résulte du témoignage de Malala : Μηνὶ αὐγούστῳ ἀπεζώσθη Ἰωάννης ὁ ἐπίκλην Καππάδοξ, δὶς διανύσας τὴν ἐπάρχων ἀρχὴν

(*Chron.*, lib. XVIII, p. 480). Sa première nomination datait du consulat de Dèce (an 529) et la seconde de la dixième indiction, c'est-à-dire de 532; toujours suivant Malala (lib. XVIII, p. 465 et 477). Cette dernière mention ne paraît pas s'accorder avec le texte de Procope, et il faut croire que dans le chronographe syrien le nom de Jean devrait être remplacé par celui de Phocas, qui autrement se trouverait entièrement passé sous silence. Ce dernier, dans tous les cas, ne paraît pas avoir conservé longtemps la charge importante dont l'empereur l'avait revêtu lors de la proclamation d'Hypatius, et il est probable que l'*exagium* a été fabriqué en 532 ou en 533.

Quant à la signification de la lettre S isolée qui termine la légende, on peut se rappeler ces passages de Lampride, dans la vie d'Alexandre Sévère : « *Præfectis prætorio* suis *senatoriam* addidit dignitatem, ut viri clarissimi et essent et dicerentur : quod antea vel raro fuerat, vel omnino non fuerat; » et plus loin : « Alexander autem, idcirco *Senatores* esse voluit *Præfectos prætorii*, ne quis non senator de romano senatore judicaret (cap. XX).

Inscription antique de Nizy-le-Comte.

(Extrait du *Bulletin archéologique de l'*Athenæum français, 1ʳᵉ année, n° 11, novembre 1855, p. 100.)

Parmi les monuments antiques découverts dans les fouilles qui ont été faites à Nizy-le-Comte (département de l'Aisne), on remarque une pierre en forme de parallélogramme de 88 centimètres de longueur sur 40 centimètres de hauteur, taillée en queue d'aronde à ses extrémités, et portant cette inscription, tracée en fort beaux caractères :

```
NVM · AVG · DEO · APO
LLINI · PAGO · VENNECTI
PROSCAENIVM · L · MA
GIVS · SECVNDVS · DO
NO · DE SVO · DEDIT
```

Cette inscription est d'autant plus intéressante que les textes ne nous fournissent aucun renseignement sur Laon et les peuples qui habitaient dans le voisinage de cette ville, avant l'époque des Mérovingiens.

CYBÈLE ET ATYS

(Extrait du *Bulletin archéologique de l'*Athenæum français,
1re année, n° 12, décembre 1855, pp. 106-107.)

Le monument dont nous reproduisons une image réduite a successivement appartenu à M. le vicomte Beugnot et à M. Raoul Rochette ; il se trouve aujourd'hui au cabinet des médailles de la Bibliothèque impériale. C'est une plaque hexagone de marbre *palombino* gravée en creux ou chanlevée de façon que le contour des figures et un certain nombre de détails restent en relief. Ce monument a été décrit par notre savant collaborateur M. J. de Witte (*Catal. de la coll. d'ant. de M. Beugnot*, 1840, n° 292), mais il n'a jamais été figuré. On voit, à gauche, Cybèle assise sur un trône, couronnée de tours et voilée ; un nimbe entoure sa tête et elle tient un tympanum orné d'une rosace ; à la partie supérieure du trône, on remarque un médaillon qui pourrait représenter la tête du soleil entourée de rayons, et de chaque côté une rangée de *flots*. Près de la déesse on voit un lion, et derrière le trône une jeune fille dont la tête est nimbée, agitant des crotales. M. de Witte a proposé de donner à cette jeune fille le nom d'Ia, en s'appuyant sur un passage d'Arnobe (*Adv. gentes*, V, 7 et 16), tout en faisant observer qu'on peut la considérer comme une des prêtresses de la mère des dieux que Lactance nomme *Melissæ* (*Div. Instit.*, I, 22). Au fond de la scène s'élève un pin aux branches duquel sont suspendues des crotales, et deux flûtes.

A la gauche de l'arbre, un corybante exécute une danse armée, dans une attitude semblable à celle des Curètes représentés sur un autel du Musée Capitolin. A droite, un second corybante paraît soutenir Atys, qui, assis sur le rocher Agdus, et tenant une syrinx, semble avoir perdu ses forces après sa mutilation. Comme complément de cette scène, un bélier soutient un *mouton*, et une étoffe posée sur le premier plan cache, suivant l'ingénieuse opinion de M. de Witte, les traces de l'émasculation. Ajoutons que le flambeau renversé semble donner un sens négatif à l'autel allumé, si analogue à celui qui se voit, accompagné de la légende **DIS CONIVGALIBVS**, sur un précieux *aureus* de Crispina. L'œnochoé et la coupe font peut-être allusion à ce repas mystique auquel, suivant Clément d'Alexandrie (*Protrep.*, p. 13), les initiés disaient avoir pris part.

Le style de cette composition, assez analogue à celui des grands disques d'argent du cabinet des médailles de Paris et de l'académie de Madrid, annonce une époque très basse, et permet de chercher dans ce monument toutes les complications d'idées qu'enfantait le polythéisme à son déclin. La surface du marbre a été fort usée et donne lieu de supposer que nous avons là un fragment du carrelage très soigné de quelque sanctuaire de la mère des dieux. Les beaux marbres découpés par Beccafumi qui pavent la cathédrale de Sienne nous montrent qu'à certaines époques on n'a pas craint de livrer aux pas de la foule des ouvrages précieusement exécutés.

DÉCOUVERTE D'UN ÉDIFICE *dédié à Marc-Aurèle,
à Ramleh (Égypte).*

(Extrait du *Bulletin archéologique de l'*ATHENÆUM FRANÇAIS,
2ᵉ année, n° 3, mars 1856, p. 24.)

Divers journaux ont parlé de la découverte qui venait d'être faite, à Ramleh en Égypte, d'un édifice dédié à Marc-Aurèle. Les fouilles ont été exécutées par l'ordre de S. A. le pacha d'Égypte. Nous venons de recevoir la dédicace de cet édifice copiée par un musulman, Sélim-Éfendi ; elle est ainsi conçue :

**IMP. CAESARI. M. AVREL. ANTONIN. AVG. ARMEN. MEDIC
PARTI. GERMA. SARMAT. MAXIM. TRIB. POTEST. XXX
IMP. VIII. COS. III. P. P. TRIB. LEG. II. TR. FORT.**

Imperatori Cæsari Marco Aurelio Antonino Augusto armeniaco, medico, parthico, germanico, sarmatico, maximo, tribunitia potestate XXX, imperatori VIII, consuli III, parenti patriæ; tribuni legionis secundæ, Trajanæ, fortis.

L'édifice de Ramleh, érigé pendant la trentième puissance tribunitienne de Marc-Aurèle, date donc de l'an 929 de Rome, 176 de Jésus-Christ, c'est-à-dire de l'année même où l'empereur visita la Syrie et l'Égypte.

Poids de bronze trouvé à Kustendjé.

(Extrait du *Bulletin archéologique de l'*Athenæum français, 2º année, nº 3, mars 1856, p. 24.)

M. Michel, ingénieur des ponts et chaussées, nous communique un petit monument de plomb découvert par lui à Kustendjé dans la Dobrutscha, lors des travaux exécutés l'été dernier pour la construction de la route qui joint aujourd'hui le Danube à la mer Noire. C'est un poids de forme carrée qui a 43 millimètres de côté, entouré d'un cadre en relief protégeant les inscriptions imprimées sur les deux faces. On y lit :

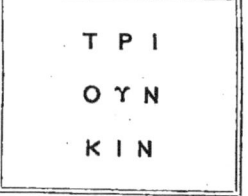 

Le ΤΡΙΟΥΝΚΙ[Ο]Ν ΙΤΑΛΙΚΟΝ est un poids de trois onces fabriqué suivant le système italique dans quelque localité de la Mœsie inférieure, à Tomi peut-être, ou à Callatia, car il a été trouvé avec des monnaies de bronze de ces villes; il pèse 70gr,13, ce qui fournirait une livre de 312gr,52. Le musée du Louvre possédait déjà un poids de plomb portant les mêmes inscriptions, dont l'une est disposée d'une manière un peu différente ITA-ΛI-KON, et pesant 75ᵍʳ,43. Ce poids, qui est peut-être un peu plus ancien (l'Λ n'a pas la barre brisée), présente des traces de dégradations et sa provenance est inconnue. Le P. Secchi a publié à Rome, en 1835, un poids de deux livres portant ΔIΛEITPON ITAΛIKON et fabriqué sous le règne d'Alexandre Sévère, ainsi que le prouve l'inscription ΥΠΑΤΕΥΟΝΤΟC . T . IS . ΚΛΑΤΙΟΥ . CΕΟΥΗΡΟΥ. La forme τριούνκιν pour τριούνκιον annonce aussi une époque assez basse.

STATUE D'UN DIEU

DÉDIÉE A UN AUTRE DIEU.

(Extrait du *Bulletin archéologique de l'*Athenæum français,
2ᵉ année, n° 4, avril 1856, p. 32.)

La dédicace de la statue d'un dieu à un autre dieu est un de ces faits qui, pour avoir préoccupé à diverses reprises l'éminent esprit de Letronne, ont en quelque sorte le privilège d'attirer l'attention des archéologues. Un contradicteur habituel de l'illustre érudit avait avancé, dans un article des *Annales de l'Institut archéologique*, « qu'il était contraire à toutes les traditions de l'art et de la religion antiques, qu'une statue d'Apollon ait pût être dédiée à Minerve (1); » et Letronne, qui n'aimait pas les allégations vagues à l'aide desquelles on oppose une fin de non-recevoir aux règles tirées de l'observation des faits, s'était dès lors attaché à signaler tous les exemples qui pouvaient démontrer la justesse de son opinion. C'est ainsi que, dans les *Annales de l'Institut archéologique* (2), puis dans un mémoire lu à l'Académie des inscriptions en 1842 (3), plus tard, dans la *Revue archéologique*, à l'occasion d'un article de M. Le Bas, et enfin en 1848, dans le même recueil (4), il était revenu à la charge pour bien faire voir que la dédicace de la statue d'un dieu à une autre divinité était

(1) *Annali dell' Inst. Arch.* 1833, t. V, p. 200.
(2) T. VI, 1834, p. 198.
(3) *Mém. de l'Acad. des Inscript.*, t. XV, 1845, p. 132.
(4) *Rev. arch.*, 1845, p. 439, et 1848, p. 248.

STATUE D'UN DIEU DÉDIÉE A UN AUTRE DIEU.

tout à fait dans les coutumes de l'antiquité. Cette notion ressortait encore des observations particulières faites par M. Le Bas (1) et par M. le docteur Carl Keil (2).

A toutes ces autorités on pourrait encore ajouter un passage d'Ammien Marcellin, dans lequel cet historien rapporte un fait qui se rattache à l'usage dont il vient d'être parlé. Le philosophe Asclépiade, pendant un voyage à Antioche qu'il fit pour voir l'empereur Julien, étant allé visiter le temple d'Apollon à Daphné, avait déposé aux pieds de la colossale statue du dieu une figurine d'argent de la *Dea cælestis*, près de laquelle il avait, suivant la coutume, allumé des cierges. C'était, disait-on, des flammèches de ces cierges qui avaient mis le feu au temple : « Asclepiades philosophus....., cum visendi gratia Juliani peregre ad id suburbanum venisset, deæ Cælestis argenteum breve figmentum, quocumque ibat, secum solitus efferre, ante pedes statuit simulacri sublimis, accensisque cereis ex usu cessit (3). » Asclépiade accomplissait un acte pieux en faisant à Apollon hommage d'une figurine de la mère des dieux. Le passage d'Ammien Marcellin est encore curieux parce qu'il nous montre l'emploi liturgique des cierges chez les païens; et, à ce sujet, il est bon de rappeler une découverte faite il y a quelques années dans un lieu relativement peu éloigné d'Antioche. M. Péretié trouva en 1849, à Rimat, près de Sayda, plusieurs grottes dans l'une desquelles était suspendu à une potence de fer une espèce de lustre de bronze d'environ soixante centimètres de diamètre sur autant de hauteur. Il était formé de deux cercles ou étages rattachés l'un à l'autre par des chaînes dont les extrémités pendaient au-dessous du cercle inférieur. Dans chaque cercle étaient implantées des pointes en forme de clous à tête énorme qui devaient servir à supporter le luminaire. Au-dessous du centre du lustre était fixé, dans le ciment qui formait le fond de la grotte, un plateau de bronze sur lequel reposaient les pieds

---

(1) *Rev. archéol.*, t. I, 1844, p. 180.
(2) *Sylloge inscript. Bœoticar.* Lips., 1847, p. 87.
(3) Amm. Marc., *Rer. gest.*, lib. XXII, c. xiv.

d'une statuette de même métal, haute d'environ cinquante centimètres, et représentant un enfant nu, portant sur ses épaules un bélier. En face de cette figure étaient placés à terre et appuyés contre la paroi intérieure de la grotte deux bustes de bronze à tête radiée (1). L'enfant criophore et les deux bustes du soleil, qui lui avaient peut-être été dédiés, font actuellement partie du cabinet de M. le duc de Luynes, aussi bien qu'une des pointes du lustre, et il paraît bien évident que cette pointe a servi à maintenir un cierge comme ceux que le philosophe Asclépiade avait allumés dans le temple de Daphné.

(1) Cette description est empruntée à une note de M. Péretié, insérée par M. Félix Lajard dans le *Archæologischer Anzeiger* de M. Gerhard, n° 29, mai 1851, p. 50.

PAPYRUS GREC

FRAGMENTS DU VIe CHANT DE L'*ILIADE*.

(Extrait du *Bulletin archéologique de l'*ATHENÆUM FRANÇAIS,
2e année, n° 5, mai 1856, pp. 39-40.)

C'est encore à l'amitié de M. Louis Batissier que je dois de pouvoir transcrire ici une fraction du plus beau des poèmes d'après une copie très ancienne, plus ancienne à ce qu'il me semble que celle dont j'ai déjà parlé dans ce *Bulletin* (1). Notre zélé consul m'envoie du Caire, dans une lettre, sept petits fragments de papyrus, trouvés à Louqsor, et longs de 2 à 6 centimètres. En rajustant ces précieux débris, j'ai retrouvé des bouts de lignes appartenant aux 39 premiers vers du VIe chant de l'*Iliade*. Le récit des combats entre les Troyens et les Grecs s'interrompt au moment où Ménélas se rend maître d'Adraste, quelques vers avant ce passage,

Πολλὰ δ' ἐν ἀφεινοῦ πατρὸς κειμήλια κεῖται,
χαλκός τε χρυσός τε πολύκμητος τε σίδηρος,

si curieux pour nous dans la bouche d'un Asiatique, maintenant que les recherches de M. Victor Place ont fait découvrir dans un palais assyrien, outre des objets de bronze et d'or, un dépôt très considérable d'ustensiles de fer de toutes formes, soigneusement emmagasiné. Ces 39 vers formaient toute la première colonne du *volumen*, car il existe en haut du premier fragment et au bas du septième un peu de marge. Sur la

(1) *Bullet. arch.*, 1855, p. 61. — P. 342 du présent volume.

gauche du deuxième fragment; on distingue les lettres OC plus grandes que le texte voisin, ce qui nous indique, je crois, que le titre ΙΛΙΑΔΟC Z occupait, en tête du manuscrit, l'espace d'une colonne, ainsi que cela se voit dans les papyrus d'Herculanum. A quelques centimètres plus bas, sur le même fragment, on aperçoit ΟΥ terminaison d'un nom, et plus bas encore, sur le cinquième fragment, quelques traces légères de caractères très fins.

```
1               ΝΔΟΙѠΘΗΙ
                ΔΑΡΕΝΘΑΚ
                ѠΝΙΘΥΝΟΜ
                ΤΥϹϹΙΜΟΕΝ
                ΤΡѠΤΟϹΤΕΛ
                ΗΕΦΑΛΑΞ
                ΛѠΝΟϹΑ
                ѠΡΟΥΑΚ
                ΛΕΠΡѠΤ
10              ѠΠѠΠΗΞ
                ΑΛΚΕΙΗ · ΤΟΙ
                ΑΞΥΛΟΝΔΑΡΕΠΕΦΝ
                ΤΕΥΘΡΑΝΙΔΗΝΟϹΕ
        ϽϹ      ΑΦΝΕΙΟϹΒΙΟΤΟΙΟ·ΦΙ
15              ΠΑΝΤΑϹΓΑΡΦΙΛΕΕϹΙ
                ΑΛΛΑΟΙΟΥΤΙϹΤѠΝ
                ΠΡΟϹΘΕΝΥΠΑΝΤΙΑ
                ΑΥΤΟΝΚΑΙΘΕΡΑΠΟΙ
        ΟΥ      ΕϹΧΕΝΥΦ·ΗΝΙΟΧΟ
20              ΔΡΗϹΟΝΔ·ΕΥΡΥΑΛΟ
                ΗΔΕΜΕΤ·ΑΙϹΗΠΟ
                ΗΙϹΛΑΒΑΡΒΑΡ ΗΤΕΚΑΛ
   ΑΜΦΙ         ΒΟΥΚ..........ΟϹΑΓ
                ΠΡΕϹ Υ .. ΟϹ ΕΝΕΗ
25              ΠΟΙΜ   Ν ΝΔΕΠΟΕϹϹΙΜΙ
                ΗΛ     ΚΥϹΑΜΕΝΗΔΙΔΙ
                Κ      ΝΤѠΝΥΤΕΛΥϹΕΜΕ
                Μ      ΤΗΪΑΔΗϹΚΑΙΑΠѠ
                Α      ΔΑΡΕΠΕΦΝΕΜΕ
```

FRAGMENTS DU VIᵉ CHANT DE L'ILIADE.

```
30            ΛΟΔΥ�ccΕΥcΠΕΡ
              ΛΚΕΙѠΙ·ΤΕΥΚΡ
              CΔ'Α ΛΗΡΟ
                     ΤΟΝΔΕΑΝΑΞ
              ΔΕCΑ.........ΝΤΟCΕΥΡΡΕΙ
35            CΟΝ......ΝΗΝ·ΦΥΛΑΙ
              ΝΤ'ΕΥΡΥΠΥΛΛΟCΔΕΜΕ
              ΤΟΝΔΑΡΕΠΕΙΤΑΒΟΗΝΕ
              ΕΛ'ΙΠΠѠΓΑᴾΟΙΑΤΥΖΟΛ
39            ΙΒΛΑΦΘΕΝΤΑΕΜΥΡΙΚΙ
```

[ΙΛΙΑΔ]ΟC [Z].

['Τρώω]ν δ' οἰώθη [καὶ 'Αχαιῶν φύλοπις αἰνή·
[πολλὰ] δ' ἄρ' ἔνθα κ[αὶ ἔνθ' ἴθυσε μάχη πεδίοιο,
[ἀλλήλ]ων ἰθυνομ[ένων χαλκήρεα δοῦρα,
[μεσσηγ]ὺς Σιμόεν[τος ἰδὲ Ξάνθοιο ῥοάων.

5 [Αἴας δὲ] πρῶτος Τελ[αμώνιος, ἕρκος 'Αχαιῶν,
['Τρώων ῥ]ῆξε φάλα[γγα, φόως δ' ἑτάροισιν ἔθηκεν,
[ἄνδρα βα]λών, ὃς ἄ[ριστος ἐνὶ Θρῄκεσσι τέτυκτο,
[υἱὸν 'Ευσσ]ώρου, 'Ακ[άμαντ' ἠΰν τε μέγαν τε·
[τόν ῥ' ἔβα]λε πρῶτ[ος κόρυθος φάλον ἱπποδασείης,

10 [ἐν δὲ μετ]ώπῳ πῆ[ξε, πέρησε δ' ἄρ' ὀστέον εἴσω
[αἰχμὴ χ]αλκείη· τὸν [δὲ σκότος ὄσσε κάλυψεν.
Ἄξυλον δ' ἄρ' ἔπεφν[ε βοὴν ἀγαθὸς Διομήδης
Τευθρανίδην, ὃς ἔ[ναιεν ἐϋκτιμένῃ ἐν 'Αρίσβῃ,
ἀφνειὸς βιότοιο· φί[λος δ' ἦν ἀνθρώποισιν·

15 πάντας γὰρ φιλέεσκ[εν, ὁδῷ ἔπι οἰκία ναίων.
'Αλλ' οἵ τις τῶν[γε τότ' ἤρκεσε λυγρὸν ὄλεθρον,
πρόσθεν ὑπαντιά[σας· ἀλλ' ἄμφω θυμὸν ἀπηύρα,
αὐτὸν καὶ θεράπον[τα Καλήσιον, ὅς ῥα τόθ' ἵππων
ἔσκεν ὑφ' ἡνιοχο[ς· τώ δ' ἄμφω γαῖαν ἐδύτην.

20 Δρῆσον δ' Εὐρύαλο[ς καὶ 'Οφέλτιον ἐξενάριξεν·
[β]ῆ δὲ μετ' Αἴση[πον καὶ Πήδασον, οὕς ποτε Νύμφη
[ν]ηΐς 'Αβαρβαρ[έ]η τέκ ἀμ[ύμονι Βουκολίωνι.
Βουκ[ολίων δ' ἦν υἱὸς ἀγ[αυοῦ Λαομέδοντος,
πρεσ[β]ύ[τατ]ος [γ]ενεῇ, [σκότιον δέ ἑ γείνατο μήτηρ·

25 ποιμ[αί]ν[ων] δ' ἐπ' ὄεσσι μίγη φιλότητι καὶ εὐνῇ,
ἡ δ' [ὑπο]κυσαμένη διδυ[μάονε γείνατο παῖδε·
κ[αὶ μὲ]ν τῶν ὑπέλυσε μέ[νος καὶ φαίδιμα γυῖα
Μ[ηκισ]τηϊάδης καὶ ἀπ' ὤ[μων τεύχε' ἐσύλα.
'Α[στύαλον] δ' ἄρ' ἔπεφνε με[νεπτόλεμος Πολυποίτης·
30 [Πιδύτην] δ' Ὀδυσσεὺς Περ[κώσιον ἐξενάριξεν
[ἔγχεϊ χα]λκείῳ· Τεῦκρ[ος δ' Ἀρετάονα δῖον.
['Αντίλοχο]ς δ' Ἄ[β]ληρο[ν ἐνήρατο δουρὶ φαεινῷ
[Νεστορίδης· Ἔλα]τον δὲ ἄναξ [ἀνδρῶν 'Αγαμέμνων·
[ναῖε] δὲ, Σα[τνιόε]ντος ἐϋρρεί[ταο παρ' ὄχθας,
35 [Πήδα]σον [αἰπει]νήν· φύλακ[ον δ' ἕλε Λήϊτος ἥρως
[φεύγο]ντ'. Εὐρύπυλλος δὲ Με[λάνθιον ἐξενάριξεν.
[Ἄδρησ]τον δ' ἄρ' ἔπειτα βοὴν ἀ[γαθὸς Μενέλαος
[ζωὸν] ἕλ'· ἵππω γάρ οἱ ἀτυζομ[ένω πεδίοιο,
[ὄζῳ ἔν]ι βλαφθέντ[α]ε μυρικί[νῳ, ἀγκύλον ἅρμα

Le texte de ce papyrus est très beau; les Α sont d'une forme plus ancienne que ceux des fragments du XVIII° chant, et l'on n'y remarque pas d'accentuation. D'un autre côté, on y trouve quelques incorrections : au vers 19, ἔσχεν; au vers 36, Εὐρύπυλλος; au vers 38, le P de γάρ avait été oublié par le copiste et a été ajouté; au vers 39, βλαφθέντας. A cela près, on peut constater une identité complète entre ce texte et celui du manuscrit de Venise publié par Villoison. Comme le manuscrit de la bibliothèque de Saint-Marc est du x° siècle, et que les fragments retrouvés par le cardinal Maï ne sont que de cinq cents ans plus anciens, Schœll a pu dire dans son *Histoire de la littérature grecque*, si consultée dans notre enseignement, que « ce fut surtout par les soins des grammairiens d'Alexandrie des *troisième* et *quatrième* siècles après J.-C. que le texte [des poèmes d'Homère] prit définitivement la forme sous laquelle ils nous ont été transmis; » que « le travail d'Apion, grammairien du temps de Tibère, devint la base d'une dernière révision qui fut faite, dans les *troisième* et *quatrième* siècles après J.-C., par des grammairiens pour ainsi dire éclectiques qui choisirent presque au hasard des leçons de diverses éditions, » ajoutant que « c'est cette dernière édition, *qui seule nous est parvenue,* et qui constitue notre texte vulgate (1). » Je n'ai pas besoin de montrer quelle importance acquièrent, en présence de ces assertions, des papyrus du deuxième siècle avant l'ère chrétienne.

(1) *Hist. de la litt. gr. prof.*, t. Ier, liv. II, chap. IV, p. 114 et 138.

ANTIQUITÉS GAULOISES

LE GUERRIER MOURANT DU CAPITOLE.

(Extrait du *Bulletin archéologique de l'ATHENÆUM FRANÇAIS*, 2e année, n° 6, juin 1856, pp. 41-43.)

(PL. VII.)

L'excellente statue dont il va être ici question, un des marbres les plus célèbres qui existent dans la riche collection du Capitole, a été déjà l'objet de tant de dissertations qu'on s'étonnera peut-être de nous voir en parler encore. Mais quand il s'agit d'une œuvre d'art si remarquable, à laquelle s'attache en outre un intérêt national, des observations d'un ordre secondaire peuvent avoir leur utilité.

Cette statue, on le sait, trouvée au xvie siècle, à Rome, avait été considérée comme l'image d'un gladiateur; et, depuis Perrier qui, en 1638, la grava sous le titre de *Mirmillon mourant*, jusqu'au docteur Émile Braun qui la décrit en 1854 avec le nom de *Sterbende Fechter*, l'appellation traditionnelle a été généralement admise malgré la protestation des plus habiles antiquaires, parmi lesquels il nous suffira de citer Winckelmann, Visconti, Nibby, C. Fea, Raoul Rochette, Otfried Müller, E. Gerhard (1).

---

(1) Perrier, *Statuæ*, n° 91. — Maffei, *Raccolta*, n° 65. — Bottari, *Museo capitolino*, t. III, p. 136. — Winckelmann, *Geschichte der Kunst*, IX, 2, §§ 33-36. Trad. franç., t. III, p. 41. — Heyne, *Ant. Aufsætze*, II, 230. — Mongez, *Mém. de l'Inst.; litt. et beaux-arts*, II, p. 453. — Petit-Radel, *Musée Napoléon*, t. IV, p. 51. — Legrand, *Galerie des antiques*, p. 14. — Visconti, *Opere varie*, t. IV, p. 325. — Nibby, *Osserv. sopr. la stat. volg. app. il Glad. morib.* — C. Fea,

Ce n'est pas que tous les auteurs qui se sont refusés à reconnaître un gladiateur dans la statue du Capitole aient été guidés par les mêmes raisons et soient tous arrivés à trouver la véritable signification de cette figure. Quelquefois même on a pu rétrograder dans l'interprétation de certains détails.

Ainsi Montfaucon avait dit : « Le *collier* qu'il porte montre que c'était un gladiateur de quelque renom (1); » Winckelmann, dans son *Histoire de l'art*, s'exprime ainsi : « Ce personnage a une *corde autour du cou* nouée sous le menton et il est couché sur un bouclier ovale sur lequel on remarque un *cor brisé*. Cette statue ne saurait représenter un gladiateur, tant parce que dans les beaux siècles de l'art les Grecs ne connaissaient pas les jeux de gladiateurs, que parce qu'aucun artiste célèbre de qui cette figure est digne n'aura voulu s'abaisser à représenter de pareils personnages. Ce ne peut être non plus un gladiateur, puisqu'ils ne portaient pas de cor tortueux comme étaient les trompes ou les *lituï* des Romains (2). » Winckelmann essaye de prouver que la statue représente un *héraut grec blessé*. Mais négatifs ou positifs ses arguments sont mauvais. Une peinture de Pompéi nous montre un gladiateur sonnant de la trompe recourbée (3); et Montfaucon ne se méprenait pas en voyant un *collier* au cou du guerrier mourant. On doit se demander aussi comment un bouclier pourrait convenir à un héraut.

Mongez vit bien que le guerrier blessé porte au cou un collier ; mais il connaissait si peu d'antiquités gauloises qu'il n'avait pu trouver comme point de comparaison que des monuments de travail romain, et il conclut en disant que la statue représente un Barbare ou un esclave mourant.

Bullet. inst. arch., 1830, p. 122. — Raoul Rochette, *Bulletin des sciences hist.*, t. XV, p. 365. — E. Gerhard, *Bullet. inst. arch.*, 1830, p. 274. — Otfried Müller, *Handbuch*, § 159, 2. — Landon, *Annales du Musée. Sculpt. ant.*, t. II, p. 64. — Clarac, *Mus. de sculpt.*, pl. 869, n° 2214, t. V, p. 135. — Melchiorri, *Guida metod. di Roma*, p. 530. — Tofanelli, *Museo capitol.*, p. 91, n° 1. — E. Braun, *Die Ruinen und Museen Roms*, p. 215. — Etc.

(1) *Antiquité expliq.*, t. III, p. 267, pl. CLV.
(2) *Hist. de l'art*, p. 41. — Cf. *Monum. ined.; trattato prelim.*, p. LXXI.
(3) Mazois, *Antiquités de Pompéi*, IV° part., pl. XLVIII, fig. 1.

« Tout dans cette figure, dit Visconti, concourt à y faire reconnaître un *guerrier* barbare (peut-être gaulois ou germain) blessé à mort et expirant en homme de courage sur le champ de bataille qui est couvert d'armes et d'instruments de guerre. » On sent que l'illustre antiquaire a été étonné de la présence de ce *lituus*, qu'il n'a pu en concilier l'usage avec celui d'un grand bouclier, et qu'il a eu recours à une interprétation sur laquelle il valait mieux ne point s'appesantir.

En effet le *lituus* que l'on voit dans un assez grand nombre de bas-reliefs romains, entre autres sur la colonne Trajane et dans les *conclamations*, est muni d'une barre transversale qui reposait sur l'épaule du *liticen*, et l'une de ses extrémités présente un large *pavillon*, indispensable à la sonorité de l'instrument. C'est ainsi que sont représentés les *litui* sculptés et peints sur les piliers qui soutiennent une grande chambre sépulcrale découverte près de Cerveteri par M. Campana (1).

Rien de semblable dans l'objet qu'on remarque sur le bouclier du *Guerrier mourant* (voy. pl. VII, n° 1); aussi peut-on observer que depuis que Nibby, Raoul Rochette et Otfried Müller ont reconnu dans ce guerrier un Gaulois, il n'a plus été question de la prétendue trompette comme signe distinctif.

C'est là que nous en voulions venir. Cet objet dont les deux extrémités ont le même volume, qui ne peut être un instrument de musique guerrière, car on n'en saurait tirer un son qui fût entendu au milieu du combat, c'est, suivant nous, une grande ceinture de métal, un *torques* celtique, et il nous suffirait peut-être pour être compris de mettre sous les yeux du lecteur le dessin du *torques* d'or trouvé près de Cherbourg, en 1844 (v. pl. VII, n° 6), dans les carrières granitiques de Flamanville. Cependant on nous permettra d'entrer dans quelques détails à ce sujet.

Depuis une douzaine d'années on a découvert des *torques* d'or d'un grand diamètre. Le cabinet des médailles de la

(1) Voir l'annonce de cette découverte dans les *Annal. dell' inst. archeol.* 1854, p. 58.

Bibliothèque impériale en possède un trouvé à Saint-Leu d'Esserens près Creil, qui a 1 mètre de longueur ; un autre semblable existe au musée de l'hôtel de Cluny et mesure 1^m,30 ; cet ornement fut découvert à Cesson, arrondissement de Rennes, et pèse 388 grammes ; le *torques* de Flamanville pèse 353 grammes. La ceinture de Cesson est roulée en spirale ; le *torques* de Saint-Leu était, quand il fut recueilli, replié à peu près comme celui dont nous publions le dessin. Que les Gaulois aient été dans l'usage de fabriquer de grands *torques*, c'est ce qui résulte non seulement de l'existence des monuments qui viennent d'être cités, mais encore de ce passage de Quintilien : *Divus Augustus quum ei Galli torquem aureum centum pondo dedissent* (1)...

Sur l'une des faces du monument érigé pendant le règne de Tibère et découvert sous le chœur de l'église de Notre-Dame, on voit un Gaulois tenant un grand cercle qui représente fort probablement un ornement envoyé à l'empereur romain par les *Nautæ Parisiaci* (voy. pl. VII, n°s 7 et 8) ; les différentes interprétations données au mot EVRISES qui se lit au-dessus du bas-relief s'accordent avec l'idée que nous soumettons aux antiquaires (2).

Dans le recueil des statues de Venise (3), on trouve celle d'un jeune Gaulois étendu sans vie ; son bras gauche est passé dans les attaches de son bouclier oblong, dont on ne voit que l'intérieur ; ses reins sont entourés d'un *torques* funiculaire semblable à ceux qui ont été recueillis à Cesson et à Saint-

---

(1) *Institut. Orat.*, lib. V, c. 3, 79.
(2) Baudelot, membre de l'Académie des inscriptions, proposait d'expliquer *eurises* par *eurid*, qui, en langue cambrienne, signifie *doré*, et il pense que le grand cercle est une couronne offerte à Jupiter. Eccard croit qu'*eurises* est le pluriel d'*eurich*, qui, dans la même langue, a le sens d'orfèvre. Félibien (*Hist. de Paris*, t. 1er, p. cxxxiiij) dit : « Ce cercle demeurera couronné si M. Eccard trouve bon que nous ayions cette déférence pour M. Baudelot, à moins que par une nouvelle découverte quelque autre antiquaire ne nous apprenne que ce cercle est une trompette. »
Dans les *Mém. de l'Acad. celtique*, t. 1er, p. 275, on trouve le mot *eurises* rapproché du breton *gouriz*, ceinture ; malheureusement l'auteur prend pour un dieu le Gaulois armé d'une pique et d'un bouclier.
(3) Zanetti, *Ant. stat. di S. Marco*, etc., t. II, pl. 44.

Leu. Du reste la figure est entièrement nue et sa pose est identique à celle du jeune Gaulois mort représenté couché, sur le côté droit du sarcophage de la Vigna Ammendola. Nous croyons pouvoir citer encore un des bas-reliefs antiques encastrés dans les murs de Narbonne ; ces sculptures ont été faites par les Romains pour célébrer leurs victoires sur les Gaulois, ainsi que le prouve clairement la forme des armes qui composent les trophées. Le bas-relief dont nous voulons parler représente un Gaulois de très grande taille étendu mort ; près de lui s'allonge une grande torsade qui nous paraît une ceinture de métal. Un jeune homme porte la main au cou du cadavre et paraît chercher à en détacher le *torques;* ceci rappelle les aventures de Manlius Torquatus et de Valérius Corvinus.

Suivant Varron, cité par Jean *Lydus*, les Gaulois donnaient à leur περίζωμα ou ceinture le nom de *cartamera*. L'auteur grec, qui vivait au vi° siècle de notre ère, applique ce nom à une ceinture de cuir ornée d'une boucle d'or bien plus analogue à celle des Francs, ses contemporains, qu'à celle que portaient les Celtes du temps de Varron (1).

Grivaud de la Vincelle possédait une petite figure de bronze trouvée à Reims, représentant un Gaulois agenouillé, les mains liées derrière le corps, et le dos couvert d'un bouclier à *umbo* allongé comme celui du *Guerrier mourant* (voy. pl. VII, n° 5). Ce Gaulois a des *braccæ* ou pantalons, retenus par une ceinture en forme de serpent ; et cette forme montre bien clairement que la ceinture était faite de métal (2). On en voit une aussi qui fait deux fois le tour du corps de Gaulois barbus, portant au cou des *torques*, et sur le bras gauche un bouclier allongé, figures qui décorent un beau vase de bronze

---

(1) Johan. Lyd., *De magistrat*. P. R., lib. II, 13.
(2) Grivaud, *Rec. de monum. ant.*, pl. v, n° 2. Le Gaulois porte sur l'épaule une sorte de plaque dont il était difficile de s'expliquer la présence. Une seconde figurine de bronze, trouvée à Bavay, et entrée au cabinet des médailles de la Bibliothèque impériale, nous fait comprendre ce détail. La figurine représente aussi un Gaulois, et sur son épaule subsiste le pied d'une statue brisée. Ces prisonniers servaient donc de supports à des images de la Victoire ou d'empereurs.

LE GUERRIER MOURANT DU CAPITOLE.   379

provenant de Pompéi (1). La ceinture était donc, comme le torques, les *braccæ* et le bouclier allongé avec un *umbo* sail-

lant, un signe distinctif des Gaulois. Il est vraisemblable que les ceintures d'or appartenaient aux chefs et les faisaient reconnaître. Bien loin d'être l'image d'un esclave, d'un prisonnier vulgaire, la statue du Capitole nous paraît donc représenter un guerrier important, un chef gaulois. C'est ainsi qu'au centre du bas-relief sculpté sur le grand sarcophage découvert en 1830 dans la Vigna Ammendola, on voit un chef gaulois expirant dont la tête est ceinte d'une bandelette (2). Sur leurs

---

(1) *Museo Borbonic.*, vol. VIII, tav. xv, n° 1. M. Giovambatista Finati n'avait pu trouver une explication satisfaisante pour ces figures. On remarquera la frise formée de boucliers gaulois ovales qui décore tout le pourtour du vase; ici, comme dans les sculptures des arcs et des tombeaux de la Gaule, comme sur le sarcophage de la Vigna Ammendola, comme sur les bas-reliefs des *Nautæ Parisiaci* (pl. VII, n°s 7 et 8), les boucliers hexagones sont réunis aux boucliers ovales.

(2) *Monum. dell' inst. arch.*, t. 1er, pl. 30. — *Dissertaz. della Pont. Acad. Rom.*

monnaies, Vercingétorix et Luchtérius sont gravés avec la tête nue ; mais un diadème entoure celle de Vergasillaunus. Le chef gaulois sculpté sur le sarcophage est tombé, et s'efforce de se soutenir à l'aide de son bras gauche appuyé sur la terre ; c'est la pose du guerrier du Capitole ; c'est aussi celle d'un Gaulois dont Caylus nous a conservé le dessin (pl. VII, n° 2), mais qu'il prenait pour un mime (1).

Les Romains, tenus longtemps en échec par ces terribles Sénonais, qui s'étaient emparés d'une partie de l'Italie, éprouvaient, on n'en peut douter, une vive satisfaction lorsqu'ils pouvaient montrer vaincus de si redoutables ennemis. Il est curieux de comparer la chevelure, la moustache, le torques, le bouclier (2) représentés par les sculpteurs romains, avec ceux que les Sénonais faisaient figurer sur leurs propres monnaies fabriquées à Rimini (voy. pl. VII, n°s 3 et 4), dans le iv° siècle avant notre ère (3) ; cette confrontation donnera peut-être lieu de penser que les Romains n'ont pas attendu les triomphes de César et de Germanicus pour célébrer par des monuments les avantages qu'ils remportaient sur les Gaulois.

di archeol., t. IX, 1840, pl. 30 et 31. Nibby, auteur du mémoire, dit : « Il costume de' barbari determina la razza alla quale appartengono ; *sono Galli.* »

(1) *Rec.*, t. I, *ant. Rom.*, pl. LXX, n° 1.

(2) Quant au bouclier gaulois, nous ne croyons pas devoir répéter ici ce qui en a été dit bien des fois d'après les textes anciens. Nous nous contentons de renvoyer aux figures des monuments d'Orange, de Narbonne, de Saint-Remi, de Carpentras. Ce bouclier se retrouve encore sur le sarcophage de Reims connu sous le nom de tombeau de Jovinus. Le *torques* et le bouclier long avec *umbo* saillant sont représentés sur beaucoup de monnaies frappées dans les Gaules à l'époque de l'autonomie. Au revers d'un denier de la famille *Claudia*, on voit le consul M. Claudius Marcellus qui consacre dans le temple de Jupiter Férétrien l'armure du roi gaulois Virdomarus ; quelque petit que soit le trophée gravé sur cette monnaie, on distingue la forme oblongue du bouclier.

(3) Sur la petite monnaie de bronze qui est plus récente que le quincunx, on voit, avec la légende ARIM, un guerrier gaulois ayant la tête nue, une moustache, un *torques* au cou et le corps caché par son long bouclier.

BUSTE DE LA PRÊTRESSE MÉLITINÉ, *trouvé au Pirée.*

(Extrait du *Bulletin archéologique* de l'ATHENÆUM FRANÇAIS,
2º année, nº 7, juillet 1856, p. 56.)

On a dernièrement apporté à Paris un buste de marbre blanc, trouvé au Pirée par un officier de la marine française, M. de Vassoigne. Ce monument, parfaitement conservé, représente une femme âgée, au visage sévère et peu régulier, dont la coiffure ressemble beaucoup à celle des impératrices Lucile et Crispine. La partie inférieure du buste est reliée par un fleuron à un piédouche carré, orné de moulures, et sur la face antérieure duquel on lit l'inscription suivante :

ΕΠΙΑΡΧΟΝΤ ΟΣ ΦΙΛΙΣΤΙΔ
ΟΥΜΕΛΙΤΙΝΗΠΡΙΜΟΥΕΚΠ
ΕΑΝΙΕΩΝΙΕΡΑΤΕΥΣΑΣΑ
ΑΝΕΘΗΚΕΕΠΙΙΕΡΕΩ
ΣΦΙΛΗΜΟΝΟΣΤΟΥΠΡ
ΑΞΙΤΕΛΟΥΣΦΛΥΕ
ΩΣ

Ἐπὶ ἄρχοντος Φιλιστίδου, Μελιτήνη Πρίμου ἐκ Παιανιέων ἱερατεύσασα ἀνέθηκε, ἐπὶ ἱερέως Φιλήμονος τοῦ Πραξιτέλους Φλυέως.

L'ajustement de ce buste, consacré par la prêtresse Mélitiné, [fille] de Primus, [du dème] des Pæaniens, sous l'archontat de Philistide et le sacerdoce de Philémon [fils] de Praxitèle, [du dème] de Phlya, suffirait pour le rapporter à la fin du second siècle de notre ère. On pourra remarquer en outre que dans les inscriptions d'Athènes le nom de Πρῖμος ou Πρεῖμος est assez fréquent à l'époque des Antonins (voyez Bœckh, *Corp. inscr.*, n⁰ˢ 191, 193, 196, 269, 276, 282, 284, 303, 306, etc.). Un des prytanes pæaniens de la tribu Pandionide, cités dans une inscription d'Athènes (Bœckh, 196), se nomme Ælius Primus, Αἴ. Πρῖμος; son prénom donne lieu de croire qu'il était né sous Adrien, de même que l'Αὐρ. Πρεῖμος Πρείμου de l'inscription n° 307 a dû naître sous M. Aurèle. On pourrait conjecturer que Melitiné était fille d'Ælius Primus.

Inscription latine trouvée près d'Arlon.

(Extrait du *Bulletin archéologique de l'Athenæum français*, 2º année, nº 9, septembre 1856, p. 72.)

M. Félicien de Saulcy nous communique une inscription qu'il vient de copier sur une pierre triangulaire découverte à Arlon, près de Luxembourg. Elle est ainsi conçue :

<pre>
        DM
      PRIMI
    PRISSONIS
   ET·PRVSCIAE
   MAIANAE·VX
  ORI·VIVA·VIDV
  VS·FILIVS·FECIT
</pre>

Dis Manibus Primi Prissonis, et Prusciae Maianae uxori; viva, Viduus filius fecit. « Viduus a dédié ce monument aux mânes de son père Primus, fils de Prisso, et à sa mère encore vivante. » *Pruscia* paraît être une forme archaïque pour Priscia. Priscius et Maianus sont connus (Murat., 1393, 6, et Grut., 130, 9). Quant à Prisso, c'est un de ces noms gaulois à terminaison en *o*, dont on peut observer une centaine de variétés dans les inscriptions de diverses parties de la Gaule.

CONJECTURE

SUR L'ORIGINE

DE L'IMPÉRATRICE MARCIA OTACILIA SEVERA.

(Extrait du *Bulletin archéologique de l'Athenæum français*,
2ᵉ année, nº 10, octobre 1856, p. 73.)

« Otacilia Sévéra, femme de l'empereur Philippe, étoit fille de Sévérien, à qui cet empereur donna, en commençant à régner, le gouvernement de la Pannonie et de la Mésie. Quoique les historiens ne disent rien de l'origine de cette princesse, on peut cependant penser qu'elle étoit romaine. » C'est ainsi que s'exprime Beauvais, l'auteur d'une *Histoire des empereurs romains*, qui est entre les mains de tous les antiquaires (1). Crevier, sans s'occuper d'Otacilie, avait dit en parlant de Philippe : « Il mit à la tête des troupes de Syrie d'une part, et de l'autre de celles de Mœsie et de Macédoine, L. Priscus, son frère, et Sévérien, son *beau-père* (2). » C'est une phrase qui nous paraît calquée sur celle de Tillemont : « Il fit Prisque, son frère, général des troupes de la Syrie, et Sévérien, son beau-père, de celles de la Mésie et de la Macédoine (3). » Tillemont s'appuie sur un texte de Zosime que Filippo Buonarroti entendait autrement, car il dit : « Zosimo chiama Serviano (*sic*) *genero* di Filippo (4). » Eckhel s'est

---

(1) *Hist. abrégée des emp. rom. et grecs, des impératr., des Césars, des tyrans et des personnes des fam. imp. pour lesquelles on a frappé des médailles, etc.* Paris, 1767, in-12, t. 1ᵉʳ, p. 400.
(2) *Hist. des emp. rom.* Paris, 1754, in-12, t. X, p. 267.
(3) *Hist. des emp.* 1691, t. III, p. 304.
(4) *Osserv. istor. sopr. alc. medagl.* Rome, 1698, p. 295.

rallié à cette dernière opinion (1), qui est celle du traducteur latin de Zosime, Jean Leunclavius, et qui est aussi adoptée par Reitemeyer, dans son excellente édition, accompagnée de notes de Heyne. Mais est-ce bien là la seule manière dont on puisse entendre le texte grec : Σεθηριανῷ δὲ τῷ κηδεστῇ τὰς ἐν Μυσίᾳ καὶ Μακεδονίᾳ δυνάμεις ἐπίστευσε (2)? Le mot κηδεστής signifie parent par alliance, beau-père, gendre, beau-frère. Aucun ancien n'a dit que Sévérien fût le père de M. Otacilia, et l'assertion de Beauvais ne repose que sur le sens attribué par Tillemont et Crévier au mot κηδεστής. Quoique Philippe ait pu être marié plusieurs fois, l'analogie des surnoms nous porte à croire que c'est par Sévéra qu'il était allié de Sévérianus ; mais ce dernier surnom étant un diminutif, il semble naturel qu'il ait été donné au frère de l'impératrice plutôt qu'à son père. La *gens* Otacilia était ancienne à Rome ; un affranchi de cette famille, qui enseignait, au temps de Pompée, a mérité d'être rangé par Suétone au nombre des professeurs illustres (3). D'autres Otacilius ont concouru à l'érection de monuments élevés à Rome en l'honneur de Vespasien et d'Adrien (4). Nous retrouvons ensuite ce nom en Afrique. M. L. Renier a copié, dans les ruines de la basilique du Forum de Rusicade, deux belles inscriptions gravées pour un personnage important, Sextus Otacilius Restitutus, fils de Marcus, de la tribu Quirina, frère du pontife Marcus Otacilius Fructus, et luimême ayant rempli les fonctions de *III vir*, d'*ædilis quæstoriæ potestatis* et d'*augur* (5). Ce personnage qui appartient probablement à l'époque des Antonins, a laissé des parents ou des clients dans le pays ; une autre inscription très mutilée, copiée à Mons par M. le commandant de Lamare, nous conserve le nom d'un Otacilius ; M. Léon Renier a recueilli à Lambæse l'épitaphe de C. Otacilius Faustus ; le basrelief trouvé à Djémilah, et apporté au Musée du Louvre,

(1) *Doct. num. vet.*, t. VII, p. 332.
(2) Zosim., *Historiæ*, I, 19; édit. Reitemeyer, Leipsig, 1784, 8°, p. 28.
(3) *De clar. rhetorr.*, 3.
(4) Gruter, *Inscr. ant.*, CCXXXIX, 3; CCXL et CCXLI — CCXLIX, 8; CCL.
(5) *Inscr. rom. de l'Alg.*, p. 260, n°ˢ 2172 et 2173.

montre un prêtre de Saturne, Q. Otacilius Felix. M. de Clarac,

décrivant ce monument d'après un dessin inexact (1), a pensé que le personnage portant un petit animal était un ministre des sacrifices, que l'enfant soutenant sur sa tête un coffret était nu, et que le quadrupède qui est près de lui pouvait être un bélier. Mais l'examen du bas-relief original fait bien voir que c'est la femme d'Otacilius, *Celsina conjux*, qui se tient debout près de l'autel, sur lequel le *sacerdos* pose la main. Le buste de Saturne placé au-dessus est tout à fait semblable à celui que d'autres bas-reliefs du même pays représentent accompagné de l'inscription SATVRNO AVG, et la victime est un taureau, circonstance sur laquelle nous aurons lieu de revenir dans un autre travail. En aucune contrée, le culte de Saturne n'a laissé autant de traces que dans la Mauritanie; non seulement on y a retrouvé des monuments représentant

(1) *Mus. de sculpt.*, t. II, p. 1244, n° 6.

ce dieu, avec ou sans nom; mais on y copié d'assez nombreuses inscriptions de personnages qui s'intitulent *Sacerdos Saturni;* et si l'on examine les textes épigraphiques, appartenant à cette région de l'Afrique, publiés par Shaw, Clarac, MM. L. Renier, de Lamare et autres, on reconnaîtra que la religion locale avait multiplié d'une façon extraordinaire les noms *Saturninus* et *Saturnina* (1).

Or, Sextus Aurelius Victor nous apprend que le fils de Philippe se nommait Caïus Julius *Saturninus* (2). Les médailles frappées à Perga de Pamphylie donnent en outre à ce jeune prince le nom de *Severus* (3). Cependant ces noms ne se rencontrent ni sur les monnaies de coin romain, ni dans les inscriptions latines. Mais ce n'est pas là un fait bien étonnant. Quand les empereurs ont jugé convenable de changer de nom, soit par suite d'adoption, soit pour dissimuler leur origine, les monuments officiels se conforment à cette volonté et taisent les anciennes appellations. Ainsi, Auguste a quitté le nom de *C. Octavianus*, Tibère celui de *Claudianus*, Néron celui de *L. Domitius*, Nerva celui de *M. Cocceius*, Trajan ceux de *M. Ulpius Crinitus*, Antonin ceux d'*Aurelius Fulvus Boionius Arrius*, Marc-Aurèle ceux d'*Annius Verus*, Lucius Verus ceux de *Ceionius Commodus*, Caracalla celui de *Bassianus*, Élagabale ceux de *Varius Avitus Bassianus*, Sévère-Alexandre ceux de *Bassianus Alexianus*, et c'est par les historiens que nous l'apprenons.

On sait aussi que la mémoire de Septime Sévère était révérée dans la Mauritanie : *ab Afris ut Deus habetur* (4), que la

---

(1) *Voy. de Shaw,* 1743, t. Ier, p. 130, 147, 158, 225, 232. — Clarac, *Musée de sculpt.*, p. 1264 à 1323, n°s 1, 2, 3, 4, 5, 7, 8, 9, 10, 11, 12, 13, 29, 46, 58, 82, 85, 89, 140. — Lamare, *Explor. de l'Alg.*, pl. 53, n° 8; pl. 93, n° 3; pl. 177, n° 3; pl. 184, n°s 1 et 3; pl. 185, n° 2. — Léon Renier, *Inscr. rom. de l'Alg.* Dans les sept premières livraisons de cet ouvrage, les seules publiées jusqu'à présent, nous avons relevé cent douze inscriptions dans lesquelles figurent les noms de Saturninus ou de Saturnina.

(2) *Epitome*, 28.

(3) Mionnet, III, p. 467, n°s 116 à 118. — VII, suppl., p. 57, n°s 145, 146. — *Cat. W. de Wellenheim*, I, p. 275, n° 6139.

(4) Æl. Spart., *Sev. imp.*, 13.

sœur de ce prince, Vibia Aurelia Sabina, était, pendant le règne et après la mort de son frère, l'objet de la gratitude des habitants de Calama, ainsi que le prouvent ces deux inscriptions (1):

```
VIBIAE AVRELIAE
    SABINAE                    VIBIAE AV
 IMP SEVERI AVG                RELIAE DI
   N SORORI DI                 VI M F DIVI
   VI PII MARCI                SEVERI SOR
      FILIAE                    SABINAE
   C. ANNIVS C                 PATRONAE
   FILIVS PAPIR                MVNICIPII
  SATVRNINVS                   DECVRIO...
    PATRONAE
```

Les textes épigraphiques nous montrent encore que les noms *Severus* et *Severa* devinrent très communs dans la Mauritanie. Aussi lorsque nous remarquons ce concours des noms *Marcia Otacilia Severa, Severianus* et *Severus Saturninus*, sommes-nous tout naturellement conduits à chercher en Afrique l'origine de ceux qui les portent. Philippe était un Arabe de basse naissance, qui peut avoir épousé une Mauritanienne, fille d'un prêtre de Saturne. C'est ainsi que Septime Sévère, né à Leptis, avait épousé Julia Domna, une femme d'Émèse, de famille sacerdotale. Les mouvements de troupe conduisaient les soldats dans toutes les provinces de l'empire. D'ailleurs la fortune et la faveur étaient alors aux étrangers; après Albin, originaire d'Hadrumète, on avait vu régner Macrin, né à Cherchel, Sévère-Alexandre, né à Césarée du Liban, et Maximin, fils d'un Goth.

On connaît le beau mémoire dans lequel Tochon d'Anneci a démontré que le Marinus qui figure sur les monnaies de Philippopolis était le père de Philippe; nous ne prétendons

---

(1) Musée du Louvre; Clar., *Mus. de sculpt.*, pl. LXXIV, 29. — *Ann. de la soc. arch. de Constantine*, 1855, p. 163, n° 34.

pas un succès égal alors que nous présentons, avec la plus grande réserve, notre conjecture sur l'origine d'Otacilia; mais l'histoire de ces temps est si obscure, qu'il est permis de faire quelques tentatives pour combler, par l'étude des monuments, les lacunes qu'elle présente.

Inscription d'Apollonide de Smyrne en l'honneur de Cybèle.

(Extrait du *Bulletin archéologique de l'*Athenæum français, 2ᵉ année, nº 10, octobre 1856, p. 80.)

ΑΠΟΛΛΩΝΙΔΗΣΔΕΙΩ
ΤΙΜΟΥΤΟΥΕΡΜΟΓΕΝΟ
ΥΖΩΝΗΑΥΤΩΚΑΙΤΟΙΣ
ΙΔΙΟΙΣΕΠΟΙΗΣΕΝΗΑΝ
ΔΕΤΙΣΕΠΙΧΙΡΗΣΙΤΟΥΤ
ΩΤΩΜΝΗΜΙΩΗΕΞΑΛΛ
ΩΤΡΙΩΣΗΑΠΩΤΙΣΙΜ
ΗΤΡΙΣΙΠΥΛΗΝΗ
✲ /Α

Cette inscription est tracée sur une plaque de marbre que j'ai achetée pour le musée du Louvre, et qui avait été apportée de Constantinople en France par mon ami feu Édouard de Cadalvène; elle lui avait été envoyée de Smyrne. C'est là tout ce que j'ai pu savoir sur la provenance du monument; mais je pense que l'examen du texte nous peut venir en aide. Je commencerai par le transcrire.

Ἀπολλωνίδης Διοτίμου τοῦ Ἑρμογένου ζῶν ἑαυτῷ καὶ τοῖς ἰδίοις ἐποίησεν· ἐὰν δέ τις ἐπιχειρήσῃ τούτῳ τῷ μνημείῳ ἢ ἐξαλλοτριώσῃ, ἀποτείσει μητρὶ Σιπυληνῇ Χ α.

D'abord la présence du nom de l'aïeul rentre dans la formule habituelle de Smyrne; puis le nom d'Hermogène est tellement fréquent dans les inscriptions et sur les monnaies de cette ville, que le savant M. Bœckh a pu avec raison s'expri-

mer ainsi : « Sed medici est certe is nummus in quo ΕΡΜΟ-
ΓΕΝΗΣ ΤΡΙΚΚΑΣ, quum Tricca Thessaliæ urbs·Æsculapii
cultu et arte medica clarissima fuerit. Τρίκκας autem Meadio
judice significandæ Hermogenis patriæ causa adscriptum ; qua
tamen de re dubito. *Nam Hermogenis nomen Smyrnæis adeo
est usitatum, ut patria et ortu Smyrnæum illum quoque Hermogenem judicem* (1). » A cette première considération que
rend si importante l'incomparable expérience de l'auteur du
Corpus inscriptionum, viennent se joindre d'autres remarques.
Apollonide est, comme Apollodote et Appollodore, un nom de
Smyrne (moins fréquent cependant qu'Apollophane et Apollonius). Enfin les textes épigraphiques de cette ville offrent en
très grand nombre ces formules comminatoires, ou, si l'on
veut, ces stipulations d'amendes qui s'adressent à ceux qui
tenteraient de détruire ou d'aliéner les monuments funéraires. En général, la somme est plus considérable que celle
de 1,000 deniers indiquée ici par Apollonide : mais cela
dépend de la valeur du monument, car, dans une inscription
de Magnésie, l'amende est fixée à 500 deniers seulement. La
μήτηρ Σιπυλήνη est la Rhéa du Sipyle, montagne située près de
Smyrne, vers l'embouchure de l'Hermus. Nous connaissons
par Strabon (2) ce surnom de Cybèle, et d'ailleurs les monnaies
de Smyrne représentent le buste tourrelé de la déesse, accompagné d'un tympanum et de l'inscription ΣΙΠΥΛΗΝΗ (3).
Dans d'autres inscriptions de Smyrne, on trouve la formule
plus complète θήσει, ou δώσει, ou ἀποτείσει μητρὶ ΘΕΩΝ Σιπυλήνῃ (4). En somme, tout concourt à nous persuader que c'est
bien à Smyrne qu'a été gravée la stèle que, de son vivant,
s'était fait préparer Apollonide, fils de Diotime. L'emploi d'H
pour E est un fait orthographique extrêmement remarquable.

(1) *Corpus inscr. gr.*, t. II, p. 768.
(2) Lib. X, p. 469.
(3) Mionnet, t. III, p. 205, nos 1104 à 1108 ; t. VI suppl., p. 317, no 1547.
(4) Bœckh, *Corp. inscr. gr.*, 3286, 3385, 3386, 3387, 3411.

NOTE
SUR
LA FORME DE LA LETTRE E
DANS LES LÉGENDES
DE QUELQUES MÉDAILLES GAULOISES.

(Extrait du tome I (nouvelle série) de la *Revue numismatique*, 1856, pp. 73-87.)

Les observations qui vont suivre seraient sans doute déplacées dans un recueil consacré à la philologie, bien qu'elles portent sur un sujet qui n'a pas été traité d'une manière spéciale. Les épigraphistes auraient le droit de s'étonner de me voir exposer des notions que l'habitude des monuments leur a rendues familières ; tout au moins, pourraient-ils me reprocher de faire un travail inutile pour leur instruction. Mais les numismatistes dont la bibliothèque ne contient pas les grands recueils d'inscriptions, ou que d'autres études ont empêchés d'examiner les monuments écrits, épars dans les musées et dans les ruines, me sauront probablement bon gré d'avoir réuni la collection de petits faits que je soumets à leur attention, puisque cet ensemble est de nature à faire disparaître des incertitudes qui se manifestent assez fréquemment.

Maintes fois, en décrivant ou en citant les monnaies des chefs gaulois, Luchterius, Tasgetius, par exemple, on a transcrit ces noms *Luxtiirios*, *Tasgiitios*, comme si leur seconde syllabe contenait deux fois la voyelle I. Il en résulterait d'abord que César, qui se trompe si rarement, aurait mal orthographié ces noms ; et ensuite que les anciens, si sobres de répétitions, alors même qu'il s'agit des consonnes, auraient employé une voyelle double, difficile à rendre dans la prononciation, et dont on ne saurait expliquer l'existence par l'analyse philologique.

Cette remarque s'appliquera aux légendes IIPAD, CICIIDVBI, VIIPOTAL, MATVCIINOS, IIBVROVIC, VIID, VANΔIILOS, COŞII, IIARO, SIINVI, IIPOMIIΛOC, etc. On voit qu'il n'entre pas dans tous ces mots un E de forme ordinaire, et si nous remplaçons par ce caractère le signe II, dans ces mêmes mots que nous venons de citer, nous obtenons des formes satisfaisantes, *Luchterius*, *Tasgetius*, *Epad.*, *Ciceduobi*, *Verotal*, *Matucenos*, *Eburovic.*, *Ved.*, *Vandelos*, *Cose.*, *Earo*, *Senvi.*, *Eromelos*.

Ici se présenteront vraisemblablement quelques objections.

Ceux qui n'ont étudié que les monuments numismatiques de la Gaule me demanderont si le double I n'est pas une lettre celtique, si ce n'est pas là une particularité de notre ancienne langue; si d'autres peuples, les Romains, par exemple, auraient accepté la lecture que j'adopte.

Ceux qui s'occupent d'inscriptions latines ne me querelleraient pas sur ce dernier point; mais ils pourraient émettre des doutes sur l'époque à laquelle la forme II pour E a été employée, et sur son usage dans les Gaules.

Pour répondre à ces objections, il devient nécessaire de citer des preuves. C'est ce que je vais faire, après avoir prié le lecteur de me pardonner tant de détails.

Quoique les archéologues connaissent bien en général l'emploi de II pour E, il en est qui l'ont cru peu ancien. Ainsi la présence de l'II (DIICIR.) sur une des coupes d'argent découvertes à Berthouville, près Bernay, dénotait, suivant M. Raoul-Rochette et M. Le Prévost, que ce vase a été fabriqué à une époque avancée de l'empire (1). D'un autre côté, M. Th. Mommsen assure que le caractère II ne se rencontre jamais dans les légendes des monnaies, ni dans d'autres inscriptions publiques (2).

(1) Le Prévost, *Mémoire sur la collection de vases antiques trouvés en mars 1830 à Berthouville*. Caen, 1832, in-4, p. 26.
(2) *Die unteritalischen Dialekte*, p. 29.

Nous pensons au contraire que la forme II est fort antique, et que c'est par archaïsme qu'elle était employée à Rome dans les temps moyens ; par tradition dans les provinces. Les provincialismes, en fait de langues, sont des signes d'antiquité ; il en est de même de l'usage populaire, et c'est précisément dans les mots tracés à la pointe, sur les murs ou sur les vases de terre, que l'on retrouve le plus d'E sous la forme II.

On connaît depuis longtemps les inscriptions :

```
MATRE
MATVTA
DONO DIIDRO        CISVLA ATILIA DON DIANII
MATRONA            NOMELIA DEDE
MACVRIA            IVNO LOVCINA
POLA LIVIA
DEDA
```

trouvées près de Pesaro et publiées par Maffei (1) ; elles sont en vieux latin et contiennent les mots *dedro[n]* (dederunt) et *Diane* (Dianæ) (2).

Il existe au musée Kircher, à Rome, un petit buste de Méduse, sur lequel est gravé :

C · OVIO · OVF · FIICT (*C. Ovio Ouf*[entina] *fecit* (3).

Lanzi classe parmi les *sepolcrali antichissime* l'inscription suivante, trouvée à Rome :

M·SIIPRONII·A·D·K·SIIPTE (ad diem Kalendarum Septembris)(4).

Enfin M. Ritschel, dans son savant mémoire intitulé : *De*

---

(1) *Museum Veron.*, p. 470.

(2) Quoique l'inscription ne donne que *dedro*, il faut prononcer *dedron*, de même que *cosol* se prononçait *consol*. Voyez ce que j'ai dit de *l'anousvara* chez les Latins dans les *Mém. de la Soc. des ant. de France*, 1852, t. XXI, p. 370, et dans le *Bulletin de l'Académie royale de Belgique*, 1852, t. XIX, p. 395. — Pp. 297 et 303 du présent volume.

(3) Brunati, *Mus. Kirch. inscript.*, p. 51, 104 ; cf. Otto Iahn, *Die Ficoronische Cista*, 1852, p. 61.

(4) *Saggio di ling. etrusc.*, t. I, p. 162.

fictilibus litteratis latinorum antiquissimis, a relevé les inscriptions imprimées sur des vases romains :

LAVIIRNAI POCOLOM — SAIITVRNI POCOLOM —
....OMO FAMIILIAI DONO·V.....

L'écriture employée pour tracer ces inscriptions offre, comme la langue, un caractère très ancien ; elle ressemble beaucoup à celle des inscriptions de Pesaro, rapportées plus haut.

Une lame de plomb trouvée à Rome, dans un tombeau antique de la Villa Manenti, à gauche de la via Latina, porte l'inscription que voici :

QVOMODO MORTVOS QVI ISTIC
SIIPVLTVS IIST NIIC LOQVI
NIIC SIIRMONARII POTIIST SIIIC
RHODINII APVD M. LICINIVM
FAVSTVM MORTVA SIT NIIC
LOQVI NIIC SIIRMONARII POSSIT
ITA VTI MORTVOS NIIC AD DIIOS
NIIC AD HOMINIIS ACCIIPTVS IIST
SIIIC RHODINII APVT M. LICINIVM
ACCIIPTA SIT IIT TANTVM VALIIAT
QVANTVM ILLII MORTVOS QVIII

ISTIC SIIPVLTVS IIST DITII PATIIR RHODINII
TIBI COMMIINDO VTI SIIMPIIR
ODIO SIT M. LICINIO FAVSTO
ITIIM M HIIDIVM AMPHIONIIM
ITIIM C POPILLIVM APOLLONIVM
ITIIM VIINNONIA HIIRMIONA
ITIIM SIIRGIA GLYCINNA

M. G. B. de Rossi, à qui l'on doit la publication de cette imprécation curieuse à tant de titres, pense que le monument appartient au VII° siècle de Rome (1), c'est-à-dire au 1ᵉʳ siècle ou au II° avant l'ère chrétienne ; supposition que l'état du

(1) *Bulletino dell' Instit. arch. di Roma*, 1852, p. 20-25.

langage justifie suffisamment, pour qu'il n'y ait pas lieu d'insister à cet égard.

Ajoutons que sur une monnaie de Pæstum, à coup sûr antérieure à l'empire, on lit ΓIISTANO (1); que sur une monnaie d'argent de la famille Carisia, fabriquée en l'an 22 avant Jésus-Christ, le nom de la ville d'Emerita est écrit IIMIIRITA (2), et qu'enfin un aureus de Marc-Antoine porte la légende IMP TIIRT COS DIISIG ITIIR IIT TIIRT (3) (an 36 avant J.-C.).

Jusqu'à présent il n'a été question que des monuments antérieurs à notre ère. Si nous examinons les inscriptions plus modernes, nous trouverons des textes tels que celui-ci, publié par Maffei (4) :

```
    TII LAPIS OBTIISTOR LIIVITIIR SVPIIR
            OSSA RIISIDAS.
```

Dans le recueil de Gruter, nous pouvons relever ces inscriptions votives ou funéraires (5) :

```
   SACRVM SILVANO                    D    M
         D   D                LICINIO CLIIMIINTI
   SIISTIA HIILLAS ET         L.COCCIIIVS GAIO
   L.SIISTIVS MAGNVS          NAS ALVMNVS
          —.                  QVI VIXIT ANNIS
         FATIS                V.MIIS VII DIIIB
   SIIVIIRI AIPARA            XI IIT GAIONATI
      VALIIRIANA              QVI VIXIT ANNIS
       V.S.L.M.               II MIISSIBVS SIIX

                    D    M
          M.PONTIVS HIIDISTVS
          DANAIINI COIVGI BIINII
          MIIRIINTI FIICI VIXIT
          ANNIS MIICVM TRIBVS
```

(1) Cavedoni, Carell. num. Ital. veter., tab. CXXX, 2.
(2) Eckhel, Doctr. num., t. V, p. 164.
(3) Ibid., t. VI, p. 46.
(4) Mus. Veron., p. CCLVIII, 3. Inscript. du Collège Romain.
(5) LXIII, 7. — DCCCXVIII, 3. — XCVIII, 2, et MXIX, 2. — DCLVI, 6.

La collection de Reinesius nous fournira les inscriptions suivantes (1) :

```
        D   M                    D · M · S
   PIIRIO VICTORI ANO        Q MVTIO PRIMIGENIO
   RVM VIII M III PARIIN     PATRONO BIINIIMIIRIINTI
   TIIS PIIINTISSIMI              VITALIS LIB
                             FIILIX FIICIT T VRBIC
```

Ainsi que je l'ai déjà fait observer, les inscriptions tracées à la pointe sur les murs contiennent fort souvent des E à double jambage. Les publications de Th. de Murr, de Wordsworth, d'Avellino, du P. Raffaele Garrucci en offrent de nombreux exemples recueillis à Pompéi, si nombreux même, qu'il devient impossible de les citer tous. Je me bornerai à en indiquer quelques spécimens :

FIILICITIIR — VALIINTINVS — MONVMIINTVM
— PVDIINTIIM — TIMIILIIA — RIISTITVTA ROGAII.

VIINIIRIA MAXIMO IIXMVCCAVIT PIIR VIN...

HIIC VIINATIO PVGNABIIT V K SIIPTIIMBRIIS

ONIISIMII AVGVSTIANII — MIINIIDIIMII.

PHARNACIIS VIIRATIVS RIISTITVTVS
SVNIIRGASTIIS

FIILIX HIC LOCVS IIST

PIIRIIAM, SINII TII SI DIIVS IISSII VIILIM.

ANOMALVS IIT VIIRIICVNNVS DIISIDIIS

NIIMO IIST BIILLVS NISI QVI AMAVIT MVLIIIRIIM....

(1) Class. XII, n° 78. Canosa. — Cl. XVIII, n° 30. Rome.

Et enfin cette épigramme contre un certain Rufus, que l'auteur rappelle à la modestie :

IN RVFVM. RII QVONDAM VIBII OPVLIINTISSVMI
NON IDIIO TIINVIIRVNT IN MANV SCIIPTRVM PRO
PORTVNIO
ITIDIIM QVOD TV FACTITAS COTTIDIII IN MANV
SCIIPTRVM TIINIIS (*tenēs*) (1).

La date de l'ensevelissement de Pompéi est bien connue ; les textes que l'on découvre sur les murailles de cette ville ne peuvent être postérieurs à l'an 79 de notre ère ; il en est qui sont bien antérieurs à cette époque.

Mais quittons l'Italie, et arrivons aux monuments de la Gaule.

Parmi les inscriptions conservées au musée de Bourges, on voit les suivantes :

MIIAND	NVMIBVS	NVM AVG
PAVLL	AVGVSTORVM	VIINIX SVM
AIN	MONMIINTV DIC	D S P
	ONIRONZII IIVS?	
—	—	—
TRPR	D M	D M
IITA	IINAME	LIBIIRINA

Caylus a publié dans son Recueil (t. VII, pl. 73) cette dédicace trouvée à Montfaucon, près Roquemaure :

PROXS
VMIS
TIIRTV

Proxumis Tertullus, dont l'orthographe indique une époque fort ancienne.

---

(1) On remarquera qu'afin que le double I de *vibii* ne fût pas confondu avec un E on a donné au second I une plus grande hauteur. Ce fait se reproduit dans d'autres textes épigraphiques.

Les trois inscriptions suivantes ont été recueillies à Dachsburg, à Rossberg et à Scarpone, près de Toul :

```
      D  M              SIIDATI         MERCVRIO
 M  AIMILIANVS        IIT AINII        IIX VTO MA
 SIXTAE SIIDATI          VX            SVINIVVS IR
 VXORIS MATRIS                         DVITI F·CA·IIX
   MANSVIITI                           NVMIIRO·VI
```

Un fragment de vase rouge, qui appartient au musée de Nantes, porte le nom ΠΑΥIIRNVS (*Paternus*) tracé en caractères très anciens. Je possède un beau statère d'or de Vercingétorix, dans la légende duquel le T a, comme sur le vase de Nantes, presque la forme d'un Υ. Ce rapprochement ne manque pas d'intérêt.

Un vase de terre noire, trouvé dans l'emplacement qu'occupait la ville antique de Meaux, objet qui est entré dans la collection formée par feu M. C.-J. Dassy, porte autour du col une sentence assez déshonnête, qui commence par ces mots : IIGO QVI LEGO (1).

Deux *graffiti* du musée de Vienne en Dauphiné peuvent se transcrire ainsi :

TIIΘΘI MANV ARVIINI

(L.TETTI.SAMIA se lit sur un vase de Besançon, et TETTI sur un vase de Windisch. Le D barré ou Θ existe sur un certain nombre de vases gaulois, et dans les inscriptions trouvées au vieil Évreux.)

```
    SIISTIVS CIILISVS
     CIISOR MISIII
     C........NVS
     CII......TVS
```

(On connaît des monnaies gauloises de potin sur lesquelles se voit la légende GELISV C.)

---

(1) J'ai publié le *fac-simile* des inscriptions tracées sur les vases de Nantes et de Meaux, ainsi que plusieurs autres. Voyez le *Bulletin de l'Acad. royale de Belgique*, t. XIX, 2ᵉ partie, p. 401. — P. 306 du présent volume.

Steiner, dans son Codex des inscriptions du Rhin, cite les monuments qui présentent ces mots : MIIRCVRI et Q. VIIRATVS CATVLLINVS (1). Déjà nous avons indiqué la patère d'argent de Berthouville, sur laquelle on voit un II. Il ne faut pas oublier les noms de potiers imprimés au fond des coupes vernissées en rouge que l'on découvre dans toute la Gaule. J'ai relevé sur ces vases beaucoup de noms contenant des E à deux jambages ; dans la liste qui va suivre, on trouvera, entre parenthèses, un certain nombre de noms équivalents aux premiers, mais dans lesquels les E ont la forme ordinaire et qui sont copiés sur des vases de la même terre.

AIISTIVI (AESTIVI)	GIIMIINI (GEMENI)
AIIVI	LVGIITVS (LVGETVS)
AGIILITO	MACIIR (MACER)
AQVIINVS (AQVEN)	MALLIID (MALLEDV)
ARIIVS	MASCIILLI (MASCELI)
ATIII E (ATEI EVHOD) (2)	MIITTI (METTI)
BIRANIII	PIICVLIAR (PECULIARIS)
BIRBIIINI	PIIRVINCI (PERVINCI)
CAPIIRI	RIIGALIS (REGALIS)
CARIIVIR	RIIGNVS (REGNVS)
CIILLIR	SIICVN
CIINATVS	SIICVNDI (SECVND)
CIIRTI (CERTVS)	SIIDATIANI (SEDATI)
CIISIANI	SIIVIIR (SEVER)
CIIVIIRIANVS	SIIXTI (SEXTI)
COBNIIRT (COBNERTVS)	TIBIIRALS
DIICMVS (DECMVS)	VIIRII (VERECO)
DOVIICCVS	VIIRI (VERI)
IIRMVS (ERM)	VIIRVS (VERVS)
IIRVC	

Les vases gaulois sur lesquels sont imprimées ces inscriptions me paraissent remonter à une époque ancienne ; mais il

(1) *Codex Inscript. roman. Rheni*. Darmstadt, 1837, nᵒˢ 522 et 658.
(2) Cf. ATTIVS EVHODVS :: VG : COLON · dans une inscription de Langres.

y a pour établir leur âge dans l'opinion des archéologues, tout un travail à faire, en s'appuyant sur une suite d'observations relatives aux circonstances dans lesquelles ces monuments ont été recueillis, et aux monnaies qui ont pu se rencontrer avec eux. Voici du moins un document dont l'origine fort antique ne peut être contestée; c'est une inscription trouvée à Vaison et conservée au musée d'Avignon :

```
           MACIAE   SIIVE
           SIIVEIRINII   M
           IIMORIAII  AIIT
           IIRNII  AVRIILI
           VS  VALIIRIAN
           VS  SII  VIVO  CO
           IVGI  IIT  SIIBII
           CIVIS  VIIRVIIRG
           IILLIISIIS MACI SII
           VIIRINI SOROR T
           RIIBVNI  LIIGION
           IS  SIICVNDIIS  IT
           ALICIIS.
```

Maciae seve Sevevirine memoriae aeterne, Aurelius Valerianus, se vivo, cōjugi et sebe civis Ververgellēses; Maci Severini soror trebuni legionis secundes italices.

Legionis secundes italices est une forme du bon temps de la langue latine, alors qu'elle n'avait pas encore perdu son vieux génitif indien, que le grec a su mieux conserver. « Primæ declinationis genitivum, dit Priscien, etiam in *as* more græcorum, solebant antiquissimi terminare : ut Terras pro Terræ, Latonas pro Latonæ (1), etc. » C'est de cette forme grammaticale que viennent *Paterfamilias* et *Materfamilias*. *Seve* pour *sive* (2), *sebe* pour *sibi*, *trebuni* pour *tribuni* appartiennent au

---

(1) *Grammat. latin. auctores antiq.*, ed. Putsch. *Priscian.*, lib. VI, p. 679.
(2) Cf. l'inscription de Vallière, près Clermont en Auvergne : *L · IVLIO CADGAT · SIVE TRIP...*, celle de Nîmes : *C · TERENTIVS ROMVLVS SIVE DRYMVLVS VNCTOR SIVE-ICTOR...*, l'inscription d'Arles : *OPTATINE RETICIAE SIVE PASCASIE*, et plusieurs inscriptions de Lyon.

temps où l'E tenait si souvent la place de l'I, ainsi qu'on le voit dans ce passage de l'épitaphe de Lucius Scipion : DEDET TEMPESTATEBVS AIDĒ MERETO, ou dans cette inscription de Pesaro : FIDE. SALUTE. IVNONII. MAT. MATVT. APOLENE.

Revenons maintenant aux monnaies que nous avons citées au commencement de ce travail ; la lecture de leurs légendes n'offrira plus d'incertitude, mais il n'en sera pas toujours de même de l'interprétation qu'on peut leur donner. IIPAD, qui se lit ainsi que CICIIDV.BI sur de belles monnaies de bronze, est bien l'équivalent du nom EPAD de la monnaie d'argent, judicieusement attribuée à Epasnactus, roi des Arvernes. Il est tout naturel que l'on observe sur la monnaie de ce chef un caractère qui se trouve sur celle de ses contemporains LVXTIIPIOS, *Luchterius*, et TASGIITIOS, *Tasgetius*.

Je lis *Verotal* et non *Vegotal* le nom inscrit sur une petite monnaie d'argent qui est attribuée aux Arvernes. Dans une des inscriptions tracées à la pointe sur une muraille de Pompéi, on trouve VIRIOTAL en tête d'une liste de gladiateurs, parmi lesquels figurent les Gaulois SEQVAN[us], SEDVLAT[us], VIRIOD[us], ITOTAG[us], ANARTO(1). Je possède une petite monnaie sur laquelle on lit VIPOTAL. C'est un exemple de plus de l'échange des caractères E et I, comme dans *Veromandui* et *Viromandui* ; *Veruni* et *Viruni* (2). La terminaison de *Verotal*, *Virotal* ou *Viriotal* se retrouve dans le nom DVBNOTAL, père de SENOVIR, dont l'épitaphe est conservée au musée d'Épinal ; et dans celui de DANNOTAL de l'inscription celtique d'Alise, dans le nom de potier GERTAL, dans celui du Nantais ARGIOTAL, mentionné dans une inscription de Worms, etc.

MATVCIINOS est un nom qui rappelle celui de Matugius,

(1) Raff. Garrucci, *Inscript. grav. au trait sur les murs de Pompéi*. Bruxelles, 1854, p. 43, pl. IX, n° 1. Cf. au n° 3 SIIDLATVS.
(2) V. dans César, *De Bell. Gall.*, Vercingétorix, Vergasillaunus, Vertico, Vertiscus, Verudoctius, Viridomarus, Viridovix. (Cf. Virdomarus biturix, *Mus. Ver.*, 121, 3, et Viromarus de la pierre de Joinville.)

fils de Nomonianus, dont l'inscription funéraire a été recueillie à Barron, près Uzès. La terminaison doit être rapprochée de celle de *Camulogenus* (César, *De Bell. Gall.*, VII, 57) du CARVGENVS nommé dans deux inscriptions d'Entrains (Nièvre), et du LITVGENVS de la colonne de Cussy. VEIAGENVS s'est rencontré dans deux inscriptions, l'une trouvée à Worms, l'autre à Nîmes. On connaît aussi CENTVGENA dans une inscription de Bordeaux, CINTVGENUS et CINTVAGENVS sur des vases de terre rouge. Sur un de ces vases, trouvé à Londres, on lit le nom du potier MATVGENVS. Sur un autre, découvert à Tours, OFficina MATVGeni (1). La monnaie porte donc un nom d'homme, *Matugenos;* cela ne peut être l'objet d'aucun doute. Quant à l'échange du C et du G, il faut se rappeler que c'est là un indice d'antiquité, et qu'on lit dans l'inscription de la colonne rostrale de Duilius : *LECIONES, MACISTRATOS, CARTACINIENSIS.*

VIID. et COSII. ont été discutés déjà par M. le marquis de Lagoy (2). Ce savant numismatiste est disposé à attribuer la première de ces légendes aux *Vediantii*, peuple des environs de Vence et de Senez. Cosii, que nous pouvons lire *Conse*, en vertu de la règle que j'ai déjà mentionnée plus haut, se rapporterait à Conségudes, village qui est situé près de Vence. Il ne faut pas oublier que les monnaies portant les légendes VIID, COSII, BRIG sont rattachées les unes aux autres par le type, la fabrique, et par la présence du même nom COMAN, placé au revers. Aussi dans le mot BRIG, ne faut-il pas chercher le nom de Briançon, *Brigantio* des Alpes; mais celui de Briançonnet, *Brigantio* du Var, auquel, ainsi que l'a montré D'Anville, appartiennent les mots ORD. BRIG. qui se lisent

---

(1) C'est encore, très probablement, le même nom qui paraît dans une inscription de Langres : SEVERA MAIVGEN (Grut., 923, 4), et celui qu'il faut certainement reconnaître dans une inscription de Soleure : D · M · STATILI APRONI MATVGENIAE MARCELLINAE, etc., là même où Orelli voyait *Statilia Phronima Tugeniae.*

(2) *Supplément à l'essai de monog. d'une série de méd. gaul. imitées des deniers consulaires*, 1856, p. 9 et 10.

dans les inscriptions publiées par Honoré Bouche (1). *Comanus* est un nom d'homme connu dans l'histoire de cette région de la Gaule : Mortuo rege Nanno Segobrigiorum, a quo locus acceptus condendæ urbis (Massiliæ) fuerat, quum regno filius ejus *Comanus* successisset... (Justin., XLIII, 4, 3.)

HARO offre une grande analogie avec le nom de la rivière *Eara* citée par Oderic Vital, et qui coule d'Aubermesnil à Criel, dans le département de la Seine-Inférieure. *Eara* est aussi le nom du bourg d'Yerres, près Corbeil (Seine-et-Oise). Je ferai remarquer que la pièce de bronze qui porte la légende *Earo* a été publiée par M. Édouard Lambert, dans son *Essai sur la numismatique gauloise du nord-ouest de la France* (pl. 9, n° 3), et qu'elle pourrait avoir été trouvée en Normandie, comme la plupart des médailles décrites par le savant antiquaire de Bayeux.

SHNVI qui se lit au revers de la monnaie portant au droit *Giamilos*, contient le radical celtique *sen* (senex) ; il y a beaucoup de noms gaulois qui commencent par la même syllabe. Quant à la terminaison, elle n'est pas complète ici. Je me bornerai à rappeler SENOVIR, mentionné plus haut, dans lequel la voyelle de formation O n'est pas nécessaire, ainsi que le prouvent d'autres noms, parmi lesquels je citerai SANVILLVS d'une inscription de la Crau d'Aubagne.

CICHDV·BI me paraît devoir se lire *Cĩgeduobi* avec un anousvara à la première syllabe. Outre le Cingetorix de César, on connaît CINGETES et CINGETIVS dans des inscriptions de Metz, d'Heddernheim et de Vaison. Pour l'étude de ce nom, on devra se rappeler aussi le Boduognatus de César et le nom du prêtre æduen Vercondaridubius.

Spon a publié, dans ses *Miscellanées*, p. 72, une inscription trouvée à Genève, et ainsi conçue :

```
        IOVI·O·M
        CINGIDVO
        STABVLO ET
        AVLVS
```

(1) *Chor. de Prov.*, p. 281 et 928.

Le savant antiquaire y voyait une dédicace à Jupiter *Cingiduus*. Toutefois la difficulté d'expliquer le surnom l'avait conduit à indiquer une autre interprétation de ce texte suivant laquelle *cingiduo* aurait signifié *duo Cingi :* Cingius Stabulo et Cingius Aulus ; c'est l'opinion qu'adopte Orelli. Spon cite à ce propos une inscription de Florence :

```
       VOLVMNI DVO
     VERVS ET SEVERVS
      DIANAE INVICTAE
           D  D
```

Mais il s'agit là d'un nom de famille italienne accompagné de deux *agnomen*, et non pas d'un nom gaulois *suivi* d'un *prænomen* (Aulus) ; la légende de la monnaie arverne doit, à ce qu'il me semble, nous faire revenir à la première interprétation proposée par Spon. Si *Cingiduus* est un nom de dieu, *Cingeduobius* en serait un dérivé, comme *Esubius* est un dérivé d'Esus.

ΠΡΟΜΗΛΟC ; cette légende se trouve sur une monnaie d'argent cataloguée par Mionnet et Duchalais. Ce dernier l'a classée parmi les incertaines de la Narbonnaise, et a fait remarquer sa similitude avec une autre monnaie du cabinet de Munich, publiée par M. de la Saussaye (1). Sur celle-ci, notre savant confrère a lu le nom des *Ricomagenses*. Quant à la pièce qui porte *Eromelos*, elle peut être attribuée sans trop de témérité à Erome, ville située près de Tain, à 24 kilomètres de Valence, et par conséquent peu éloignée des *Tricorii*, des *Ricomagenses* et des *Segovii*, peuples dont la monnaie est, comme celle qui offre la légende *Eromelos*, une imitation des drachmes de Marseille.

Au reste, les attributions que je propose ici ne sont qu'incidentes ; j'ai eu pour but principal de discuter la *lecture* des inscriptions monétaires, et c'est sur ce point que j'ai concentré mon attention.

(1) *Rev. num.*, 1843, p. 411.

NUMISMATIQUE IBÉRIENNE, par *P.-A. Boudard.* In-4°, 1857.
Fascicules 1 et 2. Béziers, *Delpech;* Paris, Rollin.

COMPTE RENDU.

(Extrait du tome II, nouvelle série de la Revue numismatique, 1857, pp. 181-183.)

La Numismatique ibérienne, précédée de recherches sur l'alphabet et la langue des Ibères, sera publiée en huit fascicules composés chacun de 5 feuilles de texte et de 5 planches. Les deux premiers cahiers ont paru et donnent une très heureuse idée de la méthode critique qui guide l'auteur dans son travail. M. Boudard n'a pas procédé en comparant les caractères des monnaies espagnoles avec ceux des écritures antiques qui nous sont déjà connus; c'est une opération qu'il entreprendra sans doute à la fin de son ouvrage, quand il voudra parler de l'*origine* de l'alphabet ibérien. Il s'agissait en premier lieu, pour lui, d'établir cet alphabet indépendamment de toute idée préconçue. En cela, il entre tout à fait dans la voie tracée par M. de Saulcy, et il n'enregistre que des résultats obtenus par l'analyse rigoureuse, d'abord, des légendes mixtes (c'est-à-dire contenant quelques lettres espagnoles mêlées à un plus grand nombre de lettres latines), puis des légendes ibériennes classées suivant l'ordre des notions qu'il acquiert progressivement. Il va donc toujours du connu à l'inconnu, ainsi que nous faisons lorsque nous avons à trouver le sens d'une pièce d'écriture en chiffres. L'auteur ne parviendrait pas à découvrir la signification des légendes, qu'on ne devrait pas moins reconnaître qu'il en donne la prononciation. Lors donc qu'après ses opérations de déchiffrement, elles présentent des mots qui ont toute la physionomie de noms de villes mentionnés par les anciens, nous pouvons les accepter avec confiance. Il faut, bien entendu, que cette comparaison soit dirigée par les données de la philologie. Ainsi, par exemple, lorsqu'on trouve sur une monnaie, écrit avec une seule consonne, un nom géographique que les auteurs grecs ou latins nous ont transmis avec une consonne double, on peut tenir cette antique transcription pour bonne en tant qu'elle reproduisait la véritable prononciation recueillie par les écrivains. Quand on étudie les vases grecs, on s'aperçoit bien vite que les Hellènes ont représenté fréquemment par un seul caractère le son d'une lettre qu'ils prononçaient double. Les Arabes et les Hébreux n'expriment aussi les sons doubles que par un seul corps de lettre. Par exemple encore, il ne faudrait pas trop se préoccuper de chercher pour un caractère une valeur sifflante ou chuintante, par cela seul qu'il correspond à une sifflante dans une transcription latine. Ainsi plusieurs numismatistes s'accordent à reconnaître une partie du nom de *Salmantica* dans une légende ✕LMAN d'une monnaie d'argent fort commune. La difficulté consiste à trouver la valeur exacte du premier caractère. Or, on trouve dans une inscription SALMANTIC, et dans Polybe Ἑλμαντικὴ; la lettre ✕ doit-elle être considérée comme une sifflante ou comme une aspiration? A cet égard la transcription *latine* ne prouverait rien, puisqu'on sait que, entre les idiomes indo-européens, le latin se fait remarquer comme le sanscrit, par sa préférence pour les lettres sifflantes, là où les langues zende, grecque et bretonne montrent des aspirations. Exemple :

1er GROUPE.		2e GROUPE.		
Sanscrit.	Latin.	Zend.	Grec.	Breton.
Suryas;	*Sol;*	*Huare;*	Ἥλιος;	*Héol.*
Suapnas;	*Somnus;*	*Huafna;*	Ὕπνος;	*Hun.*
Samiyas;	*Similis;*	*Hama;*	Ὁμοῖος;	*Hañoual.*
Sukara;	*Sus;*	*Huka;*	Ὗς;	*Houkh.*
Sas;	*Sex;*	*C'hswasch;*	Ἕξ;	*C'houeac'h.*

Ce qu'il faudrait décider, c'est la question d'origine de Salmantica. Si la ville a été fondée par les Celtes ou les Ibères, il y aurait sans doute une grande probabilité pour l'aspiration. Catulle et Strabon reprochaient aux Espagnols la dureté de leurs aspirations. Dans la langue moderne, nous trouvons le résultat de cette tendance à changer les sifflantes en aspirées : de *Salo* Jalon, de *Sætabis* Xativa, de Sucro Xucar, de *sapo* jabon, de *simius* ximio, de *semis* jeme, de *roseus* rojo, de *capsa* caja (1), etc. C'est encore cette disposition organique qui a fait attacher un *e* à tous les mots qui en latin commencent par une S suivie d'une consonne, comme *escama* de squama, *escudo* de scutum, *esteril* de sterilis, *espasmo* de spasmus, *espina* de spina, *espejo* de speculum, etc. Ce sont là des questions qui ont leur importance ; dans l'état d'avancement de nos connaissances philologiques, un échange constant équivaut à l'identité lorsqu'il s'agit de comparer des noms transcrits par des peuples appartenant à des branches diverses de la même race.

Plus tard nous reviendrons sur le livre de M. Boudard, lorsqu'il sera achevé ; en attendant, nous serions heureux que l'annonce faite ici engageât les numismatistes qui ne sont pas encore en relations avec ce persévérant antiquaire, à lui communiquer les variantes des légendes ibériennes qu'ils pourraient connaître. Leur concours s'adresserait à un ouvrage éminemment utile.

(1) Il est à peine nécessaire de rappeler que la *jota* (j) et la *equis* (x) expriment des aspirations tellement fortes, que notre alphabet est impuissant à les reproduire.

*Restitution du nom d'ORIGANIO dans une inscription
de Limoges où l'on voyait le nom de Jésus.*

(Extrait du *Bulletin de la Société des Antiquaires de France* pour 1858,
pp. 125-127, séance du 21 juillet 1858.)

M. de Longpérier a la parole pour une communication. Dans une visite récente qu'il a faite à Limoges, il s'est occupé des inscriptions antiques et du moyen âge conservées dans cette ville. Une inscription, encastrée dans le mur d'une maison de la rue des Allois, près de la cathédrale, a surtout excité son attention ; cette inscription a été diversement interprétée par les écrivains qui l'ont relevée. Elle se trouve déjà dans le manuscrit de l'abbé Legros, intitulé : *Essai historique sur Limoges*, 1775, et dans le recueil également manuscrit de Beaumesnil ; enfin dans la *Feuille hebdomadaire de la généralité de Limoges*, année 1781. Elle a été depuis reproduite par M. Allou dans sa *Description des monuments de la Haute-Vienne* (1821), et par M. l'abbé Texier dans son *Manuel d'épigraphie*. Le texte en a toujours été donné ainsi :

**IAESV
ORIGANI
ONIS**

On a cru y touver une inscription en langue gauloise. Un savant antiquaire, M. l'abbé Arbellot, pense que c'est une inscription chrétienne des premiers siècles, en se fondant sur la présence du mot IAESV qu'il suppose être le nom de Jésus-

Christ (1). M. l'abbé Texier, étonné de « la tournure inusitée de cette inscription inintelligible, » avait proposé de lire MANIBVS, au lieu de IAESV.

Le bloc de granit qui porte cette inscription vient d'être transporté de la rue dans l'intérieur de la maison, dont le propriétaire a accueilli notre confrère avec la plus grande obligeance. L'inscription avait autrefois quatre lignes. La première a été détruite par le temps, qui a délité le granit, mais on peut encore reconnaître la place des lettres qui la composaient. A la seconde ligne l'I est évidemment précédé d'un R, et notre confrère a encore reconnu l'existence d'un trait horizontal à la base de l'V qui termine cette ligne, en sorte qu'il y a là une sigle composée des caractères VL; en conséquence, il restitue ainsi l'inscription :

```
D·M·E·MEMO
RIAE·SV
ORIGANI
ONIS
```

C'est-à-dire, D(is) M(anibus) et memoriæ Sul(picii) Origanionis.

La formule Dis Manibus et memoriæ est très fréquente dans les inscriptions de Limoges et des environs; on peut dire que c'est la formule propre à ce pays.

Quant au nom Sulpicius, M. de Longpérier fait observer qu'il se lit déjà plusieurs fois dans des inscriptions de Limoges, et il cite Sul. Augilo, — C. Sulpi. Fidus, — Sulpi. Regenus, — et Sulpic. Regena. La ligature VL se présente également dans une inscription du musée de Limoges.

On a aussi lu dans l'inscription de la rue des Allois Origani, comme génitif d'Origanus, sans tenir compte de la dernière ligne; et c'est même sous le nom de Monument d'Ori-

(1) Guide du voyageur en Limousin, 1854, p. 56.

ganus que cette épitaphe est connue dans le pays. Mais il faut observer que les noms gaulois terminés en *o, onis,* sont fort nombreux : *Gobanitio, Divico, Vassedo, Virillio, Brigio, Senicio, Sapalio, Surillio, Casibratio, Satotogio, Flaniggo, Bilcaisio, Bolmio, Magio, Gobannilno, Atimitio,* etc. M. de Longpérier en citerait cent, au besoin, pris tant dans les textes que sur des monuments. C'est donc le nom *Origanio* au génitif qui termine l'inscription limousine.

LARISSA EPHESIA

(Extrait du tome III, nouvelle série de la *Revue numismatique*, 1858, pp. 447-450.)

Le nom de Larissa, dit Strabon, est commun à plus d'un lieu. On connaît *Larissa*, bourg situé sur l'Ossa ; *Larissa*, dite Crémasté et Pélasgia ; *Larissa*, de Crète, dont les habitants sont aujourd'hui confondus avec ceux d'Hiérapytna, mais d'où la plaine Larissienne, sise au-dessous de cette dernière ville, tire sa dénomination. Dans le Péloponèse, l'on appelle *Larissa* la citadelle des Argiens ; Larissus, le fleuve qui sépare le territoire d'Elea d'avec celui de Dymé ; et Théopompe place sur cette frontière une ville de *Larissa*. En Asie, nous trouvons *Larissa-Phricônis*, près de Cymé : *Larissa*, voisine d'Hamaxitus, en Troade ; *Larissa l'Éphesienne*, καὶ ἡ Ἐφεσία Λάρισσα.... puis encore une *Larissa* pélasgique, située à 30 stades au-dessus de Tralles, vers le temple de la Mère-Isodrome, sur la route qui mène au travers de la Mésogée, à la plaine du Caystre ; et cette dernière *Larissa*, dont le site, par sa nature et ses avantages, ressemble à celui de Larissa Crémasté (car son territoire abonde en sources et en vignobles), est vraisemblablement le lieu d'où Jupiter Larissien a pris ce surnom. Enfin, sur la gauche du Pont, il existe aussi un bourg appelé *Larissa*, entre.... et...., près des extrémités du mont Hæmus (1).

(1) *Geog.*, lib. IX, p. 440. On sait combien ce passage est mutilé dans le texte le plus ancien copié par tous les manuscrits connus.

LARISSA EPHESIA.

Dans un autre endroit, Strabon examinant à quelle *Larissa* pouvaient appartenir les Pélasges qu'Hippothoüs avait conduits au secours de Troie (1), cite les trois villes qui étaient le plus voisines de la Troade ; c'était Larissa qui est près d'Hamaxitus, Larissa voisine de Cymé ; enfin, dit-il, « la troisième *Larissa*, située dans la plaine du Caystre, est un bourg appartenant au territoire des Éphésiens. Ce fut jadis *une ville avec un temple d'Apollon Larissène* : Τρίτη δὲ Λάρισσα, κώμη τῆς Ἐφεσίας ἐν τῷ Καυστρίῳ πεδίῳ· ἥν φασὶ πόλιν ὑπάρξαι πρότερον, ἔχουσαν καὶ τὸ ἱερὸν Ἀπόλλωνος Λαρισσηνοῦ. Elle est moins éloignée du Tmolus que d'Éphèse, dont elle est à 180 stades, en sorte qu'elle appartient plutôt aux Méones ; mais par la suite, les Éphésiens, devenus plus puissants, enlevèrent aux Méones, que nous appelons aujourd'hui Lydiens, une grande partie de leur pays. Ainsi cette *Larissa* ne peut pas non plus être celle des Pélasges, mais bien plutôt celle dont nous venons de parler.

En effet, nous n'avons pas de preuves suffisantes de l'existence de cette *Larissa* de la plaine du Caystre, au temps de la guerre de Troie, pas plus que nous n'en avons de celle même d'Éphèse ; tandis que toute l'histoire des colonies Æoliennes fondées peu après cette guerre, prouve qu'il y avait une ville de *Larissa* près de celle de Cymé (2).

C'est à *Larissa Ephesia* que nous paraît appartenir incontestablement la monnaie de cuivre dont nous publions ici la figure. Cette pièce représente, d'un côté, la tête laurée de

l'*Apollon Larissène*, tournée à gauche ; au revers, avec la

---

(1) *Iliad.*, 11, vers 840-3.
(2) *Geog.*, lib. XIII, p. 620.

légende ΛΑΡΙ..ΑΙΩΝ, Diane vêtue d'une tunique succincte et d'un péplus; le bras gauche tendu en avant, la main droite ramenée près de l'oreille, dans l'attitude d'un archer qui décoche une flèche. Cette figure, accompagnée des lettres ΕΦ, se voit sur une monnaie de bronze frappée à Éphèse (1). On connaît assez les belles monnaies d'argent de cette ville qui ont pour type une tête de Diane complètement grecque, copie, bien probablement, de la statue principale du temple qui comptait au nombre des merveilles du monde. Cette Diane n'avait aucun rapport avec la figure symbolique en forme de gaîne que l'on considère, à tort selon nous, comme une image bien ancienne, et qui nous paraît une œuvre de la décadence mythologique comme toutes les statues qui affectent la même forme : la Junon de Samos, la Vénus d'Aphrodisias, Éon Léontocéphale, etc.

Ce n'est point ici le lieu où doit se rencontrer une dissertation compendieuse sur l'histoire de la statuaire; mais on nous permettra cependant de déclarer que nous considérons comme fabuleux tous les détails donnés sur le tronc d'arbre à peine dégrossi qui aurait été chez les Grecs le point de départ de la sculpture. C'est une théorie faite après coup par des écrivains qui prenaient des *tombeaux* égyptiens ou phéniciens pour des *statues*. Mais les images des morts ou les hermès quadrangulaires ne doivent pas être confondus avec des statues primitives : celles-ci, quelque grossières qu'elles puissent être, n'en montrent pas moins une intention de mouvement qu'on n'apprécie pas toujours lorsqu'elles sont vues de face. A ce sujet, nous ferons remarquer que c'est tout à fait sans motifs qu'on a cru voir sur un denier de la famille Hostilia une représentation de la Diane d'Éphèse. Quant à cette dernière, telle qu'elle est gravée au revers d'un statère d'or d'une époque très récente et sur les monnaies impériales, c'est une de ces compositions symboliques que les Grecs aimaient à montrer aux Romains comme l'expression de leurs vieilles croyances ;

---

(1) Mionnet, *Descript. des méd. ant.*, t. III, p. 89, n° 215.

mais c'était une figure archaïque et non antique. Nous nous proposons de revenir ailleurs sur ce sujet avec les développements qu'il comporte.

La monnaie attribuée par nous à *Larissa Ephesia* appartient au Cabinet des médailles de la Bibliothèque impériale, où nous l'avons étudiée et classée en 1844.

MONNAIES GAULOISES

A LA LÉGENDE *ROVECA*.

(Extrait du tome IV, nouvelle série de la *Revue numismatique*, 1859, pp. 100-103.)

M. E. Hucher l'a fort bien dit dans sa lettre à M. le marquis de Lagoy sur la numismatique gauloise : « La science n'est pas pressée, elle procède à pas lents. » Nous ne voudrions pas lui faire quitter cette sage allure, en essayant de trancher une question qui à nos yeux même reste fort douteuse; mais nous nous permettrons de soumettre au lecteur quelques observations qu'il pourra joindre au dossier de notre antique monnaie nationale.

Les monnaies à la légende **EPENOS - ЄΠHNOC** que l'on trouve fréquemment à Meaux paraissent porter un nom d'homme ; c'est un nom dont à la vérité nous n'avons pu constater la présence dans aucun texte historique ou épigraphique, et nous nous sommes parfois demandé s'il ne se trouvait pas caché dans une fausse transcription, qui aurait produit le **IATINON** dont Ptolémée seul fait la ville des Meldes. Nos monnaies gauloises portent l'ethnique masculin que nous considérons comme le nom du *Genius loci*, du δῆμος. Entre **ЄΠHNOC** et **IATINOC**, la différence n'est pas telle qu'elle n'ait pu être produite par un copiste; elle paraîtra moindre encore si on tient compte de la prononciation I de l'H, de la forme prolongée que les calligraphes donnaient à la barre supérieure du Π. Mais ce ne sont là que des hypothèses.

On remarquera que les monnaies à la légende ROVECA présentent, comme celle d'EPENOS, une transcription grecque. C'est un lien de plus entre toutes ces pièces que l'on recueille dans le même territoire. Si nous étions bien fixés sur la valeur du mot EPENOS, nous pourrions plus facilement discuter celle de ROVECA.

La forme de ce nom, en effet, ne nous guide pas suffisamment. Nous connaissons le nom d'homme SVICCA sur une médaille des Gaulois de Pannonie, INDERCA dans une inscription de Bordeaux, PRVΘCA dans une inscription de Metz; les vases de terre enduits d'une couverte rouge nous fournissent les noms des potiers CABVCA (Windisch) et CABVCCA (Autun), TOCCA (le Châtelet, Paris, Nimègue), LVCCA (Colchester), MERCA (Voorburg), RICA (Nimègue), RIVICA (Londres), VECA (Saint-Remy), etc.

Mais parmi les noms de lieux, nous rencontrons *Solimariaca*, et *Atuatuca* des Éburons, *Caranusca* entre Metz et Trèves, *Ariolica* près Orbes, et *Artiaca* près Troyes, *Aspaluca* près Oloron.

TVROCA même, inscrit sur une monnaie d'argent, pourrait bien être un nom de lieu, puisqu'il se lit au revers de VIRODV qui a l'apparence d'un nom d'homme (Cf. le nom du gladiateur gaulois VIRIOD, tracé sur une muraille de Pompéi près de celui de VIRIOTAL que nous retrouvons écrit VIPOTAL [*Virotal*] sur une monnaie gauloise) (1).

La géographie des Gaules nous fournit encore Tasciaca, Baudobrica, Cerebelliaca, Vindausca, Bonconica, Catuiaca, Darentiaca, Manuesca, Petinesca, Curmiliaca, Robrica, etc.

Maintenant, qu'on nous permette de reproduire une note que nous avons insérée dans le n° du 15 août 1845 de la *Revue archéologique* (p. 315).

« Un vigneron de Vendrest (canton de Lizy, Seine-et-Marne), en enlevant quelques pierres de grès, trouva dans le

(1) Raffaele Garrucci, *Inscript. gravées au trait sur les murs de Pompéi*, 1854, p. 43, pl. IX, n° 1. — *Rev. num.*, 1856, p. 84 (p. 402 du présent volume). On remarque le parallélisme des formes VIRIOD-VIRODV et VIRIOTAL-VIROTAL.

sable, il y a peu de jours, une hache de fer de 22 centimètres de long, et un os de tibia à l'intérieur duquel étaient cachées quinze monnaies gauloises. Sept de ces monnaies sont d'argent et de coins variés. Elles portent, au droit, une tête de femme élégamment coiffée, le cou orné d'un collier de perles, et placé au centre d'une grande couronne (de myrte); au revers, un cheval galopant à droite, derrière lequel s'élève un cep de vigne; dans le champ, une plante à trois lobes, et sous le cheval un cartouche contenant le mot ROVECA.

« Parmi les pièces de bronze, cinq présentent une tête casquée et, au revers, un Pégase avec la légende CRICIRV. Sur une autre, on voit une tête de Gaulois avec le *torques* national et le mot ROVECA; au revers, un cheval. Deux enfin portent une tête casquée devant laquelle on lit POOYIKA, transcription grecque de ROVECA, qui, au revers, accompagne la figure d'un lion. »

Ces quinze monnaies furent immédiatement achetées par nous pour le Cabinet des médailles, et pour M. de la Saussaye qui eut les doubles.

Les pièces acquises par le Cabinet des médailles ont été, un an plus tard, classées par Duchalais dans sa *Description des monnaies gauloises* (n°s 473-474, 479, 483), mais notre regretté collègue a négligé d'en indiquer la provenance.

Disons maintenant que si *Roveca* n'est pas un nom d'homme, ce pourrait être le nom de *Crouy* sur Ourcq, bourg considérable et fort ancien, situé tout près de Vendrest. Certainement, entre *Roveca* et *Croviacum* la différence est assez considérable; le grec Ρoουικα est plus voisin de la seconde forme (1). A une certaine époque, une aspirée s'est attachée à la lettre initiale de quelques noms de lieux, par exemple à celui de Rennes, *Hredones*. Peut-être le *Rouy* de la Nièvre et les deux *Rouy* de la Somme, nous indiquent-ils la forme qu'avait le nom de Crouy au temps des Gaulois?

---

(1) Entre ROVECA et POOYIKA, d'une part, EPENOS et ΕΠΗΝΟC, de l'autre, il y a coïncidence, en ce sens que le grec donne dans les deux noms un son plus aigu à la voyelle intérieure.

Il nous a semblé utile de faire connaître la découverte faite dans le voisinage de Crouy, de monnaies d'argent et de cuivre portant la légende ROVECA ; toutefois nous n'entendons pas en tirer une conséquence décisive. La trouvaille que nous avons signalée a fourni cinq pièces à la légende CRICIRV semblables, pour la fabrique, à quelques monnaies de Roveca (voy. Lelewel, *Type gaulois*, atlas, pl. IV, n°⁽ˢ⁾ 55 et 56), et nous ne voudrions pas néanmoins attribuer ces monnaies à Crécy, bourg voisin de Meaux, alors que nous connaissons les noms de potiers CRICIRO (Neuwied, Augst Voorburg) et CRICIRONVS (Amiens), sans compter CRICIRI qui figure dans une inscription de Langres.

L'oiseau aux ailes éployées qui accompagne le cheval au revers des monnaies d'Epenos se retrouve comme type principal sur des monnaies portant les légendes VANDIILOS et CALIAGIIIƆ (Lelewel, *Type gaulois*, atlas, pl. IV, n° 5 ; pl. V, n° 17. — *Rev. num.* 1855, pl. X). M. Hucher, sans oser attribuer la seconde variété à Chailly, en Brie, fait néanmoins remarquer le rapport si frappant qui existe entre l'inscription de la monnaie et le nom de *Calagum* que donne la Table théodosienne. Le rapprochement nous a paru très important. A la vérité, nous n'avons jamais entendu dire que l'on eût trouvé dans le territoire de Chailly des monnaies à la légende CALIAGIIIƆ. Pendant vingt ans, à partir de 1824, un habitant de ce village, où nous sommes allé souvent, a recueilli pour nous les monnaies antiques dont le labourage amenait la découverte et, outre un grand nombre de pièces romaines, il ne nous a remis qu'un très beau bronze d'*Epenos*. Nous consignons ces faits, dont on pourra sans doute plus tard tirer quelque parti.

MÉDAILLES GRECQUES

DE LA COLLECTION PALIN.

(Extrait du tome IV, nouvelle série de la *Revue numismatique*, 1859, pp. 109-123.)

(PL. VIII.)

M. le chevalier de Palin, ministre de Suède à Constantinople, que ses voyages et ses publications archéologiques ont fait connaître du monde savant, avait formé, pendant un séjour de dix-huit années en Orient, une riche collection de médailles antiques. Cette collection vient d'être apportée à Paris, où elle sera prochainement mise en vente.

Nous avons été admis à l'examiner avant sa dispersion, et nous donnons ici la description de quelques pièces qui méritent, à divers titres, d'attirer plus particulièrement l'attention des antiquaires.

ALEXANDER PHERÆORUM TYRANNUS.

Tête de femme, avec collier de perles, tournée de trois quarts à droite.

℞. [ΑΛ]ΕΞΑΝΔΡΕΙΟΣ. Cavalier casqué, armé d'une cuirasse, les jambes chaussées de bottines, tenant une lance horizontale, et dirigeant son cheval à droite. Sur le flanc du cheval, une bipenne en relief. — Argent. (Pl. VIII, n° 1.)

La célèbre collection Thomas Thomas renfermait une variété de cette belle monnaie. La légende du revers est

ΑΛΕΞΑΝΔΡΟΥ, et M. Burgon, le savant rédacteur du catalogue de cette collection, y avait vu le nom d'un roi de Pæonie encore inconnu comme Lyccius. La tête de face que porte ce tétradrachme est dans le style de la belle tête d'Apollon des monnaies d'Amphipolis, ville très voisine de la Péonie. Le cavalier du revers est presque identique, pour l'attitude et l'ajustement (mais bien supérieur pour le style), à celui des monnaies de Patraüs.

Sur la croupe du cheval que représente la monnaie d'Alexander publiée en Angleterre, on remarque une bipenne en relief. Sur le cou du lion représenté au revers d'un tétradrachme de Lyccius (publié par Borrell), on voit un signe en relief indiqué comme un Γ (1). Il y a là un trait commun, une particularité locale qui relie ces monnaies et qui autorisait à les classer à la même contrée. Néanmoins M. Borrell d'abord, M. Charles Newton ensuite, ont attribué le tétradrachme de la collection Thomas à Alexandre, tyran de Phères, personnage célèbre qui périt assassiné en 357 avant J.-C., deux ans après la naissance d'Alexandre le Grand.

Dans un très intéressant article du *Numismatic Chronicle*, M. Newton a fait remarquer que la bipenne qui se voit sur le corps du cheval est répétée une seconde fois dans le champ de la monnaie, et il rappelle à ce sujet que, suivant un scoliaste d'Homère, Théopompe attribuait à Alexandre de Phères un culte particulier pour Bacchus, surnommé *hache* à Pagasæ : Θεόπομπός φησιν Ἀλέξανδρον Φεραῖον Διόνυσον τὸν ἐν Παγασαῖς ὃς ἐκαλεῖτο πέλεκυς, εὐσεβεῖν διαφόρως (2). Le rapprochement est très judicieux ; mais M. Newton ajoute que le tétradrachme d'Alexandre « n'offre aucune espèce de ressemblance » avec la monnaie de Pheræ (3), et que la tête de face présente une analogie frappante avec celle de Philippopolis, que J. Millingen

---

(1) *Num. chronicle*, t. IV, 1844, p. 10.
(2) Schol. ad Hom., *Iliad.*, XXIV, v. 428. — Ce passage, attribué par M. Welcker au grammairien Théopompe (*De cycl. Hom.*, p. 29), a été restitué par C. Müller à Théopompe de Chio. (*Fragm. hist. græc.*, éd. Didot, vol. I, p. 332).
(3) *Num. chron.*, 1845, p. 113. « The silver coin we are here discussing has no kind of resemblance to any of these (those of Pheræ). »

attribue à la Thessalie (1). Nous sommes donc tout à fait d'accord avec notre savant ami sur le second de ces points, sans toutefois arriver aux mêmes conclusions. La monnaie de Philippopolis n'est pas thessalienne. Étienne de Byzance dit que Thebæ de Thessalie, et Gomphi, ont été surnommées *Philippi*. Millingen remarque que ce changement de nom est dû à Philippe V, roi de Macédoine, fils de Démétrius (2), sans faire attention au style de la monnaie d'argent qui accuse une origine antérieure de près d'un siècle et demi au règne de Philippe V (220-178 av. J.-C.). Si cette monnaie avait été frappée dans l'une des deux *Philippi*, elle porterait la légende ΦΙΛΙΠ-ΠΩΝ ; on y lit ΦΙΛΙΠΠΟΠΟΛΙΤΩΝ, ce qui n'est pas du tout la même chose ; elle a donc été frappée dans cette ville de Philippopolis, qui est située en Thrace, au nord-est de la Péonie, et qui devait son nom à Philippe, père d'Alexandre. C'est une monnaie du IVe siècle. Le Jupiter assis se voit, au revers, comme sur la monnaie d'Audoléon, qui faisait partie de la célèbre collection Pembroke (3).

Les monnaies d'argent de Phères n'offrent pas de ressemblance avec les tétradrachmes des collections Thomas et Palin ; en cela M. Newton a tout à fait raison. Mais il n'en est pas de même de la monnaie de bronze. La pièce, qui a été assez mal gravée dans le recueil d'Hunter et décrite par Mionnet (n° 255), ne représente pas, comme ces savants l'ont cru, une tête de femme couronnée d'épis près de laquelle est un poisson. M. Mionnet en décrit un second exemplaire qui appartenait à M. Rollin (n° 252), et y voit une tête d'Apollon de face accompagnée d'un poisson. Cette seconde interprétation n'est pas meilleure que la première. On peut facilement s'en assurer en examinant la monnaie qui existe à la Bibliothèque impériale.

(1) *Ancient coins of Greek cities and kings*, 1831, p. 46, pl. III, n° 10. — *Catalogue of the Thomas collect.*, p. 171, n° 1284.

(2) Polyb., *Hist.*, lib. V, c. 100. — Le témoignage d'Étienne de Byzance nous explique comment il faut entendre ce passage de l'historien : Γενόμενος δὲ κύριος τῶν Θηβῶν τοὺς μὲν ὑπάρχοντας οἰκήτορας ἐξηνδραποδίσατο· Μακεδόνας δ' εἰσοικίσας Φιλίππου τὴν πόλιν ἀντὶ Θηβῶν κατωνόμασεν.

(3) *Num. ant. collegit Th. Pembr.*, 1746, p. 11, tab. 42. — *Catal. of the Pembr. collect.*, 1848, p. 116, n° 520.

La tête de face est bien celle d'une femme, et le symbole placé près d'elle n'est pas un poisson, mais une torche, laquelle se voit aussi sur le tétradrachme de la collection Th. Thomas. La monnaie de bronze étant du même module que les tétradrachmes d'Alexandre, l'identité du type ressort au premier coup d'œil.

Au revers de la monnaie de bronze de Phères, on voit Hécate, vêtue d'une longue tunique, tenant une torche et assise sur un cheval au galop, allant à droite.

La même divinité se retrouve assise sur un cheval marchant au pas, vers la gauche, sur une monnaie de Phères de petit module qui porte au droit une tête de lion (1). Or M. le duc de Luynes possède deux drachmes, représentant cette même tête de lion accompagnée du nom d'Alexandre et d'une bipenne, au revers d'une tête de femme, tournée à droite, avec une main tenant une torche.

Le parallélisme des types est donc complet.

Suivant le passage de Théopompe, indiqué plus haut, ce fut à Crannon que les ossements du tyran Alexandre, retrouvés par la protection de Bacchus-*hache*, reçurent la sépulture : Καταποντωθέντος δὲ Ἀλεξάνδρου, Διόνυσος ὄναρ ἐπιστάς τινι τῶν ἁλιέων ἐκέλευσεν ἀναλαβεῖν τὸν φορμὸν τῶν ὀστῶν ὁ δὲ ἀπελθὼν ἐς Κράννωνα τοῖς οἰκείοις ἀπέδωκεν, οἱ δὲ ἔθαψαν.

C'est précisément à Crannon que le colonel Leake a recueilli un très curieux bas-relief votif, un ἀνάθημα qui a été publié par Milllingen, monument qui nous montre Hécate vêtue d'une tunique talaire et d'un péplus, tenant une longue torche et touchant de la main droite la tête d'un cheval placé devant elle ; un chien accompagne la déesse (2).

La même divinité dadophore se voit sur un médaillon d'Antonin, que Buonarroti croyait frappé en l'honneur de Faustine la mère (3).

Le tétradrachme de la collection Palin diffère de celui du

---

(1) Mionnet, *Description*, Supplément, t. III, p. 305, nos 252, 253, 255.
(2) *Ancient unedited monuments*, series II, London, 1824, p. 31, pl. XVI, no 1.
(3) *Osservaz. sopra alc. medagl. ant.*, pl. III, no 1.

Musée Britannique en ce qu'il porte ΑΛΕΞΑΝΔΡΕΙΟΣ au lieu d'ΑΛΕΞΑΝΔΡΟΥ; c'est-à-dire un adjectif au lieu d'un nom d'homme.

A l'époque où ces monnaies furent frappées, Alexandre le Grand n'était peut-être pas né; et si l'on doit admettre que le héros macédonien ait été, sur la fin de son règne ou après sa mort, l'objet d'un culte assez sérieux pour justifier la composition de noms dérivés du sien, on ne pensera pas sans doute qu'un semblable honneur ait été fait à ses prédécesseurs qui portèrent le même nom.

Ἀλεξάνδρειος ne peut donc se rapporter qu'à la monnaie même, et comme entre tous les noms de monnaies applicables à la pièce que nous examinons στατήρ est le seul qui soit masculin, nous n'avons pas à hésiter.

Héron d'Alexandrie dit : Ὅδε στατὴρ δράχμας Δ ἔχει.

Dans l'Évangile de saint Matthieu, nous voyons que lorsque Jésus-Christ vint à Capharnaüm on lui demandait le tribut de *deux drachmes*, et que voulant l'acquitter pour lui et pour Pierre, il envoya ce dernier pêcher un poisson dans la bouche duquel devait se trouver le *statère* qui lui servirait à payer les quatre drachmes : Εὑρήσεις στατῆρα· ἐκεῖνον λαβὼν δὸς αὐτοῖς ἀντὶ ἐμοῦ καὶ σοῦ.

Le statère d'argent est donc bien un tétradrachme, et l'*alexandrius* doit prendre sa place dans la numismatique à côté des *philippei* et des *darici*.

ALEXANDER MAGNUS.

Tête d'Alexandre couverte de la dépouille d'un lion, à laquelle se mêle une couronne de pampre.

℞. **ΒΑΣΙΛΕΩΣ ΑΛΕΞΑΝΔΡΟΥ**. Jupiter Aëtophore assis à gauche, la main gauche reposant sur une haste. Dans le champ ΘΕ; sous le trône, monogramme. — Tétradrachme. (Pl. VIII, n° 2.)

Après la publication du savant ouvrage de M. Louis Müller sur la numismatique d'Alexandre le Grand, il est bien difficile de trouver quelque particularité nouvelle à signaler dans le type des monnaies de ce prince. Il nous a cependant semblé utile de faire graver un tétradrachme qui offre une tête très rudement exécutée, bien certainement fort longtemps après la mort du roi macédonien, et que l'artiste a tracée sans trop se rendre compte des modèles qu'il voulait reproduire. Il nous paraît évident que, troublé par le souvenir des titres de Bacchus et d'Hercule donnés à Alexandre, le graveur est resté indécis dans son interprétation du type primitif, altéré déjà à l'époque où il travaillait, et qu'il a transformé en pampres une partie de la dépouille du lion. Peut-être aussi le type des tétradrachmes de Thasos a-t-il eu quelque influence sur la manière dont la tête d'Alexandre a été modifiée.

Le monogramme placé sous le siège de Jupiter a toujours été lu OΔH, et, en conséquence, on classe à Odessa les monnaies qui le portent. Mais comme il y a pour Odessa d'autres monogrammes, disposés d'une façon toute différente, et dans lesquels l'*omicron* est nettement accusé, il nous paraîtrait plus naturel de lire ici HΔΩ ('Ηδωνοί ou ῎Ηδωνες) ; car il y a un Ω qui ne peut entrer dans le nom d'Odessa. On sait d'ailleurs que les Édoniens étaient voisins de Thasos. Les antiquaires connaissent les précieux octodrachmes conservés au Musée Britannique, sur lesquels on lit : ΓΕΤΑ ΗΔΩΝΑΝ ΒΑΣΙΛΕΩΣ et ΓΕΤΑΣ ΗΔΟΝΕΟΝ ΒΑΣΙΛΕΥΣ (1). Il serait extraordinaire que le peuple qui a fait frapper ces belles et grandes monnaies et qui possédait de riches mines d'or et d'argent, ne soit pas représenté dans la numismatique de l'époque post-alexandrine.

Après avoir examiné attentivement les diverses variétés de tétradrachmes au type d'Alexandre qui portent le monogramme HΔΩ, nous n'avons pas trouvé d'obstacles à la classification que nous proposons ici.

ALEXANDRIA TROAS.

Tête laurée d'Apollon tournée à gauche.

(1) Millingen, *Sylloge of anc. unedited coins*, London (Paris, Didot), 1837, pl. I, n°s 15 et 16.

℞. ΑΛΕΞΑΝ. ΑΠΟΛΛΩΝΟΣ ⵣΜΙΘΕΩΣ. Apollon Sminthien debout à droite, la main droite étendue, et tenant un arc de la main gauche; dans le champ, la date ΡΛⵣ — (137). Derrière la figure du dieu, deux monogrammes. — Tétradrachme. Pl. VIII, n° 3.)

Cette belle monnaie appartient à la série expliquée d'une façon si complète et si intéressante par mon savant ami M. J. de Witte (1). Elle se fait remarquer par sa date qui est de quatre années plus ancienne qu'aucune de celles qui sont inscrites sur les tétradrachmes connus. De même que sur la pièce datée de l'an 141, on n'y voit pas le nom du magistrat écrit tout au long, mais bien deux monogrammes dans le champ. Nous ne pouvons encore préciser en quelle année le changement s'opéra; mais on constate déjà qu'à partir de 183, pendant qu'un nom d'homme vient prendre place au-dessous du nom de la ville, les deux monogrammes, qui représentent bien certainement des noms de magistrats, ont disparu; on ne voit plus dans le champ qu'un groupe de caractères où l'on peut retrouver ΑΛΕΞΑΝ avec un *epsilon* lunaire, forme certainement plus ancienne qu'on n'est en général disposé à l'admettre. Ce dernier monogramme se continue pendant cinquante-quatre ans sur les monnaies que nous connaissons (de l'an ΡΠΓ, 183, à ΣΛϹ, 236) et peut avoir duré plus longtemps, puisque d'une part nous ne savons pas si nous possédons la dernière monnaie de cette série, et que d'autre part il existe une lacune de quarante et un ans entre le tétradrachme de 141 et celui de 183.

Au sujet du mot Ζμινθεύς, nous ferons remarquer d'abord que l'adoucissement du Σ devant la labiale Μ est un fait dialectique particulier à l'Asie Mineure. Nous savons que le nom de Smyrne est écrit Ζμύρνα sur certaines monnaies, et qu'on trouve le nom gaulois Smertorix (2) écrit ΖΜΕΡΤΟΡΙΞ sur

---

(1) *Revue num.*, 1858, p. 1 et suiv.
(2) Cf. *Smertæ* (Ptol., II, 3, 12), *Smertulitanus* de Nantes (inscr. de Worms), *Smertomara* (Anthol.), *Smertuccus* (inscr. d'Utrecht), *Smerius* ou *Smertus* (inscr. de Nîmes), I. *Smert. mat.* (inscr. des Baux).

des bronzes d'Eumenia et de Fulvia de Phrygie. C'est ainsi qu'en russe la consonne forte S se change en Z devant la labiale B. Mais cela ne doit pas nous détourner du sens primitif.

Les anciens ont pensé que Σμινθεύς était dérivé de Σμίνθος, qui serait le nom phrygien, troyen et crétois du rat et de la souris. Cependant il ne faut pas beaucoup compter sur la philologie des écrivain grecs et latins; sans doute σμίνθος, avec la signification d'ordure ou de vermine, pouvait s'appliquer aux souris; c'était σμῦς qui était le nom de cet animal.

Le type du nom de la souris est le sanscrit *mouschas*, du radical *mousch*, voler, dérober. Il se retrouve dans les langues indo-européennes sous les formes *mousch* (persan), *mus* (lat.), *maus* (all.), *mouse* (angl.), *muys* (flam.), μῦς (gr.), *mysche* (russe), mots qui tous aussi bien que *mouschas* signifient souris.

Σμῦς est donc une altération du type primitif, produite après la séparation des tribus qui avaient emporté les mots réguliers que nous venons de citer. L'étude des inscriptions cunéiformes de la Perse, en nous montrant que le nom véritable de Smerdis ne commence pas par une sifflante, ce qu'Eschyle savait (*Pers.*, v. 774), prouve que c'est bien à l'Occident qu'est due l'articulation ΣΜ. Le grec employait les deux formes μικρός-σμικρός, μυδρός-σμυδρός, μυκτήρ-σμυκτήρ, μύραινα-σμύραινα, μήριγξ-σμήριγξ, etc. En russe aussi on trouve des mots à double forme, tels que *mirnyi-smirnyi* (paisible) et *moutchite-smoutchite* (tourmenter), etc. Mais il faut faire attention à l'origine de cet état, qui tient à l'emploi de la préposition S pour marquer l'accomplissement.

C'est ainsi qu'en grec un certain nombre de mots, tels que ζαμενέω, ζάπυρος, ζάχρυσος, ζάθεος, sont construits à l'aide d'une préposition augmentative.

Cette articulation SM est si naturelle chez les Slaves, que les Russes ont fait passer dans leur langue les deux formes *smirna* et *mirra* pour le nom de la myrrhe; tandis que la langue latine proprement dite n'offre pas un seul exemple, non seulement de la double forme, mais même de l'emploi des caractères SM au commencement d'un mot.

Il ne serait peut-être pas impossible que le surnom Σμινθεύς, dans lequel on entrevoit un accusatif uni au radical θε, suivant le mode qui a présidé à la formation du mot νουνεχής, eût fait croire à l'existence d'une ville nommée Sminthé, qui est probablement imaginaire.

Il semble que le nom géographique Sminthé aurait dû produire l'ethnique Σμινθαῖος, tandis que Σμινθεύς a tout à fait la forme des noms d'agents.

Le tétradrachme que nous publions ici est le plus grand de ceux que l'on connaît avec le nom d'Alexandria. Si l'on range toute la série par ordre chronologique, on pourra constater que le module décroît très régulièrement. C'est précisément le contraire de ce qui a lieu dans la numismatique d'Alexandre et de Lysimaque.

PERGAMUS MYSIÆ.

Dépouille du lion de Némée posée sur une massue; le tout dans une couronne de peuplier.

℞. Grappe de raisin entourée de feuilles de vigne; dans le champ, ΠΕΡ en monogramme, et Θ. — Argent. (Pl. VIII, n° 4.)

La médaille dont nous donnons ici le dessin doit être considérée comme un demi-cistophore, non pas que son type justifie cette dénomination, mais parce que son poids, sa fabrique s'accordent très bien avec ceux des grandes pièces qui portent la ciste. Sestini avait décrit une pièce de Tralles appartenant à cette série, sans reconnaître à quel système elle se rattachait (1). Mionnet a reproduit la description de Sestini sans aucune remarque (2) : c'est à Borrell que l'on doit la publication intelligente de deux monnaies de la collection de la banque d'Angleterre, pièces qui portent les types indiqués ci-dessus, et qu'il n'hésite pas à considérer comme la moitié et le quart du cistophore de Pergame (3). La plus petite division présente bien le monogramme ΠΕΡ avec le monogramme

---

(1) *Descriz. delle med. ant. gr. del Mus. Hederv.*, t. II, p. 327, n° 4, tab. XXV, n° 6.
(2) *Descript. des méd. ant.*, Suppl., t. VII, p. 461, n° 658.
(3) *Num. chron.*, 1843, t. VI, p. 159.

ΠΡΥ qui se trouve très fréquemment sur les grands cistophores de Pergame. L'autre pièce n'offre aucune lettre, et le lieu où elle a été frappée reste incertain. Il n'en est pas de même de la médaille de la collection Palin, sur laquelle le monogramme est bien distinct. M. Max Pinder, dans son mémoire intitulé : *Ueber die Cistophoren und über die kaiserlichen Silber-medaillons der rœmischen Provinz Asia*, a publié un demi-cistophore et deux quarts frappés à Éphèse. Il pense que le cistophore est un tétradrachme, et que les divisions ayant pour type la dépouille du lion et la grappe de raisin sont le didrachme et la drachme. M. Vazquez Queipo est d'un avis différent ; il discute à plusieurs reprises le poids de ces monnaies (1), et croit que le cistophore n'est qu'un didrachme du système rhodien.

LAODICEA PHRYGIÆ.

Dépouille du lion de Némée posée sur une massue ; le tout dans une couronne de peuplier.

℟. Grappe de raisin entourée de feuilles de vigne, dans le champ, ΛΑΟ et tête de femme ceinte d'une stéphané. — Argent. (Pl. VIII, n° 5.)

Cette même pièce a été publiée, d'après une empreinte, dans l'intéressant ouvrage de M. Pinder dont nous avons déjà cité le titre (2). L'auteur, n'ayant pas vu la monnaie originale qui se trouvait alors à Rome, n'avait pas pu transcrire exactement les caractères qui sont gravés près de la feuille de vigne, et il a été ainsi conduit à attribuer à Tralles ce demi-cistophore, que nous avons examiné avec soin et qui appartient en réalité à Laodicée.

La petite tête gravée dans le champ du revers peut être celle de Vénus ; mais on peut y chercher aussi l'effigie de Laodice, femme d'Antiochus II, fondateur de la ville. Cette tête ressemble à celle d'une autre Laodice, femme de Démé-

---

(1) *Essai sur les syst. métriques et monétaires des anciens peuples*, 1859, t. Ier, p. 409, 592, 601.

(2) *Ueber die Cistophoren*, pl. I, n° 15, p. 566, n° 163. Berlin, 1855.

trius I`er`, que nous connaissons par un camée et des médailles (1). Il est d'autant plus difficile pour nous de distinguer la reine de la déesse, que les anciens se plaisaient à les confondre. On trouve sur la côte de Syrie des figures de bronze qui ont tout à fait l'aspect de Vénus ; elles sont nues, mais leur tête est couverte d'une colombe, comme la tête des reines d'Égypte est couverte de la dépouille d'un vautour. Ces figurines représentent des reines de Syrie. Le Musée du Louvre en possède plusieurs, dont une reproduit d'une façon évidente les traits et la coiffure si caractéristique de Cléopâtre, femme de Démétrius II et mère d'Antiochus VIII.

LYDDA LYCIÆ.

Tête du Soleil, de face, aigle couvrant en partie la joue droite.

℞. ΛΥΔΔ. Fleur de balaustium. — Argent. (Pl. VIII, n° 6.)

Les monnaies à ce type, assez longtemps attribué à Rhodanusia dans la Gaule et restitué ensuite à la Lycie (2), tendent à devenir plus nombreuses. M. l'abbé Greppo a retrouvé il y plus de seize ans deux demi-drachmes sur lesquelles le *balaustium* est accompagné des caractères ΛΩ, pièces que le savant antiquaire classe à Loryma. M. Waddington a fait connaître une monnaie conservée au Musée Britannique sur laquelle on lit ΠΑ . ΞΑ, Patara, Xanthus (3) ; enfin il existe à la Bodléienne d'Oxford une pièce portant ΞΑ et ΔΑ qui indique une alliance entre Xanthus et Daddala (4).

L'hémidrachme de la collection Palin présente une légende bilinéaire qui nous a paru fournir le nom de Lydda, ville indiquée par Ptolémée (lib. V, cap. III, § 2) sous la forme Λύδαι;

---

(1) Visconti, *Icon., grecque*, pl. 46, n° 27. — Allier de Hauteroche, *Essai sur l'expl. d'une tessère*, pl. n° 6. — Millingen, *Ancient coins of gr. Cities and Kings*, 1831, pl. V, n° 21.
(2) *Rev. num.*, 1841, p. 405. — P. 21 du présent volume.
(3) *Rev. num.*, 1853, p. 94.
(4) Wise, *Numm. antiq. scriniis Bodleianis recond. catal.*, p. 6, col. 2, Rhodus insula.

et qui se trouve placée entre Daddala et Caunus, par conséquent en Lycie suivant ce géographe, et en Carie suivant Strabon. La manière dont le nom de cette ville est écrit dans Ptolémée n'est pas un obstacle à l'attribution proposée ici. Hiéroclès mentionne sous la forme *Sitæ* la ville lydienne qui, d'après les monnaies, se nommait *Saittæ*. La *Synnada* des médailles devient *Synada* dans Eusèbe et dans Tzetzès.

Il existait d'ailleurs en Palestine, dans la tribu d'Éphraïm, une autre Lydda, connue de Pline et de Josèphe, nommée aussi dans le livre des Machabées. Elle était épiscopale, et, parmi les souscriptions des actes du concile de Calcédoine, on trouve *Photinus episcopus Lydæ* (1). Le texte de Ptolémée lui-même donne à cette ville le nom de Λύδα (2). Nous avons déjà eu l'occasion de faire remarquer que les anciens écrivaient fort souvent simples les caractères qui se prononçaient doubles (3). Nous pouvons donc sans scrupule inscrire le nom de Lydda parmi ceux des villes de la côte d'Asie Mineure. On remarquera qu'on retrouve en Syrie et en Palestine Adada, Buba, Gabala, Phaselis, Thelmenissus, Pinara, Lydia, qu'il est facile de comparer à des noms appartenant à l'Asie Mineure.

Lorsque nous nous sommes, pour la première fois, occupé des monnaies de la Lycie, nous avons publié une demi-drachme de la collection Tochon d'Annecy portant exactement le même type que celle de Lydda. Nous proposions de lire dans les monogrammes du revers les noms des villes lyciennes Patara et Arendæ (4). Ce dernier nom a été contesté par ce motif qu'un bon manuscrit de Ptolémée porte, au lieu d'Ἀρένδαι, Τρεδένδαι qui est une forme altérée de la Τρέβεννα des médailles (5). Il est possible en effet qu'Arendæ ne soit que le résultat d'une erreur de copiste. On pourrait voir dans

---

(1) Baluzii, *Concilior. nova collect.*, 1683 et 1707, colonne 1239.
(2) Voy. Reland, *Palæstina*, p. 461, d'après le manuscrit de Pic de la Mirandole et l'édition de 1513.
(3) *Mém. de la Soc. des Ant. de France*, t. XXI, p. 373. — *Rev. num.*, 1857, p. 182. — P. 299 et 407 du présent volume.
(4) *Rev. num.*, 1841, pl. XXIII, n° 7 et p. 451.
(5) Waddington, *Rev. num.*, 1853, p. 97; 1858, p. 175. — On sait dans quel

les monogrammes dont il vient d'être question les noms de Patara et d'Arnea, car la barre brisée de l'A permet de lire APN dans le monogramme de la seconde ligne. Arnea est une ville de Lycie, citée par Hiéroclès et par Étienne de Byzance, distincte d'Arna, que ce dernier donne comme étant l'ancien nom de Xanthus, nom qui s'est retrouvé sous la forme Arina sur l'obélisque découvert dans les ruines de cette ville et sur une monnaie d'argent conservée à la Bibliothèque impériale de Paris.

état d'altération nous est parvenu le texte de Ptolémée. Il faut remarquer toutefois que l'on connaît des monnaies frappées dans une dizaine de villes lyciennes que ce géographe ne nomme pas.

OBSERVATIONS

SUR

LES MONNAIES PORTANT L'EFFIGIE DE TRAJAN PÈRE.

(Extrait du tome IV, nouvelle série de la *Revue numismatique*, 1859, pp. 137-147.)

(PL. IX.)

*Non enim tam auctoritatis in disputando,
quam rationis momenta quærenda sunt.*

Nous avons accueilli avec empressement le mémoire de M. Deville (1). Sa forme remarquable, la clarté du style, l'intérêt du sujet mis en question, ne sont pas les seuls mérites qui aient déterminé les éditeurs de la *Revue* à le publier. M. Deville leur paraît avoir démontré, et c'est un point important et curieux, que les monnaies sur lesquelles on lit le nom de *Trajanus pater* ont été fabriquées par ordre d'Adrien.

Mais notre savant collaborateur s'attache encore à prouver que le portrait attribué à Trajan père est celui de Trajan fils, et en cela nous ne saurions partager son opinion. Nous ferons donc connaître sur quoi se fonde notre dissentiment partiel, afin de mettre les antiquaires à même de décider.

M. Deville, pour prouver que Trajan père n'a pas été mis au rang des Dieux, et que, par conséquent, l'effigie accompagnée de la légende DIVVS PATER TRAIANVS ne pourrait lui appartenir, cite un passage du panégyrique prononcé par Pline le Jeune devant le sénat.

Ce document aurait dans la discussion une très grande

---

(1) *Dissertation sur les médailles attribuées au père de l'empereur Trajan* (*Rev. num.*, t. IX n. s. 1859, pp. 124-136.)

valeur s'il était postérieur à la mort de l'empereur Trajan, ou du moins postérieur au sixième et dernier consulat de ce prince, dont l'indication se trouve sur les aureus frappés à l'effigie de Trajan père. Mais il n'en est pas ainsi : le panégyrique a été prononcé en l'an 100 de Jésus-Christ, dans la troisième année du règne de Trajan ; le sixième consulat est de l'an 112 ; Trajan n'est mort qu'en 117. On voit donc qu'il s'est écoulé dix-sept années entre la rédaction du panégyrique et l'avènement d'Adrien ; dix-sept années dont le temps n'a pas respecté l'histoire. Quelques pages tirées par Xiphilin de Dion Cassius, quelques phrases d'Aurelius Victor, de Spartien, d'Eutrope et de Malala, c'est à peu près tout ce qui nous permettrait d'apprécier les actes du sage et vaillant successeur de Nerva, si nous n'utilisions les monuments numismatiques et épigraphiques. L'histoire se tait parce que les textes ont été perdus, mais son silence n'est pas une négation. Ainsi, par exemple, entre l'an 106 et l'an 112 on ne sait pas même si Trajan était en Orient ou en Occident ; quel parti peut-on tirer d'une histoire ainsi mutilée ?

En l'an 100, Trajan père était déjà, suivant Pline, bien près de l'apothéose : « Tu pater Trajane,... si non sidera, *proximam* tamen sideribus obtines *sedem*. »

Qui pourrait affirmer que pendant les dix-sept années suivantes, le sénat, voulant donner à l'empereur un témoignage de son admiration pour ses actions glorieuses, n'a pas fait franchir à Trajan père l'étroit espace qui le séparait des honneurs divins ?

On ne révoque pas en doute la consécration de Plotine et cependant c'est un fait que l'histoire écrite ne rapporte pas. On ne sait même pas à quelle époque est morte cette impératrice. Elle a survécu à Trajan ; mais pendant combien de temps ? Les textes ne nous le disent point.

Pline, dans son panégyrique, parle aussi de Plotine et de Marciane. « Obtulerat illis, dit-il, Senatus cognomen Augustarum, quod certatim deprecatæ sunt, quam diu appellationem patris patriæ tu recusasses : seu quod plus esse in eo judicabant, si uxor et soror tua, quam si Augustæ dicerentur. Sed quæcumque illis ratio tantam modestiam suasit, hoc magis dignæ sunt, quæ in animis nostris et sint et habeantur Augustæ, *quia non vocantur*. »

Ainsi, à s'en tenir aux brillantes antithèses de Pline, Plotine et Marciane n'auraient pas porté le titre d'Auguste. Cela est vrai sans doute pour l'année 100, tout comme il est vrai qu'alors le père de Trajan n'avait pas reçu les honneurs divins; mais une inscription de Sarzane (1) nous montre qu'en l'an 105 Plotine et Marciane avaient accepté ce titre d'Auguste que les médailles leur donnent aussi.

Quant à la consécration de Marciane, si nous étions forcés de nous borner au texte des écrivains, nous ne pourrions y ajouter foi. Heureusement le témoignage des monnaies et des inscriptions nous vient en aide, et il nous suffit (2).

Laissons donc de côté le panégyrique composé par Pline le Jeune au début du règne de Trajan, et abordons l'étude des monuments numismatiques.

On trouvera réunies dans une même planche quatre monnaies d'or qui portent au revers du buste *lauré* de l'empereur Trajan les types suivants :

1° DIVVS PATER TRAIANVS. Tête nue de vieillard tournée à droite ;

2° DIVI NERVA ET TRAIANVS PAT. Tête *laurée* de Nerva en face d'une tête nue tout à fait semblable à celle que porte la pièce précédente ;

3° DIVI NERVA P. ET PLOTINA AVG IMP TRAIAN. Têtes opposées de Nerva et de Plotine.

Ces pièces paraissent avoir été frappées en même temps; nous les croyons gravées par la même main. L'aureus n° 4

---

(1) Gruter, 247, 6. — Muratori, 230, 7. — Voir aussi l'inscription de l'arc d'Ancône, qui est de l'an 115.

(2) C'est aux médailles que nous devons les noms de Plautiana, d'Orbiana, de Paulina, de Marinus, d'Otacilia Severa, de Pacatien, d'Etruscilla, de Cornelia Supera, de Mariniana, de Dryantilla, de Severina, de Magnia Urbica, de Nigrinien, de Dom. Domitianus. Les rejeterons-nous parce qu'ils ne figurent pas dans l'histoire?

comprend Plotine parmi les DIVI qu'il représente. Ces pièces ont donc été émises par Adrien après la mort de Trajan.

Mais si la tête nue gravée au revers des n⁰ˢ 1, 2 et 3 représente Trajan fils, Trajan l'empereur, comment se rendrait-on compte du type tout particulier qui lui a été donné? Il suffit de comparer la forme du nez, de l'arcade sourcilière, du front, dans les deux portraits placés l'un au revers de l'autre, pour demeurer convaincu qu'ils appartiennent à deux personnages différents, n'ayant entre eux que cette ressemblance assez naturelle qui doit exister entre un père et un fils (1). Ne soyons donc pas étonnés si Spanheim, Vaillant, Eckhel, Visconti, Mionnet, M. Lenormant, et tous ceux qui se sont occupés de numismatique romaine ou d'iconographie, ont reconnu une effigie de Trajan père. D'ailleurs pourquoi aurait-on reproduit deux fois sur les mêmes pièces les traits de l'empereur Trajan?

Dira-t-on qu'on avait pu inventer pour Trajan divinisé un profil différent de celui de Trajan vivant? A cet égard, il nous suffirait de renvoyer aux six aureus que nous plaçons sur la planche IX à la suite des quatre premiers (n⁰ˢ 5, 7 à 11). L'empereur Trajan porte sur tous le titre DIVVS, et néanmoins sa tête est toujours celle-là même que tous ses bustes, que toutes les monnaies, frappées de son vivant lui donnent.

Il y a donc ici un fait matériel, facile à vérifier, qu'aucun raisonnement ne peut détruire.

On remarquera que les légendes ne diffèrent pas moins que les effigies. Trajan père, c'est *Trajanus pater*, en quelque sorte *Trajanus senior*. L'empereur Trajan divinisé, c'est *Trajanus pater Augustus*, c'est-à-dire Trajan père, *l'empereur* (2),

---

(1) Dans cette question, il faut accorder une grande importance au buste de marbre provenant de la collection de M. le baron Behr, et récemment attribué à Trajan père par M. Ch. Lenormant. Ce buste, de l'avis de tous ceux qui le voient, représente le personnage dont l'effigie est, sur les aureus, accompagnée de la légende *divus pater Trajanus*. Or les grandes dimensions du marbre mettent en évidence les caractères qui distinguent bien nettement ce portrait de celui de Trajan l'empereur.

(2) Il existe bien une variété extrêmement rare de l'aureus de Trajan l'empereur au revers d'Adrien, avec la légende DIVO TRAIANO PATRI. On en con-

ou *Trajanus Parthicus*, Trajan, le vainqueur des Parthes. On a donc eu soin d'établir une distinction entre les deux personnages. Un aureus du Cabinet de Vienne, deux fois décrit par Eckhel (1), offre même les légendes DIVO TRAIANO AVGVSTI PATRI — DIVAE PLOTINAE AVGVSTI MATRI (pl. IX, n° 9), et s'il est bien authentique (2), il pourrait servir à interpréter les légendes AVG. PATRI et PATRI AVG. des aureus n°s 5 et 7.

M. Deville pense que la déification avait eu lieu immédiatement après la mort. Sans doute, l'intérêt politique qui inspirait cet acte pressait l'empereur nouvellement monté sur le trône de se rattacher par cette cérémonie à l'autorité de son prédécesseur. Mais il y a des exemples de consécrations faites dans des conditions différentes. Livie a été divinisée par Claude (3) ; Commode, cinq ans après sa mort, par Septime Sévère ; Julie Domna, par Élagabale ou par Sévère Alexandre (4). Domitilla, femme de Vespasien, morte avant l'avènement de son mari, fut placée au rang des Dieux, soit par Vespasien même, soit, et cela paraît plus probable, par Titus (5).

naît un exemplaire au Musée impérial de Vienne (Eckhel, *D. N.* VI, p. 477), et un chez M. le duc de Blacas (pl. X, n° 8). La tête de Trajan est laurée ; la légende au datif. Il est impossible de confondre ce type avec celui de Trajan père. Quant à la légende DIVVS TRAIANVS PARTH. PATER, citée par M. Deville, elle ne se trouve que dans Vaillant (*Num. imp. rom. præst.*, 1743, t. I, p. 64), et suivant cet auteur elle figurerait sur un grand bronze. C'est une monnaie que personne n'a jamais vue et que de très habiles numismatistes croient imaginaire. — V. encore aux *errata* de la *Rev. num.* de 1859 (G. S.).

(1) *Mus. Cæs.*, t. II, p. 173, n° 7. — *Doct. num.*, t. VI, p. 466.

(2) Nous devons à l'obligeance du savant M. J. Arneth une excellente empreinte de cet aureus qui est très usé et ne pèse que 6^{gr},85. Cette faiblesse de poids, jointe à un aspect émoussé, a fait naître des soupçons sur l'authenticité de la pièce (*Synopsis num. ant. Mus. Cæs. Vindob.*, pars II, p. 82), dont le style est pourtant parfaitement antique, et qui a été décrite par Eckhel (1779) à une époque où le faussaire Becker n'était âgé que de huit ans.

(3) Claude a commencé à régner douze ans après la mort de Livie.

(4) Il nous paraît probable qu'Alexandre mit au rang des Dieux en même temps les deux sœurs Julie et Mæsa lors de la mort de cette dernière, qui était son aïeule. La ressemblance des monnaies de consécration de ces deux impératrices autorise cette hypothèse.

(5) Il est certain que, Vespasien déjà empereur, Domitilla n'avait pas encore

La consécration est prouvée par les monnaies; mais les historiens l'ont passée sous silence.

La numismatique ne nous prouve-t-elle pas que Philippe a mis au rang des Dieux son père Marinus, qui n'avait pas régné (1)?

Lorsque Vitellius voulut se faire proclamer empereur, il faisait, dit Tacite, valoir auprès de l'armée de Germanie les droits que les hautes fonctions de son père, trois fois consul et censeur, lui donnaient à leur suffrage (2). Aussi Vitellius a-t-il placé sur sa monnaie l'effigie couronnée de laurier de Lucius Vitellius; circonstance dont les textes historiques n'ont pas conservé la mention.

Adrien n'avait pas été réellement adopté par Trajan; Dion Cassius le dit catégoriquement: Ἀδριανὸς δὲ, ὑπὸ μὲν Τραϊανοῦ οὐκ ἐσεποιήθη. Eutrope adopte cette opinion : « Defuncto Trajano, Ælius Adrianus, creatus est princeps, *sine aliqua quidem voluntate Trajani*, sed operam dante Plotina Trajani uxore; nam eum Trajanus, quamquam consobrinæ filium, vivens *noluerat adoptare*. »

Cependant Adrien voulut faire croire à cette adoption, et fit frapper des monnaies destinées a la constater. Trajan y est représenté donnant la main à son successeur, et le mot ADOPTIO se lit à l'exergue, au-dessous de cette scène d'investiture.

été placée au rang des Dieux, ainsi qu'on le voit dans une inscription d'Herculanum :

FLAVIAE . DOMITILLAE.....
VESPASIAN . CAESAR.....

La médaille sur laquelle on s'est fondé pour croire que l'apothéose de Domitille eut lieu sous le troisième consulat de Vespasien, est un aureus unique de la collection Pembroke. Mais cette pièce qu'Eckhel n'avait pas vue, et qui est demeurée si longtemps enfouie dans un cabinet inaccessible, a enfin été mise en vente le 4 août 1848. Le rédacteur du catalogue déclare que du côté de la tête de Domitille la pièce a été burinée et qu'elle n'est pas satisfaisante (appears tooled on the reverse, and unsatisfactory), et l'aureus est classé parmi les monnaies de Vespasien. Il nous reste donc l'aureus DIVVS AVGVSTVS VESPASIANVS — DIVA DOMITILLA AVGVSTA certainement frappé sous Titus (Caylus, *Num. aurei imp. rom.*, n° 188).

(1) Voy. le beau mémoire de Tochon d'Annecy.
(2) Tacit. *Hist.*, I, 52.

Adrien écrivit au sénat pour demander l'apothéose de Trajan une lettre pressante, si pressante que le sénat accorda à la mémoire de Trajan des honneurs qu'on ne lui avait même pas demandés ; c'est Spartien qui nous le dit : « Trajano divinos honores, datis ad Senatum et quidem accuratissimis literis postulavit, et cunctis volentibus meruit, ita ut senatus *multa quæ Adrianus non postulaverat*, in honorem Trajani sponte decerneret. »

Si donc le père de Trajan avait, pendant les vingt années du règne de son fils, échappé aux honneurs de la consécration, il est bien probable que le sénat ne lui en eût pas fait grâce en l'an 117.

Nous ne pouvons malheureusement trouver d'éclaircissements dans le texte d'un fragment d'inscription très mutilée recueillie en Afrique, à Cuiculum, par le commandant de Lamare (1) :

```
M VLP......
TRAIAN.....
   PATR.....
IMP CAE....
NERVAE.....
IANI AV.....
DAC PO.....
TR PO......
VI PP......
```

On voit que cette inscription : *Marco Ulpio Trajano patri Imperatoris Cæsaris Nervæ Trajani Augusti Dacici, pontificis maximi, Tribunitia potestate....., consulis VI, patris patriæ*, a été gravée après l'an 112 ; mais nous ne savons pas si le mot DIVO ne se trouvait pas en tête. Du moins ce monument montre-t-il l'attention que M. Ulpius Trajan inspirait longtemps après sa mort.

Quoi qu'il en soit, Adrien tenait, on le comprend, à se rattacher à son prédécesseur. Si l'adoption était douteuse, la parenté n'était pas contestable. Cousin issu de germain de

(1) Léon Renier, *Inscript. de l'Algérie*, p. 301, n° 2524.

Trajan, il était devenu son neveu par son mariage avec Sabine, fille de Matidie, fille de Marciane, *fille de Trajan le père*. On s'étonnerait, à bon droit, qu'Adrien, dans la situation délicate où il se trouvait, n'eût pas fait appel au souvenir de ce chef de la famille Ulpia, de cet aïeul par alliance, dont l'illustration acquise sous plusieurs règnes avait tant contribué à la fortune de Trajan l'empereur.

Pour Adrien, Nerva n'était qu'un aïeul politique ; Trajan père était un aïeul naturel.

Aussi voyons-nous que sur les deux aureus représentant Trajan père en face de Nerva, pièces qui ont été certainement frappées à la même époque, on a donné la place d'honneur (celle qui est toujours affectée aux empereurs lorsqu'ils sont figurés en face de leur femme ou de leur fils), tantôt à l'un, tantôt à l'autre, pour marquer leur égale importance, leur contemporanéité, ce qu'on n'eût certainement pas fait s'il s'était agi de Trajan fils, mis en regard de Nerva.

Ces considérations ajoutent, nous le croyons, beaucoup de force à l'opinion de M. Deville touchant l'époque à laquelle ont été fabriquées les monnaies portant la légende DIVVS PATER TRAIANVS, pièces qui appartiennent à une sorte de réunion de famille sous la protection de laquelle Adrien plaçait son pouvoir naissant.

Nous remarquons les combinaisons suivantes :

Trajan l'empereur et Trajan père. (Pl. IX, n° 1.)

Trajan l'empereur, Nerva et Trajan père. (Pl. IX, n° 2.)

Trajan l'empereur, Trajan père et Nerva. (Pl. IX, n° 3.)

Trajan l'empereur, Nerva et Plotine (Pl. IX, n° 4.)

Trajan l'empereur et Plotine. (Pl. IX, n°s 5 et 9.)

Trajan l'empereur et Adrien. (Pl. IX, n°s 7 et 8.)

Plotine et Adrien. (Pl. IX, n° 6.)

Les pièces gravées sous les n°s 10 et 11 portant l'indication ou le type du troisième consulat d'Adrien, ne peuvent pas avoir été frappées avant l'an 119 ; elles forment une catégorie à part (1).

(1) Les monnaies gravées sous les n°s 1, 2, 8 et 11 appartiennent à la précieuse collection de M. le duc de Blacas. Les n°s 3, 4, 5, 6, 7 et 10 sont con-

Il est très possible qu'Adrien ait consacré Trajan père et Trajan fils, comme Titus avait consacré Vespasien et Domitille.

Notre savant collaborateur nous paraît trop compter sur Spartien. Cet historien est bien loin d'avoir la précision et l'abondance qu'il lui suppose. Non seulement dans son texte les lacunes historiques sont grandes ; mais les faits qu'on y trouve sont présentés d'une manière si vague, qu'un éminent érudit, M. l'abbé Greppo, après un examen tout spécial, n'a pu en tirer aucune indication *même approximative* sur la chronologie des voyages d'Adrien (1). En l'absence des historiens perdus, les maigres chroniques romaines de cette époque s'offrent à nous comme ces poèmes indiens, ces pouranas auxquels la notion du temps semble étrangère. Spartien ne parle ni de la mort de Plotine, l'illustre veuve de Trajan, la mère adoptive, la protectrice d'Adrien, ni de l'apothéose de cette princesse, qui dut cependant être célébrée à Rome avec pompe, puisque l'empereur porta le deuil en noir pendant neuf jours (2). Comment après cela s'étonner de ce que l'historien ait oublié la consécration de Trajan père ?

Tout bien examiné, le fait important, capital, celui qu'aucune considération ne peut modifier et auquel nous devons subordonner nos études, c'est l'existence sur trois monnaies

servés à la Bibliothèque impériale ; le n° 9, au Cabinet impérial et royal de Vienne.

L'aureus n° 4 est tellement rare, que nous ne l'avons trouvé décrit dans aucun des catalogues de collections particulières, publiés depuis un siècle, que nous avons pu nous procurer.

Il en est de même de l'aureus n° 6, conservé au Cabinet des médailles de la Bibliothèque impériale. C'est probablement la pièce publiée, comme unique, par Guattani (*Monum. ant. ined.* Roma, 1788, tab. III. d'octobre, n° 8 et p. XCI).

Nous avons pensé être agréable à nos lecteurs en mettant sous leurs yeux toutes ces raretés, et en les faisant ainsi profiter de l'inépuisable bienveillance avec laquelle M. le duc de Blacas nous permet de recourir à sa précieuse collection.

(1) *Mémoire sur les voyages de l'empereur Hadrien et sur les médailles qui s'y rapportent.* Belley, 1842, p. 33.

(2) Dion Cassius nous fait connaître cette circonstance ; il ajoute qu'Adrien composa des hymnes et construisit un temple en l'honneur de Plotine ; mais il ne rapporte ces faits qu'à propos du monument consacré au cheval Borysthène. Il est impossible de trouver un parallèle plus naïf. Dionis. *Hist. rom.*, lib. LXIX, 10.

(pl. IX, n°ˢ 1, 2 et 3) d'une tête de vieillard qui ne peut être confondue avec celle de Trajan. Jusqu'ici nous ne connaissons qu'un seul antiquaire, J.-C. Schlæger, rédacteur du catalogue de la collection Burckard (1), et ce n'est pas une grande autorité, qui ait attribué ce portrait à Trajan fils (nihil dictum quod non dictum prius); son opinion n'a été acceptée par personne.

Nous ne voyons donc, quant à présent, aucune nécessité de retrancher le portrait de Trajan père de la série iconographique romaine.

(1) *Numophylacium Burckardianum*, Helmaestadi, 1740, pars prima, p. 10.

ANTONY RICH. — *Dictionnaire des antiquités romaines et grecques, accompagné de 2,000 gravures d'après l'antique, représentant tous les objets de divers usages d'art et d'industrie des Grecs et des Romains. Traduit de l'anglais sous la direction de M. Chéruel.* Un volume petit in-8° de 740 pages à deux colonnes. Paris, 1859.

COMPTE RENDU.

(Extrait du tome IV, nouvelle série de la *Revue numismatique*, 1859, pp. 260-265.)

Bien que la Revue ait dû s'interdire les comptes rendus d'ouvrages consacrées à toute branche de l'archéologie autre que la numismatique, cependant nous avons cru pouvoir accorder une mention exceptionnelle au Dictionnaire de M. Antoine Rich. C'est, nous le pensons, que l'usage de ce livre rendrait un grand service à ceux qui s'occupent des monnaies anciennes. Il arrive souvent que les numismatistes, lorsqu'ils ont à décrire des monnaies gauloises, romaines ou grecques, ont recours à des périphrases, à des explications plus ou moins obscures pour désigner certains objets, certaines figures, armes, coiffures, vases, costumes, etc., qui pourraient être représentés par un seul mot, c'est-à-dire par le nom antique. Ils le trouveraient dans le Dictionnaire. La lecture des textes latins deviendrait aussi, grâce à cet ouvrage, plus claire, plus attrayante pour beaucoup de gens studieux, qui ne possèdent pas un grand nombre de livres d'archéologie à figures. C'est donc dans l'intérêt des études numismatiques que nous conseillons l'emploi du Dictionnaire dont M. Chéruel vient de surveiller la traduction. Ce livre donne, à côté de la définition du terme, ou de la description des objets, une figure choisie, en général, avec intelligence et bien dessinée. L'auteur s'accuse dans la préface d'avoir introduit dans son recueil cinquante dessins, pris sur des originaux étrangers à Rome et à la Grèce, c'est-à-dire appartenant à l'Égypte, à la Chine, à l'Europe et à l'Asie modernes. Nous avons pu nous assurer que ces emprunts n'atteignent même pas le chiffre indiqué.

L'écrivain distingué qui a présidé à la traduction française n'est malheureusement pas archéologue; il s'est donc borné à nous donner un équivalent fidèle du texte anglais, sans y apporter d'améliorations. Il eût été cependant facile de corriger les passages que nous indiquerons ici :

APEX. 2° paragraphe. La gravure représente un casque, dont le large et épais cimier ne saurait être confondu avec l'*apex* qui est une pointe. Il eût fallu dire que ce lourd casque était exclusivement employé par les gladiateurs. La même remarque s'applique à l'article PROJECTURA.

AQUILA. La gravure empruntée à La Chausse ne représente pas une enseigne militaire, mais le haut d'un candélabre. On eût pu trouver dans la galerie d'armes du Roi, à Turin, un superbe spécimen d'aigle romaine.

ASCAULES. Le joueur de cornemuse, copié d'après un bronze du docteur Middleton, n'est pas antique; ce bronze est un ouvrage du xiv° siècle.

COLUMNA. 6° paragraphe. L'auteur, voulant donner la figure des colonnes d'Hercule, emprunte aux monnaies de Tyr un type qu'il n'a pas suffisamment étudié. Ce type se compose des deux pierres ambrosiennes, entre un autel allumé et un olivier. Sur des monnaies d'Aquilia Severa et de Gordien, ces pierres sont accompagnées de leur nom, ΠΕΤΡΕ ΑΜΒΡΟϹΙΕ. D'abord flottante, elles furent fixées par l'intervention des dieux et servirent de fondement à la ville de Tyr. Le type des monnaies est parfaitement expliqué par un passage de Nonnus (*Dionys.*, l. XL, v. 467 à 477). Ce que M. Rich prend pour « la conque dont le maître du vaisseau sonnait pour annoncer son arrivée dans le port, » n'est autre chose que le *murex* ou coquille de pourpre qui se voit sur tant d'autres monnaies de Tyr, et parfois avec le chien qui, suivant la tradition conservée par Palæphate, amena la découverte du précieux coquillage.

FALCIFER. La figure du Temps, *ailé* et armé d'une faux à longue lame, indiquée comme existant sur une médaille d'Héliogabale, est d'invention moderne. On trouve fréquemment cette figure sur les pendules de l'époque de Louis XIV; jamais sur les médailles antiques.

La *falx* de Cronos ou Saturne est une petite arme à fer très court et fortement recourbé. On la voit sur les deniers des familles Neria et Nonia; dans la main du dieu, sur quelques médailles romaines de l'époque impériale, et sur celles des nômes d'Égypte Coptite et Arsinoïte. Une figure exacte en est donnée à l'article HAMVS.

GRAPHIUM. La gravure, au lieu d'un stylet à écrire, représente une *fibula vestiaria*, ou broche destinée à fixer les vêtements. Cette confusion a été commise par Chiflet, dans son *Anastasis Childerici regis*. Mais personne, en France du moins, ne s'y tromperait maintenant. Depuis 1672, on peut, au reste, consulter le traité spécial : Johannis Rhodii *de Acia dissertatio*.

MURRHINA. Tout l'article est très défectueux ; nous n'avons pas à le refaire ici. On y trouve la figure d'un petit vase de porcelaine couvert de caractères chinois, et indiqué comme ayant été recueilli dans un tombeau égyptien. C'est là le résultat d'un erreur très répandue, nous le savons, en Angleterre. Mais elle ne peut subsister en présence de la découverte faite par M. Medhurst, publiée par lui dès 1838. Les inscriptions chinoises, peintes sur les vases de cette espèce, forment des vers dont les auteurs sont parfaitement connus en Chine, et qui appartiennent au VIIIe siècle de notre ère. On conçoit dès lors que ces vases de porcelaine qui n'ont aucun rapport avec les vases murrhins ne peuvent remonter aux temps pharaoniques.

PRONUBA. L'auteur a négligé d'indiquer que c'est un surnom de Junon. Il faudrait rectifier la description de la pronuba de noce aldobrandine, que le Dictionnaire indique comme portant *un collier autour de la tête*.

SATRAPA. La figure donnée en regard de ce mot représente non pas un officier d'un rang élevé, un gouverneur de province ; mais un soldat ou doryphore de la garde du roi. M. Rich eût facilement trouvé le dessin dont il avait besoin, s'il avait consulté le savant ouvrage de M. le duc de Luynes, intitulé *Numismatique des Satrapies*, Paris, 1846.

SESTERTIVS. Au lieu du dessin d'un sesterce, nous trouvons celui d'une obole de Marseille, monnaie du système grec. L'auteur ajoute que les sesterces en *aurichalcum* sont beaucoup plus grands ; ce qui ferait supposer qu'il a vu quelques-unes de ces monnaies inconnues des numismatistes.

TVRIBVLVM. La véritable figure du *thymiatérion* ou *turibulum* se voit sur plusieurs vases peints. C'était une espèce de candélabre surmonté d'une petite cuvette, recouverte d'un couvercle percé de trous à travers lesquels s'échappait la fumée odorante de l'encens. On en trouve une bonne représentation dans un mémoire de Raoul Rochette sur les *Antiquités chrétiennes;* recueil de l'*Académie des Inscriptions et belles-lettres*, t. XIII, p. 560.

Les observations que nous avons à faire sont, comme on voit, peu nombreuses, elles s'adressent à un ouvrage composé d'environ trois mille articles et renfermant plus de 1,800 gravures. (Il en est un certain nombre qui se reproduisent plusieurs fois, et nous ne comptons pas ces répétitions.) Il faut reconnaître que la masse des bons renseignements recueillis par M. Rich est fort considérable et doit contribuer à singulièrement améliorer l'instruction publique.

Il est cependant à regretter que, dans un dictionnaire de cette nature, la numismatique soit si peu et si imparfaitement représentée ; on n'y trouve pas les mots *Chalcus, Diobolus, Dupondius, Numus, Pecunia, Philippei, Pondo, Quadrussis, Quincussis, Scyphati, Serrati, Solidus, Stater, Tripondius*, etc. ; mais ce sont nos lecteurs qui auront le moins à se plaindre de telles lacunes, puisque tous ces termes leur sont familiers. En revanche, ils puiseront dans le Dictionnaire de M. Rich une multitude de renseignements précis sur tous les objets dont se composent les types des médailles, qu'ils pourront mieux décrire, en donnant des noms exacts à tous les détails de costume, d'ameublement, d'architecture, d'ornement, de jeux, de marine que les petites dimensions des monnaies antiques rendent quelquefois difficiles à saisir pour qui n'est pas guidé par une étude préalable des monuments de sculpture et de peinture que les siècles nous ont légués.

PHALÈRES GRECQUES ARCHAÏQUES

(Extrait du *Bulletin de la Société des Antiquaires de France*
pour 1859, pp. 75-76, séance du 9 février 1859.)

M. de Longpérier fait passer sous les yeux des membres de la Société une statuette de bronze, très antique, trouvée en Sicile. Cette statuette, qui a 0^m,29 de hauteur, représente un guerrier casqué, les jambes armées de cnémides, les reins entourés d'un ceinture de métal attachée avec deux agrafes. Sur la poitrine on remarque trois disques fixés sur une sorte de bricole flexible, suspendue au cou par des courroies.

Le musée du Louvre possède, depuis longtemps, une plaque de bronze repoussée, composée de deux disques réunis et entourés d'une série de très petits trous, qui ont servi à coudre le bronze sur du cuir. M. de Longpérier avait considéré cette plaque comme ayant fait partie de phalères. Il se fondait sur une peinture de vase antique, monument trouvé dans l'Italie méridionale et représentant un guerrier dont l'armure est tout à fait semblable à celle de la statuette décrite plus haut. Sur ce monument, les plaques circulaires sont au nombre de trois, et la couleur jaune, dont elles sont peintes, indique bien le métal, puisque cette couleur est aussi celle de la pointe de la lance, des cnémides et de la ceinture (1).

---

(1) Deux guerriers avec le même ajustement sont représentés sur un vase peint trouvé à Cumes, et appartenant au comte de Syracuse. Voy. Minervini, *Bollettino archeol. Napoletano*, 1857, tav. X, n° 167, et p. 141.

PHALÈRES GRECQUES ARCHAÏQUES.

M. de Longpérier présente à la Société la statuette, le vase et la plaque de bronze, et montre l'identité des ornements.

Ces phalères grecques, de très haute antiquité, doivent être distinguées des phalères composées de pierres gravées, telles que celles qui sont exposées au Louvre, dans la galerie Charles X, et qui sont tout à fait semblables à celles que portent sur la poitrine les centurions M. Cælius et Q. Sertorius Festus, dont les monuments sont bien connus des antiquaires (1).

(1) Voy. la *Revue numismatique*, 1848, pl. VI, où sont réunies les figures de pierres gravées ayant servi à composer des phalères. — P. 179 du présent volume.

EX-VOTO

CONSACRÉ AU *DEUS AETERNUS*.

(Extrait du *Bulletin de la Société des Antiquaires de France* pour 1859, pp. 81-82.)

M. de Longpérier communique une petite plaque de bronze, de dix centimètres de hauteur, en forme de feuille d'arbre, sur un côté de laquelle est gravée l'inscription suivante :

```
       DE
      OAE
      TERN
     O·M·POPI
     LIVS·AR
     BVSTIVS
     BOTVMLI
      B·S OL
```

Cette inscription doit se lire ainsi :
Deo Aeterno M[arcus] Popilius Arbustius botum lib[ens] sol[vit] (1).

Le sens dans lequel il faut tourner la plaque pour lire l'inscription, prouve que cette plaque représente bien une feuille d'arbre et non pas un cœur, et la forme qu'on lui a donnée paraît avoir été déterminée par l'intention de faire allusion au surnom de *M. Popilius Arbustius* (2).

---

(1) *Botum* pour *votum*. — Les A ne sont pas barrés, et les T sont exactement de même forme que les I.

(2) Les inscriptions relatives au *Deus Aeternus* sont extrêmement rares ; on

EX-VOTO CONSACRÉ AU *DEUS AETERNUS*.

Ce petit *ex voto* est conservé au Musée du Louvre. La provenance n'en est pas indiquée dans les catalogues, mais M. de Longpérier fait remarquer qu'il a appartenu à la collection Durand, laquelle était formée en grande partie d'objets trouvés dans le nord de la France. Il a pu s'en assurer au moyen des dessins exécutés en 1774, par Grignon, et qui ont été communiqués récemment à l'administration des musées, par notre confrère M. Henri Bordier. Ces dessins, tout imparfaits qu'ils sont, lui ont permis de reconnaître dans les collections du Louvre un assez grand nombre de monuments ayant fait partie de la même collection, et dont la provenance était également inconnue.

n'en connaissait jusqu'ici que six, dont une a été trouvée à Vérone (Maff., *Mus. Ver.*, p. 178), une à Aquilée (Bertholi, *Antich. d'Aquil.*, p. 329), une à Zalathna, en Transylvanie (Reines., *Syntagm.*, p. 117), une à Valence, en Espagne (Grut., p. 17, n° 8), enfin deux près de l'ancien *Æclanum*, en Apulie. Ces deux dernières sont gravées, comme celle du musée du Louvre, sur de petites plaques de bronze. M. Mommsen, qui les a publiées (*Inscr. Neap.*, n°s 1086 et 1087), ne dit pas de quelle forme sont ces plaques; mais la disposition des lettres prouve que sous ce rapport elles diffèrent complètement de celle qui nous occupe. Celle-ci n'avait pas encore été publiée; c'est le septième monument aujourd'hui connu, sur lequel soit mentionné le *Deus Aeternus*.

TÊTE DE BRONZE

OFFRANT LE TYPE DE LA RACE ROUGE

DU NOUVEAU MONDE.

(Extrait du *Bulletin de la Société des Antiquaires de France*
pour 1859, pp. 83-85.)

M. de Longpérier met sous les yeux des membres de la Société une *situla* ou vase de bronze antique muni d'une anse, appartenant au musée du Louvre. Ce vase, de grandes dimensions, est en forme de buste humain, ainsi que cela est fréquent pour cette sorte d'ustensiles ; mais ce qui le distingue d'une manière tout particulière, c'est le type de la tête qui semble n'appartenir à aucune des races connues de l'ancien monde. La forme du crâne, celle du nez et de la bouche, la place qu'occupent les oreilles, tout rappelle la race rouge du nouveau monde. M. de Longpérier soumet ce problème à la Société ; il demande si l'on n'admettrait pas avec lui la possibilité de la présence en Italie, où cette *situla* a été fabriquée, de quelque Guanche, de quelque habitant des îles de l'océan Atlantique amené par le commerce des esclaves, et reproduit par un artiste frappé de la nouveauté d'un pareil type.

(M. Egger indique, à l'appui de cette opinion, un fait curieux mentionné par Cornelius Nepos, dans un ouvrage qui n'est pas parvenu jusqu'à nous, mais qui est cité par Pomponius Mela (1) et par Pline (2). Le passage de Pomponius Mela est ainsi conçu : « Sed præter physicos Homerumque, qui universum orbem mari circumfusum esse dixerunt, Cornelius

---

(1) *De situ orbis,* lib. III, cap. v, § 80.
(2) *Hist. nat.,* lib. II, cap. 67.

Nepos ut recentior auctor ita certior; testem autem rei Q. Metellum Celerem adjicit, cumque ita retulisse commemorat : cum Galliis pro consule præesset, Indos quosdam a rege Bætorum (1) dono sibi donatos ; unde in eas terras devenissent requirendo, cognosse vi tempestatum ex Indicis æquoribus abreptos, emensosque quæ intererant, tandem in Germaniæ littora exiisse. »)

M. de Longpérier remercie M. Egger de cette précieuse indication. « Le proconsulat de Q. Metellus Celer dans les Gaules, ajoute-t-il, est placé vers l'an 60 avant J.-C., et cette époque s'accorde parfaitement avec le style du vase. Il est impossible d'admettre que des Indiens d'Asie aient pu être jetés par la tempête sur les côtes des Bætes ou Bataves. Mais on sait, et le passage de Mela qui vient d'être cité le fait assez voir, que l'on considérait comme appartenant aux Indes tout ce qui était situé au delà de la partie connue de l'Atlantique ; or, des Guanches ou même des Caraïbes ont pu être conduits par les courants, et entraînés ensuite par la tempête, jusqu'aux embouchures du Rhin.

« Isaac Voss avait pensé que les Indiens offerts en présents à Q. Metellus Celer pouvaient être des Bretons, qui au moyen d'une certaine herbe dont ils se frottaient le corps, se donnaient à peu près la couleur naturelle aux Indiens. Mais cette supposition n'est guère admissible : au temps de Cornelius Nepos, l'existence de la Bretagne était bien constatée, et cet auteur, qui avait pour but de démontrer que l'Océan entourait tout le monde connu, n'aurait pas placé la Bretagne au delà de la grande mer.

« Dans tous les cas, il résulte du passage cité par M. Egger que les Romains ont possédé parmi leurs esclaves des *Indi* qui ne provenaient pas de l'Asie, et ce fait, rapproché du type fourni par la *situla* du musée du Louvre, donne à ce monument un nouveau degré d'intérêt. »

(1) Suivant Pline, ce serait un roi des Suèves, *Suevorum*, qui aurait envoyé ces esclaves au proconsul romain.

STATUES DE DIVINITÉS

AVEC ORNEMENTS AJOUTÉS APRÈS COUP.

(Extrait du *Bulletin de la Société des Antiquaires de France*
pour 1859, pp. 98-105.)

M. de Longpérier fait la communication suivante :
On lit dans le journal *la Patrie* du 25 mars 1859 :
« Un habitant de Connaux (Gard) vient de trouver, en cultivant son champ, une petite statuette de Mercure, en bronze, parfaitement conservée. Elle a 7 centimètres de hauteur. Elle tient à la main droite une *bouteille* ou une bourse. Elle porte à la main gauche le caducée. Les deux ailes du *casque* sont entières, il n'y a que les rudiments de celles des pieds. Elle est d'une grande délicatesse de travail ; au bras droit, il y a un anneau en argent mal soudé, de 6 millimètres de large. »

La rédaction naïve de cette annonce nous semble un garant de son exactitude. Cependant la découverte de figurines représentant Mercure est un fait tellement commun dans la Gaule, que nous n'aurions pas pensé à en relever un nouvel exemple. Mais l'anneau d'argent mal soudé passé au bras droit de cette statuette nous paraît intéressant à étudier. Nous le considérons comme une offrande faite au dieu par un pieux adorateur. Déjà nous avons eu l'occasion de remarquer quelques faits analogues.

En 1840, M. Maurice Ardant céda au cabinet des médailles une petite figure d'argent haute de 5 centimètres, représentant une Victoire ailée. Cette figurine, trouvée à Limoges, avait la poitrine cachée par une plaque d'or triangulaire, dont deux pointes se recourbaient sur les épaules pour se rejoindre sur la partie postérieure du cou. Cette plaque grossière cachait une partie de la figurine, à laquelle elle n'adhérait en aucune façon; mais c'était une addition antique, et nous regrettons qu'on l'ait supprimée.

Il existe au musée des antiques de Turin un groupe de bronze composé d'une base quadrilatère avec degrés sur le devant, supportant une Vénus dont le buste est nu, tandis que la partie inférieure du corps est recouverte par une draperie que la déesse retient de la main gauche. De chaque côté, un peu en avant, sont placés des Éros-Harpocrates. Le bras gauche et le poignet droit sont ornés de bracelets formés de petites lames d'or grossièrement enroulées. La tête est ceinte d'une couronne de même métal, également posée après coup. La collection de M. le vicomte Hippolyte de Janzé renferme diverses figures de bronze présentant la même particularité.

Mais l'exemple le plus remarquable d'ornementation postérieure à la fabrication est celui que présente la grande figure de la Fortune, découverte à Saint-Puits, dans le département de l'Yonne. Cette statue de bronze, de 57 centimètres de hauteur, a été entièrement enveloppée de lames d'argent, sur lesquelles on a figuré des ornements dorés. La statue, dont on voit plusieurs parties aux endroits où les lames se soulèvent, est d'un bon style; mais l'enveloppe en altère toutes les formes. Ce n'est pas là certainement l'œuvre d'un artiste, et on est en droit de penser qu'un pieux adorateur a eu la singulière idée d'habiller richement la divinité qui lui avait été favorable.

Un autel trouvé dans le royaume de Naples, à Pentima, l'ancien *Corfinium*, et aujourd'hui conservé à Popoli, dans le jardin ducal, porte sur sa face principale l'inscription suivante (1) : ATTINI · ARAM · LVNAM · ARGENT‖P · = · POSIT ·

---

(1) Mommsen, *Inscr. R. Neap.*, n° 5354. La première inscription est répétée avec quelques variantes sur la face supérieure de l'autel.

P · MARIVS ‖ PHARETRA · SACER, et celle-ci sur sa face latérale droite : ACCA · L · F · PRIMA ‖ MINISTRA · MATRIS ‖ MAGNAE · MATREM ‖ REFECIT · MAGNAM ‖ ET · INAVRAVIT · ET · ATTI ‖ NI · COMAM · INAV ‖ RAVIT ET ‖ BELLONAM · REFECIT; et nous apprenons, par la première, que le prêtre *Pharetra* avait orné la statue d'Attis d'une lune d'argent du poids de deux onces; par la seconde, que *Prima*, après avoir fait refaire une statue de la Grande Déesse, l'avait fait dorer, ainsi que la chevelure de la statue d'Attis.

Une autre inscription, découverte à Riez, en Provence (1), nous montre deux affranchis, Valerius Symphorus et Valeria Protis, offrant à Esculape divers ornements, parmi lesquels figure un *torques* d'or formé de deux serpents (2) :

DEO AESCVLAPIO
VAL · SYMPHORVS ET PROTIS
SIGNVM SOMNI AEREVM
TORQVEM AVREVM EX
DRACVNCVLIS DVOBVS P · CL
ENCHIRIDIVM ARGENTI
P · CCCL ANABOLIVM OB
INSIGNEM CIRCA SE NVMINIS
EIVS EFFECTVM
V · S · L · M

Il y a deux manières de comprendre la forme de ce *torques*. Si l'on s'en tient au sens même du mot, on devra croire que les serpents étaient tordus, et j'ai l'honneur de présenter à mes confrères, à l'appui de cette explication, des bracelets d'or appartenant au Musée, composés de deux serpents dont les corps unis dans toute leur longueur forment une torsade.

(1) Gruter, p. 70, n° 8; Muratori, p. 141, n° 1; Doni, p. 28.
(2) Doni et Muratori expliquent *enchiridion* par *gladiolus chirurgicus*, et ce sens a passé dans le lexique de Facciolati. En même temps Doni attribue à ce *gladiolus* le poids de 300 *livres*; qui conviendrait mieux à la massue d'Hercule qu'au scalpel d'Esculape. Suivant le même érudit, l'*enchiridium* pèserait trois fois plus que le collier formé de deux serpents, auquel il donne le poids de 100 livres. Nous pensons que les poids 150 et 350 représentent des deniers ou drachmes, et que l'*enchiridium* est le sceptre d'Esculape.

AVEC ORNEMENTS AJOUTÉS APRÈS COUP.

Cependant, si l'on ne voit dans le mot *torques* que l'expression générale de collier, on pourrait croire que les deux serpents étaient réunis comme le sont ceux qui forment un grand collier d'argent trouvé à Berthouville avec les célèbres vases de même métal que l'on conserve à la Bibliothèque impériale (1). Là, les deux reptiles constituent chacun un demi-cercle et sont réunis par un anneau. Un collier semblable se voit au cou du génie de la colonie de Pouzzoles, sur un fragment de bas-relief découvert dans les ruines de l'ancienne *Rusicade*, aujourd'hui Philippeville (2). On y remarque entre les deux têtes de serpents une grande intaille oblongue, qui nous fait connaître l'emploi de ces belles pierres gravées dont l'usage n'est pas toujours bien déterminé (3).

Voici encore la copie d'une bien curieuse inscription :

```
            ISIDI · PVE....
            IVSSV · DEI · NE.....
         FABIA · L · F · FABIANA · AVIA
         IN · HONOREM · AVITAE · NEPTIS
       PIISSIMAE · EX · ARG · P · GXIIS = ℒ⁖
   ITEM ORNAMENTA · IN BASILIO · VNIO · ET · MARGARITA
   N · VI · ZMARAGDI · DVÓ · CYLINDRI · N · VII · GEMMA · CAR
   BVNCVLVS · GEMMA · HYACINTHVS · GEMMAE · CERAVNIAE
    DVAE · INAVRIBVS · ZMARAGDI · DVÓ · MARGARITA · DVÓ
    IN · CÓLLÓ · QVADRIBACIVM · MARGARITIS · N · XXXVI
      ZMARAGDIS · N · XVIII · INCLVSVRIS · DVÓ · IN · TIBIIS
    ZMARAGDI · DVÓ · CYLINDRI · N · XI · IN · SMIALIIS · ZMARAG
   DI · N · VIII · MARGARITA · N · VIII · IN · DIGITO · MINIMO · ANVLI
   DVÓ · GEMMIS · ADAMANT · DIGITO · SEQVENTI · ANVLVS · PO
LYPSĒPHVS · ZMARAGDIS · ET · MARGARITO · IN · DIGITO · SVMMO
      ANVLVS · CVM · ZMARAGDO · IN · SOLEIS · CYLINDRI · N · VIII
```

(1) Voy. le mémoire de M. Auguste Le Prévost *sur les vases d'argent trouvés à Berthouville*, p. 16. « Nous ne pouvons, dit ce savant, présenter aucune conjecture sur l'emploi de ce bizarre instrument, destiné visiblement à embrasser quelque chose, ainsi que le prouve sa forme plate et lisse du côté intérieur. »

(2) GEN. COL. PVT. AVG. SAC. Voy. Clarac., *Mus. de sculpt.*, t. II, append., pag. 1315 et pl. LXXXV, n° 105.

(3) Un collier à peu près semblable orne le buste d'un cistophore de Bel-

Cette inscription présente un exemple extrêmement remarquable des dons de bijoux précieux qui enrichissaient les images des divinités. La copie en avait été envoyée à Montfaucon par D. Emm. Marti, d'Alicante (1).

Muratori, en reproduisant cette inscription (2), la fait suivre de cette note : *Latus heic campus conjecturis, divinationibus et somniis. Ego lectori suas vires experiri volenti totum dimitto.*

Montfaucon cependant avait déjà donné une traduction de ce curieux texte, qui, sans être littérale, n'en est pas moins fort utile. Pour le faire comprendre plus complètement, il est bon de le diviser par paragraphes; ainsi disposé, Muratori l'eût certainement expliqué :

1. Isidi Pue[llae], jussu dei Ne[ptuni (?)],
2. Fabia, L(ucii) f(ilia), Fabiana, in honorem Avitae neptis piissimae,
3. Ex arg(ento) p(ondo) (libras) centum et duodecim, bessem, semunciam, sicilicum;
4. Item ornamenta :
5. In Basilio, unio et margarita n(umero) sex, zmaragdi duo, cylindri n(umero) septem, gemma carbunculus, gemma hyacinthus, gemmae ceraunicae duae;
6. Inauribus, zmaragdi duo, margarita duo ;
7. In collo, quadribacium margaritis n(umero) triginta sex, zmaragdis n(umero) decem et octo, — inclusuris, duo ;
8. In tibiis, zmaragdi duo, cylindri n(umero) undecim ;
9. In smialiis, zmaragdi n(umero) octo, margarita n(umero) octo ;
10. In digito minimo, anuli duo gemmis adamantinis ; .
11. Digito sequenti, anulus polypsephus zmaragdis et margarito ;
12. In digito summo, anulus cum zmaragdo ;
13. In soleis, cylindri n(umero) octo.

Nous ajouterons quelques notes à certains paragraphes désignés par les numéros que nous leur avons donnés.

3. — Montfaucon n'a pas compris les sigles qui terminent la cinquième ligne; il évalue à 110 sesterces l'argent consacré à la déesse par Fabiana; ce serait une somme d'environ 24 francs, qui paraîtrait bien extraordinaire en regard des

---

lone, *L. Lartius Anthus,* dont le monument, trouvé à Rome, a été publié par Doni, pl. VIII.
(1) Voy. *L'Antiquité expliquée,* t. II, pl. CXXXVI et p. 326 ; cf. Orelli, n° 2510.
(2) *Nov. Thes.,* p. 139, 1.

choses si précieuses qui suivent. Les 112 livres 8 onces 3/4 que nous admettons équivaudraient à une somme de 7,300 fr., plus en rapport avec l'importance de l'offrande. Il ne faut pas oublier que la dédicace a été faite en Espagne, où l'argent était fort abondant.

5. — Montfaucon a traduit *Basilium* par couronne, en étendant au grec βασίλειον le sens du latin *regnum*, qui en effet signifie bien couronne. *Unio* était le nom des plus grosses perles (Pline, *Hist. nat.*, IX, 56, 58, 59); les Romains le leur avaient donné lors de la guerre de Jugurtha : *Jugurthino bello unionum nomen impositum maxime grandibus margaritis* (Pline, *ibid.*). On voit que Fabiana employait la forme *margaritum* comme Varron. Les anciens taillaient leurs pierres soient en *cylindri*, soit en *gemmæ*; la distinction ressort de ce passage de Pline, *Hist. nat.*, XXXVII, 20 : *Cylindros ex iis facere malunt quam gemmas quoniam est summa commendatio in longitudine*. On a retrouvé des bijoux antiques ornés de cylindres ; nous citerons particulièrement le riche collier découvert en 1809 à Naix (l'antique *Nasium*), et conservé à la Bibliothèque impériale. Ce collier est formé de huit nœuds d'or massif, alternant avec sept cylindres d'émeraude d'Égypte. Parmi les sept colliers décorés de pierres plus ou moins précieuses qui ont été découverts avec d'autres bijoux à Lyon, en 1841, et qui appartiennent au musée de cette ville, on en remarque un qui est orné de onze *cylindres* d'émeraude et de deux perles (Comarmond, *Description de l'écrin d'une dame romaine*, pl. I, n° 10).

Les *gemmæ cerauniæ* sont citées par Pline, *Hist. nat.*, XXXVII, 51 : *Quæ ceraunia vocatur fulgorem siderum rapiens*.

6. — Les *inaures* ornées chacune de deux pierres ne sont pas rares dans les collections. Les têtes de déesses gravées sur les médailles sont souvent décorées de boucles d'oreilles à trois pendants (voy. aussi Comarmond, *mémoire précité*, pl. I, n°s 17 et 18 ; pl. II, n°s 21 et 22 ; pl. III, n°s 19 et 20).

7. — *In collo, in tibiis, in digito*. Ces expressions sont très importantes ; elles font voir que l'offrande n'était pas seule-

ment déposée dans le trésor du temple, mais que les ornements étaient fixés sur la statue même. On doit tirer pareille conséquence des vers gravés sur la couronne d'or offerte par T. Quinctius Flamininus à l'Apollon de Delphes :

> Τόνδε τοι ἀμβροσίοισιν ἐπὶ πλοκάμοισιν ἔθηκε
> κεῖσθαι, Λατοΐδα, χρυσοφαῆ στέφανον (1).

Le *quadribacium* est un collier à quatre rangs. Celui-ci était composé de 36 perles et de 18 émeraudes, plus deux pour les fermoirs. Quatorze grains par rangées pouvaient former un assez grand collier, parce que les anciens étaient dans l'usage de placer des ornements d'or entre les pierres et les perles.

9. — Montfaucon a pensé que les *smialia* étaient placés aux bras, qui manqueraient à l'énumération de toutes les parties ornées. Cependant le mot reste incertain. MM. Louis Quicherat et Daveluy l'ont inséré dans leur *Dictionnaire latin*, en lui donnant le sens de *bracelet*. Mais ils n'ont pas d'autre autorité que l'inscription de Fabiana.

10. — La mention de diamants ornant une bague est un fait très curieux et très rare; nous connaissons toutefois ce passage de Martial (*Epig.*, lib. V, nº 11) :

> Sardonychas, smaragdos, adamantas, jaspidas uno
> Versat in articulo Stella, Severe, meus.

11. — L'*anulus polypsephus*, πολυψηφίς, était orné d'une rangée de pierres variées.

12. — La bague placée au doigt annulaire de la statue d'Isis portait une perle entre deux émeraudes. Le trésor de Lyon contenait un anneau *polypsephus*, qui conserve encore une de ses émeraudes; les deux autres alvéoles sont vides. (Voy. Comarmond, *mémoire précité*, pl. I, nº 8.)

13. — Les cylindres étaient parfaitement convenables pour décorer la chaussure d'Isis; passés dans les attaches, ils devaient former une sorte de réseau comme celui que les Égyptiens composaient de tubes de pierres ou d'émail.

---

(1) Plutarch. in *T. Quinct. Flam.*, XII, 7.

FIBULES IRLANDAISES

EN FORME DE CHENILLES.

(Extrait du *Bulletin de la Société des Antiquaires de France* pour 1859,
pp. 150-151.)

M. de Longpérier a reçu d'un antiquaire très distingué de Cork (Irlande), M. John Lindsay, deux dessins coloriés qu'il fait voir à ses confrères. Ces dessins représentent, suivant la légende qui y est jointe, deux antiques amulettes irlandais ; l'un a été trouvé en 1834 près de Doneraile (comté de Cork), et est conservé actuellement dans le musée de Piltown (comté de Kilkenny); l'autre a été recueilli dans la terre près de Timoleague (comté de Cork), au mois d'avril 1343.

Ces « amulettes » ont la forme de grandes chenilles d'environ 10 centimètres de longueur, très exactement imitées et incrustées de verres de couleur. On pense en Irlande qu'ils ont été fabriqués comme préservatifs contre la chenille nommée *conach*. « Mais, ajoute M. de Longpérier, nous ignorons sur quelles données cette croyance est fondée, et il se pourrait que ces chenilles eussent servi à décorer des fibules, comme un grand nombre de figurines émaillées représentant divers animaux, qui existent dans les musées archéologiques.

Il faut remarquer d'ailleurs que la chenille, à cause de la faculté qu'elle possède de ressusciter après avoir été transformée en chrysalide, comme un mort dans son linceul, a été prise pour symbole par les premiers chrétiens. On peut voir dans l'ouvrage du P. Oderici intitulé *Dissertationes et adnota-*

tiones in aliquot ineditas veterum inscriptiones, etc., p. 254, n° 91, une épitaphe ainsi conçue :

IN [*Christo*] BICTRIX Q. — .... (1)
QVAE VIXIT ANI....

au-dessous de laquelle sont figurés un monogramme du Christ dans un nimbe, et une grande chenille.

(1) Le mot *Christo* est exprimé par un monogramme.

NOTE
SUR
LES MONNAIES DE ROMULUS
FILS DE MAXENCE.

(Extrait du tome V (nouvelle série) de la *Revue numismatique*,
1860, pp. 36-42.)

Les discussions relatives à la légende des monnaies du fils de Maxence sont aussi anciennes que la numismatique. Tristan, Jobert, Hardouin, Bimard de la Bastie, Noris (1), Cl. de Boze (2), ont tour à tour fait connaître leur opinion sur le sens des caractères NVBISCONS. En 1827, Mionnet, dans la seconde édition de son livre *De la rareté des médailles romaines*, se contente de dire « qu'on ignore absolument le sens de ces mots. » Il est vrai qu'Eckhel avait refusé de se prononcer, que Beger, Spanheim et Banduri montrent une grande réserve en analysant les systèmes de Tristan et d'Hardouin. Ce dernier (3) avait proposé l'explication N*ostræ* V*rbis* BIS CONS*uli*, N*ostræ* V*rbis* B*is* AVG*usto* qui séduisait Jobert (4). Bimard s'écrie : « Or qu'est-ce que l'Auguste d'une ville? » et l'illustre antiquaire de Vienne dit encore « verum si quis dici potuit Vrbis filius, an et Vrbis *consul*, vel *Augustus?* » (5).

En 1836, l'auteur d'un article du *Numismatic journal* qui signe E-C-B., trouvant « absurde » la présence simultanée des titres *divus* et *consul*, en revient à l'opinion de Tristan, qui

---

(1) *Dissert. I. De num. Diocl. et Maximian.*, c. 5.
(2) *Académie des inscript.*, t. XV, p. 477.
(3) *Oper. Select.*, p. 463.
(4) *La Science des médailles*, nouv. édit., 1739, t. II; p. 196.
(5) *Doctr. num.*, t. VIII, p. 60.

lisait *Nostræ urbis conservator* (1). Le numismatiste anglais croit que l'abréviation de consul est « toujours COS » et il ne s'aperçoit pas de la difficulté que présenterait l'interprétation de la phrase *nostræ urbis bis conservator* d'ailleurs si choquante pour des oreilles romaines. Une note en ancienne écriture, tracée sur mon exemplaire des *Mélanges* de Pellerin (t. I, p. 162), nous fournit ce sens : « deux fois consul à l'âge de cinq ans, » *Natu quinquenni* BIS CONS*uli*. Je ne la rapporte que pour ne rien omettre.

En 1843, M. W. Chassot de Florencourt a imprimé à Trèves, sous le titre de *Erklærung der ræthselhaften Umschriften des Consecrations-Münzen des Romulus*, un mémoire fort intéressant dans lequel il propose d'admettre la formule *Nominis Venerandi* qu'il s'efforce de justifier par des citations de textes ingénieusement rapprochés et par la mention des monnaies de consécration de Constantin le grand, portant les trois variantes VN. MR — IVST. VEN. MEM. et IVST. VENER. MEMOR., c'est-à-dire, suivant Bimard et Eckhel, V*e*N*erandæ* M*e*moR*iæ* et IVSTa [*soluta*] VENER*andæ* MEMOR*iæ*. La première ligne de l'inscription citée d'après Orelli (1069) :

```
DIVO·ROMVLO·N·M·V
COS·OR.....I·FILIO
D·N·MAXENT.....I·INVICT
VI.........AVG·NEPOTI
T·DIVI·MAXIMIANI·SEN
ORIS·AC........
```

doit se lire, suivant M. de Florencourt : *Divo Romulo nominis maxime venerandi*. Voici comment Nibby transcrivait ce fragment épigraphique trouvé à Rome dans le cirque de Maxence : « *Divo Romulo Nobilis Memoriæ viro Consuli* OR*dinario* II, *Filio Domini Nostri Maxentii invicti Viri, Augusti, Nepoti ter Divi Maximiani senioris ac bis Augusti*.

M. Lenormant, dans le *Trésor de Numismatique* (2), repousse

---

(1) *Comm. hist.*, t. III, p. 469.
(2) *Iconogr. des empereurs rom.*, 1843, p. 117 et 118.

l'explication du collaborateur anonyme du *Numismatic journal*, et, faisant remarquer que le christianisme avait enlevé au titre *Divus* une partie de sa valeur primitive, alors que les fils de Constantin pouvaient l'appliquer à leur père sur ses monnaies de consécration, il croit que Maxence a voulu faire une sorte de compensation païenne en corroborant *divus* par *numen*, et qu'il faut lire DIVO ROMVLO NV*mini* : *Au divin Romulus vraiment Dieu*. Un *post-scriptum* ajouté à cet article, au moment où notre savant et regretté confrère venait de lire la brochure de M. de Florencourt que je lui avais communiquée, tout en rendant justice au travail du docte antiquaire de Trèves, propose une modification à son système. On pourrait, dit M. Lenormant, lire sur les monnaies NVMINI VENERANDO et dans l'inscription du cirque NVMINI MAXIME VENERANDO.

Chose assez singulière! ni Mionnet, ni l'anonyme du *Numismatic Journal*, ni M. Lenormant, ni M. de Florencourt, n'ont eu connaissance d'un travail publié, en 1825, dans l'*Antologia* de Florence (t. XVIII, p. 86), par le comte Borghesi. Ce travail intitulé *Memoria sopra Valeria Massimilla moglie del' imperadore Massenzio*, nous révèle le nom de la mère de Romulus que l'histoire a passé sous silence. Quoique les deux inscriptions qui suivent :

DOMINO · PATRI	DOMINAE MATRI
M · VAL · MAXENTIO	VAL · MAXIMILLAE
VIRO CLARIS	NOB FEM
VAL · ROMVLVS · C · P	VAL · ROMVLVS · C · P
PRO AMORE	PRO AMORE
CARITATIS EIVS	ADFECTIONIS EIVS
PATRI · BENIGNISSIMO	MATRI · CARISSIMAE

fussent publiées depuis longtemps, puisque l'une a été donnée par Vignoli (1705), par Muratori (1740), par Ficoroni (1745), et l'autre par Maffei (1749), et qu'elles fussent toutes deux conservées, à Rome, dans la collection Rospigliosi (1), on n'avait pas songé à rapprocher leur texte et par conséquent on n'avait pu reconnaître qu'elles proviennent d'un même monument dédié par le jeune Romulus à son père et à sa mère, alors que le premier ne s'était pas encore fait proclamer empereur.

L'illustre épigraphiste de San Marino fait remarquer que l'inscription dans laquelle Maxence ne reçoit que le titre de *vir clarissimus* a dû être tracée après l'abdication de Maximien Hercule, en 305; Galère régnant, sa fille Maximilla avait droit au titre de *nobilissima femina*.

De l'inscription (2) :

```
       D M
     T·ATTICI
    STRABONIS
      ROMVLI
    CLARISSIMI
       PVERI
```

il résulte aussi que Romulus portait le titre de *clarissimus puer* alors que son père vivait dans la condition privée. Mais lorsque Maxence fut devenu empereur, son fils dut naturellement porter le titre *nobilissimus*; puis, nommé consul deux fois, il avait revêtu la toge virile et par conséquent il n'était plus *nobilissimus puer*, mais bien *nobilissimus vir*. Il est donc tout naturel que les médailles de Romulus aient pour légende :

DIVO ROMULO *Nobilissimo Viro Consuli*
DIVO ROMULO *Nobilissimo Viro* BIS CONS*uli*
IMP. MAXENTIVS. DIVO. ROMVLO. *Nobilissimo Viro* FILIO

M. le comte Borghesi s'étonne de ce que cette explication si simple n'ait pas encore été proposée par les numismatistes qui l'ont précédé. Il considère comme une pièce fausse la monnaie

---

(1) Voy. Ficoroni, *le Memorie ritrovate nel territorio di Labico*, p. 45, et Maffei, *Mus. Ver.*, p. 312, n° 6.
(2) Pighius, *Auctar. inscript.*, p. 54.

du musée de Vienne qui porte M. AVR. ROMVLVS. NOBILIS. CAES et ne mentionne pas le petit bronze cité par Banduri comme offrant l'inscription DIVO ROMVLO NVB AVG peut-être parce qu'il ne le croit pas authentique.

Cependant cette légende pourrait être facilement interprétée par DIVO ROMVLO *Nobilissimo Viro Beatissimo* AVG*usto*, puisque le titre *beatissimus* se lit sur un assez grand nombre de monnaies frappées en l'honneur de Dioclétien, et sur une monnaie de Maximien Hercule.

Je viens de rappeler les diverses opinions qu'a fait naître la légende NVBISCONS. On voit qu'elles s'éloignent pour la plupart de celle qui a été adoptée par le P. Hardouin, le P. Jobert et M. Géry. Si nous préférons la manière de voir de M. le comte Borghesi, ce n'est pas que le titre *urbis filius* nous paraisse impossible à admettre. Cl. de Boze a publié une monnaie de Galère Antonin sur laquelle on lit : M. ANNIOΣ. ΓΑΛ. ANT. ΥΙΡ (υἱὸς Ῥωμῆς ou Ῥωμαιῶν); et à ce sujet le savant académicien cite des inscriptions et des médailles qui donnent à des magistrats le titre de υἱὸς πόλεως, *fils de la ville* (1). On pourra encore trouver dans le *Corpus inscriptionum græcarum* : υἱὸς πόλεως (n° 3570), υἱὸς φυλῆς (n°s 4018, 4019), θυγάτηρ πόλεως (n°s 1253, 1442, 4030). Suétone appelle Caius César *filius castrorum*. Mais je ne saurais accepter *Nostræ urbis bis consul*, car bien que Maxence fût un affreux tyran, l'effroi de la ville de Rome, il avait certainement pour sa langue un respect qu'il ne ressentait pas pour les citoyens, et il n'eût pas voulu faire écrire *Nostræ urbis bis consul*, quand il pouvait employer une tournure plus euphonique. Ensuite il n'est pas certain que Romulus ait été adopté par Rome. Ce jeune prince était né avant l'avènement de son père; c'est ce que les inscriptions rapportées plus haut nous prouvent. Nous apprenons aussi par l'Epitome de Sextus Aurelius Victor que sa bisaïeule maternelle, la mère de Galère, se nommait Romula (Galerius..... ortus Dacia Ripensi, ibique sepultus est; quem locum Romulianum

---

(1) *Mém. de l'Acad. des inscriptions*, t. XV, p. 468 et suiv.

ex vocabulo Romulæ matris appellarat), et il paraît naturel que Maximilla ait donné à son fils un surnom de famille indépendamment du rapport que ce surnom pouvait avoir avec les origines de la ville éternelle. Il faut reconnaître cependant que, devenu empereur, Maxence a bien évidemment profité de l'occasion qui s'offrait à lui de faire un rapprochement entre le nom de son fils et celui du premier Romulus. Si nous voyons paraître sur un denier d'argent à la légende TEMPORVM FELICITAS AVG, la louve allaitant les deux enfants, qui se trouve encore sur les moyens bronzes portant SAECVLI FELICITAS AVG. N; si ce type décore le fronton du temple de Rome qu'entoure l'inscription CONSERV. VRB. SVAE; si enfin il est gravé entre les deux Dioscures qu'accompagne la légende AETERNITAS. AVG. N., c'est que l'empereur a voulu faire allusion au nouveau Romulus qui lui semblait un gage de durée pour sa dynastie. Eckhel n'a pas donné une bien grande attention à ces faits, car il dit : « Post tot Aeternitatis typos hic novus, nulla tamen ejus certa ratione. »

J'ajouterai que pour bien étudier la légende des monnaies de Romulus, il ne faut pas l'isoler de la série à laquelle elle appartient :

Imp. Maxentius Divo Maximiano patri,
Imp. Maxentius Divo Constantio adfini,
Imp. Maxentius Divo Constantio cognato,
Imp. Maxentius Divo Maximiano socero,
Imp. Maxentius Divo Romulo N. V. Consuli filio.

Toutes ces indications de parenté se rapportent à Maxence, et non pas à la ville de Rome.

C'est encore la qualité du fils de Maxence qui figure après la mention du consulat dans l'inscription suivante, trouvée à Rome dans le cirque de Caracalla, et publiée par M. le comte Borghesi :

DIVO ROMVLO
COS · ORDIN
FIL · D · N · MAXENT

L'inscription du cirque de Maxence rapportée plus haut commence par la même formule, et l'on voit que la réunion des titres *divus* et *consul* était bien décidément autorisée par l'usage de ces temps.

NOTE
SUR
LA FORME DE LA LETTRE F
DANS LES LÉGENDES
DE QUELQUES MÉDAILLES GAULOISES.

(Extrait du tome V, nouvelle série de la *Revue numismatique*, 1860, pp. 175-189.)

Lorsqu'il y a quatre ans j'entrepris de montrer que le caractère II qui se trouve sur un certain nombre de monnaies antiques est bien réellement un E, et non pas un double I, fait qui, je le pense, ne saurait plus être contesté par les numismatistes (1), j'avais eu la tentation de parler aussi du caractère F qui donne lieu à quelques observations utiles pour l'intelligence des monuments. Mais mon travail était déjà bien long, et je craignais d'abuser de la patience du lecteur; j'ai donc remis à un autre temps la publication de mes notes sur cette question, que des devoirs de rédaction m'ont fait ajourner jusqu'ici pour conserver dans notre recueil un légitime équilibre entre l'antique et le moyen âge.

J'espérais, je dois le dire aussi, que d'autres antiquaires, intéressés par les résultats satisfaisants qu'avait fournis l'étude du caractère II, voudraient examiner comparativement l'ancien alphabet latin et l'alphabet gaulois, et seraient ainsi amenés tout naturellement à trouver ce qu'il y avait à dire au sujet de la lettre F.

A mon grand regret, il n'en a pas été ainsi, et je reprends mon travail au point où je l'avais laissé interrompu. L'F dont

---

(1) *Revue num.*, 1856, p. 73 et suiv. — P. 592 du présent volume.

NOTE SUR LA FORME DE LA LETTRE F. 471

je veux parler appartient au même système que l'II, système que l'on pourrait appeler *vertical;* cette lettre se présente sous la forme I¹, composée de deux traits parallèles dont l'un est d'un tiers ou de moitié plus court que l'autre. On voit que ce caractère, tracé avec négligence ou rencontré sur quelque monument altéré par le temps, peut facilement être confondu soit avec un II, soit avec deux I. Il importe cependant de lui attribuer sa valeur réelle; les monuments épigraphiques nous la donneront d'une manière irrécusable.

J'avais déjà cité l'inscription C · OVIO · OVF · FIICT (*C. Ovio Oufentina fecit*), qui est gravée sur un petit buste de Méduse conservé au musée Kircher, à Rome (1). Je dois ajouter que sur la lame de plomb trouvée dans la Vigna Manenti et portant une imprécation antiérotique dont j'ai rapporté le texte d'après M. G. B. de Rossi, on lit M · LICINIVM · F↑VSTVM (lignes 4 et 5) et M · LICINIO · F↑VSTO (ligne 14)(2). Maintenant, si nous étudions les urnes si antiques découvertes dans le tombeau de la famille Furia, à Tusculum, nous relèverons : Q · FOVRIO · ⋏ · F · (*Quinto Fourio Auli filio*), P · FOV · C · F (*Publio Fourio Caii filio*), ⋏ · FOV · P · F — C · FOVR — C · FOVR · I · M · F — FOVRIO · M · F · C · F (3). Nous voyons sur la célèbre lame de bronze trouvée à Rapino les mots FIIRIIN TIIR (ligne 3) et FIIRIIT (ligne 9) (4). La curieuse coupe trouvée à Ardée, publiée par le P. Garrucci et par M. Ritschl, nous offre l'inscription tronquée .... OMO F⋏MIILI⋏I · DONO..... (5).

Fabretti nous a fait connaître deux inscriptions dans lesquelles on trouve T · ALFACIVS · SEVERVS et MES-

---

(1) Brunati, *Mus. Kircher. inscript.*, p. 51, 104. — Cf. Otto Jahn, *Die Ficoronische Kista*, 1852, p. 61.

(2) *Bullett. dell' Inst. arch.*, 1852, p. 20 et suiv., et le *fac-simile* dans le *Bullett. arch. nap.*, nuov. ser., t. I, tav. XIII.

(3) Fabretti, *Inscript. domest.*, cap. III, p. 120, nos 12, 13 ; p. 240, no 644. — Ritschl, *De sepulcro Furiorum Tusculano disputatio gramm.* Berlin, 1853, in-4°, planch.

(4) Mommsen, *Die Unteritalischen Dialekte.* Leipsig, 1850, taf. XIV.

(5) *Bullet. arch. napoletano*, nuov. ser., t. I, 1853, tav. VI. — Ritschl, *De fictil. litteratis latinorum antiquissimis.*

TRIAE PROVICTRICI·FECIT·M... (1). Un *graffito* du musée de Vienne en Dauphiné, recueilli par M. Delorme, nous fournit le nom RVFI... A Pompéi, sur les murailles, le R. P. Garrucci a calqué parmi tant de textes curieux gravés à la pointe : FELIX HIC LOCVS EST—FIRMVS—FLORVS—FADIVS—AD FABIANVM—FELICITER—QVID FACIAM VOBIS et dans l'épigramme contre Rufus : IN RVFVM.... FACTITAS (2). M. Minervini a relevé au même lieu CL·FAVSTVS (3).

Un des fragments de vases trouvés, en 1806, dans le jardin du Luxembourg, porte en grands caractères l'inscription FELIX que Grivaud de la Vincelle rangeait parmi les illisibles (4).

Les estampilles de potiers me fourniront aussi : OF·CATI (*officina Cati*) sur un vase de terre rouge conservé au Musée du Louvre : TONTI OFIC et RUFINVS imprimés sur des vases appartenant au musée de Vienne en Dauphiné.

M. l'abbé Cavedoni a copié sur le col d'un vase cinéraire placé dans la collection de la villa royale du Catajo, près Modène, l'inscription :

FOVGONIA FEGIORIEI FILIA FVGENIAEIOMVSIOI

que le savant antiquaire transcrit par *Fougonia Fegiorei filia Fugeniae Filomusioi* (5).

---

(1) *Inscr. domest.*, cl. III, p. 346. — Le P. Garrucci a confondu ces deux inscriptions en une seule, dont il cite le texte ainsi : *T. Alfucio Scantiano Mestrio Provictrix fecit* (Inscript. de Pompéi, p. 21).

(2) Raff. Garrucci, *Inscript. gravées au trait sur les murs de Pompéi*. Bruxelles, 1854, in-8°, pl. VII, 2; XVI, 1; XVII, 8; XXII, 4 (*Bull. nap.*, IV, 7); XXVII, 19, 31; XXVIII, 18, 19, 58 (*Bull. nap.*, II, 6).

(3) *Bullet. arch. nap.*, 1858, t. VI, p. 114.

(4) *Antiq. gaul. et rom. recueillies dans les jardins du palais du Sénat*, 1807, pl. VIII, n° 127.

(5) Cavedoni, *Indicazione dei princ. monum. ant. del R. Mus. del Catajo*. Modène, 1842, p. 79. — M. Cavedoni nous apprend que parmi les cendres renfermées dans ce vase se trouvaient quatre as romains, un moyen bronze d'Auguste et un de Vespasien (Lanzi, *Vasi dipinti*, p. 26, avait dit : Che coi vasi d'Este non si trovarono altre monete *fuor che assi romani*). Néanmoins, dans un article du *Bulletin de l'Inst. arch. de Rome* (1852, p. 137), M. Cavedoni, s'appuyant sans doute sur la présence du moyen bronze de Vespasien, est dis-

Je ne pousserai pas plus loin les citations. Les exemples qui précèdent ont suffi, j'en suis certain, pour bien établir dans l'esprit du lecteur la valeur du caractère Ϝ, et il ne me reste plus qu'à faire l'application de cette valeur à des légendes de monnaies. Commençons par la pièce d'argent bien souvent décrite et qui porte :

ORCITIRIX — ΛTΓILI · Ϝ

On trouvera une fort bonne copie de cette légende dans l'*Essai sur la numismatique gauloise* de M. Édouard Lambert (pl. IX, n° 9). Quant à la pièce d'Orgitirix donnée par M. Lelewel (Atlas, pl. VIII, n° 7), elle a été calquée dans le beau recueil de Taylor-Combe (pl. I, n° 15), et le calque exagère un peu la longueur du second jambage du dernier caractère, déjà altéré par la gravure anglaise. J'ai sous les yeux un exemplaire de la monnaie d'argent qui offre un Ϝ parfaitement caractérisé.

Dès lors, plus de difficulté; *Orgitirix Atepili filius* donne un sens complet auquel nous sommes préparés par la légende Q.DOCI—SAM.F que portent d'autres monnaies d'argent autrefois attribuées aux Santons (1) aussi bien que par les légendes T.POM.—SEX.F inscrites sur un petit bronze de travail gaulois (2). Si nous jetons un coup d'œil sur la numismatique des Bretons, nous remarquerons : EPPILLVS — COM.F; EPPI.COM.F; E.C.F; VIR.REX—COM.F;

posé à faire descendre l'exécution de l'épigraphe jusqu'au temps des Flaviens, époque à laquelle on peut s'étonner de trouver les *as* encore en usage.

(1) Dans cette légende, qui a été si souvent mal lue, l'A et l'M sont liés. L'F a tantôt la forme vulgaire, tantôt la forme du Ϝ qui est bien connue dans les inscriptions. Le nom de *Docirix* se retrouve inscrit sur deux patères d'argent découvertes à Berthouville (Eure) : DIICIR : LVPERCVS EX TEST. PLAC. DOCIRIGIS. Togirix est peut-être aussi au génitif sur les monnaies d'argent qui présentent au droit IVLIVS, car TOGIRI semble être plutôt l'abrégé de *Togirigis* qu'un nominatif privé de la seule lettre finale à laquelle le graveur pouvait facilement donner place, ainsi que le prouve la disposition du type.

(2) La Saussaye, *Gaule narbonnaise*, pl. XXII, n° 3. — J. Y. Akerman, *Ancient coins of cities and princes*, pl. XVII n° 13. — On sait combien les noms de la famille Pompeia s'étaient multipliés chez les Petrocorii. Ce fait, mal compris, a même donné lieu à une espèce de roman qui a pour sujet la famille du grand Pompée dans les Gaules.

VIR—COM.F; VIRI—CO.F; TINC—C.F; TIN—KOM. F; CVNOBELINVS—TASCIOVANI.F; CVNOBE—TASC.FII; CVNO — TASC.F (1). Ces exemples nous montrent en même temps l'usage des abréviations dans les noms d'hommes, et nous autorisent à penser que les mêmes abréviations existent dans les légendes monétaires du continent.

J'ai écrit *Atepili* bien que la monnaie ne présente que ATPILI. Mais nous connaissons le nom ATEPILOS sur la monnaie de cuivre qui porte aussi le nom TOVTOBOCIO (2) ; et il est d'ailleurs à remarquer que l'écriture phénicienne, dont tous les peuples chrétiens de l'Europe font encore usage aujourd'hui, avait à l'origine conservé chez les Grecs, les Latins, les Gaulois, les Ibériens, la faculté d'exprimer certaines voyelles et les *consonnes redoublées* sans qu'elles fussent tracées. Cette *faculté* sémitique (je ne dis pas usage régulier) se constate par les monuments épigraphiques ; elle semble inhérente à l'emploi du caractère et n'affecte en rien la langue. C'est une anomalie évidente quand il s'agit de la transcription de mots appartenant à des idiomes indiens tels que le grec, le latin et le celtique. Mais il faut en tenir compte pour l'explication de nos antiques monnaies.

J'arrive à une légende bien plus souvent discutée que celle du fils d'Atepilus, ou plutôt Atepillus :

GERMANVS INDVTILLI · I[L]

C'est ainsi que je la lis sur de bons exemplaires de cette monnaie de bronze portant pour types un taureau cornupète au revers d'une tête imberbe ceinte d'un diadème.

(1) *Materials for the History of Britain*, t. I, pl. I. — Akerman, *Ancient coins of cities and princes*, pl. XXI, XXII, XXIII et XXIV. Il est à remarquer que plusieurs monnaies de Cunobelinus ont, comme celle de Germanus, un taureau cornupète pour type.

(2) Ajoutons *Atepo* (vase de terre rouge), *Atepo* (inscript. d'Apt), *Ateporix* (inscript. d'Ancyre), *Atepomarus* (Plutarque et inscript. de Narbonne), tous noms propres qui ne peuvent pas plus qu'*Atepillus* être pris pour des titres honorifiques.

Mionnet a vu sur ce bronze INDVTILLI.I., et Welzl de Wellenheim donne la même légende dans son catalogue : c'est assurément la meilleure forme qui ait été publiée.

Tristan avait attribué à la colonie d'Industria les monnaies de Germanus ; Laurent Beger, en 1672, le réfuta, et prenant Germanus pour un adjectif, il eut le premier, je crois, l'idée de lire le nom abrégé d'Induciomarus, INDVT suivi du chiffre IIII (1).

Le P. Jobert disait en 1692 que « dans la petite médaille de Germanus ou Sermanus, INDVT. III. que personne n'a pu encore entendre, pourroit bien signifier *Indictione* VIII ou XIIII, le T étant peut-être une faute du monétaire. » Ce à quoi Bimard ajoutait, en 1739, qu'il avait vu dans le cabinet de M. de Clèves six ou sept médailles en petit bronze semblables à celle que cite le P. Jobert, et que sur la mieux conservée il apercevait un B après INDVTILLI ; il fallait, suivant cet antiquaire, séparer ILLIB de INDVT et attribuer les monnaies à Illiberis, *Germanus* et *Indutius* ou *Induciomarus* pouvant être considérés comme des noms de magistrats.

Dans le catalogue du musée Tiepolo, imprimé à Venise en 1737, nous trouvons aux *addenda* de la page 1310 : GERMAN. INDVTI... Bos cornupeta (Indutiomarus princeps Treveri in Germania inferiori tempore Cæsaris). Cinquante ans plus tard, le catalogue de la comtesse de Bentinck répète exactement la même chose. C'est toujours l'opinion de Beger qui prévalait et qui a entraîné le docte Eckhel à condamner la meilleure portion de la lecture proposée par Bimard (qui cum *perperam* legeret INDVTILLI), comme aussi à adopter le nom d'*Indutiomarus* qu'il inscrit en capitales parmi les légendes véritables.

La tradition constante, reposant, il est vrai, sur des erreurs, l'autorité d'Eckhel ont sans doute influencé M. Lelewel qui, en 1841, disait à son tour : « Sur la monnaie des Trèves on lit GERMANVS INDVTILLIL qu'on a bien attribué à

---

(1) *Observationes et conject. in numismata.* Cologne, in-4°, 1672 et 1691, p. 47. — Cf. *Thesaur. Brandeb.*, t. I, p. 309.

Induciomar; c'est donc une autre terminaison *mar* changée en *ilil.* Ne convient-il pas de considérer cette terminaison pour une distinction honorifique résultant de la réunion du titre *epilil, at'pilil* par laquelle la contraction de la prononciation forme, au lieu de *Induc-mar,* un *Indut'illil* (1) ? »

En 1848, le rédacteur anonyme du catalogue de la vente Pembroke (M. Burgon), arrivait bien près de la vérité. Dans une longue note, il faisait remarquer que l'E de GERMANVS étant, sur la médaille qu'il décrivait, réduit à un simple trait, I, il était possible que le dernier caractère, qui lui paraissait avoir la même forme I, eût la valeur d'un F *que le sens exige* (2).

M. Edmund Oldfield n'a pas osé accepter cette explication, et se contente de faire remarquer qu'elle lui paraît avoir la probabilité en sa faveur (3). Un autre antiquaire bien distingué, M. Samuel Birch, la rejette tout à fait, revient à la légende INDVTILLI.L qu'il interprète par *Indutilli libertus* (4).

Je ne crois pas nécessaire de pousser plus loin l'analyse des opinions diverses auxquelles a donné lieu la monnaie de Germanus. Il me suffit de montrer que malgré les efforts de tant d'habiles antiquaires la question qu'elle soulève n'a pu être résolue, uniquement parce qu'aucun d'entre eux n'avait eu recours à l'épigraphie, et que, sans le secours des inscriptions, il ne pouvait venir à l'esprit qu'un petit trait isolé appartînt au caractère que les plus exercés représentent comme un I séparé d'INDVTILLI par un point.

C'est à peine s'il est nécessaire de faire observer que les monnaies de bronze au type du taureau cornupète n'ont aucunement rapport au chef des Trevires, Induciomar. Elles sont frappées par Germanus dont on peut comparer le nom avec

---

(1) *Type gaulois,* p. 247. Cf. p. 324, 325, 327. — M. Senckler, lisant comme M. Lelewel, a repris à nouveau l'attribution de Beger, *Jahrbuch des Vereins von Alterthums Freunden,* 1846, p. 44.
(2) *Catalogue of the entire Pembroke collection of coins and medals,* p. 63.
(3) *On the orthographical form of the names inscribed on Gaulish and British coins,* dans le *Num. Chronicle,* 1852, t. XV, p. 116.
(4) *On the coins of Germanus,* dans le *Num. Chronicle,* 1855, t. XVIII, p. 166.

celui d'Hermann ou Arminius. Indutillus n'a d'autre relation avec Induciomarus qu'un élément commun. On ne peut pas plus confondre ces deux noms qu'on ne confondrait Andebrogirix et Andecombus, Ambigatus et Ambiorix, Vercondaridubius et Vercingetorix, Eposognatus et Eposterovidus, Cannitogimarus et Dinomogetimarus, Dagodubnus et Connetodubnus, Vercombogius et Abrextubogius. Que l'élément commun soit placé au commencement ou à la fin du nom, ce n'est toujours qu'une des parties constituantes d'un mot, et les règles élémentaires de la philologie s'opposent à ce que nous prenions cette relation pour une identité. On remarquera qu'il ne s'agit pas de deux copies d'un manuscrit donnant, en un même passage, un nom sous deux formes différentes dont une doit nécessairement être altérée, si elles ne le sont pas toutes deux. Nous avons, d'une part, un nom bien gaulois (Induciomar) appartenant à une classe connue par les monuments, dont rien ne peut faire suspecter l'authenticité, et de l'autre, un nom (Indutillus) inscrit sur une monnaie antique arrivée jusqu'à nous, au sujet de laquelle nous n'avons pas à admettre des erreurs produites par la négligence ou l'ignorance des copistes du moyen âge.

Quelle singulière histoire on produirait en mettant au compte des trois Childebert les actes des trois Childéric sous prétexte de conformité de nom!

Lorsqu'il s'agit de numismatique gauloise, on ne s'est pas cependant toujours fait scrupule de prendre pour identiques des noms qui diffèrent essentiellement les uns des autres. C'est là un vice contre lequel nous ne saurions trop hautement protester.

Indutillus appartient à une riche famille de noms gaulois terminés en *illus* qu'il est facile de retrouver tant dans les textes que sur les monuments, ainsi qu'on le peut voir par la liste suivante extraite de mes notes relatives aux noms d'hommes :

ABDUC *illus* (Cæsar, *Bell. civ.*, III, 59), allobroge.

AGED *illus* (vase de terre rouge).

ALB *illus* (vase de terre rouge).
ARANT *illus* (inscription de Metz).
ASC *illus* (vase de terre rouge).
AT *illus* (vase id.).
ATT *illus* (vase id.).
ATTIC *illa* (inscription de Messimy), féminin (1).
BOR *illus* (vase de terre rouge).
CAC *illus* (vase id.).
CANTAT *illa* (inscription d'Auxerre), féminin.
CAP *illus* (inscription de Fleuri, près Orléans).
CARANT *illus* (inscription de Dijon).
CAR *illus* (vase de terre rouge).
CAR *illa* (inscription de Meylan, Isère), féminin.
CASS *illus* (inscription de Toulouse).
CATIAT *illus* (vase de terre rouge).
CAVAR *illus* (Cæsar., *Bell. Gall.*, VII, 67), Éduen.
CELT *illus* (Cæsar., *ibid.*, VII, 4), père de Vercingétorix.
CELT *illa* (inscription de Miramas, près Aix), féminin.
COBER *illus* (inscription de Metz).
COC *illus* (inscription de Feurs).
COC *illa* (inscription de Langres), féminin.
COMIT *illa* (inscription de Mayence), id.
CORIS *illus* (vase de terre rouge).
COT *illus* (vase id.).
CRIM *illa* (patère d'argent de Brissac), féminin.
CUCC *illus* (vase de terre rouge).
CURM *illus* (vase id.).
DAGS *illus* (inscription de Luxembourg).
DIVICIANT *illus* (inscription d'Aramon).
ELV *illus* (vase de terre rouge).
EP *illos* (médaille gauloise).
EPP *illus* (médaille de la Grande-Bretagne).
EXCING *illa* (inscript. de Narbonne et de Nîmes), féminin.

(1) Il existe des noms d'homme gaulois terminés en A, comme Arda, Ateula, Tocca, Cabucca, Sicca, etc.; mais les noms en *illa* sont des féminins ayant leur correspondant masculin en *illus*.

Fad *illa* (J. Capitolin, *Anton. pius*, I), nîmoise.
Fasc *illus* (inscription de Rehweiler).
Giam *illus* (inscription de Grand, près Metz).
Inderc *illus* (inscription de Bordeaux).
Iurat *illa* (inscription de Marseille), féminin.
Mac *illus* (vase de terre rouge).
Mar *illus* (inscription de Metz).
Maro *illus* (vase de terre rouge).
Mars *illus* (inscription d'Orléans).
Mart *illa* (inscription de Dijon), féminin.
Meth *illus* (vase de terre rouge).
Moget *illus* (inscription de Como).
Montan *illa* (inscription de Messeiran), féminin.
Pist *illus* (terre cuite d'Autun) (Inscr. de Worms).
Reg *illa* (inscription d'Aix), féminin.
Rig *illus* (inscription d'Antibes).
Romog *illus* (vase de terre rouge).
Rosc *illus* (Cæsar., *Bell. civ.*, III, 59), allobroge.
Sacr *illus* (terres cuites de Moulins).
Salic *illa* (inscription de Luxeuil), féminin.
Sam *illa* (inscription de Luxeuil), *id.*
Sanv *illus* (inscription de la Crau d'Aubagne).
[Sur *illus* (vase de terre rouge).
Tarv *illus* (vase *id.*).
Tasc *illus* (vase *id.*).
Tasc *illa* (inscription de Luxeuil), féminin.
Tasg *illus* (colonne de Cussy).
Tess *illa* (inscription de Narbonne), féminin.
Tout *illus* (inscription de Nîmes).
Trouc *illus* (inscription *id.*).
Ud *illus* (inscription d'Orange).
Uxap *illus* (vase de terre rouge).
Varic *illus* (inscription de Metz).
Vass *illus* (inscription de Meylan, Isère).
Vin *illa* (inscription de Luxeuil), féminin.
Vix *illa* (inscription de Virieu), *id.*

On trouve encore dans les inscriptions de la Gaule un grand nombre de noms à base latine, tels que *Decumilla* (Die), *Servatilla* (Nîmes), *Bassilla* (Saint-Pons), *Nepotilla* (*id.*), *Jucundilla* (Vence), etc., que j'omets afin de ménager ici l'espace. J'ai retranché aussi pour la même raison les noms dont la terminaison *ilus* doit être prononcée *illus*.

Pour compléter le chapitre relatif à la lettre F, il faudrait encore parler des formes Γ et Κ qui lui ont été données quelquefois; mais il suffit pour le moment de les signaler. On les retrouvera tout comme les Λ d'Atepilus et du rémois Atisius, les R des Petrucorii, les G de Divigiagus, les P carrés de Pixtilus et des Petrucorii, dans les inscriptions tracées à la pointe, soit sur les murailles de Pompéi, soit sur les vases d'argent et de terre découverts dans les Gaules. Plusieurs de ces lettres se voient sur les célèbres vases recueillis en si grand nombre à San-Cesario (1) et sur des deniers romains du temps de la république. Nous sommes donc autorisés à penser que les Gaulois ont adopté l'antique alphabet qu'ils ont trouvé en usage lors de leurs expéditions en Italie.

L'E sous la forme II s'est conservé longtemps chez nous. On en a la preuve par une inscription d'Aurélien recueillie dans la commune de Tréteau, près Moulins, et récemment publiée par M. E. Tudot (2):

```
IMP·CIISARI·L·DV
MIITIO·AVRIILIAN
O·M·GIIRMANICO
TRIBVNICIII·P·V·CO
SS·III·P·P·CI·AR·L·XXXVI
```

Ainsi, en 275, on faisait encore usage de cet E, qui se voit sur les monnaies de Tasgetius, de Luchterius (3) et d'Epasnactus,

---

(1) Voy. les copies données par Baldini, *Saggi di dissert. di Corton.*, 1738, t. II, p. 156, et par Garrucci, *Bullet. arch. napol.*, nuova serie, t. I, pl. XI.

(2) *Enseignes et inscriptions murales qui subsistent encore sur des constructions anciennes à Moulins*, in-8°, p. 14.

(3) J'écris *Luchterius* à cause de la présence du X grec; cf. *lucht*, abondance, en celte irlandais.

contemporains de César. M. Peghoux a publié des monnaies trouvées à Gergovia, sur lesquelles on lit CALIIDV (1), nom placé dans un cartel et qu'il faut rapprocher de la légende très anciennement connue CALEDV-SENODON (2). Le même antiquaire a recueilli à Gergovia un petit bronze portant en réalité CICEDV·BRI, ainsi que j'ai pu le reconnaître après un examen minutieux de l'original, pièce importante à comparer avec celle de la Bibliothèque impériale, sur laquelle on lit CICIIDV-BI. M. de Saulcy m'a fait aussi voir le dessin d'une monnaie rémoise de la bibliothèque de Metz, dont la légende RIIMO-ATISIOS offre une variante instructive.

Il est probable encore qu'on doit lire BPIINOS (si l'on examine bien la pièce d'argent publiée par M. Édouard Lambert, pl. XI, n° 16), le nom dans lequel on a vu BIIINOS pour BELINOS. Brennus est un nom célèbre; je l'ai remarqué isolé, gravé en grands caractères, BRENNOS, sur une pierre du musée de Bordeaux. C'est un nom d'homme et non pas un titre comme on l'a prétendu.

La présence du P dans VIIPOTA, LVXTIIPIOS, BPII-NOS, *Verotalus*, *Luchterius*, *Brennus*, ne doit pas nous étonner lorsque nous nous rappelons les relations des Gaulois avec la Grèce, l'emploi qu'ils faisaient parfois de légendes purement grecques sur leurs monnaies. L'introduction du *rhô* grec dans une légende latine de la Gaule s'explique donc tout aussi facilement que sa présence dans une inscription recueillie à Alep par le marquis de Nointel et publiée par Spon (*Misc. erud.*, sect. X, n° 37) :

T·FL·IVLIANVS·VETEPANVS
LEG VIII AVG DEDICAVIT MONVMENTVM SVVM
SEMPITEPNVM DIS MANIBVS SVIS ET LAETITIAE VXORI SVAE
LIBEPISQVE HEPEDIBVS SVIS POSTEPISQVE EOPVM
NE LICEPET VLLI EOPVM M[*onumentum alienare*] VLLO MODO

(1) Peghoux, *Essai sur les monnaies des Arverni*. Clermont, 1857, pl. I, n° 18, 10". — Les dessins sont tellement inexacts qu'on ne peut se faire une idée des légendes; il en est de même du n° 37 de la pl. III, CICEDV·BRI.
(2) J'ai cru, comme tant d'autres, que la légende SENODON pouvait s'ap-

C'est l'effet que doit naturellement produire l'usage parallèle des alphabets grec et latin dans un même pays. C'est ainsi que l'influence de l'étrusque amenait l'emploi du K non pas seulement devant l'A, ce qui est conforme au système des grammairiens latins (1), mais devant l'I et devant l'E, comme nous le voyons dans ce texte publié par Maffei (2) :

D·M
KATTIA AVGV
STINA IIT VALIIR
MVKIANVS PA
RIINTIIS IIT VALR
FRATRIIS KATEIANV
MVKIANV IIT AVGV
STA POSVIIRVNT
BIIN MIIRIINTI
VALII MARKIILLINO
QVI VIXIT ANNOS
XXVIII MIINS II DI V

Je m'arrête ici, souhaitant que cette note ramène les numismatistes vers l'épigraphie antique sans le secours de laquelle ils ne pourront jamais apprécier avec solidité les monnaies de la Gaule. Je m'estimerais fort heureux si plusieurs points que je n'ai fait qu'indiquer étaient repris et discutés de nouveau avec tout le soin que notre savant collaborateur, M. Hucher, vient d'apporter à l'étude du nom de Vérotal.

pliquer à un nom de lieu, mais une inscription de Bordeaux, dans laquelle figure *Senodonna*, fille de Cintugnatus et de Gematua, D·M·L·SEC·CINTVGNATO ET GEMATVAE·CON·ET SENODONNAE·FIL·SECVRBALA, me prouve que *Senodon* est bien un nom d'homme.

(1) Voy. *Revue num.*, 1858, p. 246. — Cf. *Gramm. lat. auct. ant.*, ed. Putsch, 1605, col. 417, 2252, 2253.
(2) *Museum Veron.*, p. 150, n° 1.

NOTE SUR LES NOMS

VOLUNTILLIUS ET AMBILLIUS

(Extrait du tome V (nouvelle série) de la *Revue numismatique*,
1860, pp. 425-431.)

Il est bien évident que Duchalais n'avait pas, en consultant le *Thesaurus* de Muratori, pris ses notes avec le soin nécessaire en pareil cas. Il cite Voluntilla *Prisca* au lieu de Voluntilla *Prima*; il attribue à Anvers une inscription de Rome, enfin il transcrit inexactement deux noms importants, écrivant Voluntillus Sophrus et Voluntilla Rodine au lieu de Voluntillius et Voluntillia.

L'inscription qui contient ces deux noms a été copiée sur une urne sépulcrale dont Montfaucon nous a conservé un bon dessin (*Ant. expliq.*, suppl. V, pl. 50, p. 122). Cette urne, en forme d'édicule, avait été trouvée en 1610 à Anvers lorsqu'on jetait les fondements du fort Saint-Michel sur l'Escaut, et sa face antérieure présente, entourée d'un cadre en relief, les lignes que voici :

La gravure de Montfaucon, dans laquelle l'artiste s'est efforcé d'exprimer la dimension relative et la forme de chaque caractère, ne présente pas les chances d'erreurs de la typographie. On peut donc en accepter la teneur avec confiance.

Dans l'inscription provenant de Rome (Murat., 1425-2), que Duchalais cite à tort comme trouvée à Anvers :

```
           D.   M.
     GN. VOLVNTILLI
       SESTI  FEC
   CLAVDIA FELICITAS
      CONIVGI B M
```

le nom *Voluntilli* au génitif a pu faire illusion ; mais c'est un nom de famille accompagné, comme dans l'épigraphe qui précède et dans celle qui suit, d'un prénom et d'un surnom. Il est donc évident qu'il faut lire le nominatif *Voluntillius*.

Nous citerons encore, d'après Fabretti (p. 9), l'inscription tirée d'un columbarium :

```
CN. VOLVNTILIVS              PETRONIAE
    SPERATUS                  ZOSIMENI
    SIBI ET                CONIVGI.OLL.II
```

et d'après Reinesius (p. 853, cl. XVII, n° 138), celle-ci trouvée à Capoue :

```
       VOLVNTILIO L.L
         NIZEPHORO
       O.  H.  S.  S.
```

Enfin nous trouvons dans le beau recueil de Doni (cl. V, 481) ce fragment copié à Civita-Nuova en Istrie :

```
      P.VALERIO.L.F.PVP
        IIII VIR CONIVGI
      P.VALERIO.P.F.PVP
         TIRONI FILIO
      VOLVNTILIA PAVLA
        . . . . . . . . .
```

Je crois devoir rappeler encore ici ce que j'ai déjà dit au

sujet des consonnes que l'on écrivait simples et qui se prononçaient doubles. Voluntilius est donc la même chose que Voluntillius (1).

Il nous reste trois inscriptions, l'une provenant de Florence (*Nov. thes.*, 1512-8), une autre d'Antium (Grut., 1069-3) :

VOLVNTILLA	VENERI
ANTIOPA	VESTINAE
SEX.VALERIVS	L.IVLIVS KARICVS
T.F.CLV	CVM.VOLVNTILLA
	SEVERA VXORE

la troisième copiée à Rome (*Nov. thes.*, 1425-1) :

D.M.VOLVNTILLAE PRI
MAE CONIVGI PIISSI
MAE.C.IVLIVS EPAPHRODITVS
FEC.LIB.LIBER
TAB.Q.POSTERIQVE
EORVM.IN.F.PED VI.IN AGR.P.VI

Fabretti (cap. I, p. 48) fait observer avec beaucoup de raison, à propos de l'inscription d'Antium publiée par Gruter, que la correction de *Voluntilla* en *Voluntilia* paraît d'autant plus naturelle que *Voluntilla Severa* se trouverait avoir deux surnoms contre l'usage. Cette remarque s'applique, on le voit clairement, aux noms de *Voluntilla Antiopa* et de *Voluntilla Prima*.

On sait avec quel peu de soin Muratori, qui nous donne deux de ces inscriptions, a enregistré certains textes. L'inscription de Florence devrait contenir un datif; quant à celle de Rome, elle appartient à la femme de Caius Julius Epaphroditus, dont elle mentionne les affranchis. Cette femme, étant de condition libre, devait avoir un nom de famille. Ou dans le nom de *Voluntilla* un I a été oublié par le copiste, ou bien cet I a été pris pour un L, ou enfin la hauteur de ce caractère L n'a pas été bien rendue par la typographie, car la hampe pro-

---

(1) *Revue num.*, 1857, p. 182; 1858, p. 333; 1859, p. 122; 1860, p. 180. — *Mém. de la Soc. des Antiq. de France*, t. XXI, p. 373. — Pp. 299, 407, 431, 474 du présent volume.

longée sert à exprimer un I qui complète la syllabe, ainsi que cela se voit dans cette inscription de Pola en Istrie :

```
AVRELAE
LEVCIPPE
CONIVGI
L.ANNIVS.P.T
VITALI.SVAE
```

Comme sur les monnaies gauloises, VOLVNT paraît représenter le même nom que CN. VOL, nous devons inférer de la présence du prénom que VOL et VOLVNT nous offrent un nom de famille et doivent être lus *Voluntillius*. C'est par suite de cette observation que je n'ai pas fait figurer ce nom dans la liste de noms terminés en *illus* que j'ai publiée récemment (1). C'est encore par une raison analogue que cette liste ne contient pas le nom d'*Ambillus* que j'aurais pu tirer des légendes AMBILL, AMBILLI et AMBILI. J'avais été averti par l'existence de deux inscriptions, l'une trouvée à Narbonne (Gruter, 960-1) :

```
VIV
M.AMBILLIVS
M.LIB.GAL
SILVANVS
SIBI ET SVIS
IN.......XXV
```

l'autre recueillie à Modène (Gruter, 520-2, et 1178-2) :

```
Q.AMBILIVS T.F
POL.TIRO MVTIN
MILES COHORT VII PR
> GRAECINI.VIXIT ANN
XXX MILITAVIT ANN XII
ARBITRATV
MYRMELIAE VERECVNDAE
SORORIS
T . F . I
```

---

(1) *Revue num.*, 1860, p. 184 et suiv. — P. 477 et suiv. du présent volume.

Marcus Ambillius Silvanus et Quintus Ambillius Tiro ont un prénom et un surnom; Ambillius est donc un nom de famille.

La monnaie publiée par Duchalais (*Descript. des méd. gaul.*, p. 206, pl. III, n° 1, et *Rev. num.*, 1847, pl. XI, n° 4) porte AMBILO (1). Elle paraît d'une fabrication un peu postérieure à celle des deniers sur lesquels on lit AMBILLI, et ces deux noms peuvent fort bien être différents. Pour peu que l'on ait étudié l'onomastique, on sait que dans une famille on trouve des séries de noms formés du même radical, avec des variantes dans les suffixes; ainsi, pour n'en mentionner qu'un court exemple entre mille, nous lisons dans une inscription de Metz:

```
        D          M
          POLLINIS
   BELLINI ET IVCVNDI LIBERTI S
   BELLIANVS BELLIO IVCVNDVS.F.C
```

Les noms gaulois terminés en O-ONIS sont fort nombreux; j'en citerais plus de cent pris dans les inscriptions, tels que Billo, Gennalo, Grigalo, Cucalo, Ateulo, Anatello, etc.

Dans tous les cas, Ambillius et Ambilo ne représentent pas plus Ambiorix que Ambigatus, Ambatusius, Ambactus, Ambibius, Amber, Ambimogidus, ou même Cisiambus.

Le nom d'Ambiorix nous a été conservé par César, dont l'exactitude est bien connue; Dion Cassius et Paul Orose l'ont trouvé dans les manuscrits des *Commentaires* dont ils ont fait usage, et la forme intérieure de ce nom se trouve encore attestée par une inscription recueillie près de Voutenay, sur la voie romaine d'Avallon à Auxerre:

```
         ........
         [A]VG SAC
         DEO MER
         [C]VRIO AM
         ....VS CELSVS
         [A]MBIORI..S
         EX VOTO
         SOL....S
             M
```

(1) Malgré cette double publication d'une monnaie appartenant à la Biblio-

Il n'y a donc aucune raison pour supposer que César ait altéré le nom du chef des Éburons qui aurait été *Ambilliorix*, ainsi qu'on l'a plusieurs fois donné à entendre.

Si nous connaissions bien exactement la valeur, le sens, le mode de formation des noms gaulois, nous pourrions décider si *Ambilliorix* et *Ambilorix* (car il faudrait admettre ces deux variantes) peuvent être des équivalents d'*Ambiorix*. Nous saurions si ces deux noms sont possibles ou s'ils répugnent à la langue de nos ancêtres. Quand il s'agit de noms grecs, par exemple, la grammaire indique ce qu'on peut lire et comparer. Mais en fait de noms gaulois, notre science est fort restreinte ; il nous faut avancer avec les plus grandes précautions sur le terrain des faits, et n'admettre que ce qui est évident pour les yeux. On peut cependant remarquer que le mot armoricain *ambil* (sign. qui est le premier, qui est à la tête) paraît entrer dans les noms Ambillius et Ambilo, tandis qu'Ambiorix, qui a bien certainement existé, ainsi que le prouve l'inscription de Voutenay, peut être formé à l'aide de la particule privative *am*. Ce n'est là qu'une hypothèse ; mais elle sert à prémunir contre des rapprochements que la philologie peut un jour désavouer.

Au reste, ces considérations n'affaiblissent en rien les ingénieux arguments sur lesquels mon savant ami, M. de Saulcy, fonde la classification des monnaies de la langue éduenne.

Quant au nom inscrit au revers de la monnaie d'argent des Petrucorii, j'avoue qu'après un examen attentif de la pièce qui le porte, je demeure dans une grande incertitude au sujet de ce qui précède le premier C. Je serais assez disposé à croire que ce nom appartient à la famille que j'établis ici :

Excincomarus (inscription de Nîmes) ;
Excingius (inscription de Briançon) ;

thèque impériale de Paris, M. le marquis de Lagoy imprimait encore en 1856 : « Les légendes TAMBIL et AMBILO, il est bon d'en faire ici l'observation, n'existent pas au Cabinet impérial ; ce sont, à ce qu'il paraît, de fausses leçons de Pellerin. » *Suppl. à l'Essai de monogr. d'une série de méd. gaul. im. des den. consul.*, p. 6.

Excingillius (inscription de Nîmes);
Excingilla (inscriptions de Narbonne et de Nîmes);
Excinsus (inscription de Chalon-sur-Saône).

Mais qu'on lise Exinconepus ou Acincovepus, on doit toujours rapprocher la dernière partie de ce nom de la terminaison qui distingue le Troucetcivepus que nous montre une inscription de Ladecy près Genève.

MONNAIE DE PLOMB D'ALISE

(Extrait du tome VI (nouvelle série) de la *Revue numismatique*,
1861, pp. 253 256.)

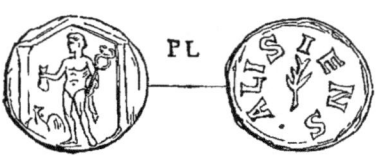

Notre savant confrère M. de Saulcy a bien voulu me charger de présenter à l'Académie des inscriptions et belles-lettres (séance du 19 avril), un monument extrêmement intéressant qui venait d'être découvert à Alise-Sainte-Reine (Côte-d'Or), au point le plus élevé du mont Auxois, appelé *la Porte* : c'est une pièce de plomb trouvée dans les fouilles faites par M. Philibert Beaune, maire de Vesvre, antiquaire dont le zèle n'a d'égal que cette vive intelligence qu'il consacre depuis si longtemps à l'avancement de notre archéologie nationale. La pièce que j'ai eu l'honneur de mettre sous les yeux de mes confrères est un plomb de moyen module auquel le temps a donné une inimitable patine *cornée*, garantie d'authenticité, et de conservation pour l'avenir. Elle présente, d'un côté, Mercure aptère, nu, debout, tourné à gauche, placé sous un édicule à deux colonnes, portant sur le bras gauche un caducée, tenant une bourse de la main droite, accompagné d'un coq, et au revers un rameau entouré de la légende circulaire ALISIENS (*Alisiensium*).

Les caractères de la légende se rapportent à une époque avancée du haut empire. La médaille forme donc une sorte de chaînon qui relie la belle inscription de Martial, fils de Dannotal, en langue gauloise,

   MARTIALIS. DANNOTALI
   IEVRV. VGVETE. SOSIN
    CELICNON ETIC
   GOBEDBI. DVGIIoNTIIo
     VGVETIN
  IN .... ALISIIA (1)

aux tiers de sou mérovingiens sur lesquels on lit ALISIA.

 Elle montre l'importance de la cité mandubienne plusieurs siècles après Jules-César; elle appelle aussi notre attention sur le monnayage des Gaules entre le règne du premier Claude et celui de Postume. L'apparition de ce monument numismatique d'une nature si nouvelle m'a tout naturellement porté à rechercher s'il n'existait pas d'autres plombs qui pussent être rangés dans la série récemment ouverte, et je me suis rappelé que Ficoroni, dans l'ouvrage intitulé *I piombi antichi* (Rome, 1740, part. 2, pl. 6, n⁰ˢ 6 et 10), a publié deux pièces au type de Mercure dont il n'a donné aucune explication.

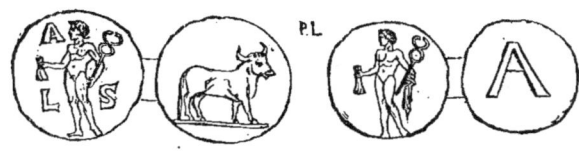

 Sur l'une de ces pièces on remarque les caractères ALS, *matres lectionis*, du nom des Alisiens (2), sur l'autre un A

---

(1) Voy. Rossignol, *Étude sur une campagne de Jules César*, 1856, p. 113, et p. 114, une autre inscription gauloise : DOIROS.SEGOMARI.IEVRV.ALISANV. Il ne faut pas confondre le double I d'ALISIIA avec l'E à deux jambages. J'ai déjà fait une remarque au sujet de ce double iI, *Revue num.*, 1856, p. 79, note. — P. 398 du présent volume.

(2) C'est ainsi que sur les monnaies impériales le nom de Londinium est indiqué par LN, et celui de Lugdunum par LG, Arelatum par ARL, Mediolanum par MD, Ravenna par RV, Carthago par KRTG, Sicilia par SCL.

seul; on voit en outre que leur module est différent et plus petit que celui du plomb recueilli à Alise-Sainte-Reine. Les trois pièces pourraient donc former une série dans laquelle, comme sur les monnaies de beaucoup de villes grecques, le degré d'abréviation de la légende se rapporte aux divisions, au poids des flans métalliques.

Si nous n'étions pas en possession d'une pièce à légende aussi explicite, je n'oserais pas chercher une origine gauloise pour les plombs de Ficoroni, car outre la ville d'Alsium en Étrurie, il existait un certain nombre de noms d'hommes commençant par ALS. C'est ainsi qu'une inscription de Milan nous donne le nom de Quintus *Alsutius* (1), que nous trouvons une *Alsia* Postuma (2) dans une inscription de Frioul, et qu'une monnaie de Césaraugusta porte le nom du duumvir Caius *Alsanus* (3). Je ne parle pas de l'*Alsan* des médaillons contorniates, parce que notre collaborateur M. Sabatier a corrigé la lecture des anciens auteurs et montré que le nom est écrit BALSAN (4).

Mais si un très grand nombre de plombs antiques portent des noms d'hommes plus ou moins abrégés, quelquefois complets, il en est d'autres sur lesquels on lit ROM., CVM., VEST., HIM., CORINT., ATH., LVC., NAR., CARNV., et qui peuvent être attribués à des villes ou à des peuples. C'est une question à examiner, à discuter, et qu'une découverte inattendue comme celle du plomb d'Alise pourrait tout à coup éclaircir. L'éveil donné, les antiquaires chercheront sans doute dans les médailliers qu'ils ont à leur disposition des plombs à légendes géographiques.

J'ai donné le nom de *monnaie* à celui que M. Beaune vient de nous procurer si heureusement. Ceci repose sur l'étude d'autres plombs découverts dans le Sérapéum de Memphis et que je ferai bientôt connaître. On pensera sans doute aussi

---

(1) Gruter, CCCLI, 7.
(2) Gruter, DLI, 3 ; MXXXII, 3. — Muratori, DCCCXXXII, 3.
(3) Florez, *Medallas de España*, t. I, p. 208, et tabl. VI, n° 8.
(4) *Description générale des méd. contorniates*, p. 45.

que si les trois pièces au type de Mercure debout sur lesquelles on voit **ALISIENS**, **ALS** et **A** forment une seule série présentant des poids et des modules différents, on n'aurait pas lieu de les considérer comme des *tessères*, puisque l'emploi, la valeur représentative de ces dernières était indiqué par des marques numérales, par divers signes, et non par les dimensions du métal.

ORGITIRIX, FILS D'ATEPILLUS

(Extrait du tome VI (nouvelle série) de la *Revue numismatique*,
1861, pp. 326-327.)

L'année dernière, à propos de la précieuse monnaie gauloise qui a pour légende ORCITIRIX ATPILI I', je faisais observer que l'écriture phénicienne, dont tous les peuples de l'Europe font encore usage aujourd'hui, avait, à l'origine, conservé chez les Grecs, les Latins, les Gaulois, les Ibériens, la faculté d'exprimer certaines voyelles et les consonnes redoublées sans qu'elles fussent tracées. J'ai donc cru pouvoir écrire *Atepillus* et non pas *Atpilus*; le caractère employé pour former la légende indiquant une époque très ancienne pour laquelle le vieux mode d'orthographe paraît tout à fait naturel. Il y a quelques semaines, en passant à Nîmes, j'ai remarqué parmi les inscriptions accumulées devant l'antique édifice connu sous le nom de *Temple de Diane*, un texte malheureusement mutilé, dont voici la copie :

```
G.ASVIO.ATEPILLAE.G.AS....
MESSIO.ATESSATIS.FIL.PA....
ASVIA.ASVI.FIL.SIBI ET....
        EX TESTAMEI....
```

Ce n'est pas dans la *Revue numismatique* que cette inscription doit être commentée; mais je la rapporte cependant ici comme un document très utile à l'appui de la lecture d'un nom tracé sur une monnaie gauloise. L'inscription est postérieure à la monnaie, et nous montre comment le nom du père d'Orgitirix doit être prononcé.

MONNAIES DES SALASSES

(Extrait du tome VI (nouvelle série) de la *Revue numismatique*, 1861, pp. 333-347.)

(PL. X.)

Tite-Live mentionne deux fois les Salasses ; d'abord, à propos du passage d'Annibal dans les Alpes, lorsqu'il indique l'opinion de divers écrivains qui ont parlé de la route suivie par l'armée carthaginoise, et qu'il ajoute : « Qui ambo saltus cum non in Taurinos, sed per *Salassos* montanos ad Libuos Gallos deduxissent. » Puis, nous trouvons dans l'épitome du LIIIe livre : « Ap. Claudius consul *Salassos* gentem alpinam domuit (1). » Appien nous donne, à son tour, quelques détails intéressants : « Les Salasses, dit-il, habitent les hauteurs des Alpes, montagnes d'un accès difficile, offrant des passages resserrés et incommodes. Grâce à la disposition des lieux, non seulement ils conservaient leur autonomie, mais ils imposaient un droit à ceux qui traversaient leur contrée. Antistius Vetus les attaqua à l'improviste, après avoir occupé les portes des défilés, et les tint bloqués pendant deux ans. Mais ceux-ci manquant de sel, dont ils font une grande consommation, finirent par admettre une garnison. Cependant, aussitôt que Vetus se fut retiré, ils expulsèrent cette garnison et, maîtres des défilés, ils se rirent des forces que César envoya contre

(1) Suétone dit en parlant d'Auguste (*Oct.*, c. 21) : « Domuit....... Salassos gentes inalpinas. »

eux, sachant l'inutilité de leurs entreprises. Aussi César, qui alors faisait la guerre à Antoine, toléra leur indépendance, et laissa impunis leurs actes contre Vetus. Mais eux, s'attendant à des représailles, firent une grande provision de sel, et ne cessèrent d'attaquer les possessions romaines que lorsque Messala Corvinus, envoyé contre eux, les eut réduits par la famine; c'est ainsi que les Salasses furent conquis (1). »

L'expédition d'Appius Claudius eut lieu en l'an 143 avant notre ère; celle de Terentius Varro, dont il va être question, appartient à l'an 25; mais il est bon, avant d'aller plus loin, de mettre sous les yeux du lecteur un extrait de Strabon, qui achèvera de lui faire connaître le peuple dont nous avons à lui présenter les monnaies.

« De l'autre côté des montagnes, vers l'Italie, on trouve les Taurini, nation ligurienne....... Plus loin, et au delà du Pô, habitent les *Salasses*, au-dessus desquels, sur les sommets, on trouve les *Centrones*, les *Caturiges*, les *Veragri*, les *Nantuates*, le lac Léman, que le Rhône traverse, et les sources mêmes de ce fleuve....... La meilleure partie du pays des *Salasses* est dans une profonde vallée, formée par une double chaîne de montagnes, dont ils habitent aussi quelques hauteurs. Ceux qui, venant d'Italie, veulent passer ces montagnes, doivent traverser la vallée, après laquelle le chemin se partage en deux routes; l'une, impraticable aux voitures, passe par les hautes montagnes qu'on nomme les *Alpes Pennines;* l'autre, plus à l'ouest, traverse le pays des Centrones (2).

« Les *Salasses* ont chez eux des mines d'or, dont ils étaient les maîtres, aussi bien que des passages, dans le temps de leur puissance. L'exploitation de ces mines était facilitée par le Durias, qui leur fournissait l'eau nécessaire aux lavages : aussi, à force d'en détourner le cours par des saignées mul-

---

(1) *De rebus illyric.*, cap. 17.
(2) « Coloniæ ab Alpium radicibus, Augusta Taurinorum, antiqua Lignrum stirpe, inde navigabili Pado; dein Salassorum Augusta prætoria, juxta geminas Alpium fores Graias atque Pœninas. » Plin., III, 17 (2ᵉ éd. Littré). — Σαλασσίων, (αἵ εἰσιν) ὑπὸ τοὺς Ἰνσούβρους· Αὐγούστα πραιτωρία κολωνία · Ἐπορεδία. Ptol., *Geogr.*, III, 1, 34.

tipliées, en tarissaient-ils souvent le lit principal. Autant cette opération leur était avantageuse pour séparer leur or, autant elle était préjudiciable à ceux qui cultivaient les terres situées au-dessous en les privant du secours d'une rivière qui, par sa position, pouvait arroser leurs champs. De là naissaient de fréquentes guerres entre les deux peuples limitrophes, jusqu'à ce que les *Salasses*, soumis par les Romains, furent dépossédés de leurs mines et de leur pays. Mais, toujours maîtres des montagnes, ils ont continué à vendre l'eau aux entrepreneurs des mines. Cependant l'avarice de ces derniers entretenait toujours la discorde; ce qui faisait que ceux des Romains qui briguaient le commandement de ces pays, quand ils l'avaient, ne manquaient jamais de prétextes pour faire la guerre aux *Salasses*. Ceux-ci, tantôt en guerre, tantôt en paix avec les Romains, se sont soutenus jusqu'à ces derniers temps, en faisant beaucoup de mal par leurs brigandages à ceux qui traversaient leurs montagnes. Ils ont même poussé la chose si loin, qu'ils taxèrent à une drachme par tête l'armée de Deciùs Brutus qui fuyait de Modène. Messala, qui avait son quartier d'hiver dans leur voisinage, fut aussi obligé de leur payer, tant le bois de chauffage que le bois d'orme dont il fit faire des traits et des armes pour exercer ses soldats (1). Ils pillèrent même une fois l'argent qui appartenait à César (l'empereur); et sous prétexte de travailler aux chemins et aux ponts des rivières, ils firent rouler sur des armées entières d'énormes masses de pierres. Enfin Auguste les a entièrement détruits et les a fait tous vendre publiquement comme des esclaves, à *Eporedia*, colonie romaine, où il les avait fait transporter. On n'avait fondé cette colonie que pour contenir les *Salasses;* mais elle eut peine à se défendre contre eux jusqu'à ce qu'ils furent entièrement détruits. Le nombre de ceux que l'on vendit fut de trente-six mille, sans compter huit mille personnes en état de porter les armes. Ce fut Terentius Varro, général de l'armée qui les avait défaits, et qui les

---

(1) On lit dans Dion Cassius : « Messala soumit les Salasses et les autres peuples complices de leur rébellion. — Lib. XLIX, c. 38.

vendit à l'encan. Trois mille Romains envoyés par Auguste fondèrent la ville d'*Augusta* dans le lieu même où avait campé Varron, et maintenant tous les environs jusqu'aux sommets des montagnes sont en paix (1). »

Au dire de Pline, Caton pensait que les Lépontiens et les Salasses appartenaient à la nation taurisque (2). Telle était la terreur qu'ils avaient inspirée aux Romains, que, suivant Dion Cassius, lorsque Terentius Varro vendit les prisonniers, il mit pour condition qu'aucun d'eux ne serait affranchi avant vingt ans (3).

Les Salasses, on le voit par la comparaison des textes de divers historiens et géographes de l'antiquité, habitaient cette longue et remarquable vallée qui s'étend du grand Saint-Bernard à Ivrée (Eporedia), et qu'arrose la Dora-Baltea (Durias). Aoste (Augusta Prætoria), capitale du pays, est célèbre par ses antiquités, bien souvent citées par les voyageurs, relevées avec un grand soin pour l'Académie de Turin par le savant architecte Carlo Promis, et qui, tout récemment encore, ont été comprises dans la belle publication de M. Édouard Aubert (4).

La ville d'Aoste est épiscopale ; aussi, sur les tiers de sou d'or contemporains des Mérovingiens, porte-t-elle le titre de *Civitas* : AVSTA CIVITATE FIT (5). Au XIIIe siècle (1267), on y faisait usage d'oboles d'or avant que cette sorte de monnaie figurât dans les actes rédigés en d'autres localités dépendant des comtes de Savoie (6). C'était un pays de mines d'or,

---

(1) Strabo, *Geogr.*, lib. IV, p. 204 sq. — Cf. Dion. Cass., lib. XLIX, cap. 34; lib. LIII, cap. 25.
(2) *Hist. nat.*, lib. III, 24, 2. — Julius Obsequens nous a conservé une réponse des décemvirs qui semblerait indiquer que les Salasses étaient Gaulois. « App. Claudio, P. Metello coss. quum a Salassis illata clades esset Romanis, decemviri pronunciaverunt se invenisse sibyllinis quoties bellum *Gallis* illaturi essent, sacrificari in eorum finibus oportere. » (*Prodigior. libell.*, c. LXXX.) Mais il faut tenir compte de la difficulté que les décemvirs avaient à trouver dans les livres sibyllins des réponses qui fussent de nature à satisfaire le peuple romain.
(3) Lib. LIII, c. 25.
(4) *La Vallée d'Aoste, histoire, sites et monuments*. Paris. Amyot, 1860. In-4°.
(5) Combrouse, *Monétaires mérovingiens*, pl. XI, n°s 3 et 4.
(6) Dom. Promis, *Monete dei reali di Savoia*, t. II, p. 260.

ainsi que Strabon nous l'enseigne (1), et il semblera tout naturel d'attribuer aux Salasses d'antiques monnaies d'or qui se rencontrent de temps à autre, soit dans la vallée même, soit sur les hauteurs des Alpes, soit enfin sur l'autre versant de ces montagnes dans le Valais ; monnaies qu'on ne trouve jamais dans la Gaule transalpine, qui portent des types tout particuliers, et qui, sous le rapport de la fabrique, tiennent à la fois de la monnaie des Gaules et de celle qu'on recueille en assez grand nombre dans les provinces germaniques qui avoisinent l'une et l'autre rive du Danube supérieur (2).

Un éminent érudit, M. Théodore Mommsen, n'a pas hésité à proposer cette attribution dans un savant mémoire imprimé à Zürich (3) ; mais ce travail paraît avoir échappé à l'attention de nos compatriotes, et comme les monnaies qui ont fait le sujet de ses observations sont extraordinairement rares, et qu'on n'en connaissait pas un seul exemplaire en France avant que M. de Saulcy eût été assez heureux pour en rapporter un de Suisse, il en résulte que le nom des Salasses est encore absent de nos listes numismatiques.

La faute en est un peu à Caronni, qui, au commencement de ce siècle, avait vu et dessiné chez le P. Murith, prieur du couvent du mont Saint-Bernard, deux des monnaies que nous allons décrire, et qui avait jugé à propos de les présenter au monde savant, dans un récit de ses voyages (d'ailleurs à peine connu chez nous), comme des monuments du passage d'Annibal dans les Alpes. Caronni tenait ces monnaies pour espagnoles, et pensait qu'elles avaient été apportées par l'armée carthaginoise ; il va même jusqu'à les appeler, en un certain

---

(1) Les mines s'étendaient jusqu'au territoire de Verceil. Plin., lib. XXXIII, c. 21 (éd. Littré), 12. « Exstat lex censoria Ictimulorum aurifodinæ, Vercellensi agro, qua cavebatur, ne plus quinque millia hominum in opere publicani haberent. » Ce nombre de cinq mille ouvriers démontre clairement la grande importance de l'exploitation. Voir, au sujet des mines des Ictimuli, Durandi, *Alpi Graiæ e Penninæ*, p. 110.

(2) Franz Streber, *Ueber die sogenannten Regenbogen Schüsselchen*. München, 1860.

(3) *Mittheilungen der antiquarischen Gesellschaft in Zurich*, VII° vol., 8° cahier, 1853. *Nordetrusk-Alphabete auf Inschriften und Münzen*.

endroit, des médailles puniques (1), ce qui montre bien l'épaisseur du nuage au travers duquel il entrevoyait les questions paléographiques.

Le P. Murith (mort en 1819) avait adressé à la Société des Antiquaires de France un mémoire sur les antiquités des Alpes Pennines, auquel étaient joints les dessins des deux monnaies en question ; mais M. Bottin, secrétaire de la Société, qui s'est contenté de donner l'analyse de cet écrit, a supprimé les dessins des « deux médailles d'or que l'auteur nomme celtibériennes, chargées d'un côté de lettres et de l'autre de lignes carrées et triangulaires sans figure. » Toutes les monnaies décrites dans le mémoire du P. Murith avaient été, suivant M. Bottin, l'abréviateur, recueillies, de 1760 à 1764, parmi les ruines du temple de Jupiter, au couchant du monastère (2), par conséquent sur le territoire d'Aoste.

Dolomieu, lors de son dernier voyage, avait vu ces monnaies à Martigny, chez le prieur Murith ; « il possède encore, dit Bruun-Neergaard, plusieurs monnaies carthaginoises trouvées aux lieux par où on dit qu'Annibal a passé (3). »

Dans la *Revue numismatique* de 1839, notre savant ami J. C. de San Quintino, parlant de l'examen qu'il avait fait en 1837 du médaillier conservé chez le prieur du grand Saint-Bernard, cite « deux médailles d'or qu'on y a trouvées il y a environ un siècle, et qui font encore partie de la collection. »

« La singularité de leurs types et du style de leur fabrique, ajoute-t-il, ne permettent point de les ranger ni parmi les monnaies celtiques ni parmi les gauloises ; elles ont été attribuées par quelques écrivains aux Carthaginois de l'armée d'Annibal. Félix Caronni les a publiées, il y a une vingtaine d'années, dans la description de son voyage (4). »

D'un autre côté, l'auteur d'un mémoire manuscrit, dont un

---

(1) *Ragguaglio di alc. monum. di antichità ed arti raccolti negli ult. viaggi da un dilettante.* Milan, 1805 et 1806, part. II, p. 22, 79, 157, tav. VI, nos 45 et 46.
(2) *Mém. de la Soc. royale des Antiquaires de France*, t. III, 1821, p. 503.
(3) T. C. Bruun-Neergaard, *Journ. du dernier voyage du citoyen Dolomieu dans les Alpes.* Paris, 1802, p. 9 et suiv.
(4) *Revue numismatique*, 1839, t. IV, p. 65.

feuillet nous a été communiqué par M. l'abbé A. Gal, prieur de la collégiale de Saint-Ours à Aoste, nous donne le dessin de deux monnaies d'or (voy. pl. X, n°s 7 et 8) accompagné de ces lignes :

« Ces deux médailles de très bon or ont été trouvées, la première à Vétroz, près de Sion, par M. Cocatrix, prieur-curé de Vétroz, chanoine régulier de l'abbaye de Saint-Maurice; la seconde au glacier de Sierre, et portée à M. le comte de Courten dudit lieu; j'ai vu l'une et l'autre, et c'est sur les originaux que je les ai copiées. Ces médailles, présentées à Paris, aux connaisseurs sans doute, ont été jugées des prix d'agriculture; elles n'en sont pas moins celtibériennes, ainsi que l'a décidé le Père Caronni, barnabite, savant antiquaire du collège de Saint-Thomas, à Milan. »

Les dessins, moins mauvais que ceux de Caronni, semblent avoir été faits d'après les mêmes pièces, mais la note que nous venons de transcrire indique une origine différente. Les monnaies recueillies par le P. Murith, vues par Dolomieu, par Caronni, et par San Quintino en 1837, ont disparu du médaillier de l'hôpital. Toutes les recherches qu'a bien voulu faire à notre intention M. le prieur Gal, dont nous ne saurions trop louer l'inépuisable obligeance, sont demeurées sans effet. Nous ne pouvons donc pas nous livrer à l'examen comparatif qui nous eût conduit à savoir si les monnaies trouvées au glacier de Sierre et à Vétroz (pl. X, n°s 7 et 8) sont identiques à celles que le P. Murith disait avoir recueillies lui-même dans les ruines du temple de Jupiter Pœnin (pl. X, n°s 5 et 6). Il n'y aurait, au reste, rien d'extraordinaire à ce que divers exemplaires au même type eussent été trouvés en des lieux différents. C'est ainsi que, cet été de 1861, on vient de déterrer dans le val d'Aoste, au couchant du bourg de Verrez (le *Vitricium* des itinéraires romains), entre Eporedia et Augusta Prætoria, un statère d'or à la légende PRIKOV, en tout semblable à celui qu'a publié M. Mommsen en 1853. M. le prieur Gal a été assez heureux pour enrichir sa collection de ce second exemplaire, qui est magnifique.

Ces monnaies, de même que celles que nous avons placées sur la pl. X, ne sont pas celtibériennes ; cela est tellement évident pour ceux qui se sont occupés de la numismatique antique, que nous n'oserions pas discuter dans cette *Revue* une pareille question, dans la crainte d'abuser de la patience du lecteur.

On sait bien que tous les caractères des alphabets européens tirent de leur commune origine une certaine ressemblance. Le grec, le romain, l'osque, l'étrusque, l'ombrien, le volsque, le messapique, le slave, le celtibérien, le runique se rapprochent tous plus ou moins complètement du type phénicien ; et cela est depuis si longtemps démontré qu'il serait oiseux de revenir sur ce sujet; mais néanmoins chacune de ces écritures a sa physionomie propre, tout comme les langues qu'elles servent à transcrire. C'est ici le cas de rappeler ce principe de Letronne, qui disait avec tant d'autorité que les rapprochements marquent un premier degré dans nos études ; c'est, ajoutait-il, le propre des débutants intelligents ; mais les distinctions appartiennent aux esprits mûris par la critique, et constituent la science.

Si les deux pièces d'or longtemps conservées dans le médaillier du grand Saint-Bernard ne sont ni par leur style de fabrique, ni par leur type, ni par les légendes qu'elles portent, celtibériennes ou puniques, le petit roman de Caronni et de Murith s'évanouit. Les monnaies d'or qu'ils aimaient à croire perdues par l'armée d'Annibal, monnaies dont on n'a jamais trouvé un exemplaire en Espagne, demeurent des monuments de l'industrie inalpine, frappés dans cette vallée où l'on recueillait en abondance le précieux métal.

C'est là un fait qui n'a pas échappé à la sagacité de M. Mommsen, et qui sera bientôt généralement accepté, quand on connaîtra mieux les monnaies de l'antique Germanie et celles de l'Italie du Nord ou de la Gaule cisalpine ; car il y a une évidente connexion entre les systèmes monétaires de l'Europe occidentale (1). C'est à l'écriture étrusque qu'il est permis de

(1) Eckhel n'a voulu admettre de monnaies ni pour la Grande-Bretagne, ni pour la Germanie; Mionnet l'avait scrupuleusement imité, et, si la Grande-

comparer les légendes inscrites sur les monnaies salasses ; mais encore doit-on signaler des différences bien marquées dans les deux alphabets. Celui des Salasses tient par quelques points au vieux latin ; ce système inalpin devait être en usage dans une étendue de pays relativement assez considérable, car M. le baron de Bonstetten a remarqué à San-Pietro, près Stabio, canton du Tessin, une inscription qu'il a eu l'obligeance de copier à notre intention,

ᛒᛚΚΟᚢᛁΓΟᛝ
ᚠᛪᚻᚼΟΓᛊΧᛝ

et qui offre une analogie frappante avec les légendes des monnaies dont nous nous occupons (1). On observera toutefois qu'il s'agit jusqu'à présent d'une ressemblance d'alphabets et rien de plus, puisque nous ne pouvons pas apprécier les idiomes antiques de ces contrées, et que l'écriture seule n'établit pas un lien suffisant. Qui ne sait, pour ne citer qu'un exemple, que l'arabe et le turc, deux des langues les plus radicalement dissemblables qui se puissent rencontrer, s'écrivent depuis plusieurs siècles à l'aide des mêmes caractères ?

Nous donnerons maintenant quelques indications relatives aux pièces réunies sur la pl. X. Elles sont fort épaisses, et légèrement concaves du côté de la légende.

Bretagne a enfin fait accepter son monnayage antique, nous voyons dans le plus récent manuel de numismatique (*Handbuch der Griechischen Numismatik*, von A. C. E. von Werlhof. Hannover, 1850) que la Germanie était encore deshéritée il y a peu d'années. Eckhel aurait pu cependant étudier les monnaies publiées par Dœderlin (*Dissert. epist. qua in patellarum ut dicuntur Iridis*, etc. Schwabach, 1739), par Sattler (*Gesch. des Herzogth. Wurtemberg.* Tubing., 1757, tab. 25), par Voigt a San Germano (*Beschreib. der bisher bekannt. Bœmischen Münzen.* Prag., 1771, t. I, p. 47-63.

(1) Voy. *Gazetta Ticinese*, n° 182 de 1857, l'annonce du Dr Lavizzari, reproduite dans l'*Indicateur d'hist. et d'antiquités suisses*, mars 1858, p. 15. La copie donnée dans ce recueil diffère un peu de celle de M. de Bonstetten

ᛒᛚΧΟᚢΓΟᛝ ᚠᛪᚻᛉΟΓᛊΧᛝ

D'autres inscriptions existent à Davesco et à Aranno, à Sonvico, à Limone.

N° 1. Légende : PRIKOV. *Or*. Trouvée en 1852 au Roc de la Balme, près Colombey, Valais. Mommsen. Voy. aussi Rod. Blanchet, *Monnaies des pays voisins du Léman*, Lausanne, 1854, p. 8; pl. V, n° 5. L'auteur la décrit sous le titre de *Monnaie celtibère*, toujours d'après l'opinion de Caronni. — Second exemplaire trouvé, en 1861, près de Verrez (val d'Aoste); collection de M. le prieur Gal.

N° 2. Légende : KASILOI. *Or*. Trouvée vers 1825 à Port-Valais. Appartient à M. le colonel Odet, à Sion. Mommsen.

N° 3. Légende : ANATIKOV? *Or*. Trouvée dans les ruines d'un camp près du bourg de Kulm, comté de Lenzburg. Cabinet de la ville de Berne. Haller, *Catal. num. veter. musei civ. Bernensis*.

N° 4. Légende : KAT. *Or*. Trouvée en 1857 à Saint-Martin de Corlian, à une demi-lieue à l'ouest d'Aoste. Collection de M. le prieur Gal.

N° 5. Légende : ASES? *Or*. Trouvée au grand Saint-Bernard, territoire d'Aoste. Caronni, *Ragguaglio*, etc., tav. VI, n° 45. Nous réduisons le dessin de Caronni de moitié. On voit que c'est un croquis grossier pris sur un carnet de voyage.

N° 6. Légende : VLKOS (S renversé)? *Or*. Trouvée au même lieu. Caronni, tav. VI, n° 46. Dessin non réduit.

N° 7. Légende : AMEN? *Or*. Trouvée a Vétroz.

N° 8. Légende : VLKOS? *Or*. Trouvée au glacier de Sierre.

N° 9. Sans légende. *Or*. Trouvée dans un champ à Aoste en 1858. Collection de M. le prieur Gal.

N° 10. Sans légende. *Or*. Achetée à Genève par M. de Saulcy en 1860.

Nous avons recours, pour la transcription des légendes, au système de lecture proposé par M. Mommsen, et adopté par M. Ar. Fabretti (1); mais il est fort difficile d'arrêter définitivement cette transcription à l'aide d'un si petit nombre de monuments dont la moitié ne nous est connue que par des dessins plus ou moins suspects d'inexactitude. Quand la

---

(1) *Glossarium italicum*, col. 102, 189, 791.

numismatique des Salasses sera devenue plus familière aux archéologues, et qu'un plus grand nombre de nos curieuses pièces d'or aura été sauvé du creuset des orfèvres, on devra revenir sur leurs légendes, les contrôler l'une par l'autre, et faire faire à la question un pas que la prudence interdit actuellement.

Certaines monnaies d'argent, évidemment imitées des hémidrachmes marseillaises, se rattachent à la série Salasse. Mais nous ne pouvons pas constater qu'on en rencontre habituellement dans la vallée d'Aoste ; leurs légendes PIRVKOI, RIKOV ne sont pas sans rapport avec celle qui se lit sur le statère d'or décrit plus haut sous le n° 1 (voy. pl. X, n°^{s} 11 et 12). La légende du n° 13 peut être transcrite OLTIRIO.

Tous ces mots représentent-ils des noms de lieux ? Faudrait-il, par exemple, chercher dans la légende de notre n° 4 un nom analogue à celui des Caturiges ? Ou bien ne devons-nous pas plutôt, avec M. Mommsen (1), voir, soit sur les espèces d'or, soit sur celles d'argent, des noms de chefs ou de rois, ce qui est à peu près le seul moyen d'expliquer la grande diversité des légendes ?

Quant au type singulier des monnaies d'or, il est, sur certains exemplaires (par exemple sur le n° 4 que nous avons eu entre les mains, grâce à l'obligeance de M. le prieur Gal), si nettement tracé, qu'il serait difficile de n'y reconnaître qu'une tête dégénérée. N'aurions-nous pas là la représentation des instruments qui servaient au lavage de l'or, cette opération si importante pour le pays, la cause des guerres qu'il eut à soutenir ?

On voit combien de points restent à éclaircir ; mais à ces interrogations légitimes que nous nous adressons viennent, nous dit-on, se joindre des doutes d'une nature moins archéologique, s'il nous est permis de nous exprimer ainsi. M. le prieur Gal nous a fait part d'objections contre le système de

---

(1) Mémoire cité, et *Mittheil. der Ant. Geselsch. in Zürich*, 1851, IXe vol., 2e livr., 1er cahier, p. 27. — *Geschichte des Rœmischen Münzwesens*, p. 405 et 406.

M. Mommsen, qui lui ont été présentées avec insistance par des ennemis des Salasses assurément. Voici ces objections :

On ne peut admettre que les Salasses aient frappé des monnaies d'or à une époque où les Romains n'en fabriquaient pas.

Si les monnaies d'or trouvées aux environs d'Aoste appartenaient aux Salasses, elles devraient porter leur nom de peuple.

Enfin on trouve des monnaies semblables à celles que nous venons de décrire en Lusace, en Pologne, en Angleterre ; elles ne sont pas antérieures au xie siècle de notre ère ; le côté convexe représente les armoiries de quelque roi ou seigneur du moyen âge.

Voici ce que nous nous permettrons de répondre :

On ne trouve de monnaies d'or semblables à celles que nous croyons salasses ni en Lusace, ni en Pologne ; nous regrettons que notre illustre Lelewel ne puisse plus nous apporter son témoignage ; mais ses ouvrages subsistent. On n'en trouve pas en Angleterre, MM. Akerman, Birch, Beale-Post, Evans, savent cela mieux que nous encore. L'attribution de ces pièces au xie siècle n'est pas de celles qui puissent tenir devant le plus sommaire examen.

Parmi les monnaies frappées bien authentiquement dans les Gaules, dans la Grande-Bretagne, et qui offrent des légendes, il en est moitié qui portent des noms d'hommes, à l'exclusion du nom des peuples ; les monnaies des Gaulois de la Pannonie et de la Galatie ne portent que des noms de chefs.

Il n'y a aucune parenté entre la monnaie des Salasses et celle des Romains. Les pièces d'or dont nous nous sommes occupé ici appartiennent, comme les monnaies d'or de la Germanie, de la Grande-Bretagne et des Gaules, au système grec. On ne pourrait faire de querelle qu'à celui qui prétendrait que les médailles d'or des Salasses sont antérieures aux statères de Philippe de Macédoine.

MONNAIES DU SÉRAPÉUM DE MEMPHIS

TROUVAILLE DE MYT-RAHINEH

(Extrait du tome VI (nouvelle série) de la *Revue numismatique*,
1861, pp. 407-428.)

(PL. XI.)

Il aurait manqué quelque chose à la brillante découverte du Sérapéum de Memphis, cette nécropole des *Osiris cachés* ou Apis, longtemps cherchée par les antiquaires (1), si la numismatique n'eût pas été représentée parmi les innombrables monuments que les patients travaux de M. Auguste Mariette ont restitués à la lumière.

Mais notre savant ami a recueilli dans ses heureuses fouilles, outre un certain nombre de médailles ptolémaïques et impériales très connues, deux pièces de plomb que nous allons décrire, et qui sont, à ce qu'il nous semble, de nature à intéresser vivement tous ceux qui s'occupent de l'antiquité. La première, trouvée en 1853, offre les types que voici :

Apis portant un disque entre ses cornes placé sur une bari, tourné à droite, entre deux hermès ; devant lui, un autel ; au-dessus, une guirlande et un croissant ; dans le champ, un serpent uræus.

Revers. OBOΛOI B. Isis debout, devant le Nil assis à gauche, tenant un roseau et une corne d'abondance. — *Plomb.* Musée du Louvre. (Pl. XI, n° 1.)

---

(1) Consultez Guigniaut, *Le dieu Sérapis et son origine*, 1828, in-8°, et les mémoires de A. Mariette, dans le *Bulletin archéologique de l'Athenæum français*, 1855 et 1856.

Lorsque cette pièce nous fut présentée, le caractère religieux de son type, l'abondance des symboles dont elle est chargée, le sens si clair de la courte légende qui les accompagne captivèrent notre attention; nous étions persuadé que c'était là une monnaie véritable, frappée pour l'usage de cette nombreuse population qui s'était fixée autour de la tombe des Apis, et qui comptait dans son sein des artisans de toute sorte, pour ce marché aux herbes qui, suivant un papyrus grec du Louvre, se tenait à l'intérieur même du temple, τὸ θριοπώλιον τὸ ὑπάρχον ἐν τῷ αὐτῷ ἱερῷ (1).

La présence d'une figure du Nil, de deux hermès qui remplacent probablement Phtah et Ammon, indiquent l'époque romaine, un temps de décadence ou du moins de transformation extérieure des symboles religieux. L'uræus bien caractérisé donne raison à M. Birch, qui avait proposé de reconnaître ce reptile sacré dans le petit serpent placé sur la main de la figure d'Isis, que représentent les monnaies du nôme Memphite (2).

Sur les monnaies de ce nôme frappées pour les empereurs Trajan, Adrien et Antonin, on voit alternativement Apis accompagnant Isis, Apis seul, le buste de la déesse (3). D'autres médailles impériales sans nom de lieu, mais qui paraissent frappées à Alexandrie, représentent Apis portant quelquefois sur le flanc la figure d'un croissant (4); un petit autel est placé devant le bœuf sacré.

Quoique le *diobole* de plomb ait tous les caractères qui peuvent faire croire à son origine memphitique, il manquerait cependant une preuve directe, irréfragable qui soit de nature à convaincre les numismatistes, si nous le présentions isolément.

---

(1) Brunet de Presle, *Mémoire sur le Sérapéum de Memphis*, 1852, in-4°.
(2) *Numismatic chronicle*, 1839, n° VI, t. II, p. 98.
(3) Tochon d'Annecy, *Méd. des nômes d'Égypte*, p. 134, 137, 138. — Zoëga, *Numi ægypt.*, tab. XXI, n° 9. — G. di San Quintino, *Descriz. delle med. dei Nômi del R. Museo di Torino*, p. 12. Sur la médaille de Turin, l'Apis a le cou décoré d'une guirlande.
(4) Zoëga, *Numi ægypt.*, Domitien, tab. IV, n° 3; Adrien, tab. VII, n° 21; tab. VIII, n° 8.

En 1858, M. Mariette découvrit une seconde pièce de plomb qu'il nous envoya, et sur laquelle nous trouvâmes le mot qui devait confirmer notre attribution, le nom de Memphis, dont les éléments sont semés dans le champ d'une façon fort singulière.

Nous plaçons ici la description de ce second monument, que nous pouvons considérer comme une *obole*, en raison de son module :

ΜΕΜΦΙC. Déesse debout devant Apis, porté sur une bari et tourné à gauche.

Revers. Isis debout devant le Nil, assis à gauche. — *Plomb*. Musée du Louvre. (Pl. XI, n° 2.)

Ici, plus de doute; nous avons, non pas le nom du nôme Memphite, mais celui de la cité même. Cette seconde pièce, liée si étroitement par ses types à la première, précise le lieu de leur commune origine.

La femme voilée, placée en regard du bœuf sacré, pourrait fort bien être, sous une forme romaine, la mère d'Apis, que de nombreuses stèles représentent accompagnant son divin fils, ainsi que l'a fort ingénieusement démontré M. Mariette (1).

Mais la série ne s'arrête pas là; elle s'accroît de trois autres pièces de plomb qui ont fait partie de la riche collection Fontana, de Trieste, et que Sestini a publiées à la suite des monnaies du nôme Memphite (2).

A. — ΜΕΜΦΙC en ligne courbe. Apis portant un globe entre les cornes, tourné vers la gauche; devant lui, Isis debout, tenant un serpent de la main droite et une croix ansée de la gauche; à ses pieds un autel.

Revers. Le Nil assis, tourné à gauche, tenant un roseau de la main droite et une corne d'abondance de la gauche; une femme debout lui présente une couronne. — *Plomb* 6.

B. — Le Nil couché, tourné à gauche, vu à mi-corps, tenant

---

(1) *Mémoire sur la représentation gravée en tête de quelques proscynèmes du Sérapéum*, 1856, in-4°.

(2) *Descriz. d'alc. med. greche del Museo Fontana*, part. II, tab XI, n°s 22, 23, 24, p. 93 et 94, n°s 26, 27, 28. Les descriptions de Sestini sont traduites par Mionnet, *Suppl.*, IX, p. 161.

de la main droite une tige de lotus (?) et de la gauche une corne d'abondance.

Revers. L.I (an 10). Les Dioscures debout, appuyés sur leur haste; la tête surmontée d'une étoile. — *Plomb 4*.

C. — Apis porté sur une bari, ainsi qu'une figure de divinité debout; dans le champ, un astre.

Revers. Sérapis assis sur un trône, tourné à gauche, appuyé sur son sceptre; devant lui, Isis debout. — *Plomb 4*.

La pièce A est une variété de notre n° 2; elle en diffère par la disposition de la légende et par quelques autres détails au sujet desquels nous ne voudrions pas trop insister, tant il est difficile de compter sur la fidélité des dessins et des dénominations fournis par Sestini. C'est cependant à l'aide de ces seuls dessins que nous donnons la description qui précède.

Les pièces B et C sont, nous le pensons, des *hémioboles*; le Nil en buste indique une division monétaire; et le module convient à la valeur relative que nous adoptons.

Notre série sacerdotale comprend donc, jusqu'à présent, le *diobole*, l'*obole* et l'*hémiobole*.

L'indice de valeur ΟΒΟΛΟΙ Β (δύω) se rapporte à une monnaie effective et non à une tessère; les exemples de valeurs inscrites en toutes lettres sur des monnaies grecques sont assez nombreux.

On peut citer :

Δίδραχμον sur une monnaie d'argent de Néron attribuée à Césarée de Cappadoce, et sur une monnaie de cuivre de Rhodes ; Δραχμά sur un bronze de Byzance ; Ἀσσάρια τρία, Ἀσσάρια δύω, Ἀσσάριον ἥμισυ, Ἀσσάριον, Ἡμιασσάριον sur des bronzes de Chio ; Τριέβολο à Samothrace ; Ὀβολός à Métaponte ; Ὀβολός et Ἡμιόβο[λον] à Chio ; Ἡμίβελιν sur un moyen bronze d'Ægium d'Achaïe ; Δίχαλκον à Chio ; Χαλκοῦς à Antioche de Syrie (1).

Quand on examine la série de pièces de cuivre frappées à Chio, on reconnaît facilement que les cinq indications de

---

(1) Eckhel, *Doctrina*, t. 1, p. xxxviii. — J. Kofod Whitte, *De rebus Chiorum public.*, Copenhague, 1838.

valeur correspondent très clairement au module relatif des monnaies.

Il faut bien distinguer la monnaie du nôme, frappée avec la tête de l'empereur et le nom de la division administrative, de nos plombs qui ne présentent aucun type politique, quoique fabriqués bien évidemment pendant la période impériale ; ce qui ne peut s'expliquer si l'on n'admet pas que ces monnaies de plomb au type exclusivement religieux appartenaient en propre au sanctuaire d'Apis. D'ailleurs, l'inscription Μέμφις désigne le lieu, et, placée au-dessus du bœuf sacré, équivaut, dans le laconique système de la monnaie égyptienne, à ces mots : *Sérapeum de Memphis*. La *ville* même n'aurait pu, sous le règne des empereurs, s'attribuer un droit autonomique en concurrence avec l'autorité du gouverneur romain.

Pausanias décrivant les rites observés par ceux qui consultaient l'Hermès de Pharæ en Achaïe, nous apprend qu'il fallait déposer sur l'autel placé à la droite du dieu, une monnaie *frappée dans la ville*, νόμισμα ἐπιχώριον ; cette monnaie était un χαλκοῦς ou pièce de cuivre ; et à la fin de son récit il ajoute : La même manière d'interroger l'oracle s'observait chez les Égyptiens, au temple d'Apis (1). Il est possible que la comparaison ne s'applique pas exactement à tous les détails de la cérémonie ; cependant il est assez probable que le dépôt de l'offrande avait partout le même degré d'importance, si toutefois ce n'était pas la base de l'institution des oracles. Le νόμισμα exigé à Pharæ devait être également réclamé à Memphis, et cette circonstance nous paraît appuyer encore l'opinion que nous avons exposée au sujet de nos monnaies de plomb.

A ces monnaies du Sérapeum de Memphis, une frappante communauté de type rattache la pièce suivante, donnée au Musée du Louvre par M. Louis Batissier, vice-consul de France à Suez.

Buste d'Isis tourné à droite ; la tête de la déesse est surmontée de cornes de vache et d'un globe ; de la main droite elle tient un vase à libation.

(1) Lib. VII, cap. xxii, 3, 4.

Revers. Buste barbu du Nil tourné à droite; le dieu tient un roseau; une corne d'abondance est placée près de son épaule. — *Verre blanc.* (Pl. XI, n° 3.) Le bord du coin a touché le verre en avant de la tête d'Isis, alors que le flan était encore chaud et y a imprimé une double ligne courbe, qu'il ne faut pas confondre avec le type.

On remarquera que sur des petits bronzes du nôme Memphite, le buste d'Isis figure au revers de la tête d'Adrien (1). Le module de notre verre rend l'analogie frappante, et nous pensons que sa fabrication ou, qu'on nous permette de le dire, son émission remonte aussi au second siècle.

Nous espérons que les archéologues ne se refuseront pas à voir avec nous dans cette pièce de *verre*, portant une empreinte sur chacune de ses faces, une véritable monnaie.

Sans entrer ici dans les développements que cet article ne comporte pas, il nous suffira de rappeler que les Arabes d'Égypte et de Sicile ont fait usage de monnaies de verre (2). Il existe un certain nombre de ces pièces au département des médailles de la Bibliothèque impériale; le Musée du Louvre en possède une grande quantité. Les monnaies de *verre* byzantines, sans être aussi communes, permettent cependant de constater l'emploi de cette matière fragile, à l'époque où l'Égypte obéissait encore aux empereurs.

Quelque singulier que cela puisse paraître au premier abord, nous pensons qu'après examen, on reconnaîtra que l'usage de la monnaie de verre remonte en Égypte jusqu'au Haut-Empire. La numismatique, dont le cercle tend sans cesse à s'élargir, admet, par suite de récentes découvertes, des faits plus extraordinaires que celui-là.

---

(1) Tochon, *Nômes*, p. 137, n°s 5 et 6.
(2) Assemani, *Mus. cuf. Nan.*, 2° part., p. 121, pl. VIII. — Adler, *Mus. cuf. Borg. Velitr.*, p. 77, pl. VI, n°s 57 et suiv. — Torremuzza, *Ant. inscriz. di Palermo*, p. 410, note de Domenico Schiavo. — Ol. Gerh. Tychsen, *Introd. ad rem num. Moham.*, p. 149, tab. III, n° 38. — Pietraszewski, *Numi Mohammed*, p. 97. — Sawaszkiewicz, *le Génie de l'Orient commenté par les mon. monét.*, p. 96, pl. I, n°s 5 à 10. — Frœhn, *Recens. num. Mohamm. acad. Petrop.*, p. 624. — *Mus. Munterianum*, Copenhague, 1839, pars III, p. 160. — Ant. Delgado, *Cat. des monn. de la collection Lorichs*, n° 4857. — Dubois, *Catal. de la collection Mimaut*, n° 576.

Trouvaille de Myt-Rahineh.

Au mois d'août 1860, les ouvriers qui fouillaient sous la direction de M. Auguste Mariette découvrirent dans le sol de Memphis, entre Bédrachem et Saqqarah, près du temple de Phtah, au lieu nommé actuellement Myt-Rahineh, un ensemble d'objets qui ne pouvait provenir que d'un atelier d'orfèvre : soixante oques (73^{kg},320) de lingots d'argent aplatis au marteau, un simpulum d'argent dont le manche vertical, recourbé en crochet, avait reçu des coups de marteau qui en ont altéré la forme et montrent que l'ustensile était destiné à être ouvré ; un vase d'argent de forme sphérique, en voie de fabrication ; ce vase, ainsi que deux autres qui étaient terminés, sont de travail égyptien, et ne peuvent être confondus avec les objets condamnés à la fonte. On recueillit encore un creuset de terre, une chaîne de cuivre, vingt-trois monnaies plus ou moins entamées par le ciseau, et un assez grand nombre de fragments de monnaies coupées sur lesquels on n'a distingué aucun type. Toute la trouvaille est allée enrichir le musée déjà si précieux fondé par Son Altesse Saïd Pacha, vice-roi d'Égypte, magnifique institution qui, grâce au talent avec lequel M. Mariette en poursuit l'établissement, est appelée à rendre d'immenses services aux sciences historiques. Notre savant ami, qui, ayant consacré toutes ses forces à l'étude de l'archéologie égyptienne à laquelle il a fait faire de si grands progrès, n'a pu s'occuper de numismatique, a bien voulu nous apporter les vingt-trois monnaies recueillies par ses soins à Myt-Rahineh, et, après les avoir débarrassées en partie de la croûte de sulfure qui les recouvrait, nous avons pu prendre une exacte description de ces monuments, dont un premier examen nous avait déjà fait reconnaître la provenance et l'âge. Le lecteur sera comme nous frappé de l'intérêt qui s'attache à une série de monnaies contemporaines, présentant une grande variété de types, et appartenant aux premiers temps du monnayage, au siècle d'Amasis, de Crésus, de Cyrus et de Pisistrate. Mais la numismatique grecque a été si peu cultivée depuis quelques années qu'elle demeure maintenant en arrière de toutes les branches de notre science; de sorte que non seulement les pièces inédites soulèvent des questions difficiles à résoudre, mais qu'on a souvent grand'peine à trouver des secours efficaces parmi les médailles publiées, les suites antérieures à notre ère ayant presque toutes besoin d'être revues et coordonnées.

MARONEA THRACIÆ.

N° 1. Cheval à droite. (La tête seule subsiste.)

Revers. Carré creux dans lequel paraissent quelques rayons informes. Fragment; pièce très globuleuse. — AR. 5. Poids, 5^{gr},60.

Quoique nous n'ayons ici qu'un bien petit fragment sous les yeux, nous croyons devoir l'attribuer à Maronée. La tête de cheval n'a pas le style corinthien, et le carré du revers convient tout à fait à la Thrace. On peut voir une pièce du même travail, mais d'un plus petit module, dans le recueil publié par M. le général Ch. Fox : *Engravings of unedited or rare greek coins*, 1re part., pl. V, n° 48.

ÆGÆ MACEDONIÆ.

N° 2. Chèvre agenouillée, tournée à gauche.

Revers. Carré creux grossier. — AR. 4. Poids, 6^{gr},10.

Cette pièce est plus ancienne que celle dont Cousinéry a publié la figure (*Voyage en Macéd.*, t. II, pl. V, n° 4); son revers la rapproche d'une autre monnaie classée par le même auteur sous le n° 2, mais qui offre une chèvre tournée à droite.

LETE MACEDONIÆ.

N° 3. Satyre ithyphallique poursuivant une femme qui marche vers la droite en détournant la tête du côté de son agresseur. Dans le champ, quatre points.

Revers. Carré creux très grossier. — AR. 4. Poids, 10^{gr},22. Très-globuleuse. (Pl. XI, n° 4.)

Cette pièce, par son module restreint, par sa forme ramassée, par le nombre de gros points marqués dans le champ, diffère de celles qui ont été publiées par Cousinéry, *Voyage en Macédoine*, t. II, pl. VI; Mionnet, planches, *prem. part.*, pl. XL, nos 7 et 8; M. le duc de Luynes, *Choix de méd. grecq.*, pl. IX, n° 7; Frœlich, *Notit. elem. num.*, tab. I, n° 1. On sait que l'attribution de ces médailles est fixée à l'aide de la variété un peu plus moderne sur laquelle on lit en caractères de forme très antique, procédant de droite à gauche : AETAINION.

ÆGINA INSULA.

N° 4. Tortue de mer.

Revers. Carré creux divisé par des lignes en relief; cavité profonde. — AR. 4. Fragment. Poids, $5^{gr},50$.

La médaille a été tellement mutilée qu'on n'aperçoit plus qu'une élévation informe avec une très petite partie du haut de la carapace ou collet, servant à faire reconnaître le testacée.

Sans ce petit détail corroboré par la forme particulière du carré creux, le classement de notre fragment aurait pu rester douteux, car il est évident que la grande réputation de la monnaie éginète avait de très bonne heure donné lieu à des imitations, et que le choix de certains types de haut relief, tels que la grenade, la pomme, des vases de diverses formes, le coléoptère, le bouclier, la grappe de raisin, etc., avait été calculé pour produire une illusion que nous pourrions partager dans le cas qui se présente à nous.

CORINTHUS.

N° 5. Pégase volant, à droite.

Revers. Carré creux. — AR. 5 1/2. Poids, $14^{gr},28$. Très globuleuse. (Pl. XI, n° 5.)

Cousinéry et Linckh, qui ont rapporté de Grèce tant de monnaies corinthiennes, n'ont pas connu cette pièce, évidemment plus ancienne que celles qui ont été publiées jusqu'ici. Le coup de ciseau qu'elle a reçu ne lui a rien ôté de son poids.

N° 6. Pégase, à droite; dessous, *coph*.
Revers. Carré creux. — AR. 5. Poids, 8^{gr},90. Flan épais.
Cette pièce, avec le Pégase tourné à droite, est encore une rareté. L'oxydation dont elle est chargée augmente sans doute un peu son poids.

N° 7. Pégase volant à gauche.
Revers. Carré creux, divisé symétriquement. — AR. 6. Poids, 8^{gr},40. Flan mince. — Mionnet, pl. XXXVIII, n° 9. — Cousinéry, *Ligue achéenne*. Corinthe, n° 2.

N° 8. Croupe et aile de Pégase, à gauche. (Le reste manque.)
Revers. Carré creux. Fragment. — AR. 5. Poids, 2^{gr},44. Flan mince.

N° 9. Croupe de Pégase. (Le reste manque.)
Revers. Carré creux. Petit fragment. — AR. 5. Poids, 2^{gr},08. Flan mince.

ERETRIA EUBŒÆ.

N° 10. Deux grappes de raisin pendant à une même branche.
Revers. Carré creux, divisé par des diagonales qui se coupent au centre. — AR. 5. Coupée. Poids, 10^{gr},16. Flan très épais. (Pl. XI, n° 6.)

Il est sans doute difficile de classer une monnaie si antique à l'aide des types observés sur des monnaies d'un âge beaucoup plus récent. Mais comme la pièce que nous examinons offre, du reste, tous les caractères de fabrique qui conviennent à l'Eubée, on admettra sans doute le rapprochement que nous établissons avec les pièces d'argent et de bronze frappées à Eretria, et portant au revers d'une tête de Diane Amarynthia ou d'un taureau couché, *deux grappes de raisin* (1). Ce type se trouve encore sur une petite monnaie de bronze publiée par M. le baron de Prokesch-Osten, qui la donne avec raison comme fabriquée en Eubée (2), mais qui ne paraît pas avoir

---

(1) Eckhel, *Mus. cæs. Vindob.*, I, p. 132, n° 2. — Beger, *Thes. Brand.*, I, p. 429. — C. Combe, *Mus. Hunt.*, p. 139, n° 4, et tab. XXVI, n° 21. — Sestini, *Descript. num. vet.*, p. 228, n° 3. — Mionnet, II, p. 308, n° 63, et *Suppl.* IV, p. 364, n° 90. — *Catal. Allier de Hauteroche*, pl. VII, n° 12.

(2) *Inedita meiner Sammlung ant. altgr. Münzen*, Wien, 1854, pl. III, n° 105.

remarqué qu'outre la légende EYBO, la pièce porte encore les caractères ΠΥ, qui me paraissent devoir se rapporter à la ville de Pyrrha, citée par Pline (1). Sestini a aussi décrit comme appartenant à Issa, île d'Illyrie, un petit bronze de la collection Tochon, présentant au droit deux têtes accolées, et au revers deux grappes de raisin avec la légende IΣ (2). Cette pièce peut appartenir à Histiæa d'Eubée, dont on connaît de belles monnaies qui offrent d'un côté une tête d'Ariadne et de l'autre un bœuf passant devant un cep de vigne, auquel pendent *deux grappes de raisin* placées symétriquement (3).

CEUS INSULA.

N° 11. Abeille, marchant à droite.

Revers. Carré creux, divisé par deux diagonales qui se coupent. — AR. 2. Poids, 3^{gr},42. (Pl. XI, n° 7.)

Le nombre des monnaies qui ont pour type une abeille est considérable ; ordinairement cet insecte est vu de dos, et ses ailes sont plus ou moins éployées. Ici nous le trouvons marchant et offrant la plus grande analogie de forme avec le signe qui, dans les hiéroglyphes égyptiens, représente le mot *peuple* (obéissant à son roi) (4). Toutefois, nous n'entendons pas établir de rapprochement pour le sens entre le caractère égyptien et le type de notre monnaie. L'abeille avait, dans les religions grecques, une valeur que met très nettement en lumière une série de monnaies de Melitæa de Thessalie, publiée par M. le baron de Prokesch (5), qui ne l'a pas expliquée.

---

(1) *Hist. nat.*, lib. IV, cap. xii, 21.
(2) *Descrizione di molte medaglie gr.*, 1828, tab. VIII, n° 14.
(3) Pellerin, *Peuples et villes*, t. III, pl. XCII, n° 8. — *Catal. Allier*, pl. VII, n° 13.
(4) Horapoll., *Hierogl.*, lib. I, cap. 62. — Champollion, *Précis du syst. hiér.*, p. 310, atlas, p. 35. — *Gramm. égypt.*, p. 24. — Voir, au sujet du signe de l'abeille, la dissertation insérée dans le *Mémoire sur l'inscription du tombeau d'Ahmès* (1851), par M. de Rougé, qui pense que ce caractère représente spécialement le peuple de la Basse-Égypte, p. 113-120. — Dans une *Note sur l'expression du mot roi par le groupe de la plante et de l'abeille* (*Annal. dell' Instit. archeol.*, 1838, t. X, p. 113 et suiv.), M. R. Lepsius, le savant académicien de Berlin, cite (p. 121) quatre exemples de l'emploi de l'abeille avec le sens de *roi* et de *reine*. Voir *Tav. d'agg.* G., n°s 36, 37, 41, 42.
(5) *Inedita meiner Samml.*, pl. I, n°s 30 à 34.

Mais il est évident que l'abeille placée sur ces cinq monnaies, au revers d'une tête de Jupiter, et accompagnée de la légende ΜΕΛΙΤΑΙΕΩΝ, entière ou abrégée, se rapporte à la fable crétoise, suivant laquelle le dieu avait été nourri par les Mélisses (1) (μέλιτα, dor. pour μέλισσα). On retrouve encore l'abeille sur la monnaie d'Éphèse, ville où nous savons que les prêtresses portaient le titre de Mélisses, de même que la grande prêtresse de Delphes; et nous sommes autorisés à considérer la figure de cet insecte comme un symbole religieux, toutes les fois que nous la rencontrons sur des monnaies. Pour l'île de Ceus, c'est un type fréquent; on le connaît sur des pièces de l'Ile *in genere*, et des villes d'Iulis, de Carthæa et de Coressus. Brœndsted, qui a visité Ceus, y a fait des fouilles, et en a étudié la numismatique, pense que l'abeille représentée sur les monnaies qui viennent d'être citées se rapporte au culte d'Aristée, inventeur de l'apiculture et bienfaiteur de l'île (2). Plusieurs monnaies de Ceus portent une tête barbue, qui doit être celle de Ζεὺς-'Αρισταῖος. Il est à remarquer que l'abeille des médailles de Cyrène, si bien expliquées par Duchalais (3), est relative au même mythe, Aristée étant fils de Cyrène et d'Apollon.

NAXUS INSULA.

N° 12. Canthare ; au-dessus, une feuille de lierre. *Revers*. Carré creux peu profond. Fragment. — AR. 5. Poids, 6^{gr},92. Globuleuse. (Pl. XI, n° 8.)

N° 13. Autre fragment; même partie du type. — AR. 5. Poids, 5^{gr},36.

Nous avons reproduit la figure d'un de ces deux fragments pour donner une idée de l'état dans lequel se trouvent un certain nombre de pièces du trésor de Myt-Rahineh, et de la

---

(1) Anton. Liberalis, *Metam.* XIX. — Callimach., *Hymn. in Jovem*, 47.
(2) *Voyages et recherches dans la Grèce*, 1826, in-fol., p. 113 et suiv.; tab. IV, n°s 3, 5, 6, 8, 10; tab. V, 1; tab. XXVII, 3, 4, 6, 9, 13, 15. — Cf. Mionnet, II, p. 314, 19 et suiv.; *Suppl.*, IV, p. 374 et suiv., n°s 54 à 171.
(3) *Revue num.*, 1852, t. XVII, p. 334.

facilité avec laquelle on peut néanmoins reconnaître le type qu'elles portent.

CHALCEDON BITHYNIÆ.

N° 14. Taureau, tourné à gauche ; sous le ventre, une rosace.

Revers. Carré creux. — AR. 6. Poids, 8^{gr},58. (Pl. XI, n° 9.)

Le coup de ciseau que cette pièce a reçu en altère la forme, mais n'a pu en modifier le poids.

L'attribution à Chalcédon de Bithynie est encore conjecturale ; le bœuf que nous voyons ici ressemble à celui qui est figuré sur les monnaies de Paphos, classées par M. le duc de Luynes (1), sur celles de Byzance, attribuées tantôt à Pylos d'Élide, tantôt à Pylos de Messénie, tantôt à Pythopolis, ville problématique de Bithynie, et enfin définitivement expliquées par M. Max. Pinder (2).

Mais la pièce recueillie à Myt-Rahineh ne présente, sous les pieds du taureau, ni le dauphin de Byzance ni l'épi des pièces connues de Chalcédon. La rosace placée entre les jambes de l'animal offre bien, au premier coup d'œil, quelque ressemblance avec la croix ansée ou plutôt le symbole de Vénus ♀ dont l'anneau est, sur certaines pièces de Paphos, formé d'une série de perles. Mais ce n'est là qu'une ressemblance, et les deux symboles ne peuvent être confondus. Le taureau, dans la même attitude que celui de Chalcédon (celui de Byzance lève un pied), repose sur une base composée de deux barres horizontales, réunies par une série de petites lignes verticales ; c'est là, peut-être, un motif architectural ; mais l'existence d'un dauphin, d'un épi employés comme supports, invite à chercher d'autres symboles, et celui qui se présente tout d'abord à l'esprit est le peigne de tisserand que les vases peints nous montrent si fréquemment parmi les ustensiles mystiques (3), et qu'on remarque dans la main

---

(1) *Num. et inscript. cypriotes*, pl. III.
(2) *Annal. de l'Inst. archéol.*, t. VI, 1834, p. 306. Tav. d'agg. G.
(3) Millin, *Description des vases de Canosa*, pl. V ; *Monum. ined.*, t. II, p. 16

d'une Iambé ou Baubo de terre cuite, fort ingénieusement expliquée par Millingen (1); ustensile qui, ainsi que l'épi dont nous venons de rappeler la présence sous les pieds du bœuf de Chalcédon, se rattache au culte de Cérès.

TEOS IONIÆ.

N° 15. Tête de griffon, tournée à gauche.
Revers. Carré creux contenant un astre à huit rayons, dans un entourage quadrilatéral composé de lignes courbes. — AR. 2. Poids, 2^{gr},10.

N° 16. Tête de griffon, tournée à gauche.
Revers. Semblable au précédent. Fragment. — AR. 2. Poids, 1^{gr},40.

Comparez pour la fabrique le revers de ces monnaies à celui d'une très petite pièce d'argent de fort ancien style qu'Allier de Hauteroche attribuait à Smyrne. *Catal. Allier*, pl. XV, n° 17.

CHIUS INSULA.

N° 17. Sphinx à tête de femme, tourné à gauche.
Revers. Carré creux. — AR. 3. Très globuleuse. Poids, 7^{gr},97. Mionnet, pl. XLIV, n° 2.

SAMUS INSULA.

N° 18. Tête de lion, tournée à droite, dévorant une proie.
Revers. Carré creux, divisé par des diagonales. — AR. 4. Poids, 9^{gr},97. Très globuleuse. (Pl. XI, n° 10.)

Il ne faut pas confondre cette pièce avec celle qui est gravée dans le recueil de planches de Mionnet, pl. XXXVI, n° 5. Le style de la crinière du lion et le carré creux diffèrent beaucoup

---

et 37. — Passeri, *Pict. Etrusc. in vasc.*, t. I, tab. 5, 6, 64, 84 ; t. II, tab. 140. — Tischbein, *Vases d'Hamilton*. Naples, t. II, pl. 34 ; Florence, t. III, pl. 36. — F. Ritschl, *Annal. dell' Inst. archeol.*, 1840, t. XII, p. 171. Tav. d'agg. N. — Gargallo-Grimaldi, *Annal. dell' Inst. arch.*, 1843, t. XV, p. 27. Tav. d'agg. A.
(1) *Annal. dell' Inst. arch.*, 1843, t. XV, p. 72. Tav. d'agg. E.

dans ces deux monuments. Nous croyons devoir l'attribuer à Samos, considérant son type comme un premier état du symbole religieux qui se montre plus tard à nous divisé, sur ces belles monnaies samiennes représentant d'un côté une tête de lion de face, de l'autre la partie antérieure d'un taureau. On remarque sur notre pièce les mèches en spirales qui terminent la crinière du lion, particularité qui rappelle l'art assyrien et phénicien, et qu'on retrouve si bien accusée dans les figures de ce dieu difforme d'origine asiatique, pendant longtemps connu par les seuls monuments égyptiens, mais que nous observons actuellememt sur des pierres gravées phéniciennes, non moins authentiques que les images de terre cuite d'assez grande dimension représentant le même dieu, découvertes à Tortose par M. Peretié, et acquises récemment par le Musée du Louvre.

Si la monnaie d'argent que nous attribuons à Samos est, comme nous avons tout lieu de le croire, contemporaine de Polycrate, il sera permis de faire observer la relation qui pouvait être facilement établie entre ce prince et le symbole religieux asiatique, composé d'un animal très puissant, πολυκρατής, manifestant sa force en dévorant une proie.

COS INSULA.

N° 19. Crabe.

Revers. Creux informe. Fragment. — AR. 1 1/2. Poids, 1^{gr},37. (Pl. XI, n° 11.)

Nous sommes porté à croire que le crabe avait quelque relation avec le nom de Cos. On trouve ce type accompagné de l'inscription ΚΩΣ sur des monnaies de bronze du Bruttium, attribuées par Avellino à Consilinum, et par M. Riccio à Consentia. On remarquera que pour trouver sur ces pièces le nom d'une de ces villes appartenant à la même province, il faut admettre l'emploi de l'*anousvara* (c'est-à-dire la prononciation de l'N non écrit), et que cela a pu être un artifice destiné à mettre la syllabe ΚΩΣ en rapport avec le type du pagure.

M. Franz Streber a pensé que le crabe de Cos fait allusion aux Cabires, qui, chez les Pélasges, étaient appelés Καρκῖνοι (1).

LYCIA — PHASELIS?

N° 20. Tête de sanglier, tournée à droite.
Revers. Carré creux, profond. — AR. 2. Poids, $3^{gr},97$. Globuleuse.

Ch. Fellows, *An account of discoveries in Lycia*, 1841, pl. XXXIV, n°s 3 et 4, et *Coins of ancient Lycia*, 1855, pl. I, n° 2 : deux monnaies trouvées à Telmessus.

Le sanglier se voit sur un assez grand nombre de monnaies à légendes lyciennes (Fellows, *Coins of anc. Lyc.*, pl. I, 3, 4, 5; IX, 1 à 7; XI, 10; XII, 4, 5; XIII, 7, 8; XIV, 4, 8; XV, 3, 4; XVI, 2, 3).

La partie antérieure du même animal est représentée sur des monnaies de Phasélis du plus ancien style (C. Combe, *Mus. Hunter*, tab. 43, n°s 8, 9, 10), didrachmes dont la pièce trouvée à Myt-Rahineh peut être une division, avec type réduit suivant l'usage.

AMATHUS CYPRI.

N° 21. Bélier couché, à gauche.
Revers. Flan lisse. — AR. 4. Poids, $11^{gr},25$. Très globuleuse.

Duc de Luynes, *Numismatique cypriote*, pl. I, n° 8.

CYRÈNE.

N° 22. Graine de silphium, avec boutons.
Revers. Carré creux, divisé par une large bande en relief. — AR. 5. Fragment. Poids, $13^{gr},15$. Très globuleuse. (Pl. XI, n° 12.)

N° 23. Deux graines de silphium placées l'une à côté de l'autre ; au-dessus et au-dessous, des fleurs de la plante.

---

(1) *Num. nonnulla græc. mus. Reg. Bavariæ*, 1833, p. 243.

Revers. Carré creux. — AR. 5. Fragment. Poids, 13^{gr},80. Très globuleuse. (Pl. XI, n° 13.)

Ni l'une ni l'autre de ces précieuses monnaies ne se trouve décrite dans la monographie préparée avec tant de soin et de persévérance par notre regretté ami C. Falbe, continuée par Lindberg, et publiée enfin tout récemment par M. Lüdwig Müller, qui a profité des additions fournies par M. l'abbé Cavedoni et par Duchalais.

Il est à remarquer que toutes les monnaies dont nous venons de donner la description appartiennent à un espace géographique très circonscrit. Il semble qu'elles aient été rapportées en Égypte par quelque négociant qui avait fait le tour de la mer Ægée avec un de ces vaisseaux phéniciens qui, au dire d'Hérodote, transportaient des marchandises d'Égypte et d'Assyrie sur les côtes de la Grèce.

Nous n'aimons pas, nous devons l'avouer, les romans archéologiques, et nous ne voudrions pas tirer de l'examen d'une poignée de médailles le récit d'un périple de fantaisie.

Mais nous ne pouvons cependant négliger de constater un fait qui peut avoir des conséquences utiles pour la classification des monuments. Que le lecteur veuille donc bien suivre pour un instant sur une carte du monde antique l'itinéraire que nous allons indiquer.

Parti de Tyr, le vaisseau touche d'abord, en Cypre, non loin d'*Amathonte*, à Cittium probablement, puis au port de *Phaselis*, sur la côte de Lycie; de là il se rend aux îles de *Cos* et de *Samos*, s'arrête au port de *Téos*, aborde à *Chio*, longe les côtes de l'Hellespont et de la Propontide jusqu'à *Chalcédon*, revient sur le rivage de la Thrace à *Maronée,* entre dans un port de la *Macédoine*, suit l'Euripe et aborde en Eubée au port d'*Érétrie,* double le cap Sunium et traverse le golfe Saronique jusqu'à l'isthme de *Corinthe*, puis fait escale aux îles d'*Ægine*, de *Céos*, de *Naxos*, pour arriver enfin en *Cyrénaïque*. On verra que chacune des localités que nous venons d'énumérer se trouve représentée dans la trouvaille de Myt-Rahineh, et c'est bien là la marche que devait suivre, au vi^e siècle avant notre ère, un de ces habiles marchands qui rendaient la mer Ægée tributaire de leur activité. Parvenues en Égypte, contrée où la monnaie n'était pas en usage, les pièces d'argent que nous avons décrites auront été livrées à un orfèvre qui s'est hâté de les défigurer à coups de ciseau, suivant une habitude qui est vraisemblablement naturelle chez l'homme, puisque nous avons encore vu pendant longtemps les orfèvres briser les monnaies anciennes qu'ils avaient achetées, bien que cette opération ne soit d'aucune utilité pour la fonte, surtout lorsqu'elle s'applique à des monnaies d'un très petit module.

Quoi qu'il en soit, le coup d'œil jeté sur la carte, à notre prière, aura son utilité.

Nous sommes accoutumés, depuis Pellerin et Eckhel, à ranger les médailles antiques suivant l'ordre géographique de Strabon. Loin de nous la pensée de rien changer à cette méthode, qui est excellente, et qui donne aux ouvrages de numismatique une unité de disposition très propre à faciliter les recherches; mais il résulte de nos habitudes d'antiquaires que nous considérons à de trop grandes distances les monuments fabriqués dans des pays fort voisins; et il n'est pas mauvais, pour bien comprendre certains rapports de style et de types, de se rappeler quelquefois la position relative des villes; par exemple, dans le cas dont nous nous occupons, la proximité des Cyclades et des Sporades est un fait dont il faut tenir grandement compte; car ces îles, bien qu'appartenant les unes à l'Europe, les autres à l'Asie, n'en sont pas moins situées dans la même région maritime.

Ce n'est certainement pas sans étonnement qu'on aura remarqué l'enfouissement de l'atelier d'un orfèvre dans une localité qui n'a pas été, comme Pompéi ou Herculanum, tout à coup ensevelie par l'éruption d'un volcan.

Toutes les monnaies retrouvées à Myt-Rahineh dans un état qui prouve qu'elles avaient à peine circulé, appartiennent au VIe siècle avant notre ère. A cette époque, l'Égypte n'a pas été subitement abandonnée par sa population. Des monnaies grecques et asiatiques portant des symboles étrangers n'ont pu être déposées dans une sépulture égyptienne ; c'eût été une offense aux idées religieuses alors encore dans toute leur vigueur. Mais il est dans l'histoire du vi° siècle un grand fait qui nous paraît fournir l'explication que nous cherchons. L'invasion des Perses en Égypte répandit dans ce pays une immense terreur ; chacun dut songer à cacher ce qu'il possédait de précieux ; les batailles, les troubles, les violences qui précédèrent ou suivirent la conquête, firent périr un grand nombre d'habitants, et l'orfèvre de Myt-Rahineh aura emporté avec lui dans la tombe le secret de sa cachette.

Il est à regretter que l'empressement qu'il a mis à mutiler des monuments étrangers ait réduit à un si petit nombre les précieuses monnaies tombées entre ses mains.

TABLE DES MATIÈRES

DU TOME SECOND.

			Pages.
1. — (1838.)	Titiopolis d'Isaurie. (Vignette.)		1
2. — (1839.)	Médailles inédites de Lamus, de Philadelphie et de quelques autres villes de la Cilicie. (Vignette et pl. 1.)		5
3.	»	Nouvelles observations sur un denier de la famille Titia	15
4. — (1841.)	Restitution à la Lycie de médailles attribuées à Rhodanusia de la Narbonnaise. (Vignettes.)		21
5. — (1843.)	Médaille d'or inédite de Dynamis, reine de Pont. (Vignette.)		31
6.	»	Notice sur les médailles de sept villes qui ne figurent pas dans les tables générales de Mionnet. (Vignettes.)	38
7.	»	Notice sur quelques médailles grecques. (Vignettes.)	50
8. — (1844.)	Attribution d'une médaille gauloise à Agedincum Senonum. (Vignette.)		73
9.	»	Notice sur un statère d'or de Ptolémée Ier Soter, roi d'Égypte. (Vignette.)	77
10.	»	Numismatique	82
11. — (1845.)	Fragment inédit de Table iliaque		93
12.	»	Attribution de quelques monnaies à Nésus de Céphallénie. (Vignette.)	101
13.	»	Figurine de bronze du cabinet de M. le Vicomte de Jessaint. (Pl. II.)	105

TABLE DES MATIÈRES.

Pages.

14. » Les tumulus de Djebel el Akhdhar dans la province d'Oran (Mauritanie Césarienne). (Vignettes.). . . . 110
15. » *Élite des monuments céramographiques, matériaux pour servir à l'histoire des religions et des mœurs de l'antiquité, expliqués et commentés par MM. Ch. Lenormant et J. de Witte.* — Compte rendu. (Pl. III.). 119
16. » Note sur un camée inédit du Cabinet des Antiques. (Vignette.). 136
17. » Vases gaulois de La Puisaye. (Vignettes.). 143
18. » Bellérophon. (Vignette.). 150
19. — (1846.) Notice sur une inscription latine inédite. (Vignette.). 157
20. — (1847.) Quelques inscriptions latines découvertes dans la Lyonnaise. 162
21. » Notice sur une inscription inédite trouvée à Sens . . 169
22. — (1848.) Nouvelles observations sur un ornement représenté au revers de quelques monnaies gauloises de l'Armorique. Dissertation sur les phalères. (Vignettes.) 177
23. » Note sur la monnaie attribuée aux Sotiates. 195
24. » Description de quelques poids antiques. (Vignettes.) . 198
25. » Observations sur des médailles et inscriptions latines qu'on dit avoir été trouvés à Orléansville. 220
26. — (1850.) Junon Anthéa. Illustration d'un passage du Ve livre des *Fastes* d'Ovide, explication de deux vases peints et conjectures sur l'origine des *Floralia*. (Vignettes.) . 222
27. » Inscriptions grecques de Mayorque. 237
28. » Stèle portant une inscription métrique en l'honneur d'un *mirmillo dimachærus* 242
29. » Note sur les phalères et les enseignes militaires des Romains. (Vignettes.). 246
30. » Figurine antique de bronze représentant Hercule Ogmius. (Vignette.). 252
31. » Inscription gallo-latine tracée à la pointe sur un vase de terre. (Vignette.) 259
32. » Enseignes militaires des Romains 262
33. — (1851.) Annotations à la lettre vingt-huitième du Baron Marchant concernant des médailles latines de bronze de Vabalathe, etc. 266

TABLE DES MATIÈRES.

			Pages
34.	»	Note sur les armes des gladiateurs. (Pl. IV.)	269
35.	—(1852.)	Lettre à M. Charles Lenormant sur deux vases peints antiques du Musée du Louvre. Le rhéteur Tisias. — — Polycrate, roi de Samos. (Pl. V et VI.)	275
36.	»	Interprétation du type figuré sur les deniers de la famille Hosidia et remarques sur l'orthographe et la prononciation du grec en Italie	287
37.	»	Notice sur un vase gaulois de la Collection du Louvre. (Vignettes.)	301
38.	—(1853.)	Note sur une figurine de bronze représentant un sphinx ailé et barbu. — L'Æon de la ville d'Hadrumète.	308
39.	»	Tombeaux de Cumes	309
40.	»	Note sur les têtes de cire placées dans les sépultures antiques en place des crânes	311
41.	»	Note sur l'origine orientale de vases recueillis en Grèce et dans l'Archipel	314
42.	—(1854.)	Monument phénicien au Musée du Louvre	315
43.	»	Corrections d'erreurs commises par M. V. Langlois dans le 1er cahier de la *Revue numismatique* de 1854, pp. 5 à 24. — Numismatique cilicienne	319
44.	»	Inscription d'Aurelia Theodosia à Amiens	326
45.	—(1855.)	Note sur un bas-relief grec du Louvre. (Vignette.)	331
46.	»	Cartel de bronze portant une dédicace aux *Mères*	335
47.	»	Remarques sur une stèle grecque du musée de Leyde. (Vignette.)	336
48.	»	Marbres de Cyzique donnés au Louvre par M. Waddington	341
49.	»	Transcription d'un papyrus contenant des fragments du XVIIIe chant de l'*Iliade*	343
50.	»	Inscription chrétienne de Sfax	351
51.	»	Bronzes antiques acquis par le Louvre; Vénus, Omphale, Guerrier nu, casqué	352
52.	»	Marbre en forme de *clipeus* dédié aux dieux par un stratège des Camiriens	354
53.	»	Poids fabriqué sous Justinien Ier. (Vignette.)	356
54.	»	Inscription antique de Nizy-le-Comte	359
55.	»	Cybèle et Atys. (Vignette.)	360

		Pages.
56. — (1856.)	Découverte d'un édifice dédié à Marc-Aurèle à Ramleh (Égypte)	363
57. »	Poids de bronze trouvé à Kustendjé	364
58. »	Statue d'un dieu dédiée à un autre dieu	365
59. »	Papyrus grec. Fragments du VIe chant de l'*Iliade*	369
60. »	Antiquités gauloises. Le Guerrier mourant du Capitole. (Pl. VII et vignette.)	374
61. »	Buste de la prêtresse Mélitiné, trouvé au Pirée	381
62. »	Inscription latine trouvée près d'Arlon	383
63. »	Conjecture sur l'origine de l'impératrice Marcia Otacilia Severa. (Vignette.)	384
64. »	Inscription d'Apollonide de Smyrne en l'honneur de Cybèle	390
65. »	Note sur la forme de la lettre E dans les légendes de quelques médailles gauloises	392
66. — (1857.)	*Numismatique ibérienne*, par P.-A. Boudard. In-4°, 1857. Fascicules 1 et 2. Béziers, Delpech. — Compte rendu	406
67. — (1858.)	Restitution du nom d'*Origanio* dans une inscription de Limoges où l'on voyait le nom de Jésus. (Vignette.)	409
68. »	*Larissa Ephesia*. (Vignette.)	412
69. — (1859.)	Monnaies gauloises à la légende *Roveca*	416
70. »	Médailles grecques de la Collection Palin. (Pl. VIII.)	420
71. »	Observations sur les monnaies portant l'effigie de Trajan père. (Pl. IX.)	433
72. »	Antony Rich. — *Dictionnaire des antiquités romaines et grecques, accompagné de 2,000 gravures d'après l'antique, représentant tous les objets de divers usages d'art et d'industrie des Grecs et des Romains. Traduit de l'anglais sous la direction de M. Chéruel.* Un volume petit in-8° de 740 pages à deux colonnes. Paris, 1850. — Compte rendu	443
73. »	Phalères grecques archaïques	448
74. »	Ex-voto consacré au *Deus Æternus*	450
75. »	Tête de bronze offrant le type de la race rouge du Nouveau Monde	452

TABLE DES MATIÈRES.

			Pages.
76.	»	Statues de divinités avec ornements ajoutés après coup.	454
77.	»	Fibules irlandaises en forme de chenilles.	461
78.	— (1860.)	Note sur les monnaies de Romulus, fils de Maxence.	463
79.	»	Note sur la forme de la lettre F dans les légendes de quelques médailles gauloises	470
80.	»	Note sur les noms Voluntillius et Ambillius.	483
81.	— (1861.)	Monnaie de plomb d'Alise. (Vignettes.).	490
82.	»	Orgitirix, fils d'Atepillus.	494
83.	»	Monnaies des Salasses. (Pl. X.)	496
84.	»	Monnaies du Sérapéum de Memphis. Trouvaille de Myt-Rahineh. (Pl. XI.)	508

ANGERS, IMP. BURDIN ET Cie, RUE GARNIER, 4.

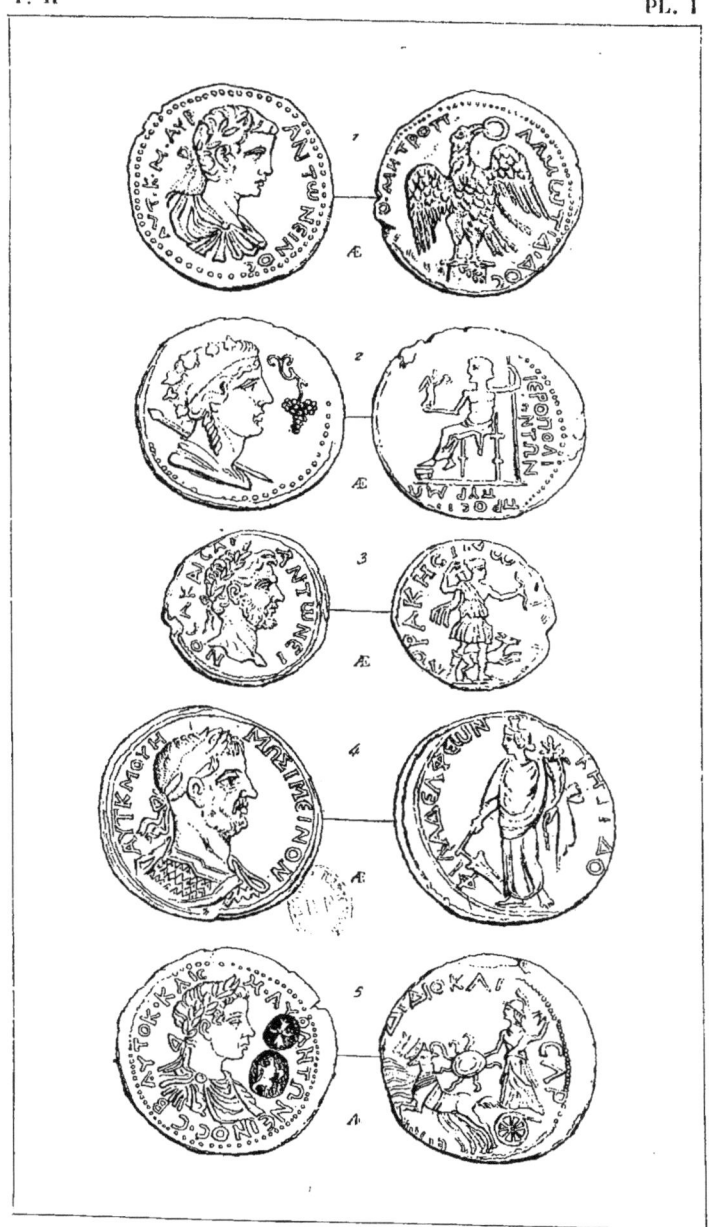

MÉDAILLES DE CILICIE

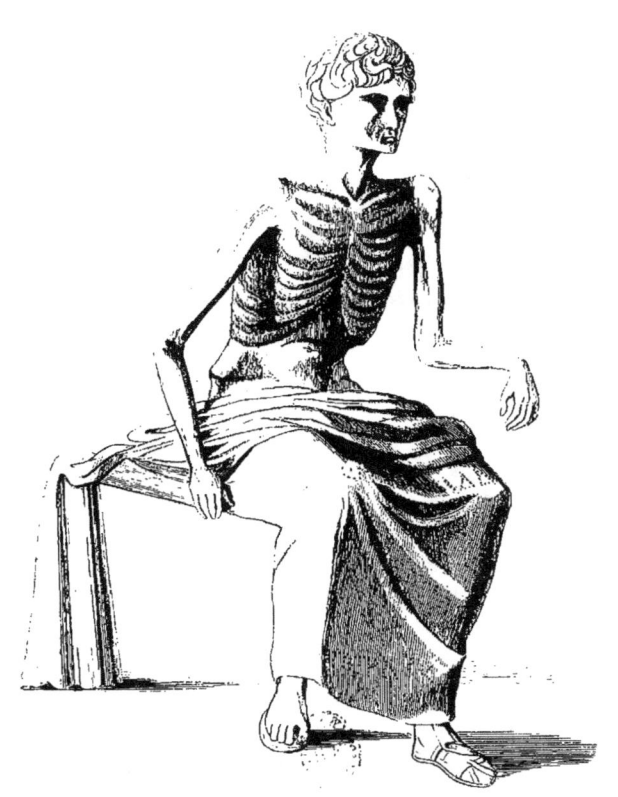

FIGURINE DE BRONZE

du Cabinet de M. le V.te de Janzain

VASES ANTIQUES.

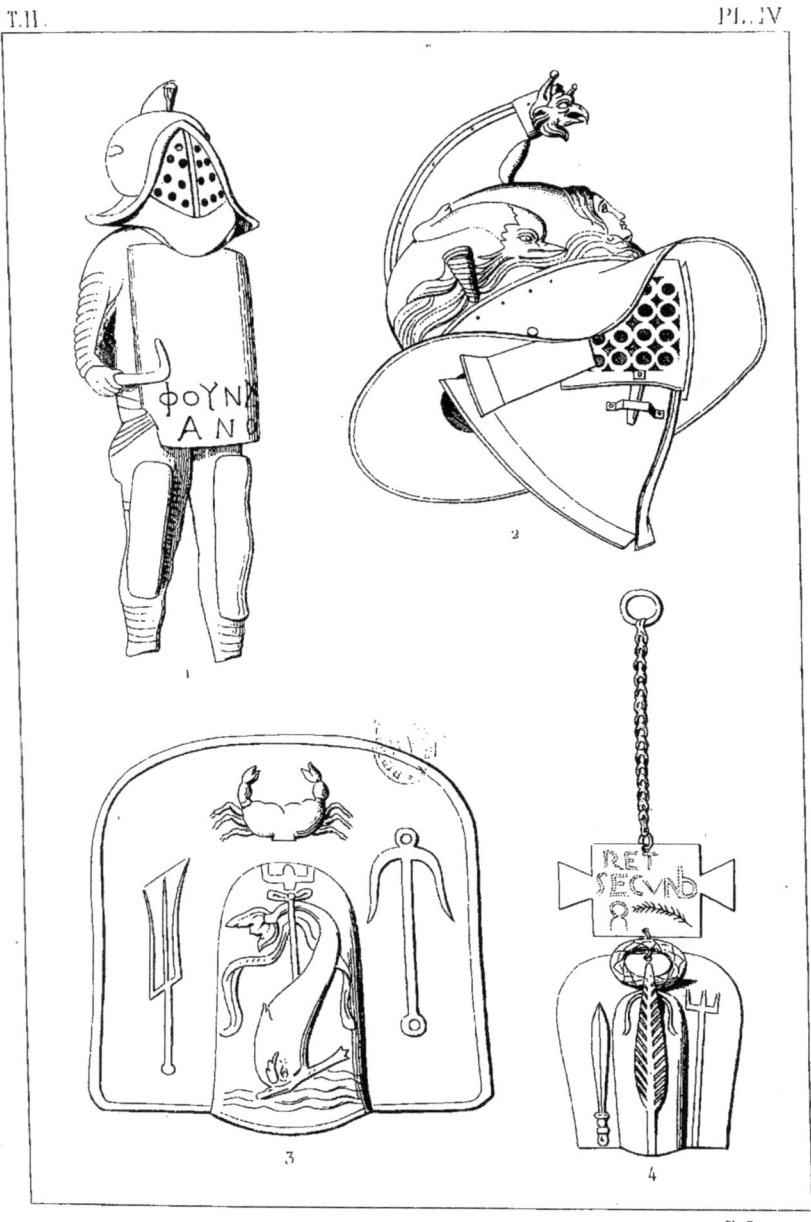

ARMES DES GLADIATEURS.

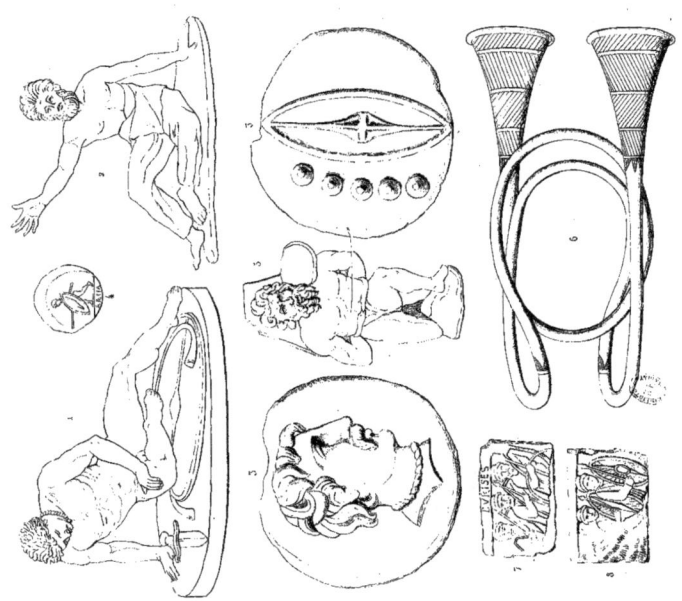

Antiquités gauloises.

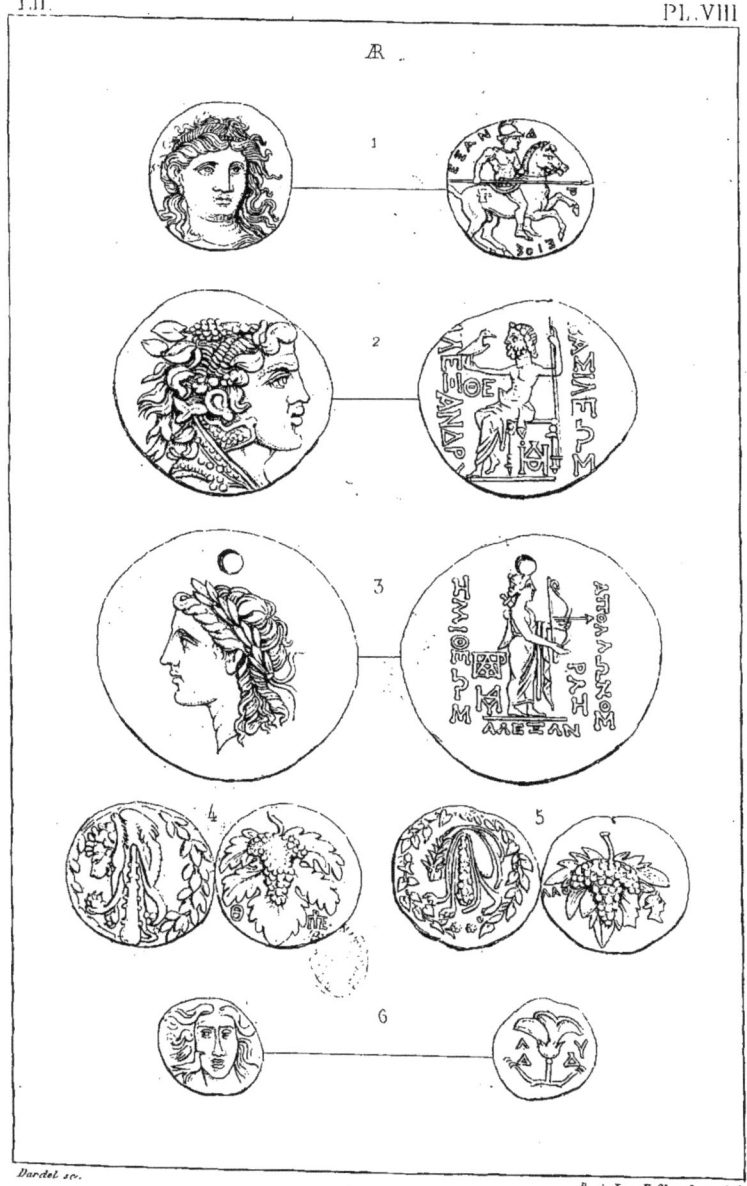

MÉDAILLES GRECQUES

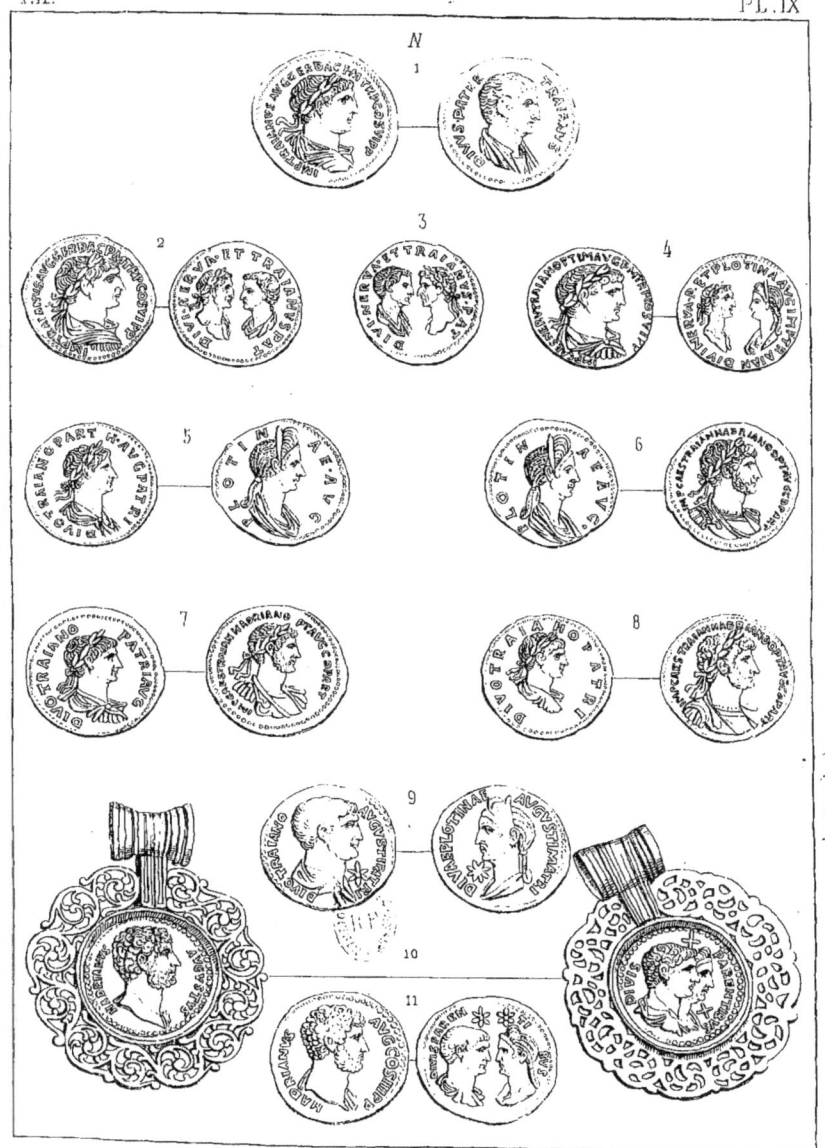

FAMILLE D'ADRIEN

SALASSES

T II. PL. XI

SÉRAPÉUM ET MYT-RAHINEH

Ernest LEROUX, Éditeur, rue Bonaparte, 28

CURTIUS-DROYSEN
HISTOIRE GRECQUE
TRADUCTION BOUCHÉ-LECLERCQ

Histoire Grecque jusqu'à Alexandre, par Ernest Curtius. 5 vol. in-8 . . . . **37 fr. 50**
Histoire d'Alexandre et de ses successeurs, par J.-G. Droysen. 3 forts volumes in-8. (*En cours de publication.*) . . . **30 fr.**
Atlas de l'Histoire Grecque, par A. Bouché-Leclercq. In-8 . . . . **12 fr.**

ŒUVRES DE A. DE LONGPÉRIER
PUBLIÉES PAR G. SCHLUMBERGER

Tome I. Archéologie et Numismatique orientales. In-8, avec figures et planches . . . . **20 fr.**
Tome II. Antiquités grecques, romaines et gauloises. In-8, avec figures et planches . . . . **20 fr.**
Tome III. Antiquités grecques, romaines et gauloises, deuxième partie (*Sous presse.*)

ŒUVRES CHOISIES DE A.-J. LETRONNE
PUBLIÉES PAR E. FAGNAN

Première Série. Égypte ancienne. 2 vol. in-8 . . . . . **25 fr.**
Deuxième Série. Archéologie. 2 vol. in-8. . . . . . . **25 fr.**

ÉCOLE DU LOUVRE

Discours d'ouverture de MM. les Professeurs, par MM. E. Revillout, P. Pierret, Ledrain et A. Bertrand, de l'Institut. Un volume in-8 illustré. . . . . **5 fr.**

LES NORMANDS EN ITALIE
depuis les premières invasions jusqu'à Grégoire VII, par O. Delarc. In-8 . . . . **12 fr.**

ANGERS, IMP. BURDIN ET Cie, RUE GARNIER, 4.

www.ingramcontent.com/pod-product-compliance
Lightning Source LLC
Chambersburg PA
CBHW060754230426
43667CB00010B/1572